Annamira Jochim
Meg Stuart.
Bild in Bewegung und Choreographie



TanzScripte | hrsg. von Gabriele Brandstetter und Gabriele Klein | Band 14

**Annamira Jochim** studierte Kunstgeschichte, Indologie und Vergleichende Religionswissenschaft in Basel, Zürich und Paris. Sie ist Kunsthistorikerin und arbeitet als wissenschaftliche Assistentin im Schaulager, Basel. Zu zeitgenössischer Kunst kuratiert sie Ausstellungen mit den Schwerpunkten Performance, Video und Installation.

Annamira Jochim

# Meg Stuart

Bild in Bewegung und Choreographie

[transcript]

Gedruckt mit Hilfe des Max Geldner-Fonds
und des Dissertationenfonds der Universität Basel.

**Bibliografische Information der Deutschen Nationalbibliothek**
Die Deutsche Nationalbibliothek verzeichnet diese Publikation in der Deutschen Nationalbibliografie; detaillierte bibliografische Daten sind im Internet über http://dnb.d-nb.de abrufbar.



Umschlaggestaltung: Kordula Röckenhaus, Bielefeld
Umschlagabbildung: Meg Stuart, Visitors Only, 2003, © Annamira Jochim
Lektorat: Manuel Bonik
Satz: Gian Salis
Druck: Majuskel Medienproduktion GmbH, Wetzlar
ISBN 978-3-8376-1014-7

Gedruckt auf alterungsbeständigem Papier mit chlorfrei gebleichtem Zellstoff.

Besuchen Sie uns im Internet: *http://www.transcript-verlag.de*

Bitte fordern Sie unser Gesamtverzeichnis und andere Broschüren an unter: *info@transcript-verlag.de*

# Inhalt

# Einleitung

Eine Performerin bewegt sich in einer durchsichtigen Zelle aus Plastikfolie, abgegrenzt von den anderen Performern und zugleich durch Blicke oder Berührungen mit ihnen verbunden. Ein Haufen Matratzen wird zum Trampolin oder zur Projektionsfläche für Videos, an einem DJ-Pult wird Musik gemischt. Verschiedene Materialien verdichten sich, bilden Nischen oder Freiräume, die vor, hinter und nebeneinander liegen. Sie werden von den Performern belebt, transformiert oder erst gebaut. Hier und da bewegt sich etwas, schaut etwas heraus. Es sind zumeist alltägliche Bewegungen und Situationen, aus ihrem Kontext gelöst und durch Wiederholung ins Absurde und Anormale getrieben. Unterschiedliche mediale Impulse stehen unabhängig nebeneinander, verbinden sich oder stoßen sich ab.

Tänzer aus verschiedenen Tanzrichtungen stehen sich gegenüber, Raum gestaltende Elemente wie Objekte von bildenden Künstlern, Dia- und Videoprojektionen, live gespielte und gemischte Musik. „Diese Variablen fügten sich nahtlos ineinander", so Helmut Ploebst, „und entwickelten insgesamt eine große ‚Erzählung', gewoben aus Écriture automatique assoziativer Bewegungen und der Fraktale aus Beziehungen und Interaktionen der TänzerInnen." In diesem Gewebe entstehen „durch Ineinanderschieben mehrerer Ebenen, Schauplätze, Szenen und Tatorte" immer wieder Verdichtungen.[1]

Die Aufführung von *Crash Landing* im Théâtre de la Ville de Paris im November 1997 war für mich die erste, einprägsame Begegnung mit der Arbeit von Meg Stuart und ihrer Tanzkompanie Damaged Goods, die ein langjähriges Interesse nach sich zog. *Crash Landing* war keine ausgearbeitete Choreographie mit vorher bestimmtem Ablauf. Es handelte sich vielmehr um ein Impro-

1 Helmut Ploebst: „Eine Zukunftswerkstatt Tanz. Meg Stuarts riskantes Improvisationsprojekt ‚Crash Landing' in Leuven", in: *Ballett International – Tanz Aktuell* 12 (1996), S. 38-39, hier: S. 38.

visationsprojekt, für das sich Tänzer, Musiker, Designer und bildende Künstler trafen, um ein paar Tage zusammen zu experimentieren, sowohl unter sich als auch vor Publikum. Dieses Projekt wurde zwischen 1996 und 1999 von Meg Stuart und zwei Tänzern aus der Kompanie, Christine de Smedt und David Hernandez, in verschiedenen Städten in jeweils neuer Besetzung organisiert und durchgeführt.

In *Crash Landing* sind bereits wichtige Merkmale von Stuarts Arbeit angelegt: die Zusammenarbeit mit Künstlern unterschiedlicher Sparten, die Gleichzeitigkeit und das Nebeneinander voneinander unabhängiger Momente, die Unterteilung der Bühne, die Wiederholung und das Bewegen auf der Stelle, das Einbinden von Alltagsgesten, von Sprache und Videobildern. Sie tragen alle dazu bei, dass ihre Choreographien nicht mehr nur auf der reinen Tanzbewegung im Raum aufbauen, und dass die Linearität des Verlaufs aufgehoben wird.

Durch das Neben- und Ineinander ließ sich *Crash Landing*, obwohl es auf einer Guckkastenbühne stattfand, nicht mehr eindeutig einer Kunstsparte zuordnen. Während Ploebst die Rolle der Tänzer betont, empfand ich das Ganze eher als eine belebte Installation, die genauso gut auch in einem Kunstraum hätte stattfinden können. Meine Beschäftigung mit den Choreographien von Meg Stuart ist vom Wunsch geleitet, die Verbindungen und Interferenzen zwischen den Künsten zu erkunden – was sowohl für die Tanz- als auch die Kunstwissenschaft von Bedeutung ist. Als Kunsthistorikerin auf die choreographischen Arbeiten zu blicken, eröffnet eine neue Perspektive auf den Tanz und die Choreographin, da neben der Auseinandersetzung mit der Tanzbewegung und den Debatten um den Körper die Komposition und die intermedialen Verknüpfungen in den Vordergrund treten. Umgekehrt lassen sich durch die interdisziplinäre Herangehensweise auch Erkenntnisse für die Kunstgeschichte im Umgang mit bewegten Bildern und Installationen gewinnen.

Das Aufbrechen der medialen Grenzen und das Ineinandergreifen von Tanzbewegung, Sprache und Videobild stehen in Zusammenhang mit einer allgemeinen Transformation von Tanz und Theater seit den 1960er Jahren, der Entgrenzung der Künste. Sie betrifft nicht nur den Tanz und das Theater, sondern in gleichem Maße auch die bildende Kunst, welche durch Raum ausgreifende, bewegte und teilweise begehbare Installationen, durch den Einzug von Videokunst und Film oder durch die Performancekunst sich nicht mehr mit einem Mal in den Blick nehmen ließ und neben dem Visuellen auch die akustische und körperliche Dimension integrierte.

Wie lassen sich die verschiedenen Ausdrucksweisen in der Grenzüberschreitung der Künste und ihr Ineinandergreifen untersuchen? Aus zwei Gründen ist der Aspekt der Bildlichkeit für die interdisziplinäre Untersuchung geeignet: Weil das Bild sich dadurch auszeichnet, dass sich die inhärenten Elemente und deren mögliche Verbindungen zu Sinn verdichten, und weil Bildlichkeit in der Arbeit von Meg Stuart auf verschiedenen Ebenen eine Rolle spielt. Das Bild entsteht nicht aus einer kausalen Logik. Vielmehr eröffnet die Gleichzeitigkeit der einzelnen Elemente eine Potentialität an Verbindungen, die sich in der Wahrnehmung immer wieder neu ordnen und schichten können. Das Bild steht so in einem Wechselspiel zwischen Außen und Innen, zwischen dem Objekt der Wahrnehmung und der Wahrnehmung selbst. Das Verbindende und zugleich Differenzierende der Idee des Bildes ist nicht nur methodisch für die Zusammenführung der Künste von Bedeutung, sondern spiegelt sich auch in der choreographischen Arbeit von Stuart. Das Bild – als Bildobjekt und als Vorstellung – ist in den Probenprozessen nicht nur Inspirationsquelle, vielmehr wird der Begriff auch mehrfach von der Choreographin verwendet, um die Tänzer in einen Zustand oder ein Bild in ein anderes zu führen, das Bild bei der Bewegung im Raum mitzunehmen oder diesem zu folgen. Auf der Bühne taucht es als Fenster oder Raumstruktur wieder auf, um die Blicke zu leiten und zu organisieren. Die Körperbewegung selbst kann als momentane Unterbrechung in der Pose, als Stauung des Fortlaufs in der Wiederholung oder als Dauer der Bewegung auf der Stelle Bildqualitäten annehmen.

Wie lassen sich installative, räumliche und zeitliche Elemente unter dem Aspekt des Bildlichen befragen? Was führt zu Bildsinn in den Choreographien? Was sind die Bedingungen von Bildlichkeit? Wie sind bildähnliche Zustände im Tanz organisiert? Wie lassen sich zeitliche Prozesse wie die der Bewegung und Choreographie mit der Frage nach dem Bild erfassen? Das sind Fragen, die anhand von verschiedenen Choreographien von Stuart in den Blick genommen werden. Dabei ließ ich mich von den Choreographien selbst leiten, die jeweils auf unterschiedliche Weise die eine oder andere Bildqualität stärker in den Vordergrund rücken.

Die Analyse der Choreographien beruht auf meiner eigenen Wahrnehmung, bezieht aber theoretische Reflexionen aus verschiedenen Disziplinen ein. Bildtheoretische Fragen in Tanz- und Kunstwissenschaft und solche, die am bewegten Bild entwickelt wurden, bilden dabei den Hintergrund. Erwähnen möchte ich hier insbesondere die Studien der Tanzwissenschaftlerin Gabriele Brandstetter zu Bildmustern in Bezug auf den Raum und den Körper im Tanz der Avantgarde und zum Begriff der Figur. Um eine bildähnliche Zeitlichkeit in der Bewegung zu befragen, wird der Blick auf die Genese von Bildern in der Zeit, also auf Bildprozesse, geworfen, die der Kunstwissenschaftler Gottfried Boehm anhand von Malerei und Skulptur ausführt. Als drittes beziehe ich mich auf die Bildqualitäten, die Gilles Deleuze für die Bewegung im Bild und die bewegten Bilder des Kinos ausgeführt hat.

Die Untersuchung von zeitgenössischer Kunst birgt die Schwierigkeit, dass der vielleicht nötige historische Abstand noch nicht gewährleistet ist. Demgegenüber bietet sie aber insbesondere für die flüchtige Kunstform von Tanz und Performance die Möglichkeit, die Aufführung direkt erfahren zu können. Die Erfahrung der Aufführung lässt sich grundsätzlich nicht durch ein Videoband ersetzen, da dieses die räumlichen und körperlichen Prozesse in die Fläche bannt. Dennoch werde ich zur Unterstützung der Erinnerung Aufnahmen der Choreographien hinzuziehen. *Splayed Mind Out* (1997) – eine Zusammenarbeit von Stuart und dem Videokünstler Gary Hill – ist die einzige der besprochenen Choreographien, die ich nicht live gesehen habe. Da sich an dieser Choreographie aber die Beziehung von Video und Choreographie sehr gut analysieren lässt, möchte ich sie in die Untersuchung einbeziehen. Zusätzlich stehen drei Choreographien im Fokus, die zwischen 2000 und 2003 am Schauspielhaus Zürich entwickelt wurden: *Highway 101*, *Alibi* und *Visitors Only*. Von ihnen habe ich teilweise mehrere Aufführungen an verschiedenen Orten gesehen, was jeweils die Wahrnehmung veränderte. Bei *Visitors Only* konnte ich die Proben begleiten und so den Entstehungsprozess und die Arbeitsweise der Choreographin kennenlernen und verfolgen.

Ausgangspunkt der Untersuchung ist Stuarts und Hills gemeinsame Arbeit *Splayed Mind Out*, die im ersten Kapitel besprochen wird. Um die intermedialen Verknüpfungen der Choreographien zu untersuchen, gehe ich zuallererst auf die Trennung, Verschiebung und Neuverbindung von Bild, Körper und Sprache in den Videoarbeiten des bildenden Künstlers ein. Eigenschaften wie Simultaneität und Sprunghaftigkeit der Bilder oder die zeiträumlichen Differenzen von Bild und Sprache, die sich daraus ergeben, sind nicht nur für *Splayed Mind Out*, sondern auch für die folgenden Choreographien von Bedeutung. Darüber hinaus steht in der gemeinsamen Choreographie von Stuart und Hill das mediale Bild der Video- und Filmprojektion in Relationen zur körperlichen Materialität der Tänzer und ihrer Bewegung im Vordergrund.

Nach der Untersuchung der Beziehung von Videobild und Choreographie gehe ich im zweiten Kapitel von einer äußeren Konstitution von Bildlichkeit aus: der Bühne als Rahmung und Blicklenkung. Die Choreographien *Highway 101* (2000) und *Visitors Only* (2003) geben durch die Unterteilung der Bühne in einzelne Räume und durch die Fenstersituation multifokale Blickkonstellationen vor. Diese laufen nicht auf einen einzelnen Blickpunkt zu, sondern werden durch die nebeneinander gesetzten Fenster und Ausschnitte in mehrere gleichzeitige Ansichten zerteilt. Anders als im Film haben wir es nicht mit einem Nacheinander von Bildern zu tun, sondern mit einer Gleichzeitigkeit von bewegten Bildausschnitten. Die einzelnen Blickfelder werden über die Wahrnehmung miteinander verknüpft, so dass ein Wechsel zwischen fokussierender und zerstreuender Ansicht entsteht.

Die beiden letzten Kapitel nehmen sich performativen Bildqualitäten an, die durch die Körperbewegung selbst hervorgebracht werden. Im dritten Kapitel geht es um die Zuspitzung der Bewegung und ihr Einhalten in der Pose, ihr Überspielen in der Wiederholung und den dadurch ausgelösten Affekt. Anhand der Choreographie *Alibi* (2001) werden die verschiedenen Aspekte von

Pose und Affekt – zwischen Anhalten und Herausbrechen der Bewegung – analysiert.

Im vierten Kapitel werden anhand der Choreographie *Visitors Only* verschiedene raumzeitliche Dimensionen von Bewegung nach ihren bildlichen Qualitäten befragt. Das momentane Einhalten im Standbild unterbricht die Bewegung in Raum und Zeit, während das Andauern in der Wiederholung – insbesondere der Bewegung auf der Stelle – die Zeit unendlich dehnt. Die Bewegung setzt sich dabei nicht im Raum fort, sondern eröffnet durch ihre Beziehung zu einem Bewegungsmuster eine bildähnliche Gleichzeitigkeit. Dadurch entsteht eine Spannung zwischen Stillstellung und Steigerung von Bewegung. Aus der Stillstellung wiederum erwächst eine andere Art der Bewegung, die der Imagination.

Diese Untersuchung wurde 2007 von der Universität Basel als Dissertation angenommen. Für diese Publikation wurde sie leicht überarbeitet und aktualisiert. Herrn Prof. Dr. Gottfried Boehm und Frau Prof. Dr. Gabriele Brandstetter, die mich in meinem Vorhaben ermutigt und betreut haben, danke ich für die zahlreichen Gespräche und Anregungen.

Mein besonderer Dank gilt Meg Stuart, den Tänzern und Musikern von *Visitors Only*, die mich durch ihre Arbeit inspiriert haben; John Zwaenepoel und Diana Raspoet vom Damaged Goods Office in Brüssel, die immer bereitwillig auf meine Fragen und Wünsche reagierten.

An dieser Stelle danke ich auch allen Kolleginnen und Kollegen aus dem Graduiertenkolleg *Bild. Körper. Medium. Eine anthropologische Perspektive* an der Hochschule für Gestaltung Karlsruhe und aus dem Graduiertenkolleg *Körper-Inszenierungen* am Theaterwissenschaftlichen Institut der Freien Universität Berlin sowie insbesondere dem *Tanzkreis in Berlin* und dem *Khist-Club* in Basel. Von all denen, die mit ihren kritischen und anregenden Fragen meine Arbeit bereichert haben, möchte ich namentlich Sabina Brandt, Maren Butte, Sonja Claser, Beate Fricke, Katrin Grögel, Inge Hinterwaldner, Dora Imhof, Daria Kolacka, Kirsten Maar und Maren Witte erwähnen. Für die Klarheit beim Lektorat danke ich Dubravka Stojan und Manuel Bonik, für die praktische und spontane Hilfe meiner Mutter Eva Jochim. Und nicht zuletzt danke ich herzlich Gian Salis, der mir stets kritisch und ermutigend zur Seite stand und die verschiedenen Phasen der Dissertation aus nächster Nähe miterlebt hat. Ihm verdanke ich viele Stunden für die Bildbearbeitung und das Layout.

Für die finanzielle Unterstützung während dem Doktorat sei dem Schweizerischen Nationalfonds und der Hans und Renée Müller-Meylan Stiftung sowie der Freien Akademischen Gesellschaft gedankt.

## Meg Stuart: Intermedialität, Performativität und Bildlichkeit

Die amerikanische Choreographin Meg Stuart (geboren 1965 in New Orleans) blickt auf ein über 15 Jahre altes Werk zurück. Nach ihrer Ausbildung in New York war sie Mitglied der Randy Warshaw Dance Company. Mit ihrem ersten abendfüllenden Stück *Disfigure Study* wurde sie 1991 ans Klapstuck Festival in Löwen (Belgien) eingeladen. Die Einladung nach Europa war der Auslöser für die Gründung ihrer Tanzkompanie Damaged Goods 1994 in Brüssel. Der damalige Leiter des Klapstuk Festivals John Zwaenepoel initiierte die Gründung und ist seither ihr Manager. Während die Kompanie ihren Standort in Brüssel behält, war und ist die Choreographin seit 1997 als *artist in residence* an verschiedenen Theaterhäusern, zuerst am Kaaitheater in Brüssel, dann seit 2001 am Schauspielhaus in Zürich und seit 2005 an der Volksbühne in Berlin. Durch diese Konstellation schafft sich die Choreographin einen Freiraum zwischen freier Tanzszene und Theaterhaus. Ihr Bezug zum Theater zeigt sich zum einen in ihren auf eine Guckkastenbühne zugeschnittenen Choreographien und zum anderen in der Zusammenarbeit mit Schauspielern und Regisseuren.

Darüber hinaus gehört die Zusammenarbeit mit Künstlern aus verschiedenen Bereichen, das Experimentieren mit medialen Möglichkeiten und die Improvisation, was am Projekt *Crash Landing* bereits angedeutet wurde, zu den wichtigsten Eigenschaften der Arbeitsweise von Meg Stuart. Sie sind für den Produktionsprozess entscheidend, denn die Choreographien entstehen weniger aus konventionellen Tanzbewegungen als vielmehr aus Alltagssituationen, die losgelöst von ihrem Kontext mittels Improvisation von den Performern in Sprache und Bewegung entwickelt werden.

Die Zusammenarbeit und der Austausch mit bildenden Künstlern und Musikern prägen die intermedialen Choreographien von Meg Stuart. Bildmedien wie Malerei, Photographie, Video und Film fließen als Ausdrucksmedium neben Stimme, Bewegung und Musik in die Arbeit ein, sind aber auch Inspirationsquelle. Bilder und Begegnungen mit Kunstwerken wie beispielsweise von Francis Bacon, Cindy Sherman, Olaf Breuning, Eija-Liisa Ahtila oder Gordon Matta-Clark sind teilweise in den Proben Ausgangspunkt für Improvisationen der Damaged Goods. Zusätzlich werden am Anfang der Probenzeit gemeinsam Filme angeschaut. Es sind oft Arbeiten, die sich auf bildnerischer oder filmischer Ebene mit der Frage der Identität auseinandersetzen. In einem Interview gegenüber Gerald Siegmund beschreibt Stuart ihre Begegnung mit der Kunstszene in New York: „Ich habe damals [vor der Gründung von Damaged Goods 1994 in Europa] in SoHo gelebt und war ständig in Kunstgalerien, um mir Sachen anzuschauen. Ich habe Kunst regelrecht aufgesogen und angefangen, Fragen zu stellen."[2]

Titel von Choreographien wie *No Longer Readymade* (1993) weisen direkt auf Stuarts Auseinandersetzung mit Konzepten der bildenden Kunst wie dem *Readymade* von Marcel Duchamp hin. Als erste Zusammenarbeit lässt sich *Swallow My Yellow Smile* (1994) mit Via Lewandowsky verzeichnen. Daraufhin initiierte Stuart das Projekt *Insert Skin*, für das sie vier bildende Künstler einlud, jeweils eine Choreographie zu erarbeiten. Daraus entstand 1996 *They Live in Our Breath* mit Lawrence Malstaf, 1997 *Remote* mit Bruce Mau, 1997 *Splayed Mind Out* mit Gary Hill und 1998 *Appetite* mit Ann Hamilton. Weiterhin werden immer wieder Videokünstler wie Jorge Leon oder Chris Kondek in den Probenprozess einbezogen. Die Beteiligung an den Proben ist sehr wichtig, weil dadurch die Videoprojektionen mit der Bewegung oder der Stimme der Tänzer verknüpft und nicht als zusätzliche Illustration eingeblendet werden. Die Kooperation mit bildenden Künstlern dient nicht der Gestaltung des Bühnenbildes, sondern einem Austausch, der sich auf die gesamte Struktur der Choreographie auswirkt. Die aus der bildenden Kunst kommenden Ideen verändern die Arbeit mit dem Körper und wirken sich laut Siegmund folgendermaßen auf die Choreographie aus:

> Durch das an bestimmten Körperdarstellungen der Malerei und der bildenden Kunst geschulte Imaginäre wird der tanzende Körper in ein neues Netz von Beziehungen eingesponnen, die den Blick auf den Körper und dessen Bewegungen verändern. Bisher aus der symbolischen Ordnung ausgeschlossene Körper werden darstellbar und zwar an den Rändern der symbolischen Ordnung, wo diese sich nicht zu schließen vermag.[3]

Die Bildmedien haben ihren Einfluss auf die Körperarbeit oder allgemein auf den Umgang mit Körpern, die in der Folge nicht mehr a priori als Ganze betrachtet werden, sondern deren Zerteilung, die bereits in Arbeiten von bildenden Künstlern wie Francis Bacon, Cindy Sherman oder Olaf Breuning stattgefunden hat, nun auch im Tanz und Theater denkbar ist. Darüber hinaus ist jedoch an der neuartigen Arbeitsweise von Meg Stuart nicht nur der Rückgriff auf symbolische Ordnungen der Bilder bedeutend, sondern die Art und Weise der Zusammenarbeit und die damit einhergehende Verflechtung von Bild, Körper, Sprache und Musik.

Darin unterscheidet sich Stuarts Arbeit von anderen Choreographen wie Merce Cunningham, der in den 1960er und 70er Jahren intensiv mit bildenden Künstlern zusammengearbeitet hat, und zeitgenössischen Choreographen wie

2 Meg Stuart im Interview mit Gerald Siegmund: „Von Amerika nach Europa: Meg Stuart", in: *Ballett International – Tanz Aktuell* 4 (1999), S. 38.

3 Gerald Siegmund: *Abwesenheit. Eine performative Ästhetik des Tanzes. William Forsythe, Jérôme Bel, Xavier Le Roy, Meg Stuart*, Bielefeld: transcript 2006, S. 440.

William Forsythe oder Pina Bausch, die ebenfalls neben der Tanzbewegung Text- und Bildmaterial einsetzen. Anders als die genannten Choreographen verlässt Stuart das raumgreifende Moment der Bewegung, indem sie deren Spielraum – insbesondere durch die Unterteilung der Bühne in einzelne Räume – begrenzt. Die Fragmentarisierung der Bühne wirkt sich nicht nur auf die Bewegung aus, sondern auch auf die anderen medialen Ausdrucksweisen wie Stimme und Videoprojektion. Die einzelnen Elemente kommen gleichzeitig, aber unabhängig nebeneinander zu stehenden und können so in der Wahrnehmung neu zusammengeführt werden, was teilweise zu ungewohnten Verbindungen führt.

Die Stimmen und Geräusche entfalten sich über den ganzen Raum, das auf einer Seite der Bühne Gesagte kann sich mit einer anderen Szene verbinden. Zusätzlich werden der gesprochene Text und der Bewegungsfluss von der körperlichen Materialität der Tänzer unterbrochen oder die Stimme wird elektronisch verzerrt. Die Bewegung geht in lautliche und körperliche Eruptionen oder in Videobilder über. Das Sprechen verlässt teilweise seine gleichmäßige Artikulation, wird von der Materialität des Körpers überwältigt und wird zu einer Choreographie des Stockens und Heraussprudelns. Die Störungen und Interaktionen brechen die Form der jeweiligen Ausdrucks-weise auf und lassen diese ineinander übergehen. Das Ausfransen der Ausdrucksformen und das Ineinanderübergehen können als „Verfransung“[4] oder „Entgrenzung“ bezeichnet werden.

Entscheidend für das Zusammenführen heterogener Elemente ist ein energetisches Feld, das von der Musik und der Atmosphäre im Bühnenraum getragen wird. Die improvisierte und meist live gespielte Musik unterstützt die Energie der Tänzer, schafft Verbindungen, kann aber auch inhärente Reibungen provozieren. Deshalb sind die mitwirkenden Musiker sowohl für den Probenprozess als auch für die Aufführung wichtig. Sie erzeugen zusammen mit dem Licht und dem Bühnenraum die Atmosphäre, in der die Tänzer agieren, sich bewegen und sprechen. Die Musik der Choreographien Stuarts ist wenig erforscht, wird häufig in den Analysen nur am Rande erwähnt, obwohl sie entscheidend zur Wahrnehmung der Choreographie beiträgt. Sie beruht nicht auf einer fertigen Komposition, sondern entsteht zusammen mit der Performance. In der Probe wird mit bestehendem und eigenem Klangmaterial improvisiert. Es entstehenden Soundcollagen, die mit elektronischen und akusti-

4 Zum Begriff der „Verfransung“ vgl. Maren Witte: *Anders wahrnehmen, als man sieht*, Berlin: Lit 2006, S. 101-114. Witte nennt das Überschreiten von Grenzen, die Bewegung in einem Bereich jenseits der Grenze in Bezug auf die Idee des Halbschattens, der sich zwischen Licht und Kernschatten befindet, „Ausfransung“. Ich ziehe hier aber Verfransung vor, da dadurch auch eine Verschiebung hin zu etwas anderem – einem anderen Medium oder einer anderen Ausdrucksweise – mitgedacht ist.

schen Instrumenten erzeugt und live gemischt werden. Demgegenüber bauen Forsythe und Bausch meist auf bereits produzierten und aufgenommenen Kompositionen auf. Aber auch Cunningham, der intensiv mit John Cage zusammengearbeitet hat, ging mit der Musik anders um. Er ließ seine Tänzer ohne Musik proben. Für die meisten seiner Choreographien wurde die Tanzbewegung erst kurz vor der Premiere mit der Musik und der Bühnenausstattung zusammengeführt. Die Tänzer, Musiker und bildenden Künstler arbeiteten also bis zur Aufführung parallel und unabhängig voneinander. Demgegenüber ist die Musik in der Arbeit Stuarts wichtiger Motor für den körperlichen, stimmlichen und bildnerischen Ausdruck.

## Historischer Kontext: Judson Church Group

Die Zusammenarbeit mit Künstlern aus verschiedenen Sparten und das Experimentieren über die jeweiligen Grenzen hinaus sind bereits aus der europäischen Avantgarde sowie aus den 1960er Jahren in Amerika bekannt. Der Fokus wird hier auf letztere und dabei insbesondere auf die Judson Church Group[5] gelegt. Denn zum einen befindet sich Meg Stuart durch ihre Ausbildung in Amerika näher bei dieser Tradition. Und zum anderen haben einzelne Mitglieder aus dem Judson Dance Theater wie Steve Paxton, Yvonne Rainer, Lucinda Childs oder Trisha Brown choreographische Tendenzen des Postmodern Dance geprägt, der die Ausbildung Stuarts prägte.

Das Judson Dance Theater oder die Judson Church Group, wie die lose Vereinigung genannt wurde, bezeichnete keine feste Gruppierung oder Tanzkompanie. Die Kirche, die dieser Gruppe den Namen gab, war vielmehr der einzige gemeinsame Nenner, denn dort trafen sich Tänzer, Musiker und Künstler, tauschten sich aus und stellten ihre Experimente bei den einzelnen Veranstaltungen vor. Die Gruppe ist im Herbst 1962 aus einem Workshop des Musikers und Komponisten Robert Dunn im Studio von Merce Cunningham hervorgegangen. Dunn wurde von John Cage, bei dem er Musiktheorie studiert hatte, für den Workshop beauftragt. Es beteiligten sich nicht nur Musiker, sondern auch Tänzer und bildende Künstler, darunter Simone (Forti) Morris, Steve Paxton, Yvonne Rainer. Als Abschluss organisierten sie ein Konzert in der Judson Memorial Church, die daraufhin für die folgenden zwei Jahre als Treffpunkt und Veranstaltungsort diente. Als Freiraum für Experimente wurde dieser Ort zum Ausgangspunkt verschiedener postmoderner Tanzentwicklungen, die sich vom Ballett und Modern Dance abgrenzten. Gemeinsamkeiten dieser losen, unhierarchischen Gruppierung war der Einfluss von Cunningham und Cage, in Bezug auf die Zusammenarbeit von Tanz und Musik und das Interes-

5 Zur Judson Church Group vgl. Sally Banes: *Democracy's Body. Judson Dance Theater 1962-1964*, Durham/London: Duke University Press 1993.

se an der östlichen Philosophie – insbesondere am Zen-Buddhismus. Ausserdem hatten viele Mitglieder, bevor sie nach New York kamen, bei Ann Halprin in San Francisco studiert, so dass deren Idee von Intuition und Impuls in die Arbeiten einfloss.[6] Ein wichtiger Aspekt war sicher auch der Einbezug von Alltagsgesten und der damit ausgelöste Diskurs über das Schauspielen bzw. das Nicht-Schauspielen[7].

## Yvonne Rainers unhierarchische Bewegungsordnung

Yvonne Rainer beschreibt in ihrem Aufsatz „A Quasi Survey of Some ‚Minimalist' Tendencies in the Quantitatively Minimal Dance Activity Midst the Plethora, or an Analysis of Trio A"[8] relevante Transformationen im Bewegungsstil und in der choreographischen Struktur, die sie in den 1960er Jahren erprobt hat. Sie weisen Ähnlichkeiten zur choreographischen Praxis Stuarts auf, so z. B. im Einbezug von Alltagsbewegungen und in der unhierarchischen Ordnung von Bewegung. Indem Rainer ein neues Konzept der Energieverteilung vorschlägt, grenzt sie sich vom traditionellen Tanzverständnis ab und verlässt die Idee der Phrase. Die Phrase zeichnet sich durch eine hierarchische Struktur wie die Entwicklung von Anfang, Höhepunkt und Schluss aus, was zudem den Aufbau des klassischen Balletts prägt.[9] An die Stelle von hierarchisch geordneten Bewegungsmustern tritt das Nebeneinander von verschiedenen kleinen Bewegungen und von anderen Elementen und Materialien. Die gleichmäßige Energieverteilung vermeidet eine Akzentuierung und erzeugt eine Gleichwertigkeit. Pausen werden nicht nach einer Bewegungsfolge eingerichtet, sondern durch Unterbrechen und Aneinanderreihen von unabhängigen Bewegungen. Daneben wird die Bewegung wiederholt und dadurch abstrahiert, sie wird objekthaft und materiell.[10]

Die Gleichwertigkeit und Wiederholung von Bewegungsstrukturen sowie der Einbezug von Alltagsgesten sind Elemente, die auch für Stuarts Choreographie weiterhin in Anspruch genommen werden können. Trotz der ähnlichen Ansätze entwickelte Stuart aber eine andere Bewegungssprache: Die un-

6 Vgl. Ebd., S. xii-xvi.

7 Michael Kirby: „On Acting and Not-Acting", in: *The Drama Review: TDR*, Vol. 16 (1972), Nr. 1; Kirby hat die gleiche Thematik einige Jahre später auf den Tanz übertragen: Michael Kirby: „Danse et non-danse. Trois continuums analytiques", in: Odette Aslan (Hg.), *Le corps en jeu*, Paris: CNRS Éditions 1994, S. 209-217.

8 Yvonne Rainer: „A Quasi Survey of Some ‚Minimalist' Tendencies in the Quantitatively Minimal Dance Activity Midst the Plethora, or an Analysis of Trio A", in: Dies. (Hg.), *Yvonne Rainer. Work 1961-73*, Halifax: The Press of the Nova Scotia College of Art and Design/New York: New York University Press 1974, S. 63-69.

9 Ebd., S. 65f.

10 Ebd., S. 68.

hierarchischen Beziehungen werden durch die Gleichzeitigkeit mehrerer Situationen verstärkt, die Bewegung im Raum wird auf ein Minimum reduziert und die Alltagsgesten bis zur Anormalität getrieben. Stuart arbeitet nicht nur mit der Gleichheit von Handlungen, sondern auch mit ihrer Gleichzeitigkeit. Die Segmentierung der Bühne in einzelne, nebeneinander liegende Räume unterstreicht das Nebeneinander von Situationen und medialen Ausdrücken und unterbricht den Bewegungsablauf. Während für Rainers Choreographien die Bewegung in den Diagonalen des Raumes ein wichtiges choreographisches Element war, schränkt Stuart den Bewegungsraum ein. Die verräumlichende Tanzbewegung wird zugunsten einer Bewegung und Erregung am Körper zurückgenommen. Zudem interessiert Stuart sich für die Alltagsbewegungen nicht nur als Abweichung von der stilisierten Tanzbewegung im Sinne einer *factual quality*. Vielmehr nehmen ihre Alltagsgesten auch Störfaktoren wie Tics oder Handicaps auf. Diese kleinen Bewegungen – „sinnlose[s] Nesteln an Kleidung und Haaren"[11] – oder die motorischen Störungen – Kriechen am Boden oder Stolpern über das eigene Bein –, die sonst aus der Idealvorstellung von Gesellschaft und gesundem Verhalten ausgeschlossen sind, werden bei Meg Stuart auf der Bühne integriert, ja sogar betont, zelebriert und inszeniert. Dieser Einbezug von aus der Norm abweichenden Bewegungen wird von Laermans als Akt der „Normalisierung"[12] bezeichnet, während Siegmund von „Verallgemeinerung" spricht.[13] Die Tics und Handicaps werden jedoch in der Arbeit Stuarts weder normalisiert noch verallgemeinert. Sie sind vielmehr menschlich, weil sie gegen die Idealisierung arbeiten, weil sie Abweichungen und kleine Fehler zulassen.

## Steve Paxtons (Kontakt-)Improvisation und Propriozeption

In den 1970er Jahren entwickelte Steve Paxton eine physische Art der Improvisation, die auf dem Körperkontakt von zwei oder mehreren Tänzern beruht.[14] Die so genannte Kontaktimprovisation hat eine Neuorientierung des tanzenden Körpers und eine Sensibilisierung für den Körperinnenraum – die Propriozeption – hervorgebracht, die laut Gerald Siegmund[15] für die Arbeit Stuarts wesentlich ist. Durch den Kontakt mit einem Gegenüber werden innere Impulse übertragen, denen die Tänzer folgen. Dabei kann die Ausrichtung des Körpers auf sein Zentrum oder auf die Geometrie von Körper und Umraum

---

11 Rudi Laermans: „Dramatische Gesellschaftsbilder", in: *Ballett International – Tanz Aktuell* Nr. 8-9 (1995), S. 56.

12 Ebd., S. 56.

13 Siegmund 2006, S. 413f.

14 Sabine Huschka: *Moderner Tanz. Konzepte Stile Utopien*, Reinbek: Rowohlt 2002, S. 274.

15 Vgl. Siegmund 2006, S. 414-419. Vgl. dort auch zum Folgenden.

aufgegeben werden. Dies betrifft sowohl das Verhältnis von Kopf und Bein des einzelnen Körpers als auch die geschlechtsneutrale Rollenverteilung in Bezug auf die Hebefiguren. Der Bewegungsablauf ist nicht von außen vorgegeben, sondern entsteht aus der Situation der sich berührenden, tragenden, abstoßenden, rollenden Körper. „Die instabile, sich ständig wandelnde Form entsteht," so Siegmund, „aus der Notwendigkeit des Moments heraus, der sich additiv an den nächsten reiht, wobei lange Zeit nichts Aufregendes passieren muss, bevor es plötzlich zu frappierenden und außergewöhnlichen Konstellationen kommen kann."[16] Diese Haltung einer undramatischen, unhierarchischen und gewissermaßen demokratischen Struktur wurde bereits im Vergleich mit dem choreographischen Konzept von Yvonne Rainer erwähnt.

Durch die Aufmerksamkeit der Tänzer auf den Körperinnenraum sowie auf die Impulse der anderen Tänzer findet eine Kondensation der Bewegung am Körper statt, die den Blick der Zuschauer anzieht. Meg Stuart erweitert die Kontaktimprovisation dadurch, dass sie diese Tanztechnik, die sich im kleinen Rahmen zwischen zwei Körpern abspielt, auf die Bühne bringt. Zugleich werden die vom Körperinnern ausgehenden Impulse nicht nur über den direkten Körperkontakt übertragen, sondern auch in einem energetischen Transfer vermittelt. So kommt es vor, dass Tänzer von unsichtbaren Kräften geleitet werden, die sie in eine andere Richtung treiben als die, in die sie zu gehen scheinen. Zudem können Impulse über die Distanz des Raumes eine Beziehung zwischen zwei Tänzern herstellen. Durch die Anziehungs- und Abstoßungskraft der Impulse werden Blickpunkte hervorgerufen, die sich einem Netz gleich über die Bühne spannen.

## ‚Imaging': Das Vorstellungsbild in der Schauspieltechnik

Neben den Tänzern, Videokünstlern und Musikern bezieht Meg Stuart in ihre Choreographien auch Schauspieler ein. Dabei können die Rollen vertauscht werden, so dass die Tänzerin spricht, während der Schauspieler tanzt. Da teilweise nicht wirklich zwischen Tänzer und Schauspieler unterschieden werden kann, verwende ich häufig den Begriff „Performer". Einer der langjährigen Schauspieler von Damaged Goods, Thomas Wodianka, ist mit der Schauspielmethode *Imaging*[17] vertraut. Er hat diese Methode der imaginativen Vergegenwärtigung in einem Workshop bei Eric Morris gelernt und sich damit sowohl praktisch als auch theoretisch auseinandergesetzt.[18]

16 Ebd., S. 416.

17 Vgl. Eric Morris: *Being & Doing. A Workbook for Actors*, Ermor Enterprises 1990 und Eric Morris: *Acting, Imaging and the Unconscious*, Ermor Enterprises 1998.

18 Vgl. Thomas Wodianka: *The ‚Eric-Morris-Method'. Darstellung und Analyse eines amerikanischen Schauspielsystems*, Diplomarbeit, eingereicht an der Schauspielschule Hamburg 2000.

Der aus Kalifornien stammende Amerikaner hat insbesondere Filmschauspieler trainiert, die oft mehrere Male einen kurzen Ausschnitt wiederholen müssen, ohne den ganzen Ablauf eines Films oder eines Stücks zu vollziehen. Morris' Schauspielsystem geht zurück auf Konstantin Stanislawski, der in der ersten Hälfte des 20. Jh. im Zusammenhang mit der Umwertung von Rolle und persönlichem Charakter des Schauspielers im Theater der Avantgarde ein neues Konzept entwickelte. Dieses wurde durch seine Schüler nach Amerika exportiert und dort unter Lee Strasberg in den 1950er Jahren auf psychologischer Ebene weiter ausgebaut. Emotionales Gedächtnis (*affective memory*) und die Vorstellungskraft der Performer sind die führenden Komponenten dieses als „Methode" bezeichneten Schauspieltrainings.

Eric Morris legte das Gewicht noch mehr auf die Persönlichkeit des Schauspielers, indem er das „Sein" (*being*) vor das Handeln und das Schauspielen stellt. Das Sein basiert auf der Wahrnehmung, der Akzeptanz und dem Ausdruck von allem, was man fühlt. „Um den Fluss der Impulse entstehen zu lassen, ist es notwendig," so Thomas Wodianka, „alles einzubeziehen, was sich ereignet, ohne zu bewerten oder zu unterdrücken. SEIN ist der Ausgangspunkt für das Spiel, es befördert den natürlichen Prozess von Reiz – Effekt – Antwort – Ausdruck, ohne den Wahrhaftigkeit nicht möglich ist."[19] Die Einbeziehung der Umwelt und die Bestimmung der eigenen Position in der Gegenwart sowie aus der Erinnerung basiert auf dem, was Morris *sense memory* nennt. Durch das „sinnliche Gedächtnis" wird die Fähigkeit trainiert, ein nicht vorhandenes Objekt und alle damit verbundenen Gefühle und Handlungen mit Hilfe der Sinne herzustellen. Der Schauspieler trainiert, auf imaginäre Objekte zu reagieren, indem er sie für sich wahr macht. Wichtig ist dabei, dass dies nicht nur über das Denken geschieht. Vielmehr soll der Schauspieler spüren, wie es sich anfühlt, wenn er den Gegenstand in den Händen hält, wenn er sich bewegt usw. Alle Sinne werden einbezogen, so auch der Geruch beim Trinken einer Tasse Kaffee. Aus dem Erzeugen von sinnlichen Ereignissen im Moment entspringt eine Wahrhaftigkeit des Performers jenseits des Spielens (vgl. Kap. 4, Bewegung auf der Stelle).

In den Schauspielmethoden nehmen diese „Vorstellungsbilder" laut Wolf-Dieter Ernst „eine zweideutige Rolle" ein, denn sie ermöglichen die Verlebendigung einer abwesenden Rollenfigur und zugleich besteht die Gefahr einer übermäßigen Identifizierung.[20] Der Akt muss als „rhetorisches (nicht anthropologisches) Verfahren der Figuration und De-Figuration"[21] verstanden

19 Wodianka 2000, S. 4.

20 Wolf-Dieter Ernst: „Die ‚hässliche Maske eines Greises' behaupten. Zur visuellen Energie im Schauspiel", in: Gottfried Boehm, Gabriele Brandstetter, Achatz von Müller (Hg.): *Figur und Figuration. Studien zu Wahrnehmung und Wissen*, München: Fink 2007, S. 321-334, hier: S. 322.

21 Ebd., S. 330.

werden. Die „Identifikation des Schauspielers mit einer Rollenfigur" ist laut Wolf-Dieter Ernst mit der Dialektik von Bildern zu vergleichen, die vortäuschen, etwas zu sein, und sich zugleich davon distanzieren.[22]

## Methodischer und theoretischer Hintergrund

Die Choreographien Meg Stuarts wurden bislang zu Themen wie das Arbeiten an und mit Körpergrenzen[23] sowie zur choreographischen und performativen Ästhetik[24] befragt, und dies meist aus tanzwissenschaftlicher oder performancetheoretischer Hinsicht. Dabei treten nur am Rande Hinweise zur Bildthematik in der Arbeit Stuarts auf, die in meiner Untersuchung in den Vordergrund gestellt wird.

Neben verschiedenen Aufsätzen[25] zählt Pirkko Husemanns Magisterarbeit *Ceci est de la danse*[26] zu den ersten Veröffentlichungen über die Choreographin. Husemann vergleicht Stuart mit den Choreographen Jerôme Bel und Xavier Le Roy, die ähnlich wie sie nicht von einer raumgreifenden Tanzbewegung ausgehen, und fragt, inwiefern deren Arbeiten weiterhin als Choreographien betrachtet werden können. Die einige Jahre danach erschienene Habilitation von Gerald Siegmund[27] entwickelt aus einer ähnlichen Fragestellung und anhand der gleichen Choreographen eine „performative Ästhetik", die auf der Abwesenheit basiert bzw. auf eine Abwesenheit zuläuft. Damit wendet er die Frage nach Präsenz, wie sie bislang im Mittelpunkt der Performancetheorien von Erika Fischer-Lichte und ihrem Umkreis stand, in eine andere Richtung und bringt sie mit Bildtheorien in Verbindung. Er beruft sich dabei auf

22 Ebd., S. 324.

23 Gesa Ziemer: *Verletzbare Orte. Entwurf einer praktischen Ästhetik*, Berlin/Zürich: Diaphanes 2008; Susanne Foellmer: *Am Rand der Körper. Inventuren des Unabgeschlossenen im zeitgenössischen Tanz*, Dissertation, eingereicht an der Freien Universität Berlin 2008.

24 Pirkko Husemann: *Ceci est de la danse. Choreographien von Meg Stuart, Xavier Le Roy und Jérôme Bel*, Noderstedt: Books on Demand GmbH 2002; Jeroen Peeters: *Bodies as Filters. On Resistance and Sensoriness in the Work of Boris Charmatz, Benoît Lachambre and Meg Stuart*, Maasmechelen: Culturel Centre Maasmechelen 2004; Siegmund 2006.

25 Um nur einige der wichtigsten Aufsätze zu nennen: Gabriele Brandstetter: „Figur und Placement. Körperdramaturgie im zeitgenössischen Tanztheater am Beispiel von Merce Cunningham und Meg Stuart", in: Hermann Danuser (Hg.), *Musiktheater heute*, Main u. a.: Schott 2003; Laermans 1995; Jeroen Peeters: „Strategies of Adaptation. Some Points of Entry and Exit concerning Damaged Goods' *Highway 101*", in: *A-Prior* Nr. 6 (Herbst/Winter 2001/2002).

26 Husemann 2002.

27 Siegmund 2006. Seine Reihe der Choreographen ist um William Forsythe erweitert.

Georges Didi-Huberman, der sich insbesondere der Abwesenheit, dem Unsichtbaren und dem Dazwischen widmet. Die Lücke zwischen dem Körper und der symbolischen Ordnung besetzt laut Siegmund das Imaginäre. Hier kommt die psychoanalytische Trennung der drei Ebenen von Jacques Lacan – des Symbolischen, Imaginären und Realen – ins Spiel, die Siegmund auf das Tanztheater überträgt.

Neben Siegmund hat Rudi Laermans bereits in den 1990er Jahren in seinem Aufsatz „Cultural Unconsiousness in Meg Stuart's Allegorical Performances" auf die *body/bodily images*, die in Bilder transformierten Körper, in der Arbeit Stuarts hingewiesen. Er beschreibt diese Bilder auf eindrückliche Weise als Bilder, die in ihrer ganzen Kraft als Bilder affizieren, und weniger über ihre Bedeutung: „Perhaps they are in every respect essential images: images that do not affect because of their meaning or content, but by their ‚being-an-image' – their ‚imageness' – their particular existential quality as a specific mode of representation."[28] Laermans vergleicht die Bildhaftigkeit mit der Skulptur in der bildenden Kunst, indem er Stuarts Umgang mit den Körpern als lebloses Material beschreibt. Während sich Stuart in ihren frühen Choreographien (*Disfigure Study*, *No Longer Readymade* und *Splayed Mind Out*), auf die sich Laermans bezieht, tatsächlich für leblose Körper interessiert, werden diese später gerade in ihrer Materialität lebendig.

Anders als bei Laermans geht es in der folgenden Untersuchung weniger um zu Bildern gewordenen Körper oder um Bildhaftigkeit im Sinne einer skulpturalen oder metaphorischen Dimension. Vielmehr sollen Bildprozesse in der Bewegung und der choreographischen Komposition untersucht werden. Die Merkmale von Stuarts Choreographien – die Intensitäten, die durch die Steigerung der Bewegung in ihrem gleichzeitigen Verharren an Ort und Stelle entstehen, oder die Relationen zwischen einzelnen Blickpunkten auf der Bühne oder die Zeitlichkeit der Bewegung – finden in die Untersuchung Eingang. Dabei werde ich auf den Analysen von Siegmund aufbauen, jedoch den Begriff des Imaginären von Lacan ausklammern, da es nicht um eine duale Beziehung zwischen Ich und Ähnlichem oder um eine Subjektkonstitution geht.

Mit einem erweiterten Bildverständnis, das verschiedene Ansätze aus Tanz-, Theater-, Kunst- und Filmwissenschaft integriert, soll die Verschränkung zwischen Performance und Bild, die in den Choreographien Stuarts stattfindet, erörtert werden. Die einzelnen Ansätze werden im Folgenden ausgeführt.

Die Frage nach dem Bild umfasst ein weites Gebiet, zu dem in den letzten Jahren Forschungsschwerpunkte in unterschiedlichen natur- und geisteswis-

28 Rudi Laermans: „Cultural Unconsiousness in Meg Stuart's Allegorical Performances", in: *Performance Research* 2 (1997) Nr. 3, S. 99.

senschaftlichen Disziplinen entstanden sind. Die verschiedenen Ansätze[29] lassen sich hier nicht annähernd zusammenfassen, aber einige wenige sollen mit Blick auf die zeitgenössische Choreographie in Erwägung gezogen werden. Die Untersuchung der Choreographie unter dem Gesichtspunkt der Bildlichkeit möchte nicht die Tanzbewegung im Bild festhalten oder gar als Bildobjekt betrachten, sondern Bildprozesse in den Blick nehmen, die sich in der Bewegung und der choreographischen Struktur ereignen. Die Idee eines Bildes[30], das sich im Französischen und Englischen *image* vom klassischen Bildobjekt – dem *tableau* oder *picture* – abgrenzt, steht dabei im Vordergrund. Im Sinne von *image* meint Bild im Folgenden etwas Offenes, das durch eine bestimmte Konstellation in der Choreographie in Gang gesetzt wird, sich zwischen Wahrnehmung und Choreographie bewegt und sich von der Wahrnehmung wieder an die Choreographie zurückbinden lässt, ohne selbst als Materialität fassbar zu sein. Diese Wechselbeziehung zwischen Betrachter und Choreographie ist mehrfach auch als Austausch von inneren und äußeren Bildern beschrieben worden.[31] Da er ein wechselseitiger ist, sich nicht allein in der Vorstellung des Betrachters ereignet, ziehe ich den Begriff des Bildes dem Lacanschen Imaginären vor.

Die Bildwahrnehmung beruht auf einer Unmittelbarkeit, die Maurice Blanchot[32] für die Literatur als „Faszination“ beschreibt. Die Anziehungskraft des Bildes, die sich sowohl beim Schreiben als auch beim Lesen ereignet, beruht auf einer Dialektik zwischen Distanz und Berührung, die dem Bild eigen ist.[33] Sein Bildbegriff für die Literatur bezieht sich auf den performativen Akt – das Schreiben und Lesen. Auf diese Weise ist er von einem Bildobjekt unabhän-

29 Hans Belting, Gottfried Boehm, Horst Bredekamp, Olaf Breidbach, Hans Dieter Huber, W. J. Thomas Mitchell, Klaus Sachs-Hombach, Wolf Singer u. a..

30 Vgl. Inge Hinterwaldner u. Markus Buschhaus (Hg.): *The Picture's Image*, München: Fink 2006.

31 Vgl. zur Verschränkung von äußeren und inneren Bildern bei Hans Belting: *Bild-Anthropologie. Entwürfe für eine Bildwissenschaft*, München: Fink 2001, S. 19-22; Birgit Mersmann u. Martin Schulz (Hg.): *Kulturen des Bildes*, München: Fink 2006: „Kein äußeres Bild kann ohne ein Medium bestehen, von dem es gespeichert, getragen, übertragen und zur Erscheinung gebracht wird, in dem es materialisiert, objektiviert und sichtbar gemacht wird. Zugleich kann kein Bild bestehen, wenn es nicht wahrgenommen und so von einem externen Bild wieder in ein inneres transformiert wird, das wörtlich einverleibt, im Körper gespeichert, bewertet, kognitiv und emotional umgesetzt und überhaupt erst als Bild erkannt wird. Was die Medien für die äußeren Bilder sind, das sind, in einem übertragenen Sinne, die Körper für die inneren Bilder und die Bildung eines inneren Bildgedächtnisses.“ (S. 11-12)

32 Maurice Blanchot (Hg.): *L'espace littéraire*, Paris: Gallimard 1968.

33 Maurice Blanchot: *Die wesentliche Einsamkeit*, übersetzt von Gerd Henninger, Berlin: Hensel 1959, S. 41; auf Französisch: „La solitude essentielle“ (1951), in: Blanchot 1968, S. 8-28.

gig, was der Idee des Bildes im Tanztheater nahesteht, das vom Ereignis der Aufführung und ihrer Betrachtung in gleichem Maß ausgeht.

Die traditionellen Prämissen von Theater, Tanz und bildender Kunst haben in den jeweiligen Wissenschaften zu einem anderen Verständnis von Bild und Bewegung geführt, weshalb hier die Rahmenbedingungen der darstellenden und bildenden Künste kurz erläutert werden. Die Differenzen zwischen Aufführung und Installation gehen grundsätzlich aus ihrer Präsentationsweise, die durch den Bühnenraum bzw. den Kunstraum definiert wird, und das dadurch implizierte Betrachterverhältnis hervor. Die Choreographie oder das Theaterstück gibt einen zeitlichen Rahmen vor, währenddessen der Zuschauer an einem ihm zugewiesenen Platz in der Tribüne dem Geschehen gegenüber sitzt. Bei einer Installation werden dem Betrachter zwar unterschiedliche Zugänge vorgegeben, er kann aber selbst entscheiden, wie lange er sich darin aufhält: Er kann hin und her gehen, nur einen Teil anschauen oder nochmals hindurchgehen.

Während die Installation steht und der Betrachter sich bewegt, ist die Choreographie von der Körperbewegung geprägt und der Zuschauer ist statisch. Beide verschränken Stasis und Bewegung in dem Sinn, als beim Bild von einer imaginativen Bewegung in der Wahrnehmung ausgegangen wird und als im Theater der Betrachter von der Aufführung bewegt wird. Grundsätzlich ist zwischen der imaginativen Bewegung, die erst in der Wahrnehmung entsteht, und der Bewegung, die durch eine Aufführung erzeugt wird, zu unterscheiden. Dies gilt in gleichem Maße auch für die imaginative Stasis, die sich bei der Wahrnehmung von Bewegung einstellen kann. Indem das Bildobjekt sich bewegt (vgl. Jean Tinguelys kinetische Plastiken oder Marcel Duchamps *Rotoreliefs*) oder indem die Bewegung einer Performance „auf der Stelle" tritt (vgl. *Tableaux Vivants* des 18. und 19. Jahrhunderts, Vanessa Beecroft), wird Bewegung ins Bild geführt oder nimmt die Bewegung einen bildähnlichen Zustand an.

Da die Theaterwissenschaft sich lange Zeit auf die literarische Auslegung der Dramentexte konzentrierte und später von einer körperlichen Erfahrung ausgegangen ist[34], ist die Frage nach Bildqualitäten einer Performance noch nicht wirklich erforscht. Dem Bild wurde sowohl in der Theater- als auch in der Tanzwissenschaft die Prozesshaftigkeit abgestritten. Deshalb wurde lange Zeit die Betrachtung der „Bewegung als Bild"[35] in der Tanzwissenschaft abgelehnt und die Bewegungsanalyse in den Vordergrund gestellt wie etwa bei Claudia

34 Vgl. Erika Fischer-Lichte: *Ästhetik des Performativen*, Frankfurt a. M.: Suhrkamp 2004.

35 Claudia Jeschke: *Tanz als BewegungsText. Analysen zum Verhältnis von Tanztheater und Gesellschaftstanz (1910-1965)*, Tübingen: Niemeyer 1999, S. 1-9.

Jeschke[36] oder Laurence Louppe[37] und Susan Leigh Forster[38]. Auch neuere Untersuchungen wie die meiner Dissertationskolleginnen Christiane Berger und Maren Witte[39] konzentrieren sich auf die Bewegungsthematik und weniger auf die Zusammenhänge verschiedener Medien. Demgegenüber legen es die Choreographien von Meg Stuart nahe, mit einem erweiterten Bildbegriff zu operieren, um über die Tanzbewegung hinaus den choreographischen Zusammenhang zu erörtern.

Für die Beschäftigung mit der Bildthematik im Tanztheater ist der Ansatz von Gabriele Brandstetter und neuerdings der bereits ausgeführte Ansatz von Gerald Siegmund zu erwähnen. Die bereits in den 1990er Jahren verfassten *Tanz-Lektüren* von Brandstetter[40] erweisen sich weiterhin als wertvolle Grundlage, da sie sich mit den Interferenzen von Literatur und Tanz, Schrift und Bewegung in der Avantgarde auseinandersetzen. Für ihre Untersuchung wählt Brandstetter „Bildmuster“, die zum einen auf den Körper (Pathosformeln) und zum anderen auf den Raum (Toposformeln) bezogen sind. Für die Bildmuster, die in späteren Publikationen vom weiter ausgreifenden Begriff der „Figur“[41] abgelöst werden, greift sie auf die „Pathosformel“ von Aby Warburg[42] zurück. Warburg hat mit seinem Akzent auf die Dynamik des Ausdruckspotentials entscheidende Beiträge zur Bewegung im Bild geliefert, auf die Kunstwissenschaftler wie Gottfried Boehm und Georges Didi-Huberman ebenfalls zurückgreifen.

Neben dem körperlichen und räumlichen Aspekt der Bildmuster von Brandstetters *Tanz-Lektüren* werde ich zusätzlich die zeitliche Dimension einbeziehen. Der zeitliche Aspekt wird von Brandstetter bereits in neueren Untersuchungen zur Beziehung von Bild und Bewegung, zum einen auf wahrneh-

36 Jeschke 1999.

37 Laurence Louppe: *Poétique de la danse contemporaine*, Bruxelles: Contredanse 2000.

38 Susan Leigh Foster: *Reading Dancing. Bodies and Subjects in Contemporary American Dance*, Berkeley/Los Angeles/London: Univ. of California Press 1986.

39 Vgl. Maren Witte: *Anders wahrnehmen, als man sieht. Zur Wahrnehmung und Wirkung von Bewegung in Robert Wilsons Inszenierungen von Gertrude Steins ‚Doctor Faustus Lights the Lights‘ (1992), ‚Four Saints in three Acts‘ (1996) und ‚Saints and Singing‘ (1997)*, Berlin: Lit 2006; Christiane Berger: *Denken in Bewegung*, Bielefeld: transcript 2006.

40 Gabriele Brandstetter: *Tanz-Lektüren. Körperbilder und Raumfiguren der Avantgarde*, Frankfurt a. M.: Fischer 1995.

41 Vgl. Gabriele Brandstetter u. Sibylle Peters (Hg.): *de figura. Rhetorik – Bewegung – Gestalt*, München: Fink 2002. Der Begriff der „Figur“ bezieht sich nicht einfach auf eine Gestalt, sondern vielmehr auf die Rhetorik und eine allgemeine Struktur, die ihre Auflösung – ihre „De-Figuration“ –, zugleich mitdenkt. Diese Beweglichkeit des Begriffs ist insbesondere für die Analyse von Bewegung fruchtbar.

42 Aby Warburg: „Mnemosyne. Einleitung“, in: Martin Warnke u. Claudia Brink (Hg.): *Aby Warburg. Der Bilderatlas Mnemosyne*, Berlin: Akademie 2000.

mungstheoretischer[43] und zum anderen auf struktureller Ebene[44], einbezogen. Unter dem Begriff „Bild-Sprung“ hat sie ihre Analysen, welche die Thematik des Medienwechsels in der Avantgarde, der Postmoderne und der Gegenwart betreffen, zusammengefasst und in der gleichnamigen Publikation[45] herausgegeben. Im Wechsel von der Bewegung zum Bild und umgekehrt sowie von Bild zu Bild gibt es, so Brandstetter, immer eine Lücke, die es zu überspringen gilt. Gerade dieses Dazwischen – zwischen Bewegung und Bild – wird für die Fragestellung nach der Bildlichkeit in der Choreographie von Interesse sein.

Auf der anderen Seite gibt es in der Kunstwissenschaft wenige Ansätze, die sich mit der Bewegung im Bild befassen. Obwohl diese Ansätze sich mit Bildobjekten auseinandersetzen, lassen sich aus ihren Überlegungen zum Verhältnis von Bild und Bewegung und zur Zeitlichkeit von Bildern gewisse Bedingungen und Möglichkeiten von Bildlichkeit ableiten.

Seit einigen Jahren beschäftigt sich Gottfried Boehm[46] mit der Zeitlichkeit im Bild, die über die Wahrnehmung ins Spiel gebracht wird. Er geht dabei von seiner für die Bewegung im Bild eingeführten „ikonischen Differenz“ aus, die aus einem sichtbaren Entgegenstehen, dem Kontrast des Bildes hervorgeht. Dabei handelt es sich um einen „Grundkontrast, dem zwischen einer überschaubaren Gesamtfläche und allem, was sie an Binnenereignissen einschließt“[47]. Der innerbildliche Kontrast, das was sich zwischen den Dingen ereignet, ist für die Bildentstehung und -wahrnehmung entscheidend. In der Beziehung zwischen Simultaneität und Sukzessivität, zwischen begleitender und fokussierender Wahrnehmung oder auch zwischen Opazität und Transparenz wird laut Boehm Bildsinn immer wieder neu produziert: „Erst durch das Bild gewinnt das Dargestellte Sichtbarkeit, Auszeichnung, Präsenz. Es bindet

43 Gabriele Brandstetter: „Choreographie und Memoria. Konzepte des Gedächtnisses von Bewegung in der Renaissance und im 20. Jahrhundert“, in: Claudia Öhlschläger u. Birgit Wiens (Hg.): *Körper, Gedächtnis, Schrift. Der Körper als Medium kultureller Erinnerung*, Berlin: Erich Schmidt 1997.

44 Gabriele Brandstetter: „Still/Motion. Zur Postmoderne im Tanztheater“, in: Claudia Jeschke (Hg.), *Ästhetik der Bewegung*, Berlin 2000; Gabriele Brandstetter: „Pose, Posa, Posings. Zwischen Bild und Bewegung,“ in: Elke Bippus u. Dorothea Mink (Hg.), *Mode/Körper/Kult*, Stuttgart: Arnoldsche Verlagsanstalt/Bremen: Hochschule der Künste 2007.

45 Gabriele Brandstetter (Hg.): *Bild-Sprung. TanzTheaterBewegung im Wechsel der Medien*, Berlin: Theater der Zeit 2005.

46 Vgl. den Sammelband der Aufsätze von Boehm zur Frage des Bildes, Gottfried Boehm (Hg): *Wie Bilder Sinn erzeugen. Die Macht des Zeigens*, Berlin: University Press 2007, und Gottfried Boehm, Gabriele Brandstetter, Achatz von Müller (Hg.): *Figur und Figuration. Studien zu Wahrnehmung und Wissen*, München: Fink 2007.

47 Gottfried Boehm: „Die Wiederkehr der Bilder“, in: ders. (Hg.), *Was ist ein Bild?*, München: Fink 1995, S. 11-38, S. 30.

sich dabei aber an artifizielle Bedingungen, an einen ikonischen Kontrast, von dem gesagt wurde, er sei zugleich flach und tief, opak und transparent, materiell und völlig ungreifbar."[48]

Boehms Formulierung der ikonischen Differenz geht auf die von Max Imdahl vertretene „Ikonik" zurück, die an den bildeigenen Bedingungen interessiert ist. Damit wendet sich Imdahl gegen die „Ikonologie" und die „Ikonographie"[49], die eine Begründung für das Bild in etwas außerhalb von ihm Liegenden, wie beispielsweise einer Textgrundlage, suchen. Anhand der Giotto-Fresken in der Arenakapelle in Padua zeigt Imdahl[50], wie rein über die anschaulichen Zusammenhänge eine Sinndichte entsteht, die als ikonische Leistung zu verstehen ist.

> Als eine durch das Feldliniensystem bedingte simultan überschaubare Ganzheitsstruktur gibt die Komposition den Rahmen ab, innerhalb dessen – begünstigt durch die räumlichen Differenzierungen nach Vorder- und Mittelgrund sowie durch die verschiedenen, bald divergierenden und bald konvergierenden Blickführungen der verschiedenen Handlungsfiguren – die Differenzierung nach zeitlich verschiedenen [...] Ereignisphasen erfolgen kann.[51]

Die Berufung auf rein anschauliche Qualitäten, wie sie hier von Imdahl und Boehm vertreten werden, ist für die Analyse der Choreographien zu eng gefasst, da dort immer auch klangliche und körperliche Elemente mitspielen. Aber in Bezug auf die Temporalität von Bildern oder die Untersuchung von Bildstrukturen, die sich einer Potentialität öffnen und verschiedene Zusammenhänge gleichzeitig ansprechen, liefern sie eine wichtige Grundlage, um über Bilder in Bewegung nachzudenken.

Georges Didi-Huberman beschäftigt sich aus einer anderen, eher psychoanalytischen Perspektive mit der Bewegung im Bild, insbesondere der emotionalen, der bewegenden Qualität. Die Dialektik des Bildes – das Changieren zwischen An- und Abwesenheit, zwischen Nähe und Distanz, Ähnlichkeit und Unähnlichkeit – ist ein wiederkehrendes Thema in den Texten Didi-Huber-

48 Ebd., S. 35.

49 Ikonographie und Ikonologie bestimmen die Bildinterpretation des Dreistufenmodells von Erwin Panofsky. Sie folgen dort auf die vorikonographische Auslegung von Bildern. Vgl. die Aufsätze von Erwin Panofsky: „Zum Problem der Beschreibung und Inhaltsdeutung von Werken der bildenden Kunst" (1932) und „Ikonographie und Ikonologie" (1955), beide Aufsätze sind wiederabgedruckt in: Erwin Panofsky: *Ikonographie und Ikonologie. Bildinterpretation nach dem Dreistufenmodell*, Köln: DuMont 2006.

50 Max Imdahl: „Giotto. Zur Frage der ikonischen Sinnstruktur", in: Gottfried Boehm (Hg.), *Max Imdahl. Gesammelte Schriften. Band 3: Reflexion – Theorie – Methode*, Frankfurt a. M.: Suhrkamp 1996, S. 424-455.

51 Ebd., S. 448.

mans.[52] Durch die Dialektik üben die Bilder eine Anziehungskraft auf den Betrachter aus, die zugleich auch auf das Begehren des Blicks zurückgeführt wird. Dabei greift Didi-Huberman auf die Psychoanalyse von Sigmund Freud und anderen zurück. Seine Untersuchungen der Bewegung im Bild führen ihn, da ihn die Widerständigkeit im Bild interessiert[53], zu Randphänomenen wie zu den Photographien von Hysterikerinnen in der Salpêtrière[54] oder zu gefalteten, wallenden und herabgefallenen Stoffbahnen[55]. Bei der Analyse der Choreographien Stuarts werde ich auf *Die Erfindung der Hysterie* zurückkommen, da die Choreographin eine gewisse Leidenschaft für solche Themen aufbringt (vgl. Kap. 3).

Die *Bild-Anthropologie*[56] von Hans Belting bietet eine vielfältige Verschränkung von Bild, Körper und Medium. Das Medium ist dabei das Bindeglied zwischen Körper und Bild, die wechselweise miteinander verbunden sind. Belting betont insbesondere den menschlichen Körper als Zentrum der Bildwahrnehmung und der Bildproduktion, indem er Durchgangsstation von inneren und äußeren Bildern ist. Zum einen wird der Betrachter zum Körper, während der Bildapparat zum Medium wird. Die Medien sind in diesem Sinne als Träger- und Gastmedien zu verstehen, um Bilder sichtbar zu machen, die ihrerseits zugleich auf einen abwesenden Körper verweisen. Zum anderen bezeichnet Belting, den Körper als „Ort der Bilder", die in Form von Masken oder Körperbemalung hervortreten.[57] In keiner Weise erwähnt Belting den Körper von Schauspielern oder Tänzern, der ja auch als Trägermedium von Bildern aufgefasst werden könnte. Ich möchte den Körper der Performer ebenso wie den der Betrachter als Durchgang von inneren und äußeren Bildern verstehen, was in einer Szene von *Visitors Only* aussagekräftig wird (vgl. Kap. 4, Bewegung auf der Stelle).

52 Vgl. Georges Didi-Huberman: *Was wir sehen blickt uns an: Zur Metapsychologie des Bildes*, München: Fink 1999 und *Ähnlichkeit und Berührung*, Köln: DuMont 1999.

53 Vgl. Michael Wetzel: „Der Widerstand des Bildes gegen das Visuelle. Serge Daney und Georges Didi-Huberman als Verfechter einer Inframedialität", in: Stefan Majetschak (Hg.), *Bild-Zeichen. Perspektiven einer Wissenschaft vom Bild*, München: Fink 2005.

54 Georges Didi-Huberman: *Die Erfindung der Hysterie. Die photographische Klinik von Jean-Martin Charcot*, München: Fink 1997.

55 Georges Didi-Huberman: *Ninfa moderna. Über den Fall des Faltenwurfs*, Berlin/Zürich: Diaphanes 2006.

56 Hans Belting: *Bild-Anthropologie. Entwürfe für eine Bildwissenschaft*, München: Fink 2000. *Bild. Körper. Medium. Eine anthropologische Perspektive* steht für das Graduiertenkolleg, das Belting 2001 an der Hochschule für Gestaltung in Karlsruhe gegründet hat. Von 2002 bis 2006 nahm ich am Kolleg teil.

57 Ebd., S. 20-37.

Mit dem bewegten und dem bewegenden Bild[58] hat sich Gilles Deleuze in unterschiedlicher Hinsicht beschäftigt: in *Logik der Sensation*[59] mit bildinhärenten Bewegungen und in den beiden *Kino-Büchern*[60] mit dem bewegten Bild des Kinos. Da Deleuze bei seinen Beobachtungen vom Ereignis im Bild ausgeht, sind seine Schriften, abgesehen von der medialen Differenz des Untersuchungsgegenstands, für meine Fragestellung bedeutsam. Im Folgenden werden einige Begriffe von Deleuze skizziert, die als Folie für die Untersuchung der bewegten Bildlichkeit in der Choreographie dienen werden.

Der Begriff der „Sensation", den Deleuze in Anlehnung an Paul Cézanne für die Malerei von Francis Bacon anführt, beruht auf der unmittelbaren Wirkung eines Kräftefeldes. Dieses geht, wie die von Gottfried Boehm angeführte ikonische Differenz, aus einem innerbildlichen Kontrast hervor. Die Sensation wirke, so Deleuze, unmittelbar auf das Nervensystem ein, ohne den Umweg über die Geschichte zu gehen. Sie unterliege deshalb einer anderen Logik als der uns bekannten von Ursache und Wirkung. Laut Deleuze sei die Sensation das, was von der Bewegung im Bild übrig bleibt.[61] Wenn die Bewegung im Bild über die Sensation erfahrbar wird, ist sie dann auch umgekehrt beim Übergang von der Bewegung zum Bild in der Choreographie beteiligt? Inwiefern sich die Begrifflichkeit, die anhand der imaginativen Bewegung innerhalb von Bildobjekten entwickelt wird, auf bestimmte Bewegungsstrukturen, wie sie in den Choreographien Stuarts anzutreffen sind, übertragen lassen, wird im Laufe der Untersuchung immer wieder Thema sein.

Die Verschränkung des Bildes mit der Zeit als Dauer ist in den *Kino-Büchern* von Deleuze zentral. Er bezieht sich dabei auf das Zeitverständnis von Henri Bergson[62], das in Form von Kommentaren in die einzelnen Kapitel der beiden *Kino-Bücher* einfließt. Nicht mehr die Fortbewegung von einem Ort zum anderen beschreibt die Zeit, vielmehr ist die Zeit als Dauer erfahrbar. Mit dieser Beobachtung läutet Deleuze die Wende vom „Bewegungs-Bild" zum „Zeit-Bild" ein, mit der er den Umbruch der Erzählstruktur des Films in der Nachkriegszeit, in den 1950er und 60er Jahren, verdeutlicht. Im „Zeit-

58 Vgl. Mirjam Schaub: *Gilles Deleuze im Kino. Das Sichtbare und das Sagbare*, München: Fink 2003, S. 11, S. 13; 18. Die „Virtualität, die Gesamtheit der Kräfte" bestimmt, laut Schaub, Deleuzes Interesse an Bildern. Dabei kommt es weniger darauf an, in welchem Medium diese Bilder hervortreten. Da der Begriff der „Virtualität" vom Film (was in Schaubs Analyse zu den „Kino-Büchern" auch Sinn macht) und den Internet-Bildern geprägt ist, möchte ich vom „bewegten Bild" im Allgemeinen oder auch vom Austausch von inneren und äußeren Bildern ausgehen.

59 Gilles Deleuze: *Francis Bacon. Logik der Sensation*, München: Fink 1995.

60 Gilles Deleuze: *Das Bewegungs-Bild. Kino 1* und *Das Zeit-Bild. Kino 2*, 2 Bd., Frankfurt a. M.: Suhrkamp 1997.

61 Deleuze 1995, S. 30/31.

62 Vgl. Gilles Deleuze: *Henri Bergson zur Einführung*, Hamburg: Junius 2001[3].

Bild" bzw. im modernen Film werde, so Deleuze, die lineare Erzählung aufgekündigt. Gerade die anhaltende Wiederholung der Bewegung und die Gleichzeitigkeit sind Strategien von Meg Stuart, um mit dem linearen Verlauf zu brechen.

Laut Gertrud Koch[63] müsste die Frage nach dem Bild für die Choreographie anders gestellt werden als für den Film, da im Tanztheater nicht zwischen Einzelbildern und bewegtem Bild zu unterscheiden ist und da die Körper der Tänzer immer realiter auf der Bühne präsent sind. Dem ist insofern zu widersprechen, als Deleuze selbst – nicht ohne Absicht – bei der Unterscheidung zwischen aktuellem und virtuellem Bild, zwischen Einzelbild und bewegtem Bild eine scharfe Trennung zwischen dem Bildmedium und dem wahrgenommenen Bild vermeidet.[64] Zudem spricht zwar Deleuze dem Theater aufgrund der körperlichen Präsenz des Schauspielers eine mögliche Bildproduktion ab,[65] doch bringen seit den 1990er Jahren immer mehr Theaterregisseure – vermutlich beeinflusst durch den Film – die Schauspieler in multiplen Identitäten auf die Bühne.

63 Mündliches Statement Kochs beim Workshop zu Deleuzes „Kristallbild", organisiert vom Modul 3 *Zeit im Bild* des NFS Bildkritik am 13. Mai 2006 in Basel.

64 Vgl. Schaub 2003, S. 11-12 und 17-20.

65 Vgl. Deleuze: 1997/2, S. 300-302.

# 1 Reflexion von Video und Choreographie

## *Splayed Mind Out*

Die Choreographie *Splayed Mind Out* wurde von der Choreographin Meg Stuart und dem Videokünstler Gary Hill 1997 zusammen mit den fünf Tänzern erarbeitet und steht am Anfang der Untersuchung. Sie entstand in der Reihe *Insert Skin*, für die Stuart die bildenden Künstler Lawrence Malstaff, Bruce Mau, Gary Hill und Ann Hamilton angefragt hat, jeweils eine Choreographie mit ihr zu gestalten. Stuart und Hill trafen sich zu ersten Gesprächen über die Zusammenarbeit 1994 und entwickelten zusammen mit den Tänzern im Frühjahr 1997 am Kaaitheater in Brüssel eine erste Version, die dort im April aufgeführt wurde. Über den Sommer hindurch wurde diese Version weiterentwickelt und in Stockholm und an der Documenta X in Kassel uraufgeführt.[1]

Das gemeinsame Interesse der beiden Künstler betrifft den Körper[2] in seinen unterschiedlichen Facetten, die auf der Homepage von Damaged Goods folgendermaßen beschrieben werden:

The most obvious meeting ground that brought Gary Hill and Meg Stuart together for this unique collaboration is the body. It is all the nagging questions which sur-

1 In Kassel wurde eine kürzere Version der Choreographie aufgeführt, während in Stockholm die abendfüllende Bühnenversion gezeigt wurde. Im Frühjahr 1998 stand ich leider in Paris vor restlos ausverkauftem Theater, so dass ich keine Chance hatte diese Aufführung zu sehen. Meine Analysen beschränken sich deshalb bei dieser Choreographie auf die Videobandaufzeichnung.

2 Der breitgefächerte Diskurs um den Körper kann hier nicht ausgeführt werden. Es sei vielmehr kurz erwähnt, dass der Körper immer kulturell und sozial bedingt ist. Durch die Einbindung des Körpers in ein gesellschaftliches System ist er mit der Sprache und mit anderen Codes befrachtet (vgl. Michel Foucault: *Sexualität und Wahrheit*, 3 Bd., Frankfurt a. M.: Suhrkamp 1986 oder Marie-Louise Angerer: *Body Options. Körper. Spuren. Medien. Bilder*, Wien: Turia und Kant 1999).

round it concerning the outlines and borders with others; incomplete gestures that suggest other sides of languages and movements; the body of image and the writing of the body; the shared skin of different media (and the body).[3]

Als möglicher Ausgangspunkt oder auch Ursprung von Video und Choreographie ist der Körper für Hill und Stuart die gemeinsame Grundlage. Sie haben sich bereits unabhängig voneinander mit der Frage nach den Grenzen des Körpers, nach seinen Teilen und deren Bezug zu einem Ganzen auseinandergesetzt.[4] In der Choreographie *Splayed Mind Out* wird der Körper in seinen Grenzen zu anderen Körpern und als Ursprung von Bewegung, Stimme und Bild sowie als ein dadurch konditionierter befragt. Zum einen trägt der Körper Impulse und Wissen in Form von Sprache und Bewegung nach außen, die von sozialen, kulturellen und historischen Ordnungsstrukturen geprägt sind. Dabei gehen die beiden Künstler der Frage nach der Steuerung des Körpers nach und versuchen, das Sprechen und Bewegen jenseits dieses Systems zu erforschen. Zum anderen steht der materielle, lebendige Körper dem immateriellen Videobild sowie der Sprache gegenüber oder wechselt zwischen den verschiedenen medialen Oberflächen. Dadurch werden Relationen zwischen den gemeinsamen Bestandteilen (Bild, Ton, Körper) von Video und Choreographie und deren medialen Eigenschaften eröffnet.

Videoinstallationen und Choreographien gleichen sich durch die besagten Bestandteile, differenzieren sich aber in ihrer zeiträumlichen, körperlichen und lautlichen Materialität. Die jeweilige Materialität hängt mit den medialen Eigenschaften von Video und Choreographie zusammen. Das Video projiziert als elektronisches Medium die audiovisuellen Signale in den Raum oder lässt sie über einen Bildschirm laufen, während die Tänzer auf der Bühne live agieren. Von daher ist der Körper im Video immer ein Abwesender, der über die Stimme oder das Bild vergegenwärtigt wird. In der Choreographie ist der Körper auf der Bühne in seiner Materialität anwesend, wenn auch differenziert von seiner Realität außerhalb der Bühne. In *Splayed Mind Out* wird dementsprechend mit der Gegenüberstellung von live agierendem Körper, seinen lautlichen, bildlichen und motorischen Veräußerungen und deren Übertragung mittels elektronischer Signale experimentiert.[5]

3 http://www.damagedgoods.be, dort unter: menu, archive, works, *Splayed Mind Out*, zuletzt konsultiert im August 2008.

4 Vgl. Hills Videoinstallation *Inasmuch As It Is Always Already Taking Place* (1990) und Stuarts Choreographie *Disfigured Study* (1991).

5 Aus der Aufführungssituation der Choreographie ergibt sich in erster Linie eine andere raumzeitliche Struktur als im Video. Der zeitliche Ablauf der Choreographie ist begrenzt, während das Videoband in der Installation laufend wiederholt wird. Der Betrachter steht der Bühne frontal gegenüber, während die Videoinstallationen teilweise den Betrachter umgeben, der diese meist selbst durchschreiten kann.

Die Konstellation von *Splayed Mind Out* weist bereits auf die Gegenüberstellung und den Zusammenhang von Video und Choreographie hin. Eine weiße Leinwand schließt die Bühne nach hinten ab, bleibt in ihrer Materialität konstant und bildet nicht nur den Grund für die Videoprojektionen. Zusammen mit dem Boden bildet sie Begrenzung, Grund und Reflexionsraum für die Choreographie. Auffallend ist das Hinwenden und Blicken der Performer zur Leinwand, weil sie sich dadurch vom Publikum abwenden. Es wird so ein Beziehungsfeld zwischen Tänzern, Leinwand und Boden eröffnet. Ergänzt wird dieses Feld durch den Ton, der zum einen aus elektronischer Musik und zum anderen aus Rezitationen von Gary Hill besteht, die von ihm auf der Bühne gesprochen und über ein Mikrophon übertragen werden.

Die folgende Beschreibung der Choreographie *Splayed Mind Out* gibt eine Übersicht über den Aufbau und die Abfolge der einzelnen Szenen, die dann in den Unterkapiteln ausgeführt werden:

Zu Beginn der Choreographie liegen vier Tänzer so ineinander verschlungen, dass ihre einzelnen Körper nicht mehr voneinander zu trennen sind. Unterstützt durch kurzzeitig, grell aufleuchtendes Licht eines Stroboskops ist nicht mehr auszumachen, welcher Körperteil zu welchem Körper gehört. Aus diesem Körperknäuel lösen sich dann einzelne Körper, bewegen sich auseinander, bleiben aber in ihren Bewegungen mit dem Boden verhaftet. Die vier Tänzer bilden eine Rechteckformation, die in gewisser Weise eine Analogie zur Leinwand bildet. Eine ähnliche Szene mit den gleichen vier Tänzern findet sich gegen Ende der Choreographie, vor der Schlussszene. Durch die räumliche Struktur der Bewegung wird einerseits die Choreographie als Bewegung im Raum reflektiert und andererseits eine Beziehung zur Leinwand und zum Videobild eröffnet (Kap. 1, Projektion von Tanzbewegung).

Diese Szenen umschließen zwei weitere, die sich durch die Dreierkonstellation aus Videobild, Tänzerin und Sprecher charakterisieren lassen. Die Beziehung zwischen Bild – Körper – Sprache wird auf jeweils unterschiedliche Weise ins Spiel gebracht, in der Übertragung der Tanzbewegung ins Videobild oder in der Korrelation zwischen Bewegen und Sprechen (Kap. 1, Videobild, Körper und Sprache.).

In der Mitte befindet sich eine Reihe von Szenen, in denen verschiedene optische Medien reflektiert werden und ineinandergreifen. Das Spannungsfeld zwischen Stasis und Bewegung vermittelt zwischen Filmbild und Choreographie (Kap. 1, Anspielungen auf Video, Film und Photographie).

Zum Schluss wird die Choreographie reduziert auf eine einzige Tänzerin, die ihren Arm mit ausgestrecktem Zeigefinger kreisen lässt, zuerst auf dem Boden, dann in der Luft und auf ihrem Körper. Volumen und Körper einer Tanzbewegung werden nunmehr durch die Kreisbewegung angedeutet und in den Raum projiziert (Kap. 1, Zeichnen im Raum).

Die in der Choreographie *Splayed Mind Out* verkörperten und sichtbar voneinander getrennten Bestandteile Bild, Ton, Körper nehmen in ihrer Gegenüberstellung Relationen auf und wechseln zwischen den medialen Oberflächen Bühnenraum, Videobild, elektronischer Verstärker. Dadurch werden die medialen Differenzen von Video und Choreographie reflektiert, gehen aber auch ineinander über, so dass sie nicht mehr voneinander zu trennen sind. In der Art und Weise der Verknüpfung der drei Komponenten Körper/Bewegung – Bild/Videobild – Sprache/Stimme nähern sich die beiden Künstler an. Denn beide trennen zuerst die einzelnen Elemente voneinander, um sie neu in Verbindung treten zu lassen und damit gewohnte Muster zu unterlaufen. Dabei entstehen unauflösbare Differenzen und Korrelationen. Diese „Bewegungen" zwischen Sprache, Körper und Bild werde ich zuerst anhand der Videoarbeiten von Gary Hill analysieren. Darauf aufbauend wende ich mich dann der Choreographie *Splayed Mind Out* zu, die im Gegenüber von Video und Bühne andere mediale Zusammenhänge eröffnet.

Im zweiten Teil wird die Verknüpfung von Bild, Körper und Sprache in der Konstellation von Leinwand, Tänzerin und Sprecher untersucht. Zwischen den drei Komponenten entsteht eine Bewegung, welche die Choreographie als Bewegung in Raum und Zeit ablöst. Zum einen wird eine Verschiebung der Bewegung aus dem Raum in die Nähe des Körpers, ins Videobild und in die Sprechbewegung zu beobachten sein. Zum anderen werden über Blickkonstellationen Beziehungen zwischen Tanzbewegung, Videobild und Sprechen eröffnet.

Im dritten Teil werden die Anspielungen auf verschiedene optische Medien (Photographie, Video und Film) sowohl in der Videoprojektion als auch in der Choreographie unter dem Gesichtspunkt der Projektion untersucht. Für die Analyse werden zunächst das Verhältnis von Stasis und Bewegung, die Flächigkeit und der Ausschnitt im Vordergrund stehen. Zweitens wird versucht, die Idee der Projektion auf die Tanzbewegung und die räumliche Disposition der Tänzer zu übertragen.

Die Frage nach der Bildlichkeit ergibt sich in diesem Kapitel in erster Linie aus der Gegenüberstellung von Choreographie und Videoprojektion, wie sie in *Splayed Mind Out* angelegt ist. Als bewegtes Bild[6] steht das Video ne-

6 Spielmann bezeichnet das Video als „Transformationsbild", um die prozessuale Eigenschaft des Videobildes gegenüber anderen optischen Medien wie Photographie oder Film zu verdeutlichen. Anders als die raumzeitliche Entität eines Einzelbildes wird das elektronische Bild durch eine prozessuale Herstellung charakterisiert (Yvonne Spielmann: *Video. Das reflexive Medium*, Frankfurt a. M.: Suhrkamp 2005, S. 11-12). Die Prozessualität des Videos ist mit der Hervorbringung von Bildern in den Choreographien von Stuart vergleichbar (vgl. „Morphing" in Kap. 2, Dynamisierung des Raumes). Dennoch werde ich den allgemeinen Begriff des „bewegten Bildes" verwenden, da darin auch die aus der Bewegung der Choreographie hervorgegangene Bildlichkeit anklingt.

ben dem Einsatz von Bild und Ton in gewisser Weise in Analogie zur Choreographie. Durch sein Dispositiv als rechtwinklige und flächige Erscheinung ist das Videobild gekennzeichnet durch traditionelle Eigenschaften eines Bildes, die in späteren Choreographien immer mehr durchbrochen werden, gleichwohl die Idee des Ausschnitts und der Rahmung für weitere Choreographien relevant ist.

## ‚Gegen-einander-über' von Bild und Sprache in Gary Hills Videoarbeiten

Der Analyse der gemeinsamen Choreographie von Meg Stuart und Gary Hill stelle ich zwei Arbeiten des Videokünstlers voran, die sich mit den raumzeitlichen und körperlichen Relationen von Bild und Sprache befassen. Der Umgang mit den Komponenten Bild, Ton (Sprache) und Körper bestimmt die gemeinsamen Gestaltungsprinzipien der beiden Künstler. Beide arbeiten mit der Trennung dieser Elemente – im Tanz und im Video unweigerlich miteinander verknüpft – und deren neuartiger Zusammenführung. Es werden unauflösbare Korrespondenzen und Differenzen geschaffen, die in der Wahrnehmung eine unendliche Bewegung im Dazwischen auslöst.

Seit seiner Beschäftigung mit Video in den 1970er Jahren trennt Gary Hill die Elemente Bild und Ton und führt sie auf unterschiedliche Weisen wieder zusammen. Gegen die Beherrschung von Video und Fernsehen durch das Bild versucht er „diese Bilder durch die Sprache zu unterlaufen“[7]. Mit der Gegenüberstellung von Sprache und Bild arbeitet er an einer produktiven Wahrnehmung, die den Betrachter in den Prozess der Bedeutungsfindung einbezieht.

Fragen nach der Sprache, dem Bild und der Wahrnehmung in seinen Videoinstallationen werden teilweise auch in den darin einbezogenen Texten thematisiert. Diese verfasst er phasenweise selbst, und so auch für die Choreographie *Splayed Mind Out*. In den 1990er Jahren zieht er literarische und philosophische Texte von Gregory Bateson, Maurice Blanchot, Martin Heidegger und Ludwig Wittgenstein hinzu.[8] Die Texte funktionieren nicht einfach über ihre Aussage, sondern sind vielschichtig strukturiert. Sie greifen über die Wortwahl und die Syntax verschiedene Möglichkeiten des Sprachgebrauchs auf. In *Primarily Speaking* (1981-83) hat Hill sogar die Worte in einzelne Silben getrennt. Im Umgang mit der Sprache bewegt er sich zwischen

7 Gary Hill: „Inter-view“, in: Dorine Mignot (Hg.), *Gary Hill*, Amsterdam: Stedelijk Museum Amsterdam/Wien: Kunsthalle Wien 1993, S.149. Dieses Interview ist ein von Hill überarbeiteter Zusammenschnitt aus mehreren Interviews.

8 Theodora Vischer: „Fünf Videoinstallationen einer Ausstellung“, in: Dies. (Hg.), *Gary Hill. Arbeit am Video*, Basel: Museum für Gegenwartskunst Basel/Ostfildern Ruit: Hatje Cantz 1995, S. 9-25, hier: S. 11.

Semiotik, Linguistik und Literatur. Die Auflösung oder Durchkreuzung verschiedener Aspekte der Sprache führt zu einer Aufhebung der „Entweder/Oder-Beziehung von Sinn und Unsinn“[9], was zu einer gleichzeitigen Vielfalt an Sinnzusammenhängen führt.

Die Videoarbeiten von Gary Hill bringen auf jeweils unterschiedliche Weise das Verhältnis von Körper, Bild und Sprache ins Spiel. Der Körper wird über das Bild und den Ton in die Videoinstallationen eingeführt, ist selbst aber abwesend. Bild und Sprache gehen Korrespondenzen ein, die sich über den Klang oder die Bedeutung erschließen, aber niemals eindeutig sind. Zusätzlich spalten und verbinden sich die einzelnen Komponenten: Von Sprache (Stimme, Rhythmus, Semantik)[10], Bild (Komposition, Abfolge und Nebeneinander der Bilder) und Körper (Stimme, Bild, Betrachter). Die auf diese Weise eröffneten Bezugsmöglichkeiten lassen sich nicht immer voneinander trennen und werden in den unterschiedlichen Arbeiten nicht in gleichem Maße lanciert. Die unterschiedlich geprägten Relationen werden im Folgenden an zwei Arbeiten Hills verdeutlicht: Bei *Between Cinema and a Hard Place* (1991/94) läuft die Sprache konstant im Hintergrund zu den Bildern, während das Bildmaterial auf mehrere Monitore verteilt, vervielfältigt und aufgefaltet ist. Demgegenüber steht das zweite Beispiel *Bemerkungen über die Farbe* (1994), in dem das Bild konstant bleibt, der vorgelesene Text von einem wechselhaften Rhythmus gezeichnet ist.

## Simultaneität und Sprunghaftigkeit der Bilder

In Gary Hills Videoinstallation *Between Cinema and a Hard Place*[11] von 1991/1994 sind in zwei Reihen auf dem Boden und etwas erhöht auf einem Sockel 23 Monitore aufgestellt, die von ihren Gehäusen befreit und um 90° in die Vertikale gedreht wurden. Die Bilder werden von den einzelnen Quellen durch computergesteuerte Schaltungen auf mehrere Monitore verteilt. Zum einen bewegen sich die Bilder über die Monitore, und zum anderen wechseln sich die Bilder in einem Nacheinander auf den einzelnen Monitoren ab. Sie bewegen sich zeitlich und räumlich in einer undefinierbaren Geschwindigkeit. Diese Bewegung verläuft allerdings nicht linear, sondern sprunghaft und si-

9 Hill 1993, S.149.

10 In den meisten Arbeiten bezieht sich der Ton auf die menschliche Stimme. Das Lautliche der Stimme steht dabei immer auch in Verbindung mit dem Sprachlichen, weshalb ich hier die Komponente Ton durch Sprache ersetzt habe.

11 3-Kanal-Video-Ton-Installation: 23 modifizierte Farbmonitore, computerkontrollierter Videoswitcher, 3 Laserdisc-Spieler und Synchronisator, engl. Version von 1991/dt. Version von 1994. Zum Werk s. Holger Broeker u. Gijs van Tuyl (Hg.): *Gary Hill. Selected Works, Catalogue Raisonné*, Wolfsburg: Kunstmuseum Wolfsburg/Köln: DuMont 2002, S. 150-152; Vischer 1995, S. 10-14 u. S. 120.

multan. Zwischen den Bildfolgen bleiben einige Monitore im Dunkel – ohne Bild – und eröffnen somit eine Leerstelle. Im Verhältnis von Dunkel und Licht tritt das Aufscheinen und Verschwinden der Bilder auf abstrakte Weise hervor. Die Flüchtigkeit und Bewegung der Bilder wird zusätzlich durch ihre Aufnahme wie aus einem fahrenden Zug oder Auto betont. (Abb. 1)

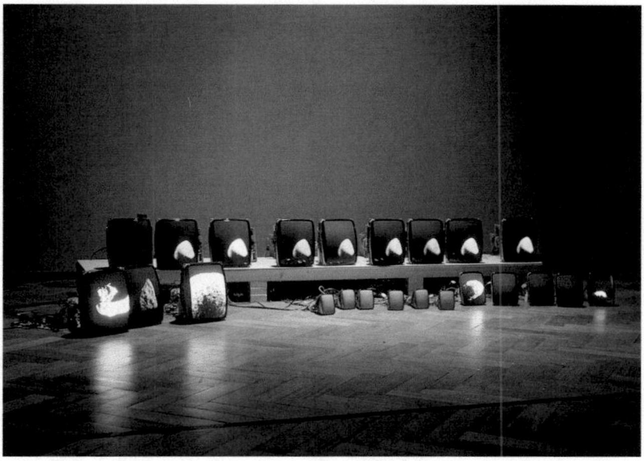

*Abb. 1: Gary Hill, Between Cinema and a Hard Place, 1991*

Während die Bilder auf den verschiedenen Monitoren hin und her springen, zeitweise aufleuchten, dann wieder erlöschen, bleibt die Stimme (eine ruhige Frauenstimme) zeitlich und räumlich gegenwärtig. Gegenüber den flüchtig vorbeiziehenden Bildern wirkt die Stimme durch ihre Ausbreitung im Raum, obwohl sie sehr leise ist, unmittelbar nah. Die Stimme rezitiert einen Abschnitt aus Martin Heideggers „Das Wesen der Sprache“[12], der die nachbarschaftliche Beziehung zwischen Dichten und Denken thematisiert. Zwischen Bild und Sprache entstehen ähnliche Bezüge wie zwischen den im Text erläuterten „zwei Weisen des Sagens“[13]. Diese charakterisieren sich als ein „Gegen-einander-über“, wie bezeichnenderweise Heideggers Text in der Installation schließt.[14] Die Bilder beziehen sich in unterschiedlicher Weise auf die Sprache. Einerseits nehmen sie Motive aus der Natur und der Landschaft, die im Text für die Beschreibung der Nachbarschaft zwischen Dichten und Denken herangezogen werden, assoziativ auf. Andererseits scheinen sie vom Rhythmus der Sprache geleitet zu werden. Einen weiteren Zusammenhang

12 Martin Heidegger: „Das Wesen der Sprache“, in: Martin Heidegger (Hg.), *Unterwegs zur Sprache*, Pfullingen 1959, S. 208-211.

13 Heidegger 1959, zitiert nach Vischer 1995, S. 14.

14 Vischer 1995, S. 14.

könnte auch das im Text genannte Verhältnis von Nähe und Ferne liefern, da durch die Flüchtigkeit der Bilder Distanz vermittelt wird, der wiederum die räumliche Präsenz der Stimme entgegensteht.[15]

Sowohl auf der semantischen Ebene als auch auf der raumzeitlichen Ebene entstehen Differenzen und Korrelationen. Worte treffen auf die Bilder, passen oder passen nicht, treiben die Bilder in eine andere Richtung. Teilweise entstehen semantische Gemeinsamkeiten und teilweise trifft die Bezeichnung nicht auf das Bezeichnete im Bild. Die zeiträumliche Gegenwart der sprechenden Stimme steht den fließenden und sprunghaft flüchtigen Bildern gegenüber.

> Stimme und Bilder decken sich keineswegs, das Verhältnis von Gesprochenem und Gesehenem bleibt spannungsvoll, dabei aber einander zugewandt (dialogisch). Zur Wirkung kommt der Kontrast zwischen der zeitlichen und räumlichen Gegenwart der sprechenden Stimme und den assoziativen, scheinbar flüchtig und sprunghaft auftauchenden Bildern, die ,vor' einem, in Distanz, vorübergleiten. Die Gleichzeitigkeit der Präsenz der Stimme und der Distanz der Bildfolge bewirken, dass die Spannung zwischen Bild und Ton sich nicht auflöst und beruhigt, sondern dass sich – wie Hill das nennt – ein ,reflexiver Raum der Verschiedenheit' öffnet.[16]

Die räumlichen und zeitlichen Strukturen von Bild und Sprache eröffnen einen „reflexiven Raum"[17], in dem sich die Wahrnehmung zwischen verschiedenen Polen hin- und herbewegt. Ähnlich wie Hill die Installation in mehrere Bilder aufteilt, sich ein Neben- und Nacheinander bildet, geht Stuart in ihren Arbeiten mit der Aufspaltung des Bühnenraumes um. In beiden Fällen wird durch die Bildfolge, ihre Simultaneität und ihre Sprunghaftigkeit, eine unlineare räumliche und zeitliche Orientierung erzeugt. Zusätzlich kreuzen sprachliche und stimmliche Äußerungen die Bilder. Anders als in den Choreographien Stuarts und in anderen Arbeiten Hills zieht sich die Stimme in *Between Cinema and a Hard Place* in einer anonymen Erzählweise kontinuierlich durch die ganze Installation und bildet den scheinbar „rettenden Leitfaden"[18] zu den hin- und herspringenden Bildern. Auch wenn zeitweise der Text den Rhythmus der Bilder zu bestimmen und den Bildern Sinn zu geben scheint, lässt sich die Beziehung zwischen Text und Bild nicht erschließen. Es bleibt eine Differenz.

Die aus dem Heideggertext hervorgehende nachbarschaftliche Beziehung zwischen Dichten und Denken kann in Analogie zum Gegenüber von Bild

15 Sonja Claser: *Flüchtigkeit der Bilder und Präsenz der Worte. Zum Verhältnis von Bild und Sprache in ausgewählten Video-Installationen Gary Hills*, Magisterarbeit, eingereicht an der Ruhr-Universität Bochum 2002, S. 11.

16 Vischer 1995, S. 10.

17 Hill 1993, S. 149.

18 Karlheinz Lüdeking: „Der Raum und die Kunst, sich zwischen dem ,Kino' und einem ,schwierigen Ort' zu installieren", in: Vischer 1995, S. 82-97, hier: 90.

und Sprache in der Videoinstallation betrachtet werden. Die Mittlerposition, die zwischen zwei gleichwertigen Polen entsteht, ist im Titel bereits als ein „between“ markiert.[19] Der Zwischenraum bezieht sich aber nicht nur auf die Beziehung von Sprache und Bild, sondern gilt auch der Anspielung auf das Kino, durch das im Titel kaum zufällig das Sprichwort „between a rock and a hard place“ abgewandelt wird. Die Art und Weise wie das Kino und mit ihm der Film als Material ins Spiel gebracht wird, ist für Hills Arbeitsweise bezeichnend. Die Bildfolgen auf den Monitoren erinnern zunächst an die Aufeinanderfolge von Einzelbildern im Film, die sich zu einem bewegten Bild verbinden. Aber in der Installation bleiben die einzelnen Bilder voneinander getrennt, sie verlaufen weder in einer linearen Reihe noch in einem regelmäßigen Rhythmus. Vielmehr kreuzen sich die Bildfolgen, die sich nebeneinander auf mehreren Monitoren verteilen und nacheinander auf einem Monitor ablaufen. Hill greift auf materielle Weise die Entstehung des Films aus Einzelbildern auf, ohne diese aber in ihrer Stringenz einzulösen. Vielmehr nutzt er die Differenz von Video und Film, um deren Medialität ins Spiel zu bringen.[20] Dabei stellt sich auch die Frage, wie sich im Titel „a hard place“ auf das Kino bezieht. Die Sichtbarkeit der Monitore und die darübergleitenden Bilder könnten als materielle Operation der Bildfolge verstanden werden, die der immateriellen Projektion gegenübersteht und gleichsam als Boden für die Illusion des Kinos fungiert. Anders als Karlheinz Lüdeking, der den einzelnen Monitoren ihre Materialität abschreiben will,[21] möchte ich gerade die unauflösbare Polarität zwischen der materiellen Installation und der immateriellen Flüchtigkeit der Bilder hervorheben.

## Blick ins Buch – Bewegung der Lippen

Im Vergleich zum vorhergehenden Werk, mit der Teilung der Bilder und deren Bewegung über die Monitore, wird in der Videoarbeit *Bemerkungen über die Farbe*[22] von 1994 nur ein einzelnes Bild auf die Wand projiziert. Es handelt sich dabei um ein Mädchen, das in ein Buch vertieft ist. Ihre Stimme bewegt sich in einem unregelmäßigen Rhythmus. Sie liest den titelgebenden

19 Vischer 1995, S. 14.

20 Eventuell können die Bildfolgen von links nach rechts und von oben nach unten neben dem Bildsprung im Film auch auf die *scan lines* im Video bezogen werden. Auch die Teilung der Bilder und ihre Vervielfältigung könnten mit der Art und Weise der Übertragung der Videosignale verbunden werden. Zur Unterscheidung von Video und Film vgl. Spielmann 2005, S. 7-14.

21 Lüdeking 1995, S. 92.

22 1-Kanal-Video-Ton-Installation: 1 Projektor, 1 Laserdisc-Spieler, Verstärker, zwei Lautsprecher, dt./engl. Version von 1994. Zum Werk s. Broeker u. van Tuyl 2002, S. 181-183; Vischer 1995, S. 24/25 u. S. 120.

Text von Ludwig Wittgenstein[23]. (Abb. 2) Der Sprachfluss wird vom Denkvorgang des Mädchens bestimmt und teilweise unterbrochen, um die Buchstaben zu entziffern. Das Stocken lässt den Betrachter wieder von der Stimme zum Bild schweifen. Im Bild veranschaulichen die ins Buch gesenkten Augen und die sich bewegenden Lippen das Abtasten der Buchstaben. Der Blick ins Buch und die Bewegung der Lippen führen das Lesen als prozessuale Umsetzung der Buchstaben in Lautlichkeit vor. Zudem zeichnet sich im Entschlüsseln der Buchstaben und Worte das Verstehen als prozessualer Akt ab, als ein Akt zwischen Sehen und Sprechen. Denn im Stocken des Mädchens wird die Lücke zwischen dem Lesen des Textes und der lautlichen Wiedergabe – zwischen Sichtbarkeit und Hörbarkeit – bewusst gemacht.[24] Hill selbst hat die Art und Weise der frontalen Inszenierung in einem Interview mit einer Aufführungssituation verglichen und insbesondere als „Performance des Textes" bezeichnet.[25]

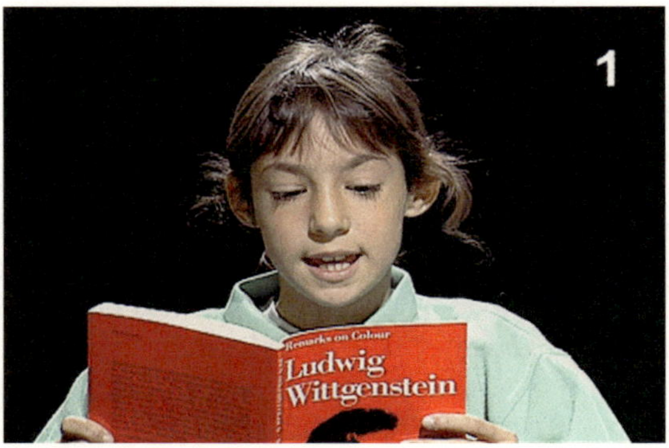


*Abb. 2: Gary Hill, Bemerkungen über die Farben, 1994*

Auf verschiedene Weise wird in der Videoarbeit die Problematik aufgegriffen, mit der sich Wittgenstein in seinem Text auseinandersetzt: Die begriffliche Fassbarkeit des Sichtbaren am Beispiel der Farben. Dabei hinterfragt Wittgenstein die „Logik der Farben"[26] aus unterschiedlichen Perspektiven wie beispielsweise derjenigen der Farbenblinden, deren Farbwahrnehmung die über-

23 Ludwig Wittgenstein: *Bemerkungen über die Farbe/Remarks on Colour* (1951), Oxford 1978.

24 Hans Belting: „Gary Hill und das Alphabet der Bilder", in: Vischer 1995, S. 43-70, hier: S. 67.

25 Gary Hill, Georges Quasha u. Charles Stein: „Liminal Performance. Gary Hill in Dialogue with George Quasha and Charles Stein", in: Gary Hill (Hg.), *Around & About. A Performative View*, Paris: Éditions du Regard 2001, S. 7-14, hier: S. 9.

26 Ludwig Wittgenstein: „Bemerkungen über die Farben", in: Ders., *Werkausgabe Band 8*, Frankfurt a. M.: Suhrkamp 1989, S. 18.

lieferten und für wahr geglaubten Begriffe der Farben ins Schwanken bringen. Gleichzeitig sind seine Überlegungen nicht als linearer Text zu lesen, weil es einzelne, aneinandergereihte, wohl aber durchnummerierte Gedanken sind. Dass dies kein abgeschlossener Text ist, zeigen die drei postum veröffentlichten Versionen von *Bemerkungen über die Farben.*[27] Im Video wird nicht nur in der Übertragung vom Visuellen ins Sprachliche und umgekehrt eine Beziehung zum Text Wittgensteins hergestellt, sondern insbesondere auch über die Farbkomposition des Bildes, das von einem auffälligen Kontrast bestimmt ist (die englische Version zeigt die Primärfarben und die deutsche Version zeigt die Komplementärfarben Rot und Grün sowie deren Mischfarbe Braun). Durch ihren Kontrast scheinen die Farben einfach bestimmbar zu sein, wird aber versucht, das Grün des Kleides zu beschreiben, erscheint dies schwieriger. Vergleichbar mit dem Stocken des Mädchens – ihrem unaufhörlichen Versuch zu begreifen, was es liest – kann die wiederkehrende und immer wieder von neuen Gedanken durchkreuzte Bewegung zwischen Sehen, Sprechen und Hören als ein unabschließbarer Versuch verstanden werden, Sinn zu stiften.

## Choreographische Bewegung von Sprache und Bild

Über die knappe Analyse der beiden Arbeiten von Gary Hill sollte zum einen die Arbeitsweise des Videokünstlers verdeutlicht werden. Denn sein Interesse an der Verknüpfung von Sprache und Bild wird sich in der gemeinsamen Choreographie in einem anderen medialen Zusammenhang fortsetzen. Zum anderen eröffnen die Werke Hills ein Beziehungsfeld zwischen Bild und Sprache sowie zwischen Gesehenem und Gehörtem, das auf ähnliche, aber doch andere Weise in den Choreographien Stuarts wieder auftaucht.

In *Between Cinema and a Hard Place* wird eine raumzeitliche Bewegung der Bildfolge in Gang gesetzt, die mit der Artikulation und dem Rhythmus der Sprache korrespondiert. Die Bilder bewegen sich sprunghaft über die Monitore, disponieren sich für eine bestimmte Zeit im Raum, während die Stimme eine kontinuierliche raumzeitliche Präsenz erfährt. Die von der Stimme überlagerte, raumzeitliche Bewegung der Bilder ist im weitesten Sinne mit choreographischen Ordnungen vergleichbar. In den Choreographien von Stuart weisen die Fenster in der Bühnenarchitektur auf ähnliche Weise wie die Monitore dem Erscheinen der Tänzer ihren Ort zu, während die Stimme sich über den ganzen Raum ausbreiten kann. So entstehen zwischen den einzelnen Orten der Sichtbarkeit Beziehungen, die über ihre Grenzen hinausreichen (Kap. 2, Fensterfassade).

27 Zu den Manuskriptversionen von Wittgensteins „Bemerkungen über die Farben", die alle in der Werkausgabe nacheinander abgedruckt sind, vgl. Vorwort von G. E. M. Anscombe in: Ludwig Wittgenstein, *Werkausgabe Band 8*, Frankfurt a. M.: Suhrkamp 1989, S. 9.

In Hills *Bemerkungen über die Farbe* zeigt sich im Bild wie im Sprechen der prozessuale Übergang von Sichtbarkeit zu Lautbarkeit der Sprache. Im Verhältnis von Sehen und Hören werden verschiedene Dimensionen der Sprache angedeutet, die durch das unregelmäßige Sprechen ausgedehnt werden: dem Text als Gefüge von Buchstaben und Worten in der Schrift (Grammatik), die Artikulation und Lautlichkeit (Stimme) und die Erfassung der Bedeutung (Semantik). Die Sprache wird in dieser Videoinstallation nicht nur als geschriebene oder gesprochene differenziert, sondern erst in der prozessualen Hervorbringung des Mädchens erfahrbar. Die Zerlegung des Sprechens in dessen Elemente Artikulation, Lautlichkeit und Bedeutung und die Verbundenheit der Stimme mit einem Körper bestimmen die Arbeiten von Hill und Stuart.

Neben den strukturellen Ähnlichkeiten der Videoarbeiten Hills und der Choreographien Stuarts in Bezug auf den Umgang mit Sprache und Bild gibt es aber auch Unterschiede, die wie bereits erwähnt auf die medialen Differenzen von Video und Choreographie, aber auch auf die unterschiedlichen künstlerischen Interessen zurückgeführt werden können. Die Gewichte von Sprache, Video und Körper sind jeweils anders verteilt.

In den Videoinstallationen Hills, wie hier in *Bemerkungen über die Farbe*, erhält die Stimme durch ihre Präsenz im Raum oder durch ihre Störmomente eine körperliche und haptische Dimension. Die körperliche Materialität der Stimme wird in den Choreographien Stuarts teilweise noch gesteigert, sodass die Veräußerung des Körpers vor das Sprachliche tritt. Dennoch oder gerade dadurch bewegen sich solche Situationen in ihren Choreographien ähnlich wie das Stocken des lesenden Mädchens an der Grenze von Verstehen und Nichtverstehen der sprachlichen Äußerung (vgl. Kap. 4, Bewegung auf der Stelle). Die Materialität des Körpers wirkt sich in Stuarts Choreographien nicht nur auf die Stimme aus, sondern auch auf die über die Bewegung hervorgebrachten „Bilder“ (vgl. Kap. 3, Exzessive Gegenwart). Darin liegt neben der andersartigen Gewichtung von Körper und Sprache eine grundlegende Differenz zu Hills Videoarbeiten.

Hill und Stuart arbeiten gegen den linearen Ablauf der Zeit von Video und Choreographie an, indem sie beide durch ein Nebeneinander und Gegenüber von Bildern und Sprache/Stimme Gleichzeitigkeiten erzeugen. Obwohl in der Choreographie und in der Videoinstallation die linearen Strukturen auf ähnliche Weise durchkreuzt werden, unterscheiden sich beide Arbeiten sowohl räumlich als auch zeitlich, was hauptsächlich in der allgemeinen Differenz zwischen Installation und Aufführung begründet liegt.

Hill arbeitet mit Videoinstallationen, um über die räumliche Situation beim Betrachter eine physische Wirkung zu erzielen. Von der Installation, dem Aufblitzen der Bilder oder der Lautstärke der Stimme geleitet, bewegt sich der Betrachter im Raum. Die Installation umgibt ihn, kommt von verschiedenen Seiten auf ihn zu[28], was meist durch die Dunkelheit des Raumes unterstützt wird. Der zeitliche und räumliche Ablauf der Installation liegt zwar fest und wird fortlaufend wiederholt, wird aber in der Wahrnehmung durch die Bewegung des Betrachters und die Dauer seines Aufenthaltes in der Installation verändert. Der Betrachter kann selbst entscheiden, wann er die Installation verlässt.

Demgegenüber unterscheidet sich die Choreographie grundlegend durch ihre Eigenschaft der Aufführung. Sie ist zeitlich begrenzt, besitzt einen Anfang und einen Schluss. Der Zuschauer kann sich die Choreographie nicht fortlaufend anschauen, sondern ist auf die Zeit der Aufführung angewiesen. Zudem ist der traditionelle Theaterraum in Bühne und Tribüne geteilt, so dass dem Betrachter ein bestimmter Ort zugewiesen ist. Die Unterteilung zwischen Bühne und Tribüne wird von der Choreographin bis auf wenige Ausnahmen beibehalten. Dennoch versucht Stuart durch Fragmentarisierung der Bühne, Gleichzeitigkeit und Wiederholung diese zeitliche und räumliche Ordnung zu durchbrechen. Der Betrachter kann nicht mehr alles, was auf der Bühne passiert, gleichzeitig wahrnehmen. Er verliert den Überblick und beginnt nach und nach einzelne Dinge – gelenkt durch die Choreographie sowie durch seine eigenen Interessen – in den Blick zu nehmen. Er bewegt sich zwischen einem fokussierenden und einem zerstreuenden Blick, bewegt sich imaginativ zwischen einzelnen Teilen hin und her. Die Offenheit, die durch die möglichen Relationen zwischen den einzelnen Elementen entsteht, ist jedoch trotz aller Verschiedenheit der beiden künstlerischen Arbeiten vergleichbar.

## Videobild, Körper und Sprache

Die Frage nach der Bildlichkeit in der Choreographie *Splayed Mind Out* von Meg Stuart und Gary Hill führt zunächst zu den verschiedenen Komponenten Videobild – Körper – Sprache. Zwei Szenen der Choreographie – eine zu Beginn und eine gegen Ende – werden durch eine ähnliche Konstellation von Tänzerin, Videoprojektion auf der Leinwand und Gary Hill als Sprecher bestimmt und eröffnen ein voneinander verschiedenes Beziehungsgefüge. Anhand der unterschiedlichen Koppelungsmöglichkeiten von Videobild und Körper, von Videobild und Sprache/Sprechen sowie von Körper- und Sprechbewegung werden verschiedene Dimensionen von Bildlichkeit analysiert.

In diesen Verknüpfungen treten Bild und Sprache, Körper und Bild sowie Körper und Sprache aufeinander, überkreuzen sich, wechseln zwischen ver-

28 Die räumliche Dimension bestimmt viele Videoarbeiten Hills, nicht aber *Bemerkungen über die Farbe*.

schiedenen Oberflächen wie Videobild/Körper, rezitierender Körper/Tonband. Dies kann insofern für die Frage nach der Bildlichkeit von Interesse sein, da die Art und Weise der Verknüpfung mit dem verglichen werden kann, was Deleuze mit einer „neuartigen Analytik des Bildes" in Bezug auf das moderne Kino beschreibt. Dabei geht es Deleuze um eine neue Verbindung von Visuellem und Auditivem im Tonfilm. Beide sind als unabhängige Komponenten zu verstehen, nicht das Bild illustriert den Ton oder umgekehrt, und so können sie durch den Zuschauer bzw. Zuhörer auf verschiedene Weise verkettet werden. Um die Bilder lesen zu können, bedarf es laut Deleuze einer „Neu-Verkettung", was soviel heißt wie „Bilder drehen, umkehren, statt bloß der Vorderseite zu folgen". Ohne die Körperlichkeit in der Choreographie ausblenden zu wollen, denke ich die Ausweitung des „audio-visuellen Bildes" von Deleuze auch auf den Körper beziehen zu können. Gerade für die Verschränkung von Videobild und körperlich räumlicher Ordnung der Choreographie könnte eine Erweiterung der von Deleuze für das „audio-visuelle Bild" beschriebenen „Neu-Verkettung"[29] interessant sein. Denn wie die beiden Komponenten Ton und Bild im modernen Kino eine gewisse Unabhängigkeit erlangen, stehen die Elemente Videobild, Sprecher und Tänzerin hier in einem losen Beziehungsfeld.

## Relation des Körpers zu seinem Videobild

Eine Tänzerin sitzt mit dem Rücken zum Publikum und blickt auf die große, die Bühnenbreite einnehmende Leinwand. Ihr Rücken wird von einer Kamera auf einem Stativ gefilmt und als vielfach vergrößertes Bild auf die Leinwand projiziert. Das vielfach vergrößerte Bild auf der Leinwand erinnert kaum mehr an einen Rücken. Die Umrisslinien fehlen. Und die Schulterblätter sind zu einer Hügellandschaft geworden. (Abb. 3) Gary Hill sitzt abseits auf der rechten Seite der Bühne, von Leinwand und Tänzerin abgewandt, und rezitiert einen Text zuerst vorwärts, dann rückwärts in einer ruhigen, gleichmäßigen Artikulation. Worte wie „hand", „back" und „language" tauchen vermehrt auf und gehen Verbindungen mit dem ein, was der Betrachter auf der Leinwand sieht. Videobild, Körperbewegung und Sprache/Sprechen werden auf vielfältige Weise aufeinander bezogen. Gegen Ende der Szene beginnt die Tänzerin sich auf den Rücken zu schreiben, zuerst mit einer Hand, verwischt das Geschriebene, dann mit beiden Händen, wodurch eine Beziehung zwischen Rechts und Links ins Spiel gebracht wird – wie im rezitierten Text.

29 Gilles Deleuze: *Das Zeit-Bild. Kino 2*, Frankfurt a. M.: Suhrkamp 1997, S. 314; zum audio-visuellen Bild s. S. 309-334; vgl. Barbara Filser: „Sehen, Hören und Lesen im Kino – Vom image muette zum image audio-visuelle", in: Birgit Mersmann u. Martin Schulz (Hg.), *Kulturen des Bildes*, München: Fink 2006, S. 34-7.

Der Rücken der sitzenden Tänzerin und die vergrößerte Projektion der Rückenpartie treten dem Zuschauer gleichzeitig vor Augen. Trotz dieser Gegenüberstellung ist es kaum möglich sich sowohl auf das Bild als auch auf die Person zu konzentrieren, da die Größenverhältnisse eine andere Wahrnehmung hervorbringen bzw. erfordern.

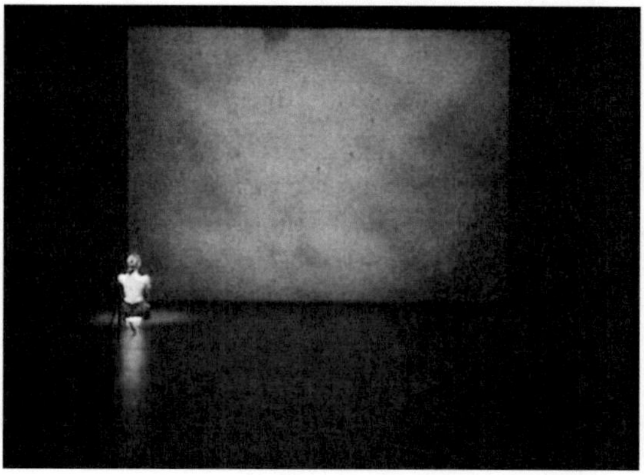

*Abb. 3: Gary Hill/Meg Stuart, Splayed Mind Out, 1997*

Die erste der beiden Szenen in *Splayed Mind Out*, die durch die Dreierkonstellation von Tänzerin, Leinwand und Sprecher geprägt sind, zeichnet sich durch die gleichzeitige Aufnahme des nackten Rückens der Tänzerin und seiner Wiedergabe auf der Leinwand sowie durch eine Relation von Sprechen und Handeln aus. Dabei wird in erster Linie die Beziehung zwischen dem bewegten Körper und seinem projizierten Bild auf der Leinwand thematisiert. Zweitens wird der Zusammenhang zwischen Sprache/Sprechen und Geschehen auf dem Rücken erläutert und mögliche Verknüpfungen zwischen Auditivem und Visuell-Körperlichem analysiert.

Die Projektion zieht die Aufmerksamkeit des Betrachters auf sich. Sie zeigt den Blick auf den bekleideten, für gewöhnlich abgewendeten, Rücken, der als solcher nicht mehr zu erkennen ist. Die Gleichzeitigkeit der Aufnahme des Rückens und seiner Wiedergabe im Videobild (die Vergrößerung und der Ausschnitt) werfen Themen von traditionellen Bilddiskursen wie das der Repräsentation oder das des stillgestellten Bildes auf. Beide werden jedoch unterlaufen, indem zum einen eine Umkehrung zwischen Original und Abbild und zum anderen eine Verschiebung der Bewegung vom Körper ins Bild stattfindet.

Das Detail des Rückens zeigt sich in seiner Vergrößerung auf der Leinwand als großes unbeschriebenes Feld – als Feld ohne Begrenzung. In der Vergrößerung werden die kleinen Wölbungen, Höhen und Tiefen des Rückens sichtbar und formen eine unbestimmte Landschaft. Da die Begrenzungen des Rückens nicht mehr auf dem Bild sind, wird dieser aus seinem Kontext gelöst. Er wird in der Großaufnahme seinen Raum-Koordinaten enthoben und entgrenzt.[30] Diese Darstellung ist Fragment und Ganzes zugleich, denn der projizierte Ausschnitt wird zu einem unabhängigen, „neuen" Bild[31], das andere Bedeutungsfelder eröffnet. Die Haut des Rückens spannt sich als grenzenloses, beinahe konturloses Feld über die Leinwand. Ihre einzige Begrenzung ist die Leinwand. Im späteren Verlauf der Szene wird die Haut selbst zur eigentlichen Leinwand, indem sie als Grund für einen Schreibakt benutzt wird.

Wirklichkeit und Abbild stehen vor- bzw. nebeneinander. Sie haben durch die Größenverschiebung scheinbar nichts mehr miteinander zu tun. Das Bild lässt sich nicht mehr eindeutig mit dem realen Rücken vor der Leinwand identifizieren. Das Verhältnis von Original und Abbild wird gestört, indem das Videobild schärfer und näher erscheint als sein Modell. Nähe und Ferne, Schärfe und Unschärfe scheinen vertauscht. Zeigt sich doch das vergrößerte Detail auf der Leinwand vielschichtiger als die kleine runde Wölbung des Rückens vor uns. Die kleinen Bewegungen der Haut, die von weitem auf dem Rücken der Tänzerin nicht zu sehen sind, werden gleich einer mikroskopischen Aufnahme sichtbar.

In der Fokussierung auf einen Ausschnitt des Rückens im Videobild findet neben der Umkehrung von Ferne und Nähe auch eine in Bezug auf Bewegung und Nicht-Bewegung statt. In der Vergrößerung auf der Leinwand werden die Mikrobewegungen des Rückens sichtbar. Die Tänzerin sitzt scheinbar

---

30 Diese Entgrenzung erinnert sowohl an frühere Arbeiten von Meg Stuart (*Disfigured Study*, 1991) als auch von Gary Hill (*Inasmuch As It Is Always Already Taking Place*, 1990). Der Körper als Ganzes wird fragmentiert, um ihn auf neue Weise wieder zusammenzusetzen. Bei der Arbeit Stuarts ist das Herauslösen aus dem raumzeitlichen Kontext wichtig. Die einzelnen Körperglieder werden durch Lichtsituationen oder Perspektiven voneinander getrennt oder in ein anderes Größenverhältnis gebracht. Diese Entgrenzung wird in den Videoarbeiten Hills durch den Ausschnitt der Kamera erzeugt. Er zerlegt in einigen Arbeiten den Körper in Einzelteile, um ihn über verschiedene Monitore wieder zusammenzusetzen. Das Zusammenspiel findet dann wieder durch den Ton, das Atmen und die Bewegung des Betrachters statt.

31 Zum Verhältnis von Abbild und Bild in Videoinstallationen, insbesondere in einem *closed circuit*, vgl. Sabine Flach: „Passagen der Ähnlichkeit. Bild und Abbild in den Videoinstallationen von Peter Campus", in: Dies. u. Christoph Tholen (Hg.), *Mimetische Differenzen. Der Spielraum der Medien zwischen Abbildung und Nachbildung*, Kassel: University Press 2002, S. 19-38. Die Gegenüberstellung, ähnlich wie sie hier in der Choreographie vorliegt, verschiebt das Verhältnis von Referenz und Bild, weshalb Flach den Begriff des „neuen Bildes" einführt. Allerdings steht bei ihrer Untersuchung das Bild in enger Beziehung zur Abbildfunktion, weshalb ich ihren Bildbegriff für zu enggeführt halte. Vielmehr ist jedes Bild als ein neues Bild zu verstehen.

still vor der Leinwand. Sie bewegt minimal ihren Rücken, später auch ihre Arme und doch bewegt sich auf der Leinwand sehr viel. Indem hier der reale Rücken und seine mikroskopische Vergrößerung vorliegen, wird das Ausmaß der mikroskopischen Bewegung, der äußerlich kaum sichtbaren Bewegung, deutlich.[32] Diese Mikrobewegungen, die sich direkt auf der Haut oder an einzelnen Körperteilen abspielen, sind für die Choreographien von Meg Stuart bezeichnend. Vergleichbar mit einem Zittern bringen sie Bewegungen aus tieferen Schichten zum Vorschein (Kap. 4, Andauernde Bewegung). Die Bewegung im Raum wird abgelöst von einer Bewegung am Körper. Zusätzlich findet eine Verschiebung der Bewegung vom lebendigen Körper der Tänzerin zum wiedergegebenen Bild auf der Leinwand statt.

Anders als im Film oder Video stehen sich hier Totale[33] und Nahaufnahme gegenüber, der Schnitt ereignet sich nicht in einer zeitlichen Abfolge, sondern als ein räumlicher – inmitten der Bühne – zwischen Körper und Leinwand. Neben der Differenz zwischen Körper und vergrößertem Ausschnitt steht der mediale Unterschied zwischen live agierendem Körper und dessen Videobild. Im Chiasmus von Nähe und Ferne, von lebendig und *still* wird das Verhältnis von Referenz und Bild scheinbar umgekehrt. Das Videobild scheint „lebendiger“ und „genauer“ zu sein als der reale Körper, denn im Detail auf der Leinwand sind die kleinen Verschiebungen der Haut zu erkennen. Das Videobild bringt also mehr zum Vorschein, ist vielschichtiger als der geradezu unbewegte Körper der Tänzerin.

Im Auge des Betrachters wird der räumliche Schnitt zu einem zeitlichen, da er die beiden Perspektiven nicht auf einmal in den Blick nehmen kann. Beide Ebenen lassen sich nicht gleichzeitig scharf stellen. Der Blick wechselt zwischen dem Körper und seinem Bild, bringt beide jedoch nicht in Deckung. Dieser „Konflikt“, wie Hans-Thies Lehmann[34] die Beziehung zwischen „anwesendem Körper und seiner immateriellen Bilderscheinung“ nennt, eröffnet ein reflexives Verhältnis zwischen Bild und Körper sowie zwischen Choreographie und Videobild.

Die Aufnahme ist durch den Ausschnitt und die Vergrößerung verfremdet, so dass die Identität zwischen Referenz und Bild in Frage gestellt wird. Die Nahaufnahme lässt im Bild die unsichtbaren Mikrobewegungen auf dem Körper der Tänzerin sichtbar werden, deren Körperbewegung auf die Bewegung

32 Zur mikroskopischen Bewegung vgl. André Lepecki: „‚Am ruhenden Punkt der kreisenden Welt.‘ Die vibrierende Mikroskopie der Ruhe“, in: Gabriele Brandstetter (Hg.), *ReMembering the Body. Körper-Bilder in Bewegung*, Ostfildern-Ruit: Hatje Cantz 2000, S. 334-366.

33 Der Ausdruck Totale bezieht sich wie die Nahaufnahme auf die Einstellung der Kamera im Film, wird hier jedoch für die Gesamtansicht der Bühne gebraucht.

34 Hans-Thies Lehmann: *Postdramatisches Theater*, Frankfurt a. M.: Eigenverlag 1999, S. 405.

in der Projektion übergeht. In der Gleichzeitigkeit von Tanzperformance und Videoprojektion werden deren mediale Eigenschaften reflektiert und ineinander verschränkt.

## Rücken – Hand – Sprache

Die Hautlandschaft wird in dieser Szene bald von einer und dann zwei Händen „bevölkert“ und dadurch wieder in einen Körperzusammenhang eingebunden. Dieser ist allerdings leicht verdreht, da der Körper sonst nach vorne ausgerichtet ist, die Hände sich normalerweise im Sichtbereich befinden und nicht, wie hier, auf dem Rücken. Die Beziehung zwischen der Hand, dem Sehen und dem Sprechen, die vom französischen Paläontologen André Leroi-Gourhan als Konstitution des Menschen beschrieben wird[35], gerät hier ins Schwanken. Die Handfreiheit im aufrechten Gang und die dadurch eröffnete Beziehung zwischen Hand und Gesicht (Auge und Mund) sind gemäß Leroi-Gourhan für das Reflektieren des Gesehenen in der Sprache bedeutend. Wenn die Hände auf dem Rücken sind und nicht vorne im direkten Sichtfeld, stellt sich die Frage nach ihrer Steuerung, die hier zwar durch das Videobild teilweise ermöglicht und überprüfbar wird. Die Koordination der Hände wird im Videobild, in der Rezitation Hills und in den Schreibübungen auf dem Rücken auf spielerische Weise reflektiert und ausgetestet. Der Text, den Gary Hill für diese Szene entworfen hat und der von ihm selbst gesprochen wird, nimmt die Thematik der Koordination auf, indem er sich auf das Verhältnis von rechts und links sowie von vorwärts und rückwärts und auf deren Überkreuzung bezieht.

In der Rezitation Hills wird das Verhältnis von Rücken, Hand und Denken (Sehen, Sprechen und Handeln) in kurzen aufeinanderfolgenden Worten oder Sätzen auf verschiedene Weisen beleuchtet, ohne jedoch eine klare Aussage zu treffen. Vielmehr bewegt sich die Sprache zwischen und mit den Worten „hand“, „back“ und „word“[36] – jener Elemente, die auch das Geschehen auf der Bühne prägen, – in verschiedenen Kontexten. Der Text bezieht beispielsweise „back“ sowohl auf den Körper als auch auf die Richtung oder Position von etwas. Es entsteht eine Bewegung in der Sprache, die durch die Aufeinanderfolge und Kombination von Worten neue Zusammenhänge oder sogar neue Begriffe wie z. B. „backhandedly“[37] hervorbringt. Die Kombinationen scheinen oft nicht eine bestimmte Bedeutung zu generieren als vielmehr ein

35 Vgl. André Leroi-Gourhan: *Hand und Wort. Die Evolution von Technik, Sprache und Kunst*, Frankfurt a. M.: Suhrkamp 1988.

36 Der gesprochene Text zu dieser Szene ist abgedruckt in: Gary Hill: „Gesprochener Text aus *Splayed Mind Out*“, in: Broeker u. van Tuyl 2002, S. 212-124.

37 Ebd., S. 213.

Spiel mit den Worten zu sein, das zugleich auch ein Spiel mit den Elementen aus dem Videobild ist wie „on the back of language“ oder „words reflect back hand and forth“[38]. Die sprachinhärente Bewegung zieht sich gleichzeitig auf der Bühne und im Bild weiter. Es entsteht eine Bewegung zwischen Hand, Rücken und Sprache, ohne dass man ihre unterschiedlichen Ebenen wie inhaltlich, formal, körperlich oder visuell trennen kann. Durch die sich variierenden Verknüpfungen werden im gesprochenen Text Zusammenhänge eröffnet, die sich ihrerseits in der Bewegung zwischen Videobild, Körper und Sprechen spiegeln.

In der Rezitation[39] werden nicht nur sprachlich Bezüge zum Bild aufgemacht, sondern auch strukturell in der Umkehrung der Sprechrichtung. Der Sprecher beginnt mitten in der Rezitation rückwärts zu sprechen. Dieser Wechsel wird kaum am Sprachfluss bemerkt, sondern vielmehr daran, dass die Sprache nicht mehr verstanden wird. Das ist sehr irritierend, so dass im ersten Moment an einen Wechsel in eine fremde Sprache gedacht wird. Dieses Nichtverstehen führt von der ständigen Suche nach Bedeutung zurück auf eine innere Wahrnehmung des Klangs und der Rhythmik sowie deren Beziehung zum Videobild.

Der ununterbrochene Sprachfluss und die ruhige, beinahe entkörperlichte Sprache Gary Hills erinnern an ein Tonband. Die Stimme wird tatsächlich auch über ein Mikrophon übertragen. Dennoch unterläuft die Anlehnung der Stimme an ein Tonband den anwesenden rezitierenden Körper Hills ähnlich wie das Videobild den vor ihm sitzenden Körper. Es entsteht eine Spannung zwischen den medialen Oberflächen, die durch die Laufrichtung der Sprache zusätzlich reflektiert wird. Hier sei auf Vergleiche mit anderen Arbeiten von Hill verwiesen, die sich direkt mit der Leserichtung der Sprache, der Spiegelschrift (vgl. *Ura-Aru (The backside exists)* von 1985/86) und der Laufrichtung des Videos (Bild und Ton) auseinandersetzen. Die Videoarbeit *Why Do Things Get in a Muddle?*[40] von 1984 wurde geradezu mit der Idee aufgenommen, sie rückwärts abspulen zu lassen. Dabei wurde ein Teil bei der Aufnahme rückwärts gesprochen, wodurch der Text beim Abspulen wieder seine gewöhnliche Richtung erhält, jedoch leicht verzerrt erscheint. Das Sprachverständnis als eine zeitliche Abfolge wird mit der Videotechnik gekoppelt, die ebenfalls eine bestimmte Laufrichtung hat, sich aber auch rückwärts spulen lässt. Durch die Umkehrung der Laufrichtung sowie durch Unterbrechungen und Verzerrungen wird so gleichsam die lineare Erzählstruktur unterlaufen.

38 Ebd.

39 Ich verwende hier den Begriff der Rezitation, um ein fließendes, beinahe meditatives Sprechen aufzurufen.

40 Vgl. Spielmann 2005, S. 320 u. 325-326. Sie beschreibt das Phänomen der Umkehrung der Laufrichtung an diesem Video.

Die Sprache und ihr Bezug zum Bild sind stark von den Interessen Hills geprägt, tauchen aber auch in späteren Choreographien von Meg Stuart wieder auf (vgl. Kap. 4, Bewegung auf der Stelle). Diese Prägung wird allein durch die körperliche Anwesenheit Hills als Sprecher auf der Bühne deutlich. Die Verkörperung der Tonquelle, die einhergeht mit ihrer Sichtbarkeit, ist aber ein entscheidender Unterschied zu den Videoinstallationen Hills. Gleichzeitig wird nämlich die körperliche Anwesenheit durch die an ein Tonband erinnernde Artikulation wieder unterlaufen.

Die Trennung von Ton- und Bildquelle scheint hier gezielt eingesetzt, denn der Sprecher sitzt abgewandt von Tänzerin und Videobild, während die Worte wiederum eine Beziehung zu diesem aufnehmen. Durch Sprache wird ein ständig variierendes Spiel von Bedeutungs- und Assoziationsfeldern eröffnet: Gibt sie der Bewegung der Arme und des Rückens eine Bedeutung? Ist die Sprache, wie Gary Hill in einem Interview sagt, „bilderzeugender Motor“[41], oder ist das Sichtbare Auslöser für die Reflexionen über das Verhältnis von Hand, Rücken und Denken in der Sprache? Es entsteht eine Bewegung zwischen Sprache und Bild, die auf einer strukturellen und auf einer semantischen Ebene verläuft, deren Richtung jedoch nicht bestimmbar ist, sondern vielmehr eine wechselseitige Bewegung impliziert.

Die Frage, die ich am Anfang der Rezitation gestellt habe, ob das Gesprochene Anweisung für die Bewegung ist, ist wohl kaum zu beantworten, denn die Relationen sind gegenseitig, obwohl der Sprecher vom Bild abgewandt ist, und offensichtlich so auch beabsichtigt. Das wird gegen Ende des gesprochenen Textes angedeutet durch die Verben „inflect“ (modulieren oder grammatikalisch beugen) und „reflect“ (zurückwerfen, -strahlen, reflektieren):

and eyes inflict thought
and right inflects left
and this inflects that
and words reflect back
hand and forth.[42]

Die Richtung der Bewegung, der „Deklination“, ist nicht eindeutig. Denn so, wie das Spiel mit dem Rücken das Sprechen buchstäblich rückwärts laufen lässt, die Elemente aus dem Bild im Wortspiel gehäuft auftreten, wird umgekehrt die Sprache durch das Schreiben als Tätigkeit der Hand sowie als Schrift auf der Haut visualisiert und verkörpert. Die Beziehungen zwischen Rücken, Hand und Sprache werden im Videobild, am Körper, im Text und im Sprechen sowie zwischen den genannten Elementen in Bewegung versetzt, so dass eine gewisse Analogie zwischen Körper- und Denkbewegung ins Spiel

41 Hill 1993, S. 149.
42 Hill 2002, S. 213.

gebracht wird. Zwischen Sprache und Bild, Rücken und Hand, Sehen und Sprechen entsteht ein „reflexiver Raum“[43], den Hill auch für das Video in Anspruch nimmt. Es entsteht ein visuelles, klangliches, semantisches und literarisches Gefüge, das sich keinem eindeutigen Sinn zuordnen lässt. Vielmehr wird in diesem sprachlichen Netz ständig die Produktion von Sinn unterlaufen, was paradoxerweise zu einem Überschuss an Sinn führt.

Diese zeitlich, räumlich, formal und inhaltlich unabhängige Koppelung von Bild und Sprache wurde hier deshalb ausführlich besprochen, weil sie in verschiedenen Choreographien Meg Stuarts, insbesondere in *Alibi* und *Visitors Only*, wiederkehrt. Ein Wort von einer Seite der Bühne kann das Geschehen auf der anderen in eine bestimmte Richtung lenken oder ihr eine andere Bedeutung geben und umgekehrt.

## Schreibakt als Chiasmus von Tasten und Sehen

Ein weiterer Akt dieser Szene ist das Schreiben auf dem Rücken. (Abb. 4) Die Tänzerin schreibt mit einem schwarzen Stift einzelne Worte auf ihren eigenen Rücken; leichte Koordinationsschwierigkeiten zwischen dem, was sie auf der Leinwand sieht, und dem, was sie spürt, werden deutlich. Zusätzlich wischt die Tänzerin das Geschriebene wieder aus, um neu anzusetzen, diesmal mit beiden Händen.

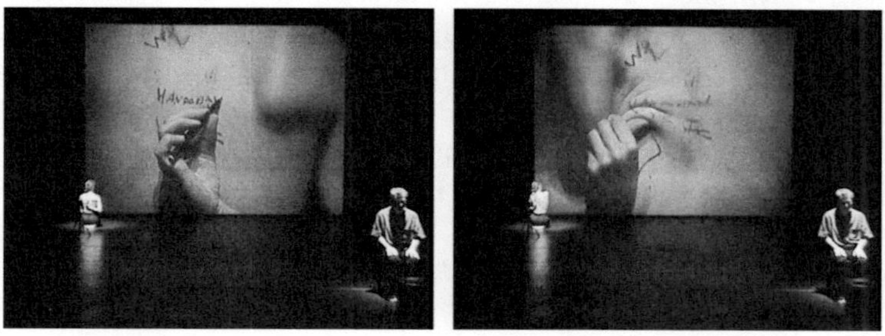

*Abb. 4: Gary Hill/Meg Stuart, Splayed Mind Out, 1997*

Mit dem Schreiben werden verschiedene bereits diskutierte Dinge auf körperlicher und visueller Ebene angedeutet und miteinander in Beziehung gebracht. Das Schreiben ist ähnlich wie das Sprechen eine Veräußerung von Sprache, die in der Schrift visuell festgehalten wird. Im Schreiben auf dem Rücken wird das Schreiben auf der Haut in zweifacher Weise – als Materialisierung des gesprochenen Wortes und als Einschreibung in das Fleisch – als körperlicher Akt vollzogen. In der Übertragung auf die Leinwand wird der körperli-

43 Hill 1993, S. 149.

che Akt des Schreibens wiederum in einen visuellen übersetzt.[44] Das Schreiben ist ein Akt der Veräußerung, der umgekehrt über das Schriftbild wieder verinnerlicht wird.

Während der Rücken zum Grund für die Schrift wird – zur Leinwand, die bemalt bzw. beschrieben werden kann –, wird mit der Projektion der unbegrenzten Rückenlandschaft die Leinwand zur Haut. Leinwand und Haut gleichen sich durch das Schreiben und die Entgrenzung des Körperbildes an. Zwischen Haut und Leinwand entsteht eine Ähnlichkeit, in der die Leinwand als Haut – als Membran – fungiert und umgekehrt die Haut als Leinwand. Das Schreiben und das Verwischen bewegen die Haut, wodurch sie in ihrer membranartigen Eigenschaft auf der Leinwand sichtbar wird, und so werden Körperlichkeit und Bildlichkeit im Chiasmus von Leinwand und Haut gleichermaßen verschränkt.

Das Gegenüber von Haut und Leinwand bringt das Tasten und Sehen miteinander in Verbindung. „Nicht nur kann man ‚mit der Haut sehen‘, die Epidermis der Hände gleicht einer aufgespannten ‚Leinwand‘, auf der etwas gezeichnet oder gemalt werden kann.“[45] Mit dieser Aussage bezieht sich Jacques Derrida auf Denis Diderots *Brief über die Blinden. Zum Gebrauch für die Sehenden.*[46] Diderot vergleicht die Leinwand des Auges mit der Haut der Hände eines Blinden. Dieser Vergleich ist für die hier besprochene Szene insofern spannend, als die Schrift auf dem Rücken von der Tänzerin selbst nicht direkt visuell, sondern eher durch den Druck wahrnehmbar ist. Diese Wahrnehmung kann aber hier anders, als bei einem Blinden, gleichzeitig mittels Übertragung auf der Leinwand vom Auge überprüft werden. Auge und Haut treffen sich auf der Leinwand, denn die Haut – nicht die Haut der Hände, sondern die des Rückens – spannt sich in der Projektion über der Leinwand auf. Das Verhältnis des Einritzens/Schreibens in die Haut und des Sehens/Lesens im Bild werden parallel vorgeführt. Über das Schreiben wird Sprache veräußerlicht und gleichsam über den Tastsinn der Haut oder über den Sehsinn vom Videobild abgenommen und wiederum verinnerlicht. Auge und Haut bilden sozusagen die Schnittstelle zwischen Innen und Außen.

Schreiben und Lesen wird in den Arbeiten Hills und in weiteren Szenen von *Splayed Mind Out* als Veräußer- und Verinnerlichung von Sprache und Bild thematisiert. So sei auf folgende Szenen hingewiesen: In einer Tanzsequenz, in der sich vier Tänzer auf dem Boden entlangbewegen und mit den Händen kleine Kritzelbewegungen ausführen, die an ein Schreiben erinnern

44 Vgl. Belting 1995, S. 58.

45 Jacques Derrida: *Aufzeichnungen eines Blinden. Das Selbstporträt und andere Ruinen*, München: Fink 1997, S. 101.

46 Denis Diderot: „Brief über die Blinden. Zum Gebrauch für die Sehenden. Mit einem Nachtrag (1749)“, in: Denis Diderot, *Philosophische Schriften*, Bd. 1, Berlin: Aufbau 1961, S. 77ff. und 108ff., zitiert nach Derrida 1997, S.101f.

(vgl. Kap. 1, Projektion von Tanzbewegung). In einer anderen Szene sitzt eine Tänzerin auf dem Schoß von Gary Hill. Sie haben jeweils ein Buch in der Hand und lesen darin. Auf der Leinwand dahinter ist ein Text zu lesen, in dem sich die verschleierte Mona Lisa und der Erleuchtete (Buddha) begegnen und somit eine Beziehung zwischen Verbergen und Entbergen eröffnen. (Abb. 5) Die sich im Schoß kreuzenden Lesenden sind vergleichbar mit der chiastischen Beziehung von Ich und Er, die Maurice Blanchot als ein sich gegenseitig bedingendes Verhältnis für das Lesen und das Schreiben beschreibt. Denn der veräußerlichende Prozess des Schreibens ist eine umgekehrte Bewegung der Verinnerlichung im Lesen – eine Bewegung vom Ich zum Es und umgekehrt. In dieser wechselnden Distanzierung und Anziehung liegt laut Blanchot die Faszination, die vom Bild ausgeht.[47]

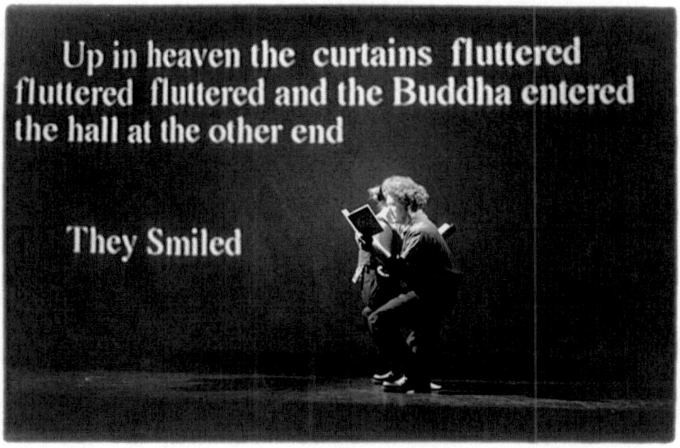


*Abb. 5: Gary Hill/Meg Stuart, Splayed Mind Out, 1997*

Blanchots Überlegungen zur Ähnlichkeit von Sprache und Bild bilden den Hintergrund für die Bedeutung von Schreiben und Lesen in verschiedenen Arbeiten Hills. So greift er in der Videoinstallation *Beacon (Two Versions of the Imaginary)*[48] von 1990 auf zwei Texte von Blanchot[49] zurück.

Von einer sich in der Mitte des Raumes drehenden Röhre werden zwei Bilder auf einander gegenüberliegende Wände projiziert. (Abb. 6) Auf dem einen

47 Maurice Blanchot: „La solitude essentielle" (1951) in: Ders. (Hg.), *L'espace littéraire*, Paris 1968, S. 25-28; deutsche Übersetzung: Maurice Blanchot: *Die wesentliche Einsamkeit*, Berlin: Hensel 1959, S. 41-46.

48 Zur Installation und den verwendeten Textpassagen von Blanchot auf Englisch vgl. Broeker u. van Tuyl 2002, S. 143-146.

49 Maurice Blanchot: „Les deux versions de l'imaginaire" (1951) und „La solitude essentielle" (1951) beide in: Blanchot 1968.

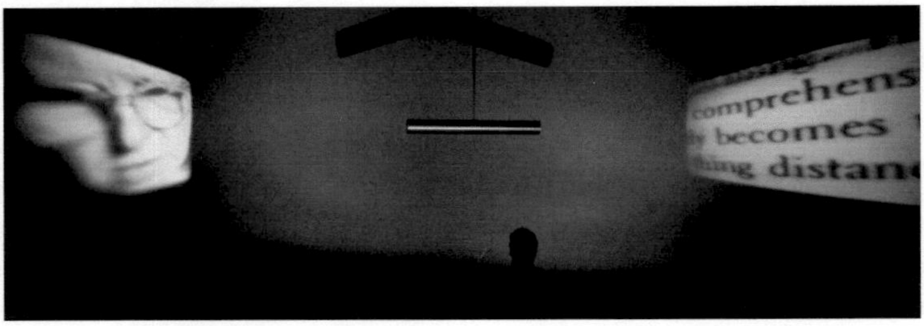


*Abb. 6: Gary Hill, Beacon (Two Versions of the Imaginary), 1990*

ist ein Text einer Buchseite zu lesen, auf dem anderen ist eine Person zu sehen, die in einem Buch liest. Zudem ertönt eine Stimme, die einen Text spricht. Sehen, Lesen und Sprechen verschränken sich in der Videoarbeit auf etwas andere Weise als in der hier besprochenen Szene der Choreographie. In beiden Fällen blickt der Zuschauer auf etwas Geschriebenes, versucht es zu entziffern, während er etwas Gesprochenes hört. Die beiden Veräußerungen der Sprache im Schriftbild und im Lautbild werden vom Zuschauer wiederum sehend und hörend verinnerlicht.[50] Das Gesehene und das Gehörte nehmen – wie hier in der Rückenszene – zwar aufeinander Bezug, lassen sich aber nicht verbinden. Es bleibt eine unüberbrückbare Differenz, die beim Betrachter eine Bewegung – eine Reflexion – zwischen Gesehenem und Gehörtem in Gang setzt.

## Blick-, Sprech- und Körperbewegung

Die Tänzerin Yukiko Shinozaki steht zu Beginn der Szene direkt vor der Leinwand, auf die etwas Unerkennbares projiziert wird. Wie die Tänzerin mit dem nackten Rücken ist sie zuerst dem Publikum ab- bzw. der Leinwand zugewandt. Nach einer Weile dreht sie sich zum Sprecher, Gary Hill, um. Dieser sitzt auf einem Stuhl und rezitiert während der ganzen Szene einen Text. Gegen Ende dreht die Tänzerin sich wieder um und geht auf die Leinwand zu, auf der ihr eine Person entgegenkommt, die mit ihrem Spiegelbild vergleichbar ist.

50 Belting hat die Verschränkung von Schrift, Stimme und Bild für die hier besprochene Arbeit Hills überzeugend beschrieben: „Da wusste man plötzlich nicht mehr, was Sprache eigentlich ist, eine Sprache, die weder mit einer *Schriftseite* im Buch noch mit dem *Ton* der sprechenden Stimme in eins fiel, aber von beiden gleichsam abgebildet wurde, visuell und akustisch. Dann aber bemerkte man, dass beide Male ein Blick auf der Sprache ruhte: einmal der Blick der Leserin auf der für uns unsichtbaren Schrift und komplementär dazu der eigene Blick auf dem anderen Bild mit der sichtbaren Schrift. Ist also die Sprache tatsächlich ein Bild? Sie ist, wie es sich für ein Bild gehört, abwesend, nämlich in der Stimme oder in den Buchstaben, wo sie nur abgebildet ist." (Belting 1995, S. 58).

Das zweite Beispiel ist anders als das erste als ein Gegenüber von Tänzerin und Videobild sowie von Tänzerin und Sprecher angelegt. Auf drei verschiedenen Ebenen wird hier die Bewegung des Blicks im Gegenüber als bildliche Dimension ins Spiel gebracht: im Verhältnis von Sichtbarem und Unsichtbarem (von Transparenz und Opazität), in der Relation von Sprech- und Körperbewegung und als spiegelbildliche Beziehung.

## Das Fenster als Topos des Blicks

Die Tänzerin Yukiko Shinozaki tritt vor die Leinwand, während Gary Hill beginnt – auf einem Stuhl sitzend, diesmal mit Blick zur Leinwand und zur Tänzerin – einen Text zu rezitieren. (Abb. 7) Er spricht von einem Fenster, durch das Licht fällt, und von einem Blick. Das Gegenüber von Tänzerin und Leinwand verbindet sich unmerklich mit den Worten, so dass der Zuschauer versucht, zwischen Gesprochenem und Gesehenen eine gemeinsame Geschichte zu erkennen. Doch was ist das für eine Geschichte, die da erzählt wird? Die Stimme von Hill ist zwar ruhig und fließend, mit einer Erzählstimme vergleichbar, doch der Zusammenhang der Worte erzählt nicht wirklich eine Geschichte im Sinne einer kausal logischen Abfolge eines Geschehens. Vielmehr scheint hier eine Geschichte des Sehens (oder des Erinnerns) angedeutet: „A fixed gaze moved through the glass separating vision from pure light. Across the way it looked to be you.“[51] Gleichsam in der Schwebe bleibt das, was es auf der Leinwand zu sehen gibt.

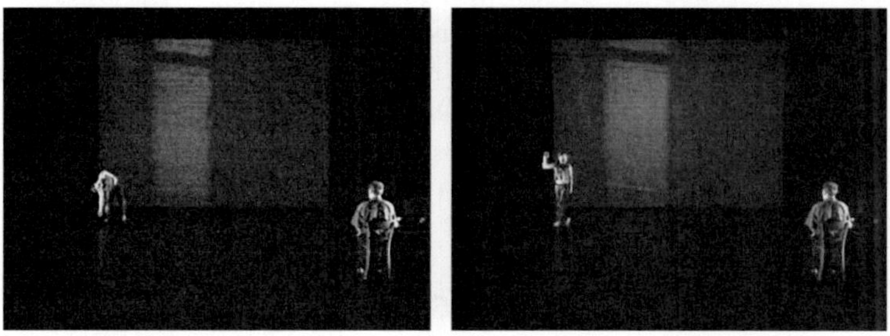

*Abb. 7: Gary Hill/Meg Stuart, Splayed Mind Out, 1997*

Im projizierten Bild öffnet sich ein Spalt, eine offene Fläche, die einen Durchblick auf etwas freilässt, das sich in der Ferne bewegt. Das Gegenüber der Tänzerin evoziert den Blick durch diese Öffnung, wie zwischen Vorhängen eines Fensters hindurch. Der Rest des Bildes ist undurchdringbar dunkel. Das Sichtbare wird von einer allgemeinen Unschärfe geprägt, die sich wie Nebel

51 Der Text zu dieser Szene ist abgedruckt in: Hill 2002, S. 214-215.

über das Bild oder die Erinnerung legt. Die Tänzerin winkt. Das, was hier mit Fenster bezeichnet wurde, könnte genauso gut ein Hafen sein, aus dem sich ein Schiff entfernt, dem das Winken der Tänzerin gilt, oder etwas ganz anderes – eine Erinnerung, eine Projektion – „a field of shimmering mirages“[52]. Das Winken nimmt Bezug auf etwas Entferntes oder etwas sich Entfernendes. Es unterstützt das Blicken der Tänzerin in die Ferne, das wir eigentlich gar nicht sehen können, das wir nur erahnen. Gemeinsam ist dem Winken und Blicken das Überbrücken von Distanz. Wie die Unschärfe im Bild evozieren sie Ferne und gleichzeitig das Verlangen nach Nähe.

Dieses Gegenüber von Tänzerin und Projektion möchte ich als ein Topos des Blickens und der Blicke[53] verstehen. Den Blick selbst sehen wir nicht, vielmehr erahnen wir ihn im Gegenüber von Tänzerin und Leinwand, das eine Bild-Blick-Beziehung eröffnet. Das materielle Gegenüber der Leinwand wird durch den unbestimmten Spalt im projizierten Bild in die Ferne gerückt. Im Verhältnis von Transparenz und Opazität, oder von Nähe und Ferne entsteht eine Differenz zwischen Sichtbarkeit und Unsichtbarkeit. Das Sichtbare bleibt doch unsichtbar und unentzifferbar in der Ferne zurück, weshalb es den Blick anzieht. Die Leinwand wird zu einem Gegenüber, das in der Projektion durch den Spalt – im Bild – einen Blick impliziert.

Der Zuschauer versucht, das zu Sehende mit dem Gesprochenen in Verbindung zu bringen, um so die jeweiligen Lücken zu schließen. Wir suchen in den Worten nach Halt. Doch die Beziehung zwischen Gehörtem und Gesehenem bleibt ähnlich offen wie die Geschichte, die erzählt wird, und wie das Bild, das auf die Leinwand projiziert wird. Teilweise klingt im Gesprochenen eine Verbindung zum Bild an – der Sprecher bezieht sich auf das, was er sieht. Doch dann nimmt die Rede andere Wendungen an, wechselt wie im Traum oder in der Erinnerung zu neuen Eindrücken. Dieses Nebeneinander von offenen und unabgeschlossenen Elementen bringt im Sehen und Hören – in der Wahrnehmung – etwas Verborgenes an die Oberfläche, das aber zugleich unsichtbar und unsagbar bleiben muss.

## (In-)Kohärenzen von Körper- und Sprechbewegung

Die Tänzerin dreht sich nach einer Weile um, kehrt sich von der Leinwand ab und wendet sich dem Sprecher zu. Einander gegenüber stehend bzw. sitzend treten sie in einen Dialog. Die Bewegungen der Tänzerin scheinen auf die Sprache zu reagieren. Sie sind in einen bestimmten Ablauf eingebunden, der nicht dem natürlichen Fluss des Körpers folgt. Vielmehr bewegen sich wech-

52 Ebd., S. 214

53 Vgl. Georges Didi-Huberman: *Was wir sehen blickt uns an: Zur Metapsychologie des Bildes*, München: Fink 1999.

selweise die rechte und die linke Seite des Körpers. Umgekehrt scheint der Sprachfluss mit der Körperbewegung gekoppelt zu sein. Die Sprache unterliegt ebenfalls ungewöhnlichen Störungen, da der Sprecher sich mitten im Wort unterbricht und nach einer kürzeren oder längeren Pause genau dort wieder einsetzt, wo er aufgehört hat.

Anders als in der Rückenszene, in der der Sprecher von der Tänzerin und der Leinwand abgewandt ist und eine Beziehung zwischen Auditivem und Visuellem erst über die Wahrnehmung des Zuschauers hergestellt wird, entsteht hier ein direktes Gegenüber von Tänzerin und Sprecher, von Tanz- und Sprechbewegung. Aber auch hier ist die Relation nicht eindeutig: Wie verhalten sich Körperbewegung und Sprachfluss zueinander? Gibt es einen strukturellen oder semantischen Zusammenhang zwischen Gesprochenem und Körpergestik?

Das Sprechen wird hier durch seine Unterbrechung zeitlich erfahren und tritt in Analogie zur Körperbewegung der Tänzerin. Diese wechselt in ihrem Bewegungsablauf zwischen links und rechts, zwischen *still* und *motion*[54], so dass ruckartige, einseitige Bewegungen entstehen. Wie die Sprache in ein Sprechen und Nichtsprechen gegliedert wird, ist die Motorik der Tänzerin in links und rechts getrennt. Der Wechsel zwischen diesen Polen und seine Koppelung an den Rhythmus des Sprechens erinnert ähnlich wie in der vorherigen Szene an die Unterteilung des Gehirns in zwei Hälften. Normalerweise ist unsere Bewegung der linken und der rechten Seite des Körpers synchron oder asynchron miteinander verbunden (man denke etwa an die Bewegungen im Sport beim Schwimmen oder Laufen). Bei der Tänzerin werden die beiden Seiten des Körpers auf künstliche Weise voneinander getrennt.

Ebenso ist die Unterbrechung der Rede mitten im Wort ungewöhnlich, weil dadurch die sprachliche Äußerung als eine sinnvolle Verbindung von Worten und Sätzen gestört wird. Wie von außen herbeigeführt, gleicht sie dem Drücken einer Pausetaste bei einem Tonband. Tatsächlich wirkt die Stimme ähnlich wie in der vorher beschriebenen Szene nicht sehr körperlich, sondern stellt zusätzlich zu den Unterbrechungen durch den konstanten Rhythmus und die gleichmäßige Betonung einen Bezug zum Tonband her. Diese Kreuzung von körperlicher Präsenz des Sprechers und der elektronischen Übertragung seiner Stimme steht der Wirkung der Stimme in den Videoinstallationen Hills diametral gegenüber. Dort wird gerade über die Stimme, deren Quelle im Videobild oft nicht sichtbar ist, körperliche Präsenz im Raum erzeugt.[55]

Neben der Beziehung auf der motorischen Ebene stellt sich die Frage nach einem semantischen Zusammenhang. Da wir gleichzeitig sehen und hören, versuchen wir als Zuschauer einen Zusammenhang zwischen Gehörtem und Ge-

54 Gabriele Brandstetter: „Still/Motion. Zur Postmoderne im Tanztheater", in: Claudia Jeschke (Hg.), *Ästhetik der Bewegung*, Berlin 2000, S. 123-136.

55 Vgl. Claser 2002 und Belting 1995, S. 53/54.

sehenem zu entdecken. Wie der Sprecher befinden wir uns der Tänzerin gegenüber, blicken auf sie und versuchen ihre Gesten mit der Sprache, die wir hören, zu verbinden. Da die Funktion der Bedeutung näher bei der Sprache liegt, werden Mimik und Gestik der Tänzerin in erster Linie auf die Sprache bezogen. Die Tänzerin scheint das, was sie hört, in Bewegung umzusetzen. Umgekehrt stellt der Blick des Sprechenden in gewisser Weise einen Bezug zur Tänzerin her. Sein Blick scheint von ihrer Bewegung abzulesen. Die Frage nach der Lesbarkeit der Bewegung[56] stellt sich umso mehr, als die Mimik und die Gestik der Tänzerin zum Teil sehr deutlich ausgeprägt sind. Auf ganz andere Weise als in der vorherigen Szene wird hier ein Chiasmus zwischen Schreiben und Lesen oder zwischen Hören und Schreiben hergestellt. Von der Tänzerin aus betrachtet entsteht eine Beziehung zwischen dem Hören des Gesprochenen und dem Schreiben von Bewegung, vom Sprecher aus betrachtet entsteht eine Beziehung zwischen dem Lesen von Bewegung und dem Sprechen. Es lässt sich jedoch keine Dominanz der Körperbewegung gegenüber der Sprechbewegung oder umgekehrt herstellen. Die Relation ist vielmehr geprägt von einer gegenseitigen Anziehung und Abstoßung von Sehen und Hören, von Schreiben und Lesen oder von Gesehenem und Gehörtem.

## Spiegelbildliche Beziehung

Gegen Ende der Szene wendet sich die Tänzerin wieder vom Sprechenden zur Leinwand. (Abb. 8) Ihre Bewegung wird von den folgenden Worten begleitet: „A world before words spins somewhere in your being, sending nasty little signals throughout the day.“[57] Diese Worte leiten eine Reflexion über eine Welt jenseits von Sprache ein. Zur vorher aufgerufenen Thematik der Verbindung von Sprache und Bewegung, für die es keine Antwort gibt, tritt die Frage nach einer Kommunikation oder einer Bestimmung durch Signale jenseits einer sprachlichen Ordnung hinzu. Bereits vorher bildete die Unterbrechung der Worte eine Auflösung der Sprache und ihrer semantischen Sinneinheiten. Die vorhergehende Sequenz kann deshalb auch als erster Versuch gedeutet werden, die gewohnten Ordnungen aufzubrechen und nach anderen Zusammenhängen zu suchen.

56 Vgl. die Ansätze der Tanzwissenschaft, die Wahrnehmung von Tanz als ein Lesen von Bewegung zu beschreiben: Susan Leigh Foster: *Reading Dancing. Bodies and Subjects in Contemporary American Dance*, Berkeley/Los Angeles/London: Univ. of California Press 1986, Gabriele Brandstetter: *Tanz-Lektüren. Körperbilder und Raumfiguren der Avantgarde*, Frankfurt a. M.: Fischer 1995, Sabine Huschka: „Tanz beschreiben?“, in: Dies., *Moderner Tanz. Konzepte Stile Utopien*, Reinbek bei Hamburg: Rowohlt 2002, S. 17-28.

57 Hill 2002, S. 215.

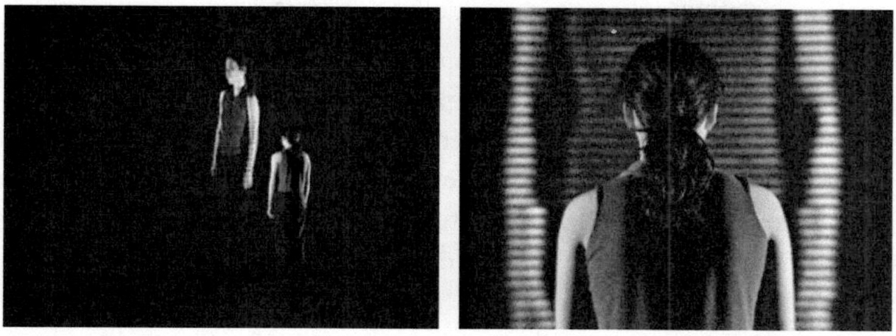

*Abb. 8: Gary Hill/Meg Stuart, Splayed Mind Out, 1997*

Während die Tänzerin auf die Leinwand zu läuft, tritt aus dieser – aus dem Nichts der leeren weißen Fläche – eine projizierte Figur hervor. Beide wandern aufeinander zu. Die Figur auf der Leinwand wird immer größer, verlässt aber die Ebene der Leinwand nie. Trotz ihrer Annäherung behält sie ihre Unschärfe und Ortlosigkeit, weshalb sie irreal und geisterhaft wirkt.[58] Durch die Bewegung aufeinander zu entsteht eine Spiegelsituation, die durch die Ähnlichkeit von Tänzerin und projizierter Figur unterstrichen wird. Die Unbestimmtheit des Ortes und die Unschärfe lassen aber das Gegenüber auf der Leinwand in einem sehr vagen Umfeld erscheinen, wie ein Phantom steht es vor der Tänzerin.

Mit den Fragen aus der Rezitation: „Is there something to say? Can I give you a hand?“[59], wird die zwischenmenschliche Kommunikation angesprochen, die über Sprechen und Berühren funktionieren kann oder eben auch nicht. Sie lassen sich beziehen auf die sich gegenüberstehenden Figuren, deren noch ausstehende Begegnung und im übertragenen Sinn auf ihre Medien Video und Choreographie. Gibt es eine gemeinsame Basis des Verstehens, eine gemeinsame Sprache, eine gemeinsame Realität? Gibt es eine Berührung zwischen einem realen Körper und einem virtuellen? Die Stimme Hills nennt mögliche Differenzen und Verschiebungen: „Perhaps there are slight differences“[60]. Zwischen Tänzerin und Figur auf der Leinwand bleibt eine unüberwindbare Distanz. Sie verdeutlicht den räumlichen Abstand, während die Stimme einen möglichen zeitlichen Abstand nennt: „a difference in time“[61]. Es gibt eine Differenz zwischen den Medien, zwischen den Räumen, zwischen den Zeiten, vielleicht ist es auch ein Unterschied zwischen den verschiedenen Realitäten oder gar ein Spalt zwischen Leben und Tod.

58 Hier ließe sich ein Vergleich zum Werk *Tall Ships* (1992) von Gary Hill machen, in dem der Betrachter in einem langen dunklen Gang mit aus dem Dunkel auftauchenden, fremden, ähnlich unscharfen Figuren konfrontiert wird. Auch dort wirken die Figuren durch ihr plötzliches Auftauchen aus einem ortlosen Raum unheimlich und befremdlich.

59 Hill 2002, S. 215.

60 Ebd.

61 Ebd.

Das Gegenüber von Tänzerin und ihrem eigenen, bewegten Bild wirft die Idee des Spiegelbildes auf, das aber nicht ganz eingelöst wird. Denn obwohl oder gerade weil die projizierte Figur bewegt ist, findet eine Differenz zwischen ihrer immateriellen Lebendigkeit und der leiblichen Präsenz der Tänzerin statt. Die Unschärfe und die Undefinierbarkeit des Ortes vermitteln der Figur etwas Geisterhaftes. Die befremdliche Situation scheint hier anders als in der stillgestellten Photographie einer Person durch die Bewegung im Videobild erzeugt zu werden, wo eine Diskrepanz zwischen der Immaterialität der Figur und ihrer Bewegtheit entsteht. Trotz der gegenseitigen Annäherung bleibt die Figur im Bild unnahbar und immateriell.

Die Frage nach dem Angesicht des Todes, das in jedem Bild aufscheint, wird hier mit der Immaterialität und dem Erscheinen der Figur aus dem Nichts und ihrem Verschwinden am Ende der Szene verbunden. Die Beziehung zum Tod wird an einer früheren Stelle in der Choreographie mit der gleichen oder einer ähnlichen Videoprojektion hervorgerufen: Die Projektion erscheint am Ende einer Szene, in der ein Tänzer versucht, eine Tänzerin, die am Boden wie leblos daliegt, zu bewegen. Diese steht zum Schluss auf und geht weg, während auf der Leinwand das Bild einer ebenso nach vorne tretenden, unscharfen Figur erscheint.

Den Übergang vom Subjekt zum Objekt, vom realen Körper zur Photographie, den Roland Barthes[62] beschreibt, ist in der beschriebenen Szene eher als ein Hin und Her zwischen Körper und Bild zu denken. Es ist an diesem Gegenüber gerade das Unheimliche, dass wir als Zuschauer zwischen der realen Figur und ihrem gespenstischen Gegenüber ständig hin und her wandern. Abwechselnd nehmen wir das eine und das andere wahr, wir bewegen uns zwischen der Materialität und ihrer Immaterialität, aber auch zwischen verschiedenen Oberflächen wie Video und Choreographie. Der Spalt, die merkwürdige Nicht-Kommunikation zwischen beiden Materialitäten, aber auch zwischen Realität und Illusion, lassen sich nicht auflösen. Vielmehr bewegen

62 Roland Barthes hat das Geisterhafte der Photographie eines Menschen, eines Individuum, in seinem Buch *Die helle Kammer*, Frankfurt a. M.: Suhrkamp 1989, als ein Übergang von einem Subjekt, „das sich Objekt werden fühlt“, beschrieben und folgert weiter: „ich erfahre dabei im Kleinen das Ereignis des Todes (der Ausklammerung): ich werde wirklich zum Gespenst.“ (S. 22) Mit dem Gespenst – im Französischen *spectre* – eröffnet Barthes ein weites Begriffsfeld, das vom Spektrum des Lichts (hier auch eine Metapher für die Photographie) zum Spektakel des Theaters bis zum Gespenstischen reicht: „Und was photographiert wird, ist Zielscheibe, Referent, eine Art kleines Götzenbild, vom Gegenstand abgesondertes ‚eidolon‘, das ich das ‚spectrum‘ der PHOTOGRAPHIE nennen möchte, weil dieses Wort durch seine Wurzel eine Beziehung zum ‚Spektakel‘ und ihm überdies den etwas unheimlichen Beigeschmack gibt, der jeder Photographie eigen ist: die Wiederkehr der Toten.“ (S. 17)

wir uns unendlich zwischen den beiden „Figuren“[63], die immer wieder in einander überschlagen möchten, sich aber nicht berühren.

## Video- und choreographische Bildreflexionen

Die drei Komponenten von Videokunst und Choreographie – bewegtes Bild, bewegter Körper, bewegte Sprache (Artikulation, Klang und Bedeutung) – werden in den diskutierten Szenen auf unterschiedliche Weise voneinander getrennt und wieder zusammengeführt. Die Unterteilung wird anders als im Videoband oder in der Videoinstallation durch die Separierung und die sichtbare Hervorhebung der drei Quellen – Leinwand, Tänzerin und Sprecher – auf der Bühne veranschaulicht. Sie sind räumlich zueinander ausgerichtet, hintereinander geschichtet oder mit direktem Blickkontakt verbunden. Neben die räumliche Konstellation auf der Bühne tritt eine zeitliche Dimension hinzu, die sich in der flüchtigen Hervorbringung von Sprache, Bild und Bewegung äußert. Sowohl räumlich und zeitlich als auch formal und inhaltlich beziehen sich die drei unabhängigen Quellen und ihre Äußerungen aufeinander, reflektieren sich, bilden Kohärenzen oder auch Widersprüche. Durch das „Gegeneinander-über“[64] entstehen Verdichtungen, die sich aber im nächsten Moment auflösen, um sich wieder neu zu verdichten.

Diese Beziehungen zwischen Sprache und Bild (und Körper hier in der Choreographie) werden von Georges Quasha und Charles Stein in Bezug auf das Werk von Gary Hill als eine zeitliche Interaktion, als Performance, verstanden, die vor allem im Kopf des Betrachters abläuft und nicht umschrieben werden kann:

> The meaning of word or image performs itself in the processual interaction of video and speech, and the real location where that performance takes place is in the viewer's mind. The meaning of the image is ‚reflected in‘ the word, the meaning of the word is ‚reflected‘ in the image, and together an intimate and significant gesture is performed and experienced immediately. As with any real performance, this event – the performance itself – cannot be paraphrased or restated. [65]

Da die Reflexion des einen im anderen nicht aufgeht, wird der Betrachter, wie das Quasha und Stein erläutern, in den Reflexionsprozess einbezogen. Den-

63 Hier ist „Figur“ nicht nur als Gestalt gemeint, sondern in Anlehnung an Gabriele Brandstetter auch als Ausformung einer Struktur, die immer auch ihre Gegenfigur impliziert. Vgl. zu den verschiedenen Bedeutungen von Figur die Einleitung von Gabriele Brandstetter u. Sibylle Peters in: Dies. (Hg.): *de figura. Rhetorik – Bewegung – Gestalt*, München: Fink 2002.

64 Vgl. die Ausführungen zu Hills *Between Cinema and a Hard Place.*

65 George Quasha u. Charles Stein: „Performance Itself“, in: Hill 2001, S. 1-6, hier: S. 1.

noch wird sich die Interaktion zwischen Bild und Sprache im Kopf des Betrachters immer wieder mit dem Geschehen auf der Bühne verbinden. Der Reflexionsprozess entsteht tatsächlich erst in der Beziehung zwischen der Wahrnehmung und dem Geschehen auf der Bühne. Neben der Sprache und dem Bild tritt in der Choreographie der Körper zu diesem Spiel und Gegenspiel hinzu. Während der Körper in einer Videoaufnahme über das Bild oder den Ton eingeführt wird, wird hier das Bild oder der Ton direkt von diesem ausgelöst bzw. diesem gegenübergestellt. Dadurch entsteht eine mediale Verschiebung: Das Gegenüber von Körper und seiner Veräußerung in der Bewegung auf der Leinwand oder im tonbandähnlichen Sprechen führt zu Irritationen, die Fragen zur Beziehung von Video und Choreographie sowie zu tradierten Bilddiskursen, zur Wahrnehmung aufwerfen.

Das erste Beispiel, die Rückenszene, ruft durch die direkte Gegenüberstellung von Videobild und Körper die Beziehung zwischen Original und Abbild auf und unterläuft diese durch die Wahl des Ausschnitts. Damit wird das Verhältnis von Bewegung und *still* sowie von Ferne und Nähe umgekehrt. Die Verfremdung zwischen Bild und Körper eröffnet einen reflexiven Raum, in dem sowohl das Verhältnis von Bild und Referenz als auch das Verhältnis von Video und Choreographie zur Diskussion gestellt werden. Die Choreographie – die Bewegung des Körpers im Raum – wird beinahe stillgestellt, während das Videobild die Bewegung übernimmt. Zu dieser Beziehung tritt die Sprache, die ihrerseits einen Bezug zum Visuellen herstellt. Ähnlich wie in Hills Videoinstallationen wird mit den Bedeutungen und Referenzen zwischen Bild, Sprache und Körper gespielt. Die Zusammenhänge zwischen Rücken, Hand und Schreiben im Bild gehen wörtlich in Sprache über und reflektieren zurück ins Bild. Es entsteht ein Zwischenraum zwischen Sehen, Tasten und Sprechen, in dem nicht mehr klar ist, was wen bestimmt.

Das zweite Beispiel prägt ein Gegenüber von Leinwand und Tänzerin bzw. von Tänzerin und Sprecher. Das Gegenüber ist konstituierend für den Blickwechsel – für das Hin und Her der Blicke. Beginnend mit dem Topos des Fensters, das keine Durchsicht ermöglicht, sondern zwischen Transparenz und Opazität changiert, wird eine Ambivalenz von Nähe und Ferne bzw. von Sichtbarkeit und Unsichtbarkeit erzeugt, die am Ende der Szene im spiegelbildlichen Gegenüber von Tänzerin und projizierter Figur wieder aufgenommen wird. Dazwischen entsteht eine Relation zwischen Tänzerin und Sprecher, zwischen Sprech- und Körperbewegung. In diesem Gegenüber ist nicht eindeutig, wer die Impulse liefert und wer wen spiegelt: Setzt die Tänzerin das, was sie hört, in Bewegung um oder reagiert der Sprecher mit seinen Worten, seiner Artikulation auf das, was er sieht? Zwischen Sprech- und Körperbewegung gibt es ein Relais, das in der Wahrnehmung begründet liegt. Hören und Sehen leiten die wahrgenommenen Impulse nach innen und lösen wiederum Regungen aus, die in Sprech- und Körperbewegungen nach außen dringen (vgl. Kap. 4, Bewegung auf der Stelle).

In beiden Beispielen steht die Künstlichkeit der Stimme in Diskrepanz zur körperlichen Anwesenheit des Sprechers. Anders als in den Videoarbeiten von Hill, in denen die Stimme eine körperliche Präsenz markiert, zeichnet sich die Stimme hier nicht durch besondere Körperlichkeit aus. Vielmehr erinnert das Sprechen im ersten Beispiel durch den rückwärts gesprochenen Text und im zweiten durch die Unterbrechungen des Redeflusses an ein Tonband. In der Artikulation wird hier ganz bewusst die körperliche Quelle der Stimme auf der Bühne negiert. Durch das Vorwärts- und Rückwärtslaufen oder das Unterbrechen übernimmt das Sprechen technische Möglichkeiten eines Videobandes, das angehalten oder auch zurückgespult werden kann.

Im Video verweist sowohl das Bild als auch die Stimme auf einen abwesenden Körper, der auf der Bühne jedoch gleichzeitig präsent ist. Durch die Gegenüberstellung von Körper und Videobild oder Tonband schlägt das eine ins andere um, geht das eine ins andere über: Die Bewegung des Körpers geht in die Bewegung auf dem Videobild über, die Bewegung des Sprechens erinnert an das Abspielen eines Tonbandes, die Körperbewegung leitet zur Sprechbewegung über und umgekehrt. In der Wechselbeziehung zwischen den einzelnen Komponenten und ihren Oberflächen kreuzen sich choreographische und videographische Eigenschaften, reflektieren sich und gehen ineinander über.

## Projektion

Versteht man Choreographie als ein Schreiben im Raum – eine Bewegung, die sich in den Raum einschreibt, die sich in Raum und Zeit vollzieht –, fällt in *Splayed Mind Out* schnell auf, wie wenig sich die einzelnen Szenen über einen dreidimensionalen Raum erstrecken. Die Bewegungen der Tänzer verlaufen horizontal entlang des Bodens oder in einer Vertikalen direkt vor der Leinwand. Dabei wird die Leinwand nicht nur zum Bildgrund für die Videoprojektionen, sondern auch für einzelne Tanzsequenzen. Die räumliche Struktur der Choreographie ist geprägt durch die Ebene des Bodens und die der Leinwand. Beide scheinen gleich den Achsen eines Koordinatensystems aufeinander bezogen, aufeinander projizierbar und zusammenklappbar. Gemeinsam spannen sie jenen Raum auf, in dem die Tanzbewegung stattfinden könnte. Tatsächlich wird der Raum aber nicht ausgenutzt, er wird vielmehr negiert, weil sich die Tänzer eher in den Ebenen des Koordinatensystems als in dem von ihm aufgespannten Zwischenraum bewegen.

Die in *Splayed Mind Out* angelegte Beziehung zwischen der Ordnung der Choreographie und der des Video- bzw. Filmbildes werde ich im Folgenden unter dem Aspekt der „Projektion“ betrachten. Die Herkunft des Begriffs vom lateinischen Wortstamm *proicio* wird verbunden mit der Bedeutung von „vorwärts- oder vorwerfen“ im Sinne von vortreten, vorragen von Gebäuden, ausstrecken von Körpergliedern und vorstrecken oder vorhalten von Waffen; darüber hinaus nimmt das Verb die Bedeutung von „hin- und hinauswerfen“ an, was soviel heißen kann wie sich zu Boden werfen oder die Waffen niederlegen.[66] Die Grundbedeutung des lateinischen Wortstammes für Projektion als ein „Werfen“ lässt sich auf die Video- und Filmpraxis als „Bildwurf“ – als ein Werfen der Bilder an die gegenüberliegende Wand – beziehen.[67] Der Begriff kann aber auch im Sinne eines Projektes – eines Entwurfs – verstanden werden. Der Entwurf nimmt in der Architektur zumeist die Form eines zweidimensionalen Planes an, der selbst eine Projektion von räumlich ausgedehnten Dingen und Körpern in eine Ebene oder Fläche darstellt. Diese Praxis findet sich auch in anderen Disziplinen – von der Optik über die Geographie zur Mathematik – und dient dazu, komplexe Phänomene strukturierbar, messbar und leichter überschaubar zu machen, indem sie durch die Übertragung aus dem Räumlichen in die Fläche abgebildet werden.[68] Mit der Messbarkeit von Dingen, mit dem Eruieren von Raumdimensionen kann das Ausstrecken von Körpergliedern als eine Bedeutung des Lateinischen *proicio* verbunden werden, die ursprünglich zum Angeben von Maßen wie Fuß oder Elle gebraucht wurde.

Der Begriff der Projektion wird hier in zweifacher Weise auf das Bild bezogen: Erstens erinnert die Projektion als Bildwurf an den Mythos der Entstehung von Bildern als Schattenzeichnungen von Menschen. Sie steht nicht nur am Anfang der Malerei, sondern bildet auch den Ursprung optischer Medien wie der Camera obscura oder der Laterna Magica, die einen Lichtstrahl gezielt leiten und brechen, um so auf einem Bildträger wie der gegenüberliegenden Wand ein Bild entstehen zu lassen. Und zweitens dient die Projektion durch ihre Reduktion und Distanzierung auch zur besseren Veranschaulichung. Dieses Entwerfen bzw. Aufzeichnen von etwas durch Abstandnehmen und Abstraktion verweist auf eine grundlegende Dimension des Bildes: auf das Bild als Modell.[69]

---

66 Vgl. Karl Ernst Georges (Hg.): *Ausführliches lateinisch-deutsches Handwörterbuch*, in 2 Bänden, Bd. 1, Basel: Schwabe 1962[11], Stichwort „proicio“.

67 Susanne Neubauer: „Idea Proiectionis“, in: Dies. (Hg.), *Projektion. Chan, Export, Fischli/Weiss, Gander, Gillick, Graham, Knoebel, Parker, Streuli*, Luzern: Kunstmuseum Luzern/Linz: Lentos Kunstmuseum Linz/Frankfurt a. M.: Revolver Archiv für aktuelle Kunst 2006, S. 10-12.

68 Vgl. hierzu *Duden*, „Fremdwörterbuch“, Bd. 5, Mannheim/Leipzig/Wien/Zürich: Duden 1997[6], Stichwort „Projektion“, S. 661.

69 Gottfried Boehm: „Ikonisches Wissen. Das Bild als Modell“, in: Ders. (Hg.), *Wie Bilder Sinn erzeugen. Die Macht des Zeigens*, Berlin: Berlin University Press, 2007, S. 114-140.

Ausgehend von der Projektion als mechanische Operation der Video- und Filmpräsentation greife ich im Folgenden einige Szenen aus *Splayed Mind Out* heraus, die mittels körperlicher und performativer Inszenierung auf die optischen Medien Film, Video und Photographie Bezug nehmen. Dabei werden ähnlich wie in Hills Videoarbeiten mediale Unterschiede reflektiert und das Verhältnis von Einzelbild und Bilderfluss bzw. von Standbild und bewegtem Bild diskutiert. Danach werde ich den Begriff der „Projektion" auf die Choreographie übertragen und nach der Relation von Raum und Fläche in der Tanzbewegung fragen.

## Anspielungen auf Video, Film und Photographie

Ein Motiv, das in verschiedenen Szenen von *Splayed Mind Out* immer wieder auftaucht, ist die Anspielung auf Photographie, Film und Video. Die Beziehung der Performer zueinander und ihre Konstellation vor der Leinwand nimmt Bezug auf unterschiedliche optische Medien, sie übertragen geradezu deren mediale Qualitäten in die Performance. Hier werden auf ähnliche Weise wie in der bereits besprochenen Videoinstallation *Between Cinema and a Hard Place* (1991/94) von Hill Referenzen zwischen den Medien aufgerufen (Kap. 1, Simultaneität und Sprunghaftigkeit). Es findet in beiden Arbeiten eine Eins-zu-eins-Übertragung von einem Kontext in einen anderen, von einem Medium in ein anderes statt, die nicht wirklich aufgeht. Eher werden Differenzen zum Vorschein gebracht, welche die Reflexion der Wahrnehmenden anregen.

Diese Art der formalen Adaption ist charakteristisch für die Videoarbeiten von Hill wie für die Choreographien von Stuart. Sie wird sozusagen zum Konzept.

### Standbild versus bewegtes Bild

Eine Reihe von Szenen[70] in der Mitte von *Splayed Mind Out* zeichnet sich durch ihre Komposition vor der Leinwand und ihre Aufeinanderfolge aus. Dazu ein Beispiel:

Zwei Performer unterschiedlichen Geschlechts – ein sehr großer Tänzer und eine kleine Tänzerin – stehen einander vor der Leinwand gegenüber. Da sie von der Seite beleuchtet werden, werfen ihre Körper keine Schatten auf

70 Folgende Szenen lassen sich als Duo vor der Leinwand charakterisieren und in die Reihe einordnen: 1 Sprung (Yukiko und Wouter), 2 Lachen/Beatmung diagonal (Meg und Heine), 3 Standbein-Stütze (Gary und Yukiko), 4 Lesende (Yukiko und Gary), 5 Laute (Christine und Heine), 6 Haut und Haar (Meg und Hill). Die Bezeichnungen der Szenen sind nicht als Titel gedacht, sondern dienen nur der Identifikation.

die Leinwand. Im Profil zeichnen sich ihre Konturen scharf vor dem weißen Grund der Leinwand ab. Die beiden spannen, unterstützt durch die weiße Fläche der Leinwand, ein Feld zwischen sich auf. Der Ausschnitt und die Rahmung werden durch die Position der beiden Figuren[71] vor der Leinwand abgesteckt. Zwischen ihnen entstehen gleichzeitig Nähe und Distanz, indem sie durch ihr Gegenüber eine Nähe aufbauen und gleichzeitig auf Distanz gehalten sind. Sie stehen still, ohne sich zu rühren und insbesondere ohne aufeinander einzugehen. In diesem Stillstand ist die Bewegung für einen Moment ausgeklammert, sodass die Konstellation wie ein Standbild, als Ausgangsposition für eine potentielle Bewegung, wirkt. Wie in Zeitlupe senkt sich die männliche Figur in die Knie, nimmt die Größe seines viel kleineren weiblichen Gegenübers an und springt dieser mit einem Ruck direkt vor die Füße. (Abb. 9) Mit diesem Sprung werden Distanz und Zwischenraum plötzlich überbrückt, die Spannung schrumpft auf den Punkt der Berührung der beiden zusammen. Doch dieses merkwürdige Klammern der männlichen Figur an den Füßen der weiblichen ruft nach einer weiteren Bewegung. Er zieht sich an ihrem Körper nach oben und streichelt ihren Kopf. Seine Berührungen gleichen Liebkosungen, bleiben aber distanziert und bewirken ihrerseits auch keine Reaktion. Dadurch erscheinen die Bewegungen wie leere Zeichen. Es findet kein Austausch statt. Die Kommunikation zwischen den Körpern bleibt schemenhaft. Die kurze Sequenz endet mit dem Ausblenden des Lichts. Auf diese Weise werden die einzelnen aufeinander folgenden, dem gleichen Schema angehörenden Szenen voneinander getrennt. Gleichzeitig stellt sich dadurch aber auch eine strukturierte Abfolge ein, die von der Komposition – dem Gegenüber zweier Tänzer im Profil – und der Sequenzierung durch das Ausblenden des Lichts geprägt ist.[72]

71 Statt Performer oder Tänzer wird bei den genannten Szenen gelegentlich der Begriff „Figur" verwendet, um das Ausblenden der Körperlichkeit und die Abstraktion in den Vordergrund zu stellen.

72 Die Bedeutung der Komposition der Szenen vor der Leinwand wird durch eine Variation in der Diagonale unterstrichen. Die sich wie in den anderen Szenen gegenüberstehenden Performer stehen nicht parallel zur Leinwand, sondern in einer Linie, die diagonal an ihr vorbeizielt. Der Streifen, in dem sie stehen, ist beleuchtet, so dass eine ähnliche Lichtsituation wie in den anderen Szenen entsteht. Die beiden Performer sind von der Seite und von oben beleuchtet, so dass sie in eine „Lichtwand" eingebunden werden. Ähnlich wie bei den Szenen parallel zur Leinwand entsteht keine räumliche Tiefe. Die Tiefe oder Distanz öffnet sich vielmehr zwischen den Figuren. Ein kleiner Monitor stoppt statt der Leinwand die Fluchtlinie der Figuren. Anders als die Leinwand, die in den anderen Szenen den Abschluss der Bühne und gleichzeitig den (Bild-)Grund der Profilfiguren bildet, figuriert hier der kleine Monitor als ein Fokus der Diagonalen, in der sich die beiden Performer befinden. Gerade die Abweichung dieser Szene unterstreicht die Absicht der Komposition und der Bildfolge. Denn sie weist neben den Abweichungen strukturell Parallelen auf, so die Beleuchtung entlang

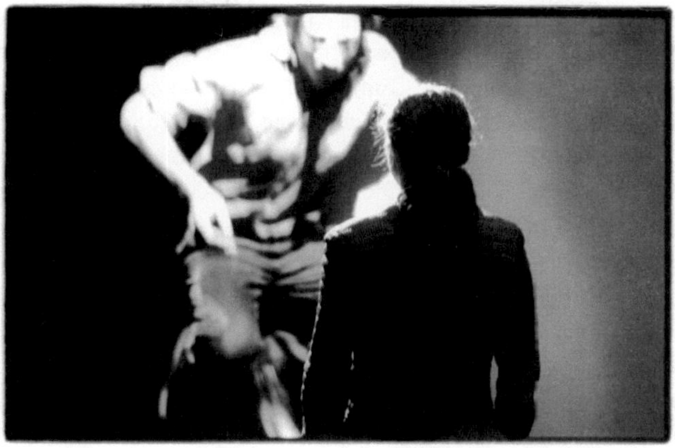

*Abb. 9: Gary Hill/Meg Stuart, Splayed Mind Out, 1997*

Die einzelnen Szenen inszenieren – abgeschlossenen Bildentitäten gleich – voneinander verschiedene Motive, so dass im Sinne der Abgeschlossenheit von „Einzelbildern" die Rede sein könnte. Der Bezug zur Leinwand, die Flächigkeit und die dazwischen geschalteten Dunkelsequenzen erinnern an die Abfolge von Einzelbildern auf einem Filmstreifen, die sich durch die Bewegung des Streifens zu einem bewegten Bild verbinden.[73] Allerdings entsprechen die einzelnen Sequenzen in *Splayed Mind Out* nicht wirklich Einzelbildern eines Films, da sie einerseits in ihrer Reihung keine sinnhafte räumliche oder zeitliche Abfolge bilden, sondern unabhängig nebeneinander stehen. Andererseits ist jedes Bild in sich bewegt. Die Bewegung innerhalb einer Sequenz ist jedoch sehr stark verlangsamt und die Gesten sind minimalisiert, so dass eine Spannung zwischen Bewegung und Stasis entsteht.

Die Anspielung der besprochenen Szene auf die Entstehung des bewegten Bildes im Film aus stehenden Einzelbildern wird auf zwei Punkte hin analysiert: Erstens auf das Verhältnis von Bewegung und Stillstand. Wie verhalten sich Stillstand und Bewegung, stehendes und bewegtes Bild zueinander? Zweitens wird die Art und Weise der räumlichen Umsetzung, die Flächen-

der Figuren, die eine Gegenüberstellung provoziert und eine vertikale Ebene setzt.

73 In Bezug auf die choreographischen Szenen ist auch der technische Aspekt der Verdunkelung der Projektion beim Umspringen von einem Bild zum nächsten interessant. Mittels Zweiflügelblende wird die Projektion für einen Sekundenbruchteil verdunkelt, einmal beim Umspringen und wegen der Frequenz von 50 Hertz ein weiteres Mal während das Bild steht. Das Dunkel ist wie das stehende Bild für das menschliche Auge nicht sichtbar (Thomas Koebner (Hg.): *Reclams Sachlexikon des Films*, Stuttgart: Reclam 2007, Stichwort „Filmprojektion", S. 474).

und Zeichenhaftigkeit der Szene untersucht. Dabei spielen auch die Reduktion und die Wörtlichkeit der Geste eine Rolle.

Innerhalb des sogenannten „Einzelbildes" in dieser Choreographie entsteht eine Spannung zwischen Bewegung und Standbild, da die Körperbewegung so minimal und langsam ist, dass sie beinahe zu stehen scheint. Der beschriebene Sprung wird als Spannung zwischen den sich differenzierenden Positionen – dem Stand, der Beugung der Knie, dem Absprung und dem Auftreffen am Boden – wahrgenommen. Obwohl die Bewegung des Sprungs kontinuierlich verläuft, bleiben in der Wahrnehmung die einzelnen Positionen haften. Der Sprung lässt sich deshalb im übertragenen Sinn auch als ein Umspringen von einem Bild zum anderen, von einer Position zur anderen, lesen. Das Sprung-Motiv bildet eine Einheit, die durch die folgende Dunkelsequenz begrenzt und durch die aufeinander folgenden Szenen in Analogie zur Bildfolge im Film gestellt wird. Anders als bei den Einzelbildern eines Filmbandes sind hier nicht die einzelnen Positionen eines Sprungs aneinandergereiht, sondern das Motiv bildet allein in sich selbst eine bewegte Einheit. Die szenischen Einzelbilder sind in sich bewegt, reihen sich aber nicht zur Narration, da das Geschehen im jeweiligen Bild bereits abgeschlossen ist. Trotz der Abweichungen der szenischen Einzelbilder von jenen eines Filmstreifens bleibt die Anlehnung an den Film, in der Spannung zwischen Standbild und bewegtem Bild, erhalten. Diese Beziehung ist hier allerdings anders gerichtet. Im Gegensatz zu den Einzelbildern im Film, die erst in der immateriellen Projektion in Bewegung versetzt werden, wird hier die körperliche und performative Inszenierung der Bildsequenzen von der immateriellen Bewegung der lebendigen Körper unterlaufen. Die direkte Übertragung der Eigenschaften des Films geht in den choreographischen Szenen nicht auf.

In den hier diskutierten Szenen wird insbesondere durch die Beleuchtung Räumlichkeit negiert und die Reliefartigkeit der Figuren unterstrichen. Die Körperbewegung der Choreographie, die sich gewöhnlich in den Raum erstreckt, lehnt sich dadurch an das in der Fläche materialisierte Filmbild an. Zudem beschränkt sich die Bewegung auf eine Geste, weshalb der Eindruck eines Standbildes entsteht. Die vermeintliche Stillstellung der Figuren wird jedoch nicht wie in einer Photographie durch eine potentielle Bewegung durchbrochen, sondern durch eine sehr langsame und doch kontinuierliche Bewegung.

Das Paradox der hier diskutierten Szenen besteht eben genau darin, dass durch die Inszenierung von Flächigkeit und Zeichenhaftigkeit, von Langsamkeit und scheinbarer Stillstellung ein Standbild suggeriert wird, während das Lebendige in der körperlichen Anwesenheit der Performer und in der stetigen, wenn auch langsamen Bewegung nie ganz in einem stillgestellten Photo – einem Einzelbild – aufgeht. Das Standbild wird von der ständig fließenden Bewegung der Performer durchkreuzt. Das Denken in Einzelbildern und die materielle Umsetzung des Films wird von der Unfassbarkeit der Bewegung unterlaufen. Die Ambivalenz von stillgestelltem und bewegtem Bild betrifft nicht nur die Reflexion über die Medien Photographie, Film und Video, sondern auch die Choreographie, die sich in einem Spannungsverhältnis von Bewegung und Stasis vollzieht (vgl. Kap. 4).[74]

Im Verhältnis von Bewegung und eingefrorener Geste sowie von Flächigkeit und Räumlichkeit wird auch ein traditionelles Phänomen der Bildproduktion[75] aufgerufen, das im Übergang vom Körper zum Bild passiert. Eine körperliche Auseinandersetzung, die sich in einer zwischenmenschlichen Beziehung äußert, wird in die Fläche des Bildes gebannt, ja projiziert, um dann in der Projektion des Films wieder erneut in Bewegung versetzt zu werden.

## Materialität und Wörtlichkeit der Anspielung

In der besprochenen Szene werden die Gesten durch ihre Langsamkeit und ihre Reduktion überdeutlich. Das Profil unterstützt die Schärfe und den Kontrast der Gesten vor der hellen Leinwand. Der Sprung des Tänzers wird durch die Stilisierung des Zusammenziehens und Abspringens bis hin zur Landung zum Paradebeispiel eines Sprungs. Die zeitliche Dehnung und die räumliche Situation des Gegenübers – als Überbrückung einer bestimmten Distanz zwischen den zwei Figuren – tragen das ihre dazu bei. Der hier performativ und körperlich inszenierte Sprung kann auch auf die Reihung der szenischen Einzelbilder bezogen werden: als materialisierte In-Szene-Setzung des Bildsprungs.

Es findet eine Übertragung statt, die als wörtliche bezeichnet werden kann, was an der folgenden Szene nochmals deutlich wird: Eine weibliche Figur pustet in regelmäßigen Abständen Luft direkt an die Stelle des Oberkörpers ihres männlichen Gegenübers, wo sich die Lunge befindet. Es scheint, als wolle sie ihn auf diesem Weg beatmen. Die Handlung des Atmens, bei der normalerweise die Luft durch den Mund aufgenommen wird, ist mit seinem Organ Lunge kurzgeschlossen. In der insistierenden, wiederholten Handlung der weiblichen Figur und der gleichzeitigen Unmöglichkeit der direkten Beatmung der Lunge über die Körpergrenzen hinweg entsteht eine Kluft, die sich nicht schließen lässt. Die Verkörperung der Atmung im performativen Akt versucht einen direkten Bezug zwischen der Atmung und dem Ort ihrer Ausführung herzustellen. Dieser ist aber faktisch uneinlösbar, weshalb die Situation ad absurdum geführt wird. Die Eins-zu-eins-Gegenüberstellung rührt auf diese Weise an den Grenzen des Körpers.

74 Vgl. Brandstetter 2000a, S. 123-136.

75 Zum Übergang vom Körper zum Bild vgl. insbesondere: Hans Belting: *Bild-Anthropologie. Entwürfe für eine Bildwissenschaft*, München: Fink 2001 und Barthes 1985.

Die Szene scheint wie der Sprung durch die Einfachheit der Geste mit einem Blick erfasst werden zu können. Werden aber die Zusammenhänge genauer verfolgt, lassen sich die einzelnen Elemente nicht zur Deckung bringen, denn es wird der (unmögliche) Versuch unternommen, eine körperliche Handlung mit dem diese ausführenden Körperteil kurzzuschließen. Es findet eine Eins-zu-eins-Übertragung von der Handlung zum Objekt statt, die Handlung wird materialisiert. Die wörtliche Umsetzung[76] wirkt auf den ersten Blick eindimensional, eröffnet aber durch die inhärenten Widersprüche eine unvorhergesehene Vielfalt.

Nicht nur die einzelnen Gesten der genannten Einzelbilder in *Splayed Mind Out* sind von einer wörtlichen Inszenierung eines Kontextes geprägt, sondern auch die Bezugnahme der Szenenstruktur auf den Film: Die körperliche und performative Inszenierung von Einzelbildern als ein Nacheinander mit zwischengeschalteten Dunkelsequenzen kann als wörtliche Umsetzung der Materialität des Filmstreifens verstanden werden. Gleichzeitig wird diese Anspielung auf die Entstehung des bewegten Filmbildes aus aufeinanderfolgenden Einzelbildern in der Projektion mit dem bewegten Bild von Video und Choreographie kurzgeschlossen, ihre Differenzen lassen sich nicht zur Deckung bringen, sondern werden vielmehr offengelegt. Die Relationen zwischen den verschiedenen optischen Medien werden anhand der folgenden Szene ausführlicher behandelt.

## Materialität des Filmstreifens und immaterielle Projektion

Aneinandergereihte Bilder von Gesichtern laufen von links nach rechts über die Projektionsfläche und nehmen die volle Fläche der Leinwand ein. Es scheint, als würde ein Filmstreifen vor der Leinwand wie auf einem Lichtpult vorbeigezogen; auch an das Betrachten des Films bei der Entwicklung im Wasserbad könnte man denken. Auf jeder Seite dreht sich ein Tänzer – links eine Tänzerin und rechts ein Tänzer – gleich einer Spule um die eigene Achse, als würden sie den Filmstreifen auf der einen Seite ab- und auf der anderen wieder aufwickeln. Das gleichmäßige Drehen der Tänzer und ihre geradezu reglose, aufrechte Haltung verleiht der Bewegung etwas Mechanisches (Abb. 10), was an die mechanische Operation des Films bei einer Vorführung oder gar an die Entstehung des Films als eine Aufeinanderfolge von Einzelbildern er-

76 Die Wörtlichkeit steht in gewisser Weise in Analogie zu dem bezüglich der Minimal Art verwendeten Begriff der *Literalness*. Anders als Michael Fried, der den Begriff negativ – im Sinne einer Eindimensionalität – konnotierte, gebrauche ich hier Wörtlichkeit insbesondere für eine multiple Art der materialisierten Anspielung (vgl. Michael Fried: „Art and Objecthood“, in: Gregory Battcock (Hg.), *Minimal Art. A Critical Anthology*, Berkeley/Los Angeles/London: University of California Press 1995, S. 116-147).

innert. Allerdings wird hier das Filmband nicht von oben nach unten durchgespult, sondern von links nach rechts, was gleichzeitig auch auf unsere Leserichtung rekurriert.[77] Die Materialisierung des Filmstreifens und seiner Bewegung wird jedoch auf paradoxe Weise umgewendet und mit Anspielungen auf andere optische Medien verbunden. Diese Art der Anspielung und Dekonstruktion bestimmen die Arbeitsweise von Gary Hill, was bereits in der Videoinstallation *Between Cinema and a Hard Place* angesprochen wurde.

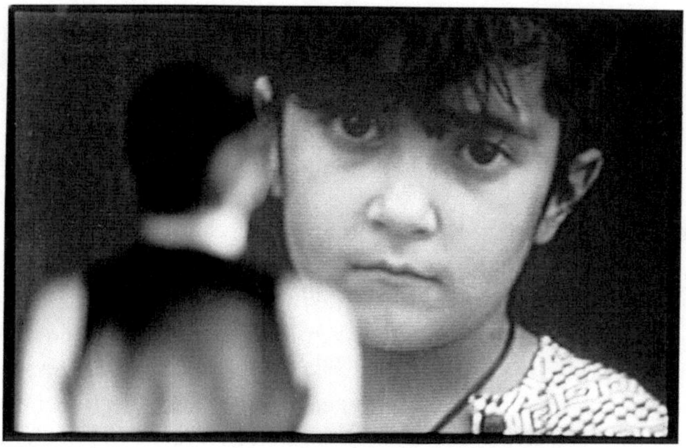

*Abb. 10: Gary Hill/Meg Stuart, Splayed Mind Out, 1997*

Die Monotonie der Drehbewegung der Tänzer, die wie Assistenzfiguren oder Aufziehpüppchen – dies vielleicht auch eine Anspielung auf den Tanz im Allgemeinen – wirken, wird gebrochen, indem sich ein Tänzer zwischendurch am Kopf kratzt und daraufhin leicht von seiner regelmäßigen Bewegung abweicht. Zum Schluss wird die Konstellation endgültig aufgehoben, indem die Tänzerin sich der Leinwand nähert, während der Tänzer sich von dieser entfernt. Die Verschiebung der Distanz zwischen den beiden „Drehfiguren" zum vorbeiziehenden „Filmstreifen" mit den leinwandgroßen Gesichtern eröffnet einen neuen Zusammenhang. Die Tänzerin steht nun dicht vor der Leinwand. Ihr Körper wirft einen Schatten auf die Leinwand und löst die vermeintliche Materialität des Filmstreifens auf. Das Filmband entpuppt sich als immaterielle Projektion. Die Tänzerin, die bis dahin hinter der Regelmäßigkeit des Drehens als anwesender, menschlicher Körper verschwand, wird nun durch den Schatten ihres Körpers auf der Leinwand mit der Projektion der vorbeiziehenden Gesichter konfrontiert. Im Gegensatz zu den projizierten Gesichtern, die

77 Zur Bedeutung des Lesens in der Arbeit von Gary Hill s. den Abschnitt in diesem Kapitel zu Blick- Sprech- und Körperbewegung sowie die Ausführungen zu Hills *Bemerkungen über die Farbe* in Kap. 1, Blick ins Buch.

als Lichtbild auf der Leinwand sichtbar werden, wird die Tänzerin durch ihren Schatten als dreidimensionaler Körper wahrgenommen. Der sich entfernende Tänzer tritt nicht durch seine Körperlichkeit in Beziehung zu den Gesichtern, sondern durch den Größenunterschied. Die überlebensgroßen Gesichter werden zu einer Kulisse, einer Landschaft[78], ähnlich wie der Rücken in einer früheren Szene (Kap. 1, Relation des Körpers zu seinem Videobild).

Angesichts der stillgestellten und doch merkwürdig bewegten Gesichter ist der Betrachter einer großen Verwirrung ausgesetzt. Die Präsentation weist nicht eindeutig auf ein einziges Bildmedium hin, sondern „geistert" je nach Perspektive gleichzeitig durch Film, Video und Photographie. Bewegen sie sich nur seitlich durch das Verschieben des Bildes, oder bewegt sich etwas im Bild? Laufen die Bilder, oder bewegt sich das Gesicht im Bild?

Obwohl auf den ersten Blick das Vorbeilaufen der Bilder an Einzelbilder eines Filmbandes erinnert, wird diese Abfolge nicht von verschiedenen, aufeinanderfolgenden Zeitpunkten desselben Gesichts geprägt. Vielmehr folgen im Bilderfluss ganz unterschiedliche, voneinander unabhängige Bilder von individuellen Gesichtern aufeinander. Kein Gesicht gleicht dem anderen. Die meisten sind – bis auf jenes des Mädchens – vom fortgeschrittenen Alter der Menschen geprägt. Sie tragen charakteristische Züge, die von einem vergangenen Leben zeugen. Die Bilder bewegen sich von links nach rechts und verschwinden dort. Die Größe der Gesichter verweist allgemein auf die Möglichkeiten der Vergrößerung der optischen Medien, nimmt aber im besonderen durch die ausgeprägten Gesichtszüge Eigenschaften der Großaufnahme im Film auf. Dort wird der Gesichtsausdruck selbst zur Handlung: Die Bewegung verlagert sich in den Großaufnahmen von der Bewegung in Raum und Zeit auf die „Mikrobewegungen", die Erregungen, die im Gesicht sichtbar werden.[79] Dieser inhärenten Bewegung wirkt jedoch die merkwürdige Stillstellung der Gesichter entgegen: Sie gleichen eher einzelnen Photographien.

Die Bilder stellen an sich ein Paradox dar, die Gesichter erscheinen auf den ersten Moment wie *stills*, bewegen sich jedoch ab und zu. Plötzlich sind da ein Augenzwinkern und eine rauchende Zigarette. Es sind also keine Photos oder *stills* von Gesichtern, sondern zugleich in sich bewegte und laufende Videobilder: In einzelne Bilder getrennt, laufen sie unabhängig von ihrer inhärenten Bewegung über die Leinwand. Sie sind damit in zweifacher Weise *bewegte* Bilder, *in sich* bewegt und *von links nach rechts* laufend.

Die Differenzen zwischen den optischen Medien Photographie, Film und Video gehen hier immer wieder ineinander über: Zum einen der Film, der auf der Abfolge von in sich ruhenden Einzelbildern (Photographien) beruht, die

78 Vgl. die Überlegungen zur Großaufnahme von Bela Balázs: *Der sichtbare Mensch oder die Kultur des Films*, Frankfurt a. M.: Suhrkamp 2001, S. 48-51.

79 Vgl. die Kapitel zum „Affektbild" in: Gilles Deleuze: *Das Bewegungs-Bild. Kino 1*, Frankfurt a. M.: Suhrkamp 1997, besonders S. 123f. und 144.

durch den Transport der Bilder in Bewegung versetzt werden, und zum anderen das Video, dessen Bild sich ständig neu aufbaut, sich ständig erneuert, also in sich bewegt ist und sich deshalb eigentlich nicht in Einzelbilder trennen lässt. Zudem wird durch die Konstellation der Leinwand, die mechanische Drehung der Tänzer und deren Heraustreten aus der Mechanik auf das Verhältnis von materiellem Filmstreifen, mechanischer Operation und immaterieller Projektion hingewiesen.

Auf andere Weise als bei den performativen Einzelszenen vor der Leinwand wird hier mit den laufenden, bewegten Bildern nochmals eine Anspielung auf den Filmstreifen vorgeführt, die aber gleichzeitig mit den Eigenschaften des Videobildes durchkreuzt wird. Wie auf dem Filmstreifen ist das Einzelbild abgegrenzt von seinem Vorgänger und seinem Nachfolger. Es fließt über die Leinwand und folgt so einer räumlichen Verschiebung der Bilder von links nach rechts. Anders als in den weiter oben besprochenen Szenen das Hintereinander der Einzelbilder eine zeitliche Abfolge implizierte, folgen hier die Bilder räumlich und zeitlich aufeinander. Gemeinsam ist den beiden Sequenzen von aufeinanderfolgenden oder nebeneinanderliegenden Einzelbildern, dass sie voneinander abgrenzt sind, stillgestellt wirken und doch in sich bewegt sind.

Dieses Paradox zwischen bewegtem und stehendem Bild, zwischen in sich ruhender Bildkomposition und fließendem Bild verweist auf die vielfachen Möglichkeiten eines Bildes, das von der Inversion von Bewegung in Stillstand und umgekehrt lebt. Trotz der medialen Unterschiede von Film, Video und Photographie ist die Ambivalenz von Bewegung und Stasis auf jeweils eigene Weise charakteristisch für die Entstehung sowie für die Wirkung des Bildes. Darin liegt die Dialektik des Bildes begründet, die im Verhältnis von anwesender Abwesenheit und abwesender Anwesenheit, von Leben und Tod, von sich kreuzenden Blicken, seine Bedingung findet.

## Projektion von Tanzbewegung

Nachdem Projektionen vor der und auf die Leinwand analysiert wurden, wird im Folgenden die Projektion von Tanzbewegung im Vordergrund stehen. Diese Fragestellung geht aus zwei Szenen von *Splayed Mind Out* hervor, in denen sich die Bewegungen in der Nähe des Bodens abspielen und in denen durch die Formation von vier Tänzern ein rechteckiges Feld eröffnet wird, das eine Analogie zur Leinwand bildet. Die eine der Szenen befindet sich direkt nach der Eröffnungs- und die andere vor der Schlussszene, sie rahmen die bereits besprochenen Sequenzen.

Der Boden bildet in zweifacher Weise den Grund für die Tanzbewegung. Einerseits richtet sich der Tänzer auf ihm auf, stößt sich von ihm ab und landet wieder auf ihm. Im traditionellen Ballett oder auch im Gesellschaftstanz berühren nur die Füße den Boden, der Rest des Körpers richtet sich nach oben aus. Das Fliegen als ein Abheben vom Boden und das Fallen als ein Aufprallen am Boden bilden zwei extreme Pole, welche die Schwerkraft des Körpers artikulieren und die sich deshalb zum Boden beziehen. Da die einzelnen Tanzstile jeweils anders mit der Schwerkraft umgehen, lassen sie sich oft auch durch die Beziehung zum Boden charakterisieren. Andererseits zeichnen sich in der horizontalen Ebene des Bodens die Wege des Tanzes ab. Die Spuren auf dem Boden können als eine Zeichnung, eine (Choreo-)Graphie, betrachtet werden.

In den beiden Szenen, die im Folgenden genauer betrachtet werden, wird der Boden als Grund des Tanzes in seinen Grenzen getestet. Was passiert, wenn die Bewegung der Tänzer eher am Boden als im Raum stattfindet? Kann diese Bewegung als Projektion der (Tanz-)Bewegung auf den Boden verstanden werden?

## Robben – Schleifen – Kritzeln: Bewegung am Boden

Nachdem sich die Tänzer und Tänzerinnen zu Beginn von *Splayed Mind Out* aus einem Knäuel von Körpern am vorderen, rechten Ende der Bühne entwirrt haben, entfernen sie sich langsam voneinander. Sie ziehen und stoßen ihre Körper am Boden entlang, räkeln sich und wiegen ihren Kopf hin und her. Ihr Rumpf bleibt immer mit dem Boden verhaftet, während die Arme und Beine sich etwas freier bewegen. Die Beine streifen über ihn hinweg oder stoßen den Körper durch Zusammenziehen und Ausstrecken vorwärts, während die Hände in kleinen ruckartigen Hin- und Herbewegungen über den Boden wischen und am Körper kratzen. Zeitweise bewegen sich die vier Tänzer synchron, zeitweise in ihrem eigenen, individuellen Rhythmus. Zu viert bilden sie immer wieder die Form eines Rechteckes auf dem Boden, das eine Analogie zur Leinwand bildet. Das „Hin- und Herrobben" und Schleifen der Tänzer über den Boden wird von elektronischen Klängen begleitet. Es sind Laute, die den Rhythmus der Bewegungen aufnehmen, die teilweise an ein Krächzen, an ein Gemurmel und an verzerrte menschliche Stimmen sowie gelegentlich auch an das Getöse beim Starten eines Flugzeuges erinnern. (Abb. 11)

Anders als von traditionellen Tanzbewegungen gewohnt, schleifen die Tänzer sich liegend über den Boden. Sie bewegen sich weder in einer aufrechten Haltung noch greifen ihre Bewegungen in den Raum aus. Dennoch fällt bei genauerer Betrachtung der sich wiederholenden Bewegung der Beine eine Analogie zu bestimmten Tanzbewegungen auf: zum Sprung und zur Drehung. Für das Ab- und Vorwärtsstoßen des Körpers werden die Knie angezogen und dann wieder gestreckt, wie sie es stehend bei einem Sprung in die Vertikale tun würden. Anstatt in die Höhe zu schießen, stößt sich hier der Körper am Boden entlang. Eine weitere, ebenfalls am Boden durchgeführte Bewegung erinnert an eine Drehung: Die Beine bewegen sich in einer Kreisbewegung von einer Seite des Körpers zur anderen, indem die Füße über den Boden schleifen. Mit ihrem Schwung ziehen sie den ganzen Körper mit sich mit.

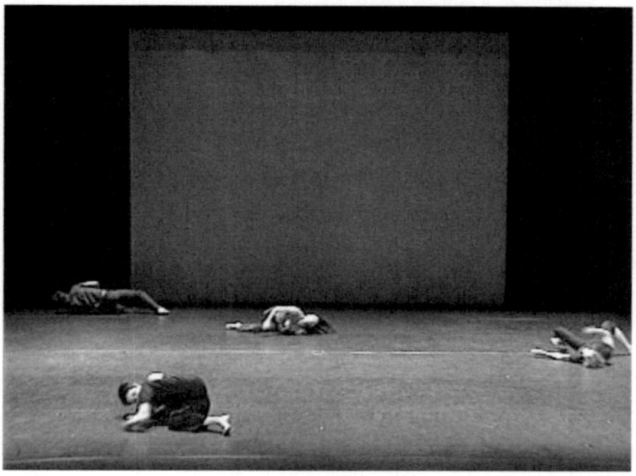

*Abb. 11: Gary Hill/Meg Stuart, Splayed Mind Out, 1997*

Beide beschriebenen Bewegungsarten – das Abstoßen und das Schleifen der Beine – sind aus der aufrechten Haltung und deren Bewegung vom Boden weg bzw. auf diesem kreisend bekannt. Die Tänzer und Tänzerinnen scheinen lediglich bei den Fußgelenken aus der Senkrechten in die Waagrechte umgeknickt zu sein. Die Tanzbewegung, die sich normalerweise im Raum über dem Boden abspielt, wird hier auf die Ebene des Bodens reduziert. Die Bewegung kann auf diese Weise als Projektion der Bewegung aus der Vertikalen in die Horizontale verstanden werden.

Das Umknicken der Tänzer im Fußgelenk macht die Transformation, die gewöhnlich in einer Projektion vor sich geht, bewusst. Die Projektion vollzieht nämlich selbst im Sinne einer Umklappung eine Bewegung im Raum – eine Bewegung von einem Gegenstand zu dessen Projektion. Im Knick sind beide Momente – Urbild und Projektion – gegenwärtig. In ihm ist die Spaltung zwischen der Bewegung in der aufrechten Haltung, in der Vertikalen, und deren Projektion auf den Boden, in die Horizontale, präsent.

Der Boden wird so zur Projektionsfläche wie auch die Leinwand in den weiter vorne besprochenen Szenen. Es ist eine Projektion der Bewegung aus dem Raum in die Fläche. Durch die Verschiebung der Bewegung in die Ebene des Bodens entsteht eine direkte Beziehung zwischen der Tanzbewegung und der filmischen Projektion. Die Tanzbewegung bricht aus ihrem traditionellen Koordinatensystem aus, welches weiterhin in der Beziehung von Boden und Leinwand gegenwärtig ist. Die Formation der Tänzer in einem Viereck und die zeitweise synchrone Bewegung weisen aber auf eine geformte Bewegungssprache hin, wie man sie gewöhnlich in Choreographien antrifft.

Die kleinen Bewegungen der Hände – die Tänzer kratzen am Boden und an ihren Körpern oder greifen in die Luft und ballen ihre Fäuste – verweisen nicht auf ein bekanntes Tanzvokabular. Vielmehr erinnern sie an alltägliche, den Menschen bestimmende Handbewegungen wie das Greifen von Kleinkindern oder das Schreiben. Die Hände sind zusammengefügt als hielten sie einen Stift. Sie führen kleine Bewegungen am Boden und auf ihren eigenen Körpern aus. Die Fortsetzung dieser Kritzelbewegungen vom Boden über die Luft zum eigenen Körper und ihre Wiederholung abstrahieren die alltäglichen Bewegungen und überführen sie allmählich in eine für diese Szene charakteristische Tanzbewegung der Hände und Arme.

Die Bewegungen auf dem Boden und die elektronisch verzerrten menschlichen Laute im Hintergrund, die sich ihrerseits aufeinander beziehen lassen, eröffnen zwei verschiedene Diskurse: Zum einen spielen die Bewegungen und das Gemurmel auf Arten menschlicher Äußerungen und Handlungen an, ohne dass sie entzifferbar wären, und zum anderen befragt die Bewegungsstruktur Bedingungen von Tanz und Choreographie.

Das Kritzeln und das Robben verbinden sich mit dem Gemurmel, das unentzifferbar, jedoch durch seinen Rhythmus und seine Lautlichkeit die Energie der Bewegung prägt. Das Gemurmel erinnert an elektronisch verzerrte menschliche Stimmen, lässt aber keine Wörter erkennen. Es changiert zwischen lautlichen Äußerungen, die auf ein „vorsprachliches" Stadium verweisen, und Geräuschen, die wie ineinander verwobene Stimmen klingen. Das Gekritzel und das Gemurmel weisen auf die sprachlichen Ausdrucksmöglichkeiten des Menschen hin, allerdings in einer unbestimmten, undifferenzierten Form, die sich mit den Bewegungen in der Horizontalen verbindet.

Der französische Paläontologe André Leroi-Gourhan, der seine archäologischen Funde mit verschiedenen Wissenschaftsbereichen zum Menschen verbunden hat, eröffnet ein Beziehungsfeld zwischen dem aufrechten Gang des Menschen und dessen über die Sprache und Bilder eröffneten Kommunikationsmöglichkeiten: Durch den aufrechten Gang erhält die Hand ihre Handlungsfreiheit und durch die direkte Beziehung zwischen Gesicht (Auge und Mund/Sehen und Sprechen) und Hand (der Handlung) wird eine Übertragung des zu Sehenden in Denken und Sprechen möglich.[80] Dieses Beziehungsgefüge wird in der bereits besprochenen, in der Choreographie folgenden „Rückenszene" (Kap. 1, Relation des Körpers zu seinem Videobild) wieder auf-

80 Leroi-Gourhan 1988. Die Unterteilung der französischen Erstausgabe von *La geste et la parole* in Bd. I: *Technique et langage*, (Paris 1964) und Bd. II: *La mémoire et les rhythmes* (Paris 1965) spricht die Gedächtnisbildung und Rhythmisierung an, die auch für die Tanzbewegung eine wichtige Rolle spielen.

genommen. Der Versuch einer Entwicklungsgeschichte des Menschen von Leroi-Gourhan ist kritisch zu lesen, aber die grundsätzliche Verbindung des aufrechten Gangs mit der Entwicklung des Bewusstseins, oder gerade die gesellschaftliche Konditionierung des Verhaltens – des Bewegens und Sprechens – stellt einen interessanten Zusammenhang dar, der hier in *Splayed Mind Out* thematisiert wird.

Die Konditionierung der Bewegung bezieht sich auf die aufrechte Haltung des Menschen, welche die traditionelle Tanzbewegung von Gesellschafts- und Bühnentanz prägte, worauf ich später eingehen werde. Auch die Schreibbewegungen auf dem Boden lassen sich zugleich auf die Bestimmung des Menschen über die Sprache und auf die Choreographie als Raumschrift beziehen. Das Schreiben beginnt hier jedoch am eigenen Körper oder in dessen Nähe auf dem Boden. Es ist weniger ein Schreiben der Bewegung im Raum, wie es der Diskurs über die Choreographie als Raumschrift[81] oder als Schreiben von Tanzbewegung mit dem Körper[82] impliziert, als vielmehr ein Schreiben auf dem eigenen Körper. Dennoch wird gerade bei diesen Begrifflichkeiten deutlich, dass die wissenschaftlichen Diskurse über das Schreiben und Lesen von Tanz und Choreographie aus der Übertragung von der Literatur- in die Tanzwissenschaft entstanden sind und dass insbesondere auch der Begriff der Choreographie aus einer Schriftkultur stammt. Der Fokus auf die menschliche Sprache, auf stimmliche oder schriftliche Äußerungen des Menschen sind sowohl in der Choreographie *Splayed Mind Out* als auch in anderen Arbeiten von Gary Hill zentral.

Mit ihren Bewegungsexperimenten – hier das Kritzeln und Schleifen am Boden – dekonstruiert Meg Stuart die Idee der Choreographie als ein raumgreifendes Ereignis im Sinne eines Schreibens der Bewegung im Raum. Die Bewegungen verschieben sich nicht nur vom dreidimensionalen Raum in die Fläche, sondern auch in die Nähe des Körpers. Der Raum wird möglichst reduziert, sodass ein Fokus auf den Körper und seine Oberfläche entsteht, ver-

81 Gabriele Brandstetter führt Choreographie als „Beschreiben[s] von Wegen“ folgendermaßen aus: „Als eine alltägliche Handlung wird Gehen hier zum Muster von Choreographie als einer Kartographie: eine Tätigkeit des Beschreibens von Wegen im Gehen und ihrer Kreuzungen; nichts weiter als ein ‚mapping‘, das eine unwillkürliche, zufallsgeleitete Choreographie hervorbringt. Und diese Choreographie ist nicht die Nachschrift eines vorgeschriebenen Bewegungsmusters, sondern eine Lese- und Schreibbewegung in einem.“ (Gabriele Brandstetter: „Choreographie als Grab-Mal. Das Gedächtnis von Bewegung“, in: Gabriele Brandstetter u. Hortensia Völckers (Hg.): *ReMembering the Bodies*, Ostfildern-Ruit: Hatje Cantz 2000, S. 120).

82 Leigh Foster charakterisiert die Tanzbewegung mit einem aus der Sprachwissenschaft stammenden Vokabular (Syntax, Vokabular, Stil) und bezieht sie zudem auf die Philosophie von Roland Barthes, indem sie Lesen und Schreiben auch als Einschreibung in den Körper – beim Schaffensprozess wie bei der Rezeption – versteht. Leigh Foster 1986.

gleichbar mit der über das Videobild herbeigeführten Bewegung auf der Haut des Rückens. Die Mikrobewegungen auf dem Körper ziehen die Aufmerksamkeit des Blicks an. Der Blick zoomt, geht nahe ran. Darin unterscheidet sich die Arbeit Meg Stuarts von der von Choreographen wie Merce Cunningham oder William Forsythe, deren Tänzer sich durch den Raum bewegen. Für Cunningham ist Tanz „Bewegung in Zeit und Raum".[83] Der Körper als Ort des Tanzes wird dabei tendenziell ausgeblendet, was zusätzlich durch Cunninghams Methode der Aleatorik unterstützt wird. Die verschiedenen Parameter wie Ort, Richtung und Körperteil werden durch ein Zufallsprinzip in einem „Koordinatennetz von raumzeitlichen Determinaten"[84] definiert und erst dann vom Körper abgenommen, einstudiert und auf der Bühne umgesetzt.

## Aufrichten – Drehen – Fallen: Bewegung zwischen den Ebenen

Ähnlich wie in der eben beschriebenen Szene formieren die gleichen vier Tänzer wieder ein Quadrat auf dem Boden. Diese Szene befindet sich in der Choreographie *Splayed Mind Out* vor der Schlussszene. Diesmal sitzen die vier Tänzer vor der Leinwand, auf die nun das grüne Blättergewirr eines Baumes projiziert wird. Stroboskoplicht lässt das Videobild flackern. Durch das Flackern des Lichts scheint das Bild teilweise ausgeblendet, um kurz darauf wieder eingeblendet zu werden. Dem Zuschauer den Rücken zugewandt, blicken die Tänzer auf die Projektion. (Abb. 12) Diesmal sitzen sie aufrecht, auf die linke Seite geneigt, und stützen sich auf ihre Ellbogen. Diese werden eingeknickt und gedreht, um so verschiedene Bewegungsmöglichkeiten des Armes auszutesten; sie knicken ein, drehen sich, knicken wieder ein. Dann richten sich die Tänzer auf – nicht immer ganz synchron, sondern zeitlich leicht zueinander verschoben. Sie schrauben sich nach oben, fallen jedoch, bevor sie in eine aufrechte Position gelangen, – sich drehend – wieder auf den Boden. Diese Aufeinanderfolge von Sich-Aufrichten, Drehen und Fallen wiederholt sich fortlaufend. Bis am Ende ein klassisches Musikstück eingespielt wird und ein Tanzpaar auf die Bühne tritt, das sich im Walzerschritt durch die nun aufrecht stehenden und verstört um sich blickenden Tänzer bewegt.

Der Versuch des Sich-Aufrichtens endet immer wieder am Boden. Die Wiederholung dieses Bewegungsablaufs spielt mit dem Verhältnis von Ähnlichkeit und Differenz in der Aufeinanderfolge der Drehbewegungen eines einzelnen Tänzers, aber auch in Beziehung zur Bewegung der anderen in der Gruppe. Da die Wiederholung nie gleich ist, sieht man ein unendliches Aus-

83 Merce Cunningham: „Zeit/Raum und Bewegung", in: Martin Bergelt u. Hortensia Völkers (Hg.): *Zeit-Räume*, München/Wien 1991, S. 298-304, hier: S. 304.

84 Huschka 2002, S. 238.

probieren von verschiedenen Drehungen und Verdrehungen. Die Versuche scheinen die Grenzen der Bewegung zu erproben: Wie weit kann der Arm von der einen Seite des Körpers auf die andere Seite gebogen werden, bis der ganze Körper sein Gleichgewicht verliert und sich durch eine Drehung wieder aufzufangen versucht? Ähnliche Motive finden sich auch bei der Bewegung des Kopfes nach hinten oder der der Beine. Es sind Bewegungen, die mit Extremen – wie der Bewegung an und über die Grenzen des Gleichgewichts – spielen. Diese scheinbar ungelenken Versuche, die nicht wirklich gekonnt oder einstudiert aussehen, eröffnen neue, vielleicht auch fremde Bewegungsmöglichkeiten, Bewegungen, die nur schwer memoriert oder beschrieben werden können.

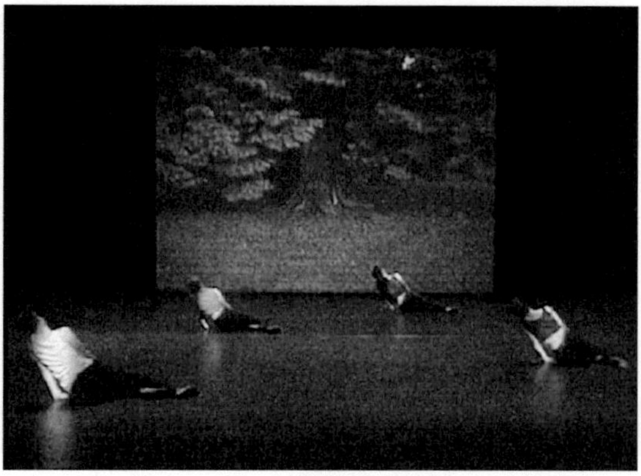

*Abb. 12: Gary Hill/Meg Stuart, Splayed Mind Out, 1997*

Gabriele Brandstetter[85] hat anhand der Arbeit des Choreographen William Forsythe die Frage nach dem Verhältnis von Ordnung und Unordnung, von Gehen und Fallen, von Können und Nicht-Können gestellt. Die Versuche, den Körper aus seinen gewohnten Bewegungen und Haltungen wie z. B. dem aufrechten Stand entgleisen zu lassen, wurden mit der Frage nach der Möglichkeit des Verlernens von bereits gelernten Codes verbunden. Insbesondere für Improvisationstechniken, welche nicht nur gewohnte Bewegungsmuster reproduzieren möchten, sondern auf unerwartetes Material abzielen, ist der „Status des Nicht-Wissens" bedeutsam, den Brandstetter folgendermaßen präzisiert:

Der Körper, der gerade im Verlust der Kontrolle ‚sich selbst entschlüpft', befindet sich in jenem Status des Nicht-Wissens, der die (Auf)Lösung gebahnter Gedächtnisspuren von Bewegung präfiguriert. Nicht ein Nullpunkt des Wissens oder ein voll-

85 Brandstetter 2000b, S. 102-134.

ständiges Vergessen, sondern gleichsam ein ‚Limbus' zwischen körperlichem Wissen und Nicht-Wissen, zwischen Kontrolle und Aussetzen der Kontrollinstanz.[86]

Denn an der Grenze von Wissen und Nichtwissen, an der Grenze der Kontrolle über den Körper eröffnen sich fremde, neuartige Bewegungen.

Mit dem Experimentieren an den Grenzen des Nicht-Könnens wird gleichzeitig ein Erkenntnisprozess in Gang gesetzt, der in dieser Szene zusätzlich über das Videobild explizit wird. Das flackernde Bild auf der Leinwand kann mit dem Aufblitzen einer Idee aus dem Dunkeln verbunden werden. Darauf spielt möglicherweise auch das Motiv des Videobildes an, das an den „Baum der Erkenntnis" erinnert. Dieses Videobild stammt aus einer Arbeit Hills mit dem bezeichnenden Titel *Reflex Chamber* (Reflexraum oder auch Reflexionsraum) von 1996, in der ebenfalls durch eine Stroboskoplampe ein Flackern und Aussetzen des Bildes hervorgerufen wird.[87] Die Bewegung zwischen dem Dunkel und dem Aufblitzen des Bildes steht in Zusammenhang mit der Bewegung der Tänzer an der Grenze ihrer Stabilität, an der Grenze des Körpergedächtnisses, der im Körper gespeicherten Bewegung.

Die Tänzer bewegen sich mit ihrem sich wiederholenden Aufrichten, dem Dreh- und Fallexperiment, nicht nur zwischen verschiedenen Bewusstseinsstufen, sondern in Bezug auf den Raum auch zwischen Boden und aufrechtem Stand. Dieses Erheben aus der Ebene des Bodens kann sowohl als Dämmern des Bewusstseins als auch als Akt des Raumgreifens, als ein Übergang von der Fläche in den Raum, verstanden werden. Im Aufstehen und Sich-Drehen wird die Ebene des Bodens aufgebrochen. Die den Raum aufspannenden Ebenen, der Boden und die Leinwand, werden durch die Bewegung zueinander in Beziehung gesetzt, jedoch nicht etwa im Wechsel zwischen Liegen und Stehen, sondern in einer Bewegung im Dazwischen, in einem Zustand zwischen Nicht-Wissen und Wissen. Es ist ein Heraustreten aus der Fläche und gleichzeitig ein Eintreten in den Raum, in den aufrechten Stand, der aber nie ganz ergriffen wird.

Es ist ein Dazwischen zwischen Liegen und Stehen im Aufrichten und Fallen, ein Übergang zwischen Vorne und Hinten im Drehen. Dieser Übergang beschreibt die umgekehrte Bewegung der Projektion, nämlich von der Ebene in den Raum. Während weiter vorne in der Beschreibung des „Robbens" am Boden von einer projizierten Bewegung aus dem Raum in die Ebene die Rede war, wird hier die Bewegung der Projektion im Zurückdrehen vom Raum in die Ebene des Bodens und ihre Umkehrung im Aufrichten von der Ebene in den Raum vollzogen.

Diese wiederholten Experimente am Rande der Balance – des Drehens und Fallens – und des Sich-Bewegens in einem Dazwischen – zwischen Ebe-

86 Ebd., S. 126.

87 Quasha u. Stein 2001, S. 4f.

ne und Raum – wirken in Verbindung mit der folgenden Tanzeinlage wie eine Befragung nach den Bedingungen und dem Verständnis von Tanz: Das Tanzpaar, scheinbar aus dem Zuschauerraum tretend, dreht sich in regelmäßigem Walzerschritt durch den Raum. Die aufrechte Haltung des Paares bildet eine Senkrechte zur horizontalen Tanzfläche, auf der es sich drehend fortbewegt. Diese Senkrechte wird durch die nun aufrecht stehenden, leicht irritierten Tänzer zusätzlich betont, zwischen denen sich das Tanzpaar wie selbstverständlich und mit großer Empathie hindurchbewegt.

Die Codierung der Drehung in der Schrittfolge und ihre Bewegung im Raum ist eine andere als in den Drehungen der Tänzer vorhin. Die sich wiederholende Drehung des Walzers in der Aufrechten führt durch den Raum, während die Drehungen der Tänzerinnen verschiedene Dimensionen des Raumes streifen, gleichzeitig aber an Ort und Stelle bleiben. In dieser Gegenüberstellung wird der Umgang mit den Bedingungen des menschlichen Körpers in Gesellschaftstanz und zeitgenössischer Choreographie deutlich. Der aufrechte Gang gehört zum wesentlichen Merkmal des Menschen. Daraus hat sich durch verschiedene Konditionierungen ein Bewegungsvokabular entwickelt, das sich weitgehend auch in der Bewegung des Gesellschaftstanzes niederschlägt. Mit den Experimenten an der Grenze des Gleichgewichts sucht die Bewegung in dieser Szene nach neuen Wegen jenseits von anthropologischen Konstanten und vorgegebenen Bewegungscodes wie der Pirouette oder der Drehung im Walzer.

## Schaltkreis

Eine weitere Bodensequenz befindet sich in der Mitte von *Splayed Mind Out*, nach den Duos vor der Leinwand (Kap. 1, Anspielungen auf Video, Film und Photographie). Ebenfalls in einer Viererkonstellation liegen die Tänzer am Boden in der Mitte der Bühne, mit dem Kopf einander zugewandt. Die Füße der Tänzer bilden die Eckpunkte eines Rechtecks. Von oben strahlt ein Lichtkegel die Oberkörper an, der sie zu einer kreisförmigen Einheit innerhalb des Rechteckes verbindet.[88] Die Körper der Tänzer bleiben auf dem Boden liegen, während sich gelegentlich die Köpfe aufrichten und sich nach links oder rechts, nach oben oder unten drehen. (Abb. 13) Manchmal begegnen sich die Blicke zweier Tänzer. Der Kopf wirkt wie ein Verbindungsglied in einem Schaltkreis, wie ein Schalthebel, über den die Impulse der Tänzer laufen.

Die oft gleichzeitig mit einer Bewegung des Kopfes ausgestoßenen Worte der Tänzer gleichen digitalen Codes wie „one, point, zero; yes, no one …". Die Bewegungen des Kopfes, die wie vom liegenden Körper abgetrennt wir-

88 Pirkko Husemann: *Ceci est de la danse. Choreographien von Meg Stuart, Xavier Le Roy und Jérôme Bel*, Noderstedt: Books on Demand GmbH 2002, S. 31f.

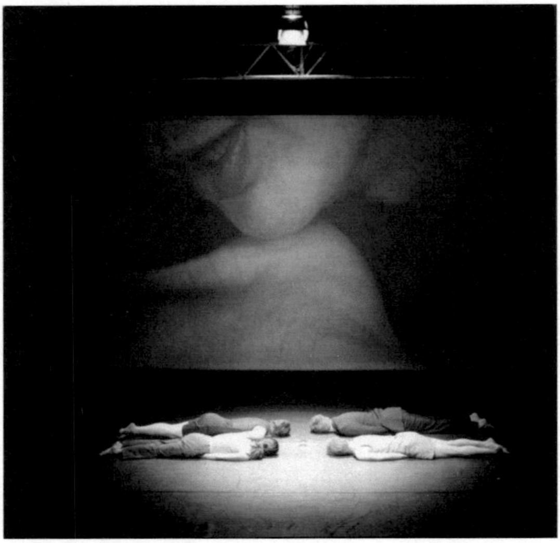

*Abb. 13: Gary Hill/Meg Stuart, Splayed Mind Out, 1997*

ken, scheinen codierbar wie die Bewegungsrichtungen links, rechts und oben, unten. Das Heben des Kopfes durchbricht die flache Ebene des Bodens. Demgegenüber spielen aber die sprachlichen Äußerungen mit „one, point, zero" auf die digitale Kommunikation an, die aus der Fläche in eine einzige Dimension projiziert ist. Die Anspielung auf die Elektronik erinnert an frühe Videoarbeiten von Gary Hill, die er in dem von ihm selbst zusammengestellten „Inter-view" als „switch pieces" („Schalt-Stücke") bezeichnet.[89] Hill arbeitet mit den Grundlagen des Mediums Video: dem Schaltprinzip der Elektronik, was Karlheinz Lüdeking auf besondere Weise ausführt:

> [D]ie binäre Opposition in ihren vielfältigen Formen – EIN und AUS, innen und AUSsen, das EINe und das Andere, ich und du, ja und nein, null und eins, das Sein und das Nichts – [spielen] im Denken und in der künstlerischen Arbeit von Gary Hill EINe AUSserordentlich grosse Rolle [...]. Das ist vermutlich deshalb so, weil sie für die Technologie, derer er sich bedient, ebenso fundamental ist, wie für die Logik, die Sprache und das Denken des Abendlandes, kurzum: die gesamte Tradition, mit der er sich auf sEINe Weise AUSeinandersetzt.[90]

Den elektronischen Schaltungen stehen die teilweise eruptiven Ausbrüche von Worten oder ganzen Sätzen[91] und die Erschöpfung der Körper entgegen. Das

89 Hill 1993, S. 151.

90 Lüdeking 1995, S. 83.

91 Teilweise werden auch Titel von früheren Choreographien Stuarts genannt wie *No One is Watching* oder *No Longer Readymade*.

binäre Gebilde des Schaltkreises als ein „Ein/Aus" wird durchsetzt mit Abweichungen, die vom Körper her kommen. Dieser schert aufgrund von Erschöpfung oder innerer Regung aus der geregelten Schaltung aus. Zudem scheint es in diesem Schaltkreis auch keine Regel zu geben, die in eine bestimmte Richtung weisen würde, denn die Köpfe wenden sich unkoordiniert voneinander ab oder einander zu. Die Körper der Tänzer werden vielmehr von unvorhersehbaren Impulsen bestimmt. Dadurch wird das Prinzip des geregelten Schaltkreises durchbrochen.

In welcher Weise lässt sich das Prinzip des Schaltens zwischen Ja und Nein, zwischen 0 und 1, in Anlehnung an Gary Hill, auf die Choreographie übertragen? Gewiss kann von Schaltungen zwischen unten und oben, rechts und links, *still* und *motion* die Rede sein, doch dies allein ist nicht ausreichend, um die Bewegung zu erklären. Auch die Videoarbeiten von Hill gehen nicht in einer binären Funktion auf, die auf einem Entweder/Oder beruht. Vielmehr arbeitet Hill mit den binären Strukturen des elektronischen Mediums, um dieses an seine Grenzen zu führen, was auch mit „Arbeit am Video"[92] charakterisiert wurde. Das Entweder/Oder wird durch das Gegenüberstellen von mehreren Möglichkeiten und deren Gleichzeitigkeit aufgehoben. In Übertragung auf die Choreographie könnte hier von „Arbeit an der Choreographie" gesprochen werden. Diese Arbeit setzt sich in allen Szenen auf unterschiedliche Weise fort, als Projektion von Bewegung aus dem Raum in die Fläche, aus der Fläche in den Raum, als Relation zwischen Bewegung und Stasis, zwischen Körper- und Sprechbewegung und in deren Koordination von oben und unten, rechts und links, vorwärts und rückwärts.

## Zeichnen im Raum

Die Schlussszene von *Splayed Mind Out*, die von unendlich vielen Kreisbewegungen eines ausgestreckten Arms geprägt ist, führt wieder an den Anfang der Überlegungen zum Begriff der „Projektion" und dessen lateinischer Herkunft zurück.

Eine Tänzerin, Christine de Smedt, steht auf der Bühne. Sie bewegt sich nicht im Raum, sondern führt ihren rechten Arm von ihrem Körper weg, verlängert ihn mit dem Zeigefinger und vollzieht damit unendlich viele Variationen von Kreisbewegungen. Der Betrachter folgt den Bewegungen des Zeigefingers. Zuerst kreist der Arm am Boden vor den Füßen der Tänzerin. Dann geht die Kreisbewegung auf die Hand über, indem ihr Durchmesser bis auf die Handfläche verkleinert wird. Von der Hand führt dann der sich wieder vergrößernde Kreis vom Körper weg, in den Raum. Die Tänzerin zeichnet in

92 So der Titel der Publikation zur Tagung anlässlich der Ausstellung von Gary Hill im Museum für Gegenwartskunst in Basel 1994.

der Luft und durchmisst dabei alle Koordinaten des Raumes. Daraufhin verlässt sie die Figur des Kreises, um den Rumpf ihres Körpers mit einem Rechteck zu markieren, indem sie beide Brüste und die Taille miteinander verbindet. Von ihrem Körper führt sie dann die Bewegung wieder zurück in den Raum, indem sie mit ihrem Zeigefinger von der Mitte ihrer Stirn eine Drehung ihres Körpers um 90° auslöst. Sie steht nun im Profil und geht ein paar Schritte nach vorn, um sich dann auf den Boden zu legen. Dort beginnt sie wieder mit dem Kreisen: zuerst in ihrem Gesicht und von dort aus in die Luft. Immer weiter kreisend, dreht sie sich mit dem Rücken zum Publikum, bis sie den ganzen Ablauf wieder von vorne beginnt: stehend, vor sich den Arm ausgestreckt, der fortlaufend am Boden Kreise zieht. (Abb. 14)

Auf verschiedenen Ebenen nimmt das Kreisen die Idee der Projektion auf: im Ausstrecken des Armes, im Abstecken von Raumdimensionen und im Vermessen von Körper und Raum. Das Ausstrecken des Armes kann mit dem Lateinischen *proicio* als ein Vor- oder Wegwerfen vom eigenen Körper verstanden werden. Die Geste des Ausstreckens allein ist als „Werfen vor den Körper hin" bereits eine Projektion. Denn wird dieser Gedanke weitergezogen und mit der Zeigefunktion des Zeigefingers verbunden, kann dieses Hinauswerfen im Generieren von Abstand – von außen – als ein Projizieren auf etwas anderes gedeutet werden.

In der Verlängerung des Armes wird die Bewegung in den Raum projiziert, indem der Kreis verschiedene Dimensionen des Raumes tangiert, diesen durchmisst und eine Relation zum Körper der Tänzerin herstellt. Die Tänzerin passt die Größe der Kreisbewegung an den Raum bzw. an ihren Körper an. Dadurch, dass der Kreis zusammengezogen oder ausgedehnt wird, stellt er eine Relation zwischen dem Körper und seinem Umraum her. Die Kreisbewegung weist von der Position des Körpers zum Raum und umgekehrt vom Raum wieder zurück zum Körper.

Außerdem steckt die Tänzerin in der unendlichen Durchführung der Kreisbewegung verschiedene Positionen im Bühnenraum und zum Publikum ab. Sie nimmt zuerst die frontale Position zum Publikum ein, wendet sich dann ins Profil und legt sich zum Schluss des Ablaufs auf den Boden. Damit skizziert sie nicht nur ihren Standpunkt zum Publikum, sondern die verschiedenen Dimensionen des Raumes, zwischen denen sich eine Tanzbewegung entfalten kann. Die Tänzerin selbst bleibt aber jeweils in einer Ebene des Koordinatensystems verhaftet. Durch das Ausstrecken des Armes und des Zeigefingers wird diese Ebene wiederum durchstoßen und eine Bewegung in den Raum projiziert. Das Kreisen des Fingers kann deshalb als eine Andeutung von Bewegung im Raum, als eine Projektion der Bewegung aus der Fläche des Kreises in den Raum, als unendliche Choreographie, als Schreiben oder Zeichnen im Raum betrachtet werden.

Die in einer Abfolge von Variationen sich wiederholende Kreisbewegung dehnt das Ende der Choreographie endlos heraus. Das wird gesteigert, indem die Kreisbewegung mit ihren ziellosen, Anfang und Ende verbindenden Eigenschaften bereits selbst eine Figur der Wiederkehr beschreibt. Das Ende der Choreographie verliert sich so in einem unendlichen Kreisen (vgl. Kap. 4, ‚Spinning'). Zudem kann das fast mechanische Kreisen des Arms wiederum als Anspielung auf das Drehen der Filmspule verstanden werden, die sich bis zum Ende der Vorführung dreht. Dennoch wird gerade auch der mechanische Loop durch die Abfolge der Drehbewegung in den verschiedenen Raumachsen aufgebrochen.

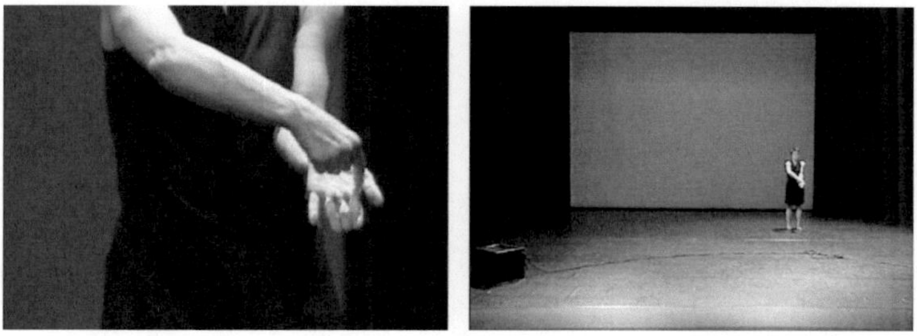

*Abb. 14: Gary Hill/Meg Stuart, Splayed Mind Out, 1997*

Sowohl das Ausstrecken des Armes als Distanzierung und Projektion auf etwas als auch die Reduktion der Tanzbewegung auf die Bestimmung von Positionen im Raum und der Relation von Körper und Raum verweisen auf Eigenschaften des Bildes als Modell. Der Abstand gewährt einen Überblick, einen Blick von außen, während die Positionierung den Raum aufspannt und so eine mögliche Bewegung im Kopf des Zuschauers impliziert. Es entsteht ein Bezugssystem, innerhalb dessen sich die Möglichkeiten der Interpretation bewegen.

# 2 Bühnenarchitektur als Rahmung und Blicklenkung

### *Highway 101 | Visitors Only*

Die visuelle Dimension sowie die perspektivische Ausrichtung des Bühnenbildes und der Theaterarchitektur haben bislang die wissenschaftliche Diskussion in der Frage nach dem Bild im Theater geprägt, ohne aber die Performance in die Untersuchung einzubeziehen. Abhandlungen zu Bühnenbildern im 20. Jahrhundert oder der letzten Jahrzehnte beschäftigen sich kaum mit den darin sich vollziehenden Performances, obwohl die Bühnenbilder nicht ohne diese gestaltet worden wären.[1] Christopher Balme weist darauf hin, dass die Frage nach dem Bild im Theater nicht von der Handlung zu trennen ist, sondern beide zusammen zu denken sind, und geht in seinem Aufsatz „Stages of Vision"[2] von der Geschichte des Bühnenbildes aus. Vom Bühnenbild als Bildraum in der Renaissance, der hinter den Spielern eine illusionistische Perspektive eröffnet, hin zu einem Spielraum im Theater der Moderne, in dem sich der Raum des Bühnenbildes und der Raum der Performer durchdringen, gelangen seine Erläuterungen zur Erweiterung des Bühnenraumes mittels filmischen oder photographischen Projektionen.

Demgegenüber ist Erika Fischer-Lichte der Meinung, dass die Geschichte des Bühnenraumes genauso gut auch von der anderen Seite, nämlich der performativen, geschrieben werden könnte.[3] Dabei kritisiert sie, dass Theater-

1 Zur Thematik des Bühnenbildes: Volker Pfüller u. Hans-Joachim Ruckhäberle (Hg.): *Das Bild der Bühne*, Berlin: Theater der Zeit 1998; Nora Eckert: *Das Bühnenbild im 20. Jahrhundert*, Berlin: Henschel 1998.

2 Christopher Balme: „Stages of Vision: Bild, Körper und Medium im Theater", in: Hans Belting, Dietmar Kamper u. Martin Schulz (Hg.): *Quel Corps? Eine Frage der Repräsentation*, München: Fink 2002, S 349-364.

3 Erika Fischer-Lichte: *Ästhetik des Performativen*, Frankfurt a. M.: Suhrkamp 2004, S. 188.

räume meist nur als Behälter betrachtet werden. Sie unterscheidet geometrischen und performativen Raum: Der geometrische ist ein konstanter, stabiler, messbarer Raum, der über die Performance hinaus bestehen bleibt. Dagegen wird der performative Raum erst mit der Performance hervorgebracht: „Jede Bewegung von Menschen, Objekten, Licht, jedes Erklingen von Lauten vermag ihn zu verändern."[4] Der Aufführungsort strukturiert zwar die Bewegungs- und Wahrnehmungsmöglichkeiten von Performer und Zuschauer, aber seine Nutzung wird nie ganz vorhersehbar und definierbar sein.[5]

Anders als Fischer-Lichte, die sich bei ihren Analysen von Theateraufführungen seit den 1960er Jahren ganz auf den performativen Raum konzentriert, möchte ich den geometrischen Raum als Referenz zum sich verändernden Raum der Performance einbeziehen. Dies macht insofern Sinn, als die Arbeit von Meg Stuart weiterhin den Theaterraum in Bühne und Zuschauerraum trennt. Die auf die Bühne gestellten Räume bedingen geradezu die Bewegung der Tänzer, sie bezieht sich auf jene und setzt sich mit ihnen auseinander. Es entsteht eine Reibungsfläche zwischen geometrischem und performativem Raum. Gerade diese Differenz ist neben der Distanzierung von Zuschauer und Performer für das Entstehen von Bildlichkeit von Bedeutung. Es wird also im Folgenden zu fragen sein, welche räumliche Konstellation Bildlichkeit hervorbringt. Dabei werden zum einen Blickkonstellationen untersucht, die in der Beziehung zwischen Bühne und Zuschauer entstehen. Zum anderen spielt das Verhältnis von Bühnenraum und Performance eine Rolle.

Zwei Art und Weisen der Choreographien von Meg Stuart, die Bühne zu organisieren, weisen eine besondere Affinität zur Bildlichkeit auf: 1. Die Trennung von Bühne und Tribüne, die gleich einer traditionellen Guckkastenbühne eine Perspektive eröffnet; 2. Durchblicke und Raumgrenzen auf der Bühne, die zugleich ein Öffnen und Schließen ins Spiel bringen, was eine besondere Auswirkung auf die Beziehung der Performer zum Bühnenraum, aber auch auf die Sehordnung hat.

Obwohl die Choreographien von Stuart auf Improvisation aufbauen, mit verschiedenen Medien experimentieren, dabei meist auch die Grenzen der Bewegung und der Stimme sowie des Körpers austesten, spielen sie weiterhin auf der Bühne, Performer und Zuschauer voneinander abgrenzend. Darin unterscheiden sie sich von experimentellen Theateraufführungen seit den 1960er Jahren, in denen die vierte Wand zwischen Performer und Zuschauer aufgehoben wird und nicht-konventionelle Theaterräume aufgesucht werden. Bis auf *Highway 101* weisen ihre Choreographien dem Zuschauer einen festen Platz in der Tribüne zu. Meg Stuart bedient damit den konventionellen Theaterraum mit seiner perspektivischen Ausrichtung. Die Ordnung des Sehens ist

4 Ebd., S. 187.
5 Ebd., S. 188f.

weiterhin gewährleistet, während die intensive und eindringliche Lautlichkeit und Körperlichkeit die Grenze zwischen Performer und Zuschauer in gewisser Weise durchbrechen.

Die zentralperspektivische Ausrichtung der klassischen Guckkastenbühne wird in den Arbeiten von Meg Stuart nicht durch die Aufhebung der räumlichen Distanz aufgebrochen, sondern durch die Unterteilung der Bühne in mehrere, nichthierarchische Räume, was Auswirkungen auf die Bewegungs- wie auf die Wahrnehmungsmöglichkeiten hat. Die Bewegung wird durch die Raumstruktur unterbrochen und kleinteiliger. Gleichzeitig finden mehrere, voneinander unabhängige Performances statt, die miteinander korrelieren oder sich differenzieren und die in der Wahrnehmung immer wieder neu zusammengesetzt werden können. Der Blick des Betrachters wird dabei weiterhin durch die Rahmung gelenkt. Da die Rahmen jedoch vielfältig sind, lassen sich die einzelnen Details nicht gleichzeitig in den Blick bekommen. Die Wahrnehmung wechselt zwischen fokussierender und zerstreuender. Es ist nicht ein überschauender, sondern ein multifokaler Blick gefragt.

Darin unterscheidet sich die Arbeit Stuarts von traditionellen Choreographien. Im klassischen Ballett, in Modern Dance und zeitgenössischem Tanz ist gewöhnlich der gesamte Bühnenraum für die Bewegung reserviert, die bildnerische Gestaltung bleibt der Bühnenrückwand vorbehalten.[6] Die Tanzanalyse hat sich deshalb insbesondere mit dem Raum befasst, der durch die Bewegung entsteht oder von dieser eingenommen wird. Bei solchen Untersuchungen stand wie auch beim Bewegungskonzept des Tänzers und Choreographen Rudolf Laban[7] die Relation von Körper und Um-Raum im Vordergrund. Auch Gabriele Brandstetter geht es in ihrer Untersuchung der „Raumfiguren" nicht um den Raum „als funktionale Definition, […] als Ort der Bühne, sondern um den Raum in seinen ästhetischen Qualitäten".[8] Dabei ging es weniger um das Verhältnis der Tänzer zur Bühne bzw. zum Publikum, also das, was in diesem Kapitel im Zentrum der Untersuchung steht.

6 Obwohl bereits Serge Diaghilev im klassischen Ballett oder Merce Cunningham im Modern Dance eine intensive Zusammenarbeit mit bildenden Künstlern pflegten, konzentrierte sich die bildnerische Gestaltung bis auf wenige Ausnahmen auf die Bühnenrückwand. In den neunziger Jahren gab es vermehrt einen Austausch zwischen Choreographen und Architekten; z. B. arbeitet Frédéric Flamand regelmäßig mit Architekten zusammen oder auch *Manyfacts* des Scapino Ballet Rotterdam mit MVRDV. Unabhängig davon entstanden zur gleichen Zeit und um die Jahrtausendwende Choreographien, die architektonische Strukturen wie Fassaden oder mehrere Räume auf die Bühne stellten wie beispielsweise *Crush Time* (1997) von Les Ballets C. de la B., *Kammer/Kammer* (2000) von William Forsythe oder *Insideout* (2003) von Sasha Waltz.

7 Rudolf von Laban: *Choreutik. Grundlagen der Raumharmonielehre des Tanzes*, Wilhelmshaven: Noetzel 1991.

8 Gabriele Brandstetter: *Tanz-Lektüren. Körperbilder und Raumfiguren der Avantgarde*, Frankfurt a. M.: Fischer 1995, S. 319.

In der Choreographie *Highway 101* von Meg Stuart ist die klassische Bühnensituation aufgehoben. Die Choreographie führt das Publikum auf eine Reise durch das Theatergebäude oder durch den für die Aufführung vorgesehenen Ort. Bei der Wanderung durch das Gebäude formiert sich die Relation zwischen Performer und Publikum sowie zwischen der bestehenden Architektur und der Choreographie jeweils auf neue Art und Weise.

Zunächst untersuche ich, wie sich das Aufheben der Grenze zwischen Publikum und Zuschauer zur Bildlichkeit verhält und wie dennoch weiterhin Perspektiven eröffnet werden. Weiter analysiere ich wie die Fensterwand im zweiten Teil von *Highway 101* Blickachsen eröffnet: Ambivalenzen zwischen Fokus und Zerstreuung, zwischen Frontalität und Schichtung, zwischen Bildlichkeit und Körperlichkeit stehen zur Diskussion.

Im dritten Teil des Kapitels wird die räumliche Strukturierung der Bühne anhand der Choreographie *Visitors Only* betrachtet, bei der die Fensterfassade aufgebrochen und der Raum nach innen geöffnet wird. Da die Bühnenarchitektur sich auf die Arbeiten des bildenden Künstlers Gordon Matta-Clark bezieht, der für seine Eingriffe an bestehenden Gebäuden bekannt ist, werde ich zuerst auf seine Arbeit eingehen, um dann zu zeigen, wie die Bühnenbildnerin Anna Viebrock mit architektonischen und künstlerischen Vorbildern arbeitet und diese für ihre gleichzeitig offenen und geschlossenen Räume einsetzt. Das auf die Bühne gestellte Gebäudefragment wirkt sich in *Visitors Only* durch sein Prinzip von Öffnen und Schließen sowohl auf die Choreographie als auch auf die Wahrnehmung aus. Es bietet Öffnungen und Blickachsen und ist zugleich Widerstand und Motor für die Bewegung der Tänzer. Anhand der Beziehung zwischen begrenzender Bühnenarchitektur und der sich darin und darüber hinaus bewegenden Tänzern werde ich analysieren, wie in der Wahrnehmung Bildlichkeit entsteht und wieder aufgehoben wird.

## Nähe und Distanz – Gehen und Sehen

Michel de Certeau unterscheidet in *Kunst des Handelns*[9] bezüglich des Raums und seiner Erfahrung in der Stadt New York zwei Handlungsweisen: das Sehen und das Gehen. Als Beispiel beschreibt er die Erfahrung des Besteigens des World Trade Centers in New York. Er steigt aus dem Gewimmel der Straßenfluchten auf und blickt vom Dach auf die Stadt. Mit der Distanz setzt die Handlung des Sehens ein, die Draufsicht und der Überblick ermöglichen ihm, die Ordnung der Straßen und generell der Stadt zu analysieren und wie einen Text zu lesen. Hingegen beim Spazieren durch die Straßenfluchten erschließt sich der Raum durch das Gehen, das sich aus dem Moment leiten lässt. Er un-

9 Vgl. Michel de Certeau: *Kunst des Handelns*, Berlin: Merve 1988, Kap. 7.

terscheidet zwischen einem statischen Zustand des Sehens, in dem der Handelnde von außen auf das Geschehen blickt und es analysiert, und einem bewegten Zustand des Gehens, das den Handelnden zu einem Mitspieler macht.

Die beiden Handlungsweisen lassen sich auch auf die Rolle des Zuschauers im Theater beziehen, die sich seit der Avantgarde und insbesondere den 1960er Jahren nicht mehr auf das rein passive Zuschauen reduzieren lässt und verschiedenen Experimenten ausgesetzt ist. Statt abgeschlossenen Werken werden, laut Fischer-Lichte, Ereignisse hervorgerufen, welche die Produktion und die Rezeption vereinen, also Zuschauer und Performer zugleich – wenn auch auf andere Weise – beteiligen. Der Zuschauer wird zum Mitspieler. Die Veränderung geht oft auch damit einher, dass der Theaterraum anders benutzt wird oder alternative Räume für die Aufführung gesucht werden. Fischer-Lichte unterscheidet dabei zwischen drei verschiedenen Räumlichkeiten: 1. einem leeren Raum mit variablen Arrangements, der verschiedene Be-wegungen von Akteuren und Zuschauern zulässt; 2. eine Raumordnung, die den Zuschauern mögliche Plätze zuweist, aber neue Möglichkeiten zur Aushandlung der Beziehung zwischen Performer und Zuschauer eröffnet; 3. die Verwendung von vorgegebenen, bislang anderweitig genutzten Räumen wie beispielsweise öffentlichen Plätzen oder Supermärkten. In allen drei Räumlichkeiten ist das Verhältnis zwischen Performer und Zuschauer durch ein je unterschiedliches Verhältnis von Bewegungs- und Wahrnehmungsmöglichkeiten charakterisiert.

Anhand der Choreographie *Highway 101* von Meg Stuart, die als Parcours durch den jeweiligen Aufführungsort führt, werde ich nun den Wechsel zwischen Gehen und Sehen für die Analyse der Räumlichkeit aufnehmen.

*Highway 101* entstand im Jahr 2000 in enger Zusammenarbeit von Stuart mit dem Regisseur Stefan Pucher, dem Videokünstler Jorge Leon und dem Musiker Bart Aga. Im Zentrum der Choreographie standen Themen wie Erinnerung, die Beziehung zwischen Performer und Zuschauer und der Umgang mit Räumen.[10] Die Choreographie bezog die bestehende Architektur des jeweiligen Theaters oder eines anderen dafür bestimmten Ortes ein. Sie war in verschiedener Hinsicht kein abgeschlossenes Bühnenstück, schon mal weil sie nicht auf einer Bühne spielte, sondern sich im Durchwandern der Architektur und im Eröffnen von Perspektiven innerhalb dieser vollzog. Auf jeden Spielort musste die Choreographie neu angepasst werden. Die einzelnen Module, die so genannten *Exits*, bildeten dabei den Grundstock und kehrten jeweils in veränderter Form wieder. Aber nie wurde dem Zuschauer wie gewöhnlich im Theater ein fester Sitzplatz in der Tribüne zugewiesen. Er bewegte sich im gleichen Raum wie die Performer und konnte so auch in die Aufführung eingreifen.

10 Vgl. www.damagedgoods.be, dort unter: menu, archive, works, *Highway 101*, letzter Zugriff im April 2007.

Die Reise der Choreographie startete im März 2000 im Kaaitheater in Brüssel, führte dann im Sommer nach Wien in ein altes Fabrikgebäude, den Emballagenhallen, im Herbst nach Paris ins Centre Pompidou und dann wieder nach Brüssel, diesmal in die Raffinerie. Im Februar 2001 gelangte *Highway 101* schließlich über das Tent in Rotterdam nach Zürich in den Schiffbau, eine damals gerade neu eröffnete Theaterspielstätte des Schauspielhauses. Die Stationen der Aufführung umfassten unterschiedliche Orte: bekannte Orte wie das Foyer und unbekannte Orte wie den Keller, der dem öffentlichen Theaterbetrieb sonst nicht zugänglich ist. Da die Dokumentationslage schlecht ist und es keine Videoaufzeichnung der ganzen Aufführung gibt, werde ich Videoausschnitte der Aufführungen in Brüssel, Wien, Paris und Rotterdam hinzuziehen und mich im übrigen auf meine persönliche Erfahrung stützen. Ohnehin lässt sich das Durchwandern kaum über ein Video vermitteln. Anhand der Aufführung von Zürich, die ich selbst gesehen habe, werde ich nun das Durchwandern des Schiffbaus sowie die einzelnen *Exits* genauer beschreiben:

Das Publikum wird im Foyer in Empfang genommen und gelangt durch ein paar Gänge und Treppen in die Tiefgarage. Dort fährt ein Auto direkt auf das Publikum zu und stoppt abrupt mit einer Vollbremsung. Zwei Performer steigen aus, gehen um das Auto und wechseln ihre Plätze – wildes Gestikulieren im Innern des Autos. Ein Schrei hinter dem Publikum reißt plötzlich die Aufmerksamkeit auf sich. Hinten an der Wand werden Videoprojektionen sichtbar. Eine Tänzerin rennt scheinbar bedroht an die Wand. Auch andere Performer bewegen sich durch das Publikum hindurch auf die Seite mit der Projektion.

Durch Gänge und Treppen wird das Publikum wieder ins Foyer geführt. Dort bleibt es vor der großen Glaswand stehen, die das dahinter liegende Restaurant vom Foyer trennt. Ein Performer mischt sich unter die Gäste im Restaurant und setzt sich zu einer Tischgesellschaft, bei der noch ein Platz frei ist; ein zweiter geht in die Küche und schaut den Köchen in die Töpfe; ein anderer läuft auf dem erhöhten Gang hin und her. Hinter dem Restaurant in dem kleinen Raum zwischen Glas- und Außenwand packt Meg Stuart ihre Koffer aus.[11] Das Publikum blickt durch die Glastrennwand des Restaurants auf die tafelnden Gäste, die plötzlich ungewollt zu Blickfängern werden, und dahinter auf Stuart.

Der nächste *Exit* führt das Publikum in eine Halle. Alte Sofas, Sessel, Teppiche, Wohnzimmertische, Lampen und Fernseher sind zu Sitzgruppen arrangiert. Die einzelnen Sitzgruppen sind durch ihre Lampen beleuchtet.

11 Das Auspacken der Koffer bezieht sich tatsächlich auf das Ankommen der Choreographin in Zürich und im Schauspielhaus. Stuart wurde im Herbst 2000 von Christoph Marthaler als *artist in residence* ans Schauspielhaus Zürich geholt.

Schummriges Licht und die live gemischte Musik bringen Wohnzimmer- oder Lounge-Atmosphäre auf. Performer und Zuschauer lassen sich auf den Sitzgelegenheiten nieder. Es wirkt gemütlich und unbehaglich zugleich. Denn als Zuschauer wissen wir nicht, was nun passieren wird, wir sind nicht mehr nur Beobachter, sondern sitzen mit den Performern im gleichen Raum, vielleicht sogar neben diesen auf einem Sofa.

Als die Tür sich öffnet, folgen die Zuschauer den Performern durch einen Gang in eine noch größere Halle. Dort ist auf einer Querseite eine Wand aufgebaut, die mit Fenstern, Türen und einem Treppenaufgang versehen ist. Durch die Wand wird wieder eine Distanz zwischen Performern und Publikum aufgebaut, auch wenn die Tänzer teilweise aus der Fassade heraustreten und auf das Publikum zukommen (Kap. 2, Fensterfassade). Zeitweise wird die Aufmerksamkeit auf die andere Seite des Raumes gelenkt, weil dort eine Tänzerin, Meg Stuart, in einem Sessel ein Gespräch führt, von dem nur die eine Hälfte, nämlich ihre, zu hören ist.

Das Ende bleibt offen, alle sind eingeladen, nochmals in die Lounge zu kommen.

Die Aufmerksamkeit des Publikums wurde durch den Ton (Musik, Stimme), die Videobilder, die Beleuchtung oder durch die Bewegung der Tänzer geleitet, ohne dass je explizit gesagt wird, wohin das Publikum gehen soll oder wo es stehen soll. Die Choreographie ließ den Zuschauer zwischen Gehen und Stehen wechseln. Meist war ein Haltepunkt mit dem Eröffnen einer Perspektive verbunden, man denke an das Verhältnis von Bild und Bewegung bei de Certeau. Das heißt aber nicht, dass der Zuschauer beim Gehen nicht zuschaut, oder dass der Zuschauer, wenn er nicht geht, immer eine Übersicht erhält. Während beim Gehen die Wahrnehmung auf einer Ortsveränderung basiert, wird beim Anhalten die Bewegung auf diejenige des Blicks reduziert.

An den unterschiedlichen Beziehungen zwischen Publikum und Performer wie auch am Umgang mit der räumlichen Situation wird deutlich, dass das Entstehen von Bildlichkeit mit Distanz und Perspektive verbunden ist: So wird beispielsweise die Glaswand im Foyer bewusst ausgenutzt, um Distanz zu erzeugen, und zugleich, um die Blicke zwischen den Fronten spielen zu lassen. Die Intimität der Tischrunden wird durch die Blicke der Zuschauer gestört. Die Gäste des Restaurants blicken wiederum erstaunt nach draußen auf die versammelte Menge. Es entsteht eine Durchkreuzung von Blicken, von Beteiligten und Unbeteiligten, von Schauspielern, Besuchern und zufällig Anwesenden. Dabei ist nicht mehr eindeutig, wer wen anblickt. Das Publikum wird sowohl zum Blickenden als auch zum Angeblickten. Diese Situation wird im Bühnentheater dadurch verhindert, dass der Zuschauer im Dunkeln verschwindet, sich der Sichtbarkeit entzieht, während er dem Geschehen auf der Bühne zuschaut.

Als zweites Beispiel möchte ich die Szene in der Lounge erwähnen, da dort in erster Linie die Distanz zwischen Performer und Zuschauer und damit auch die Draufsicht aufgehoben wird. (Abb. 15) Zuschauer und Performer sitzen in den gleichen Sitzgruppen, so dass sich die Zuschauer nie sicher sein können, ob sie nicht im nächsten Moment zu Mitspielern werden. Außerdem wird die Blickrichtung nicht mehr geleitet. Es ist nicht klar, wer hier wen anschaut, wer hier Akteur und wer Zuschauer ist. Die Gesten und Handlungen sowie die Gespräche zwischen Performern und Zuschauer unterscheiden sich kaum vom Alltag. Zuweilen gibt es intime Begegnungen zwischen den Zuschauern, aber auch zwischen Performer und Zuschauer oder Performer und Performer. In der merkwürdigen Verschränkung von Öffentlichkeit und Privatheit wird die Ambivalenz der Situation deutlich.

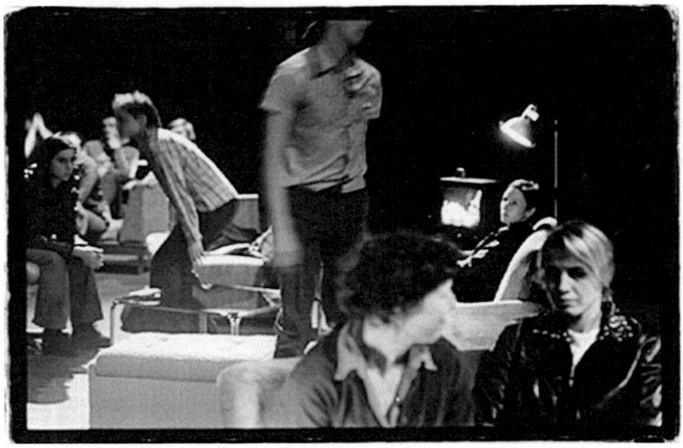

*Abb. 15: Meg Stuart, Highway 101, Brüssel 2000*

Die Präsenz des Blicks – als wichtiger Aspekt der Öffentlichkeit und der gegenseitigen Überwachung – wird durch die installierten und beweglichen Kameras gesteigert. Da sie teilweise nicht größer als ein Lippenstift sind, werden sie kaum bemerkt. Beim Abspielen der in nächster Nähe aufgenommenen Szenen auf einem der Fernsehmonitore wird der Besucher sich der Blicke und der Kontrolle durch die Kamera bewusst.[12] Die Videoaufzeichnungen lösen Gesten, Handlungen oder Situationen aus dem Gesamtgeschehen heraus. Es entsteht plötzlich ein Fokus, der den Blick anzieht, der die Intimität aufbricht und zur Schau stellt. Durch das Herauslösen einer Situation

12 Hier sei auf die Thematik der Videokamera als Kontrollinstanz hingewiesen, die hier nicht weiter ausgebreitet werden soll, die aber gerade auch für *Highway 101* eine wichtige Rolle spielt.

in der Aufnahme baut die Kamera eine Distanz auf, die ein Bild erzeugt und dadurch den Blick bewusst werden lässt.

Zusätzlich werden auf die Wände auch Bilder projiziert, die Aufnahmen von Performern zeigen, die außerhalb der Lounge einen langen Gang entlang rennen und plötzlich wieder neben ihrer Projektion in der Tür erscheinen. Hier bringen die Aufnahmen etwas in den Raum hinein, was der Zuschauer sonst nicht sehen würde, was für ihn unsichtbar ist. Mittels Aufnahme und Wiedergabe wird die Distanz bzw. die Raumgrenze überbrückt. Mit diesen Projektionen wird Präsenz von etwas Abwesendem erzeugt, während durch die Aufnahmen aus dem Raum selbst Distanz geschaffen wird.

Die Videobilder verdeutlichen das Entstehen von Bildlichkeit, indem sie Nähe und Distanz zueinander ins Spiel bringen und darüber eine Spannung aufbauen. Mit den Videoaufnahmen bringt Stuart selbst in dieser Szene, in der sich Zuschauer- und Performerraum durchdringen, wieder eine Ordnung des Sehens ins Spiel. Aber anders als bei der Bühne sind die Blickachsen nicht gerichtet. Es gibt kein Vorne oder Hinten, alles spielt sich im gleichen Raum ab.

## Fensterfassade: Strukturierung visueller und physischer Bewegung

Wir haben gesehen, wie über die Beziehung von Nähe und Distanz Bildlichkeit erzeugt wird und wie über die Architektur mögliche Perspektiven eröffnet werden. Im Folgenden werde ich auf die Thematik des Fensters als Durchblick und als Lenkung des Blicks eingehen; als Beispiel dient weiterhin die Choreographie *Highway 101*.

Die im zweiten Teil der Choreographie aufgebaute Fassadenwand dient als Grenze zwischen Publikum und Performer, als eine Grenze zwischen innen und außen, welche aber durch die verschiedenen Öffnungen und Bewegungen der Tänzer durchlässig bleibt. Während in anderen Szenen von *Highway 101* mit dem bestehenden, vorgefundenen Raum gearbeitet wird, steht die Fassadenwand als gebaute Bühnenarchitektur in der Schiffbauhalle. Die Wand mit ihren verschiedenen Öffnungen findet aber ihr Vorbild in der Wiener Version von *Highway 101* vom Sommer 2000. Diese fand nicht in einem Theaterbau, sondern einem Industriegebäude – einer Emballagenhalle – statt. In der Halle wurde die Raumsituation in etwas anderen Proportionen vorgefunden. (Abb. 16) Die Bewegungsabläufe hinter und vor der Fassade und durch diese hindurch sind in beiden Aufführungen vergleichbar.

Die Öffnungen fokussieren den Blick und rahmen das Geschehen, indem sie einen Ausschnitt bilden. Dadurch bleibt aber ein Teil neben den Fenstern hinter der Wand versteckt, so dass eine Spannung zwischen sichtbarem Ausschnitt und Unsichtbarem entsteht. Hinter den Öffnungen ereignet sich nichts

Außergewöhnliches. Vielmehr werden verschiedene alltägliche Situationen gezeigt: Eine Tänzerin läuft am Fenster vorbei, eine zieht sich aus, ein Tänzer tritt mit einem Handtuch aus der Dusche, ein anderer rennt unermüdlich die Treppe rauf und runter. Trotz der Alltäglichkeit der Szenen ziehen sie unsere Aufmerksamkeit auf sich, indem immer ein Teil verdeckt bleibt und der Zusammenhang zwischen den Szenen uns überlassen ist.

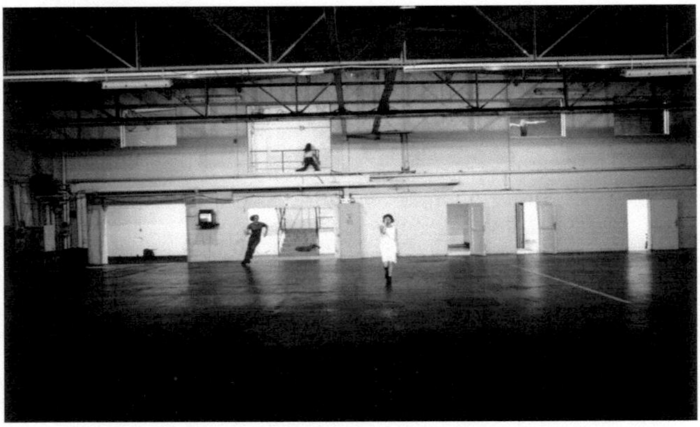

*Abb. 16: Meg Stuart, Highway 101, Wien 2000*

Die Fassade wird durch die Reihung der drei Fenster im Obergeschoss und die der drei Türen im Erdgeschoss in zwei horizontale Linien gegliedert. Die Horizontale wird von der Treppe, die von oben nach unten sowie von innen nach außen führt, vertikal gebrochen. Unten rechts vom Treppenaufgang befindet sich die besagte Reihe von drei Türen, die geöffnet und geschlossen werden können und so eine Bewegung in die Fassade hinein und aus ihr heraus ermöglichen. Auf der linken Seite bricht eine undefinierbare Öffnung die klare Struktur von horizontalen und vertikalen Linien auf. Zwischen dieser Öffnung und dem Treppenaufgang ist ein Monitor angebracht, der teilweise demonstrativ von einem der Tänzer betrachtet wird. In Analogie zu den Öffnungen kann der Monitor ebenfalls als Bildfeld gelesen werden.

Die Öffnungen strukturieren und zerteilen die Fassade, isolieren die „Figuren“ voneinander. Die Rahmung fixiert die Figur an einem Ort, steigert aber auch die Bewegung über den Rahmen hinaus. Die Rahmung bildet, wie es Gilles Deleuze für die Malerei von Francis Bacon beschreibt, einen „Schauplatz“.[13] Gemäß Deleuze gibt es zwei Möglichkeiten die Kontur zu überschreiten: eine Bewegung von der materiellen Struktur zur Figur und eine Bewegung von der Figur über die Grenze hinaus, was er mit dem „Entweichen“ der

13 Gilles Deleuze: *Francis Bacon. Logik der Sensation*, München: Fink 1995, S. 9-10.

Figur bezeichnet.[14] Über dieses Spannungsfeld wird in der Malerei eine potentielle Bewegung erzeugt.

Anders als in der Malerei wird in der Choreographie die Beziehung der Tänzer zu ihrem „Schauplatz" zusätzlich von ihrer tatsächlichen Bewegung bestimmt. Es entsteht eine Überlagerung von realer und potentieller Bewegung, denn einerseits bewegen sich die Tänzer zwischen den Fenstern hin und her, öffnen Türen, treten heraus oder hinein, und andererseits erzeugt der Zuschauer in der Wahrnehmung Verbindungen zwischen den einzelnen Öffnungen. Anhand der Konstellation der Fassade können drei verschiedene Bewegungsrichtungen ausfindig gemacht werden: 1. in der Horizontalen zwischen den Fenstern sowie zwischen den Türen; 2. in der Vertikalen des Treppenhauses; 3. von außen nach innen oder von innen nach außen.

Die Tänzer bewegen sich hinter der Fassade zwischen den Fenstern hin und her, verschwinden in der Wand und treten bei der nächsten Öffnung wieder hervor. Verfolgt der Blick die horizontale Bewegung der Tänzer, werden diese samt dem unbestimmten Raum hinter den Fenstern mit der Ebene der Fassade verbunden. Der Blick bewegt sich in die Tiefe, um die Bewegung im einzelnen Rahmen zu erfassen, begleitet die Bewegung der Figur wieder aus dem Rahmen heraus und streift an der Fassade entlang.

Die drei Türen funktionieren dagegen anders als die Fenster, da sie geöffnet und geschlossen und von den Tänzern von innen nach außen und von außen nach innen durchkreuzt werden können. Der Zuschauer stellt zwischen den Öffnungen, zwischen Figur und Rahmen, Beziehungen her. Die Fensteröffnungen werden nur imaginativ über das Auge erschlossen, während die Türen von den Tänzern konkret benutzt werden.

Durch die vielfache Rahmung wird das Geschehen auf der Bühne in kleine Bewegungsausschnitte unterbrochen. Der Betrachter sieht immer nur einen Teil der Tänzer und ihrer Handlungen. Der Überblick wird ihm durch die fragmentartigen Bildfelder und die Vielzahl der Öffnungen, die er kaum gleichzeitig in den Blick nehmen kann, verwehrt. Dennoch versucht er das, was sich auf der einen Seite oder in einem Fenster ereignet, mit dem Geschehen auf der anderen Seite zusammenzubringen.

Ähnlich wie in der Malerei entsteht eine Spannung zwischen Fixierung im Rahmen und seiner Überschreitung, zwischen Isolation und Korrespondenz (sei es durch Ähnlichkeiten oder Differenzen). Die Beziehungen zwischen den einzelnen Bildfeldern werden ständig überlagert und durchbrochen. Die Szene oszilliert zwischen Bewegung und ihrer momentanen Fixierung im Rahmen sowie zwischen Räumlichkeit und Flächigkeit. Es ist ein Oszillieren zwischen einer Tiefenbewegung des Blicks und dem Streifen der Augen an der Fassade entlang.

14 Ebd., S. 15-18.

Dieses Moment möchte ich nochmals unter verschiedenen Gesichtspunkten betrachten: als eine Bewegung der Augen zwischen Fokus und Zerstreuung sowie als räumliche Ambivalenz zwischen Frontalität und Schichtung. In Bezug auf die Frage nach der Bildlichkeit lässt sich diese Debatte auch mit dem Begriff der „Transparenz" in Verbindung bringen.

## Fokus und Zerstreuung

Das Fenster eröffnet einen Blick hinter die Fassade, gleichzeitig setzt es dem Blick auch einen Rahmen, indem es nur einen bestimmten Ausschnitt zeigt. Bei der Fassade von *Highway 101* gibt es jedoch mehrere Fenster gleichzeitig, die das Geschehen rahmen, unterbrechen und zerstreuen. Hans-Thies Lehmann bezeichnet die „Vervielfältigung der Rahmung" im postdramatischen Theater als eine Strategie, um die durch einen Rahmen hervorgerufene einheitliche Sinnstiftung des klassischen Theaters aufzubrechen. Die Bühne werde, laut Lehmann, im klassischen Theater ähnlich wie in der Malerei seit der Neuzeit bis in die Moderne als Fenster zur Welt verstanden. Dabei gäben der Dramentext und die Architektur der Bühne die Rahmung der Inszenierung vor. Im postdramatischen Theater ändere sich einerseits das Verhältnis zur Welt, indem nicht mehr symbolisch eine Welt auf der Bühne dargestellt sei. Vielmehr werde ein Ausschnitt, ein Bruchstück aus der Welt gezeigt. Zusätzlich werde der Rahmen vervielfältigt und dadurch eine neue Wirkung der Rahmung hervorgerufen, die Lehmann folgendermaßen beschreibt:

> Die Vervielfältigung der Rahmen hebt aber die Funktion des ‚einen' Rahmens geradezu auf: das Einzelne wird aus dem einheitlichen Feld, das der Rahmen konstituiert, indem er es umschließt, herausgebrochen. Statt durch die rahmende Ganzheit zum Sinn gesteigert zu werden, wird dem Einzelnen genau die Verbindung zum Ganzen gekappt, die das Sinnliche zum Bedeutenden macht. Stattdessen bewirken die vervielfältigten Rahmungen, daß das Einzelne auf sich zurückgeführt wird als gesteigertes Hier- und Sosein seiner sinnlichen Beschaffenheit oder, von der anderen Seite betrachtet, gesteigerte Wahrnehmbarkeit.[15]

Die Rahmung der Bewegung einzelner Tänzer fungiert in den Choreographien Stuarts – ähnlich wie das Lehmann beschreibt – meist als ein Ausschnitt und richtet somit das Augenmerk auf das Detail. Wie ein Zoomobjektiv fährt unser Auge an die Körper in den Öffnungen heran. Der Betrachter sieht aber nicht den ganzen Körper der Tänzer. Er sieht beispielsweise einfach Arme, die nach oben katapultiert werden, oder den Oberkörper einer Tänzerin, der ganz gleichmäßig am Fenster vorbeizieht, als würde er fahren. Durch den

15 Hans-Thies Lehmann: *Postdramatisches Theater*, Frankfurt a. M.: Eigenverlag 2001, S. 290.

Ausschnitt wird jedoch eine einfache Bewegung wie das Kämmen der Haare als solche vorgeführt, was beim Betrachter zu einer Steigerung der Aufmerksamkeit führt. Der Zusammenhang, in dem der Tänzer sich vorwärts bewegt, und der Grund seiner Erregung bleiben ihm jedoch verschlossen. Da die einzelnen Bewegungen ausgeschnitten und von ihrem Zusammenhang losgelöst sind, gibt es keine fortlaufende Geschichte, die dem Betrachter Halt bieten könnte. Sein Auge bewegt sich auf der Suche nach einem Zusammenhang weiter und zoomt in ein anderes Fenster. Durch die Vielzahl der Öffnungen und die Gleichzeitigkeit der Handlungen ist seine Wahrnehmung überfordert. Der Betrachter bewegt sich zwischen einem sich annähernden und einem sich weitenden Blick, er bewegt sich sukzessive von Bildfeld zu Bildfeld oder versucht simultan alles in einem streifenden Blick zu erfassen. Doch der Überblick bleibt ihm verwehrt.

Das Nebeneinander der Fenster und die alltäglichen Handlungen erinnern an eine Fensterfront eines Wohnhauses. Sie können mit der Hofsituation aus dem Film *Rear Window* (1954) von Alfred Hitchcock verglichen werden.[16] Der Film spielt hauptsächlich im Hinterhof eines großen Wohnblocks, der von dem Reportagephotographen L. B. Jefferies (James Stewart) beobachtet wird, da er sich aufgrund seines gebrochenen Beines nicht mehr aus seiner Wohnung bewegen kann. (Abb. 17) Die Aufnahmen des Films bewegen sich zwischen der Wohnung des Photographen und dem Hinterhof hin und her, der wiederum als Ganzes und in einzelnen Nahaufnahmen wiedergegeben wird.

Mein Vergleich setzt weder auf der historischen Ebene noch auf der gleichen medialen Ausgangsbasis an. Vielmehr geht es um eine Blick-, Bild- und Mediengeschichte, die anhand des Reportagephotographen und seinem Blick aus dem Fenster in den Hof erzählt wird.[17] Insbesondere wird im Film *Rear Window* die Praxis des Zoomens zum Thema, die das menschliche Auge schon natürlicherweise ständig in Bewegung hält und die durch die Technik der Kamera bewusst herbeigeführt und in der Aufnahme sichtbar wird. Das

---

16 Zu Inhalt und Analyse von *Rear Window* vgl. Michael Diers: „‚Der entscheidende Augenblick' – Bild- und Medienreflexion in Alfred Hitchcocks ‚Das Fenster zum Hof'", in: Ders. (Hg.), *PhotographieFilmVideo. Beiträge zu einer kritischen Theorie des Bildes*, Hamburg: Philo 2006.

17 Michael Diers hat facettenreich die verschiedenen medialen und bildtheoretischen Dimensionen des Films erläutert, insbesondere in der Beziehung von Photographie und Film, aber auch des Blicks als Medium der Überwachung (Zur Thematik der Überwachung stellt er einen Vergleich zu Jeremy Benthams *Panopticon* (1787) an, S. 161-166). Sein Ausgangspunkt ist gleich dem des Films das fehlende Bild des Mords, auf den der Photograph über einen Schrei aufmerksam wird, bereits aber den entscheidenden Moment als Photograph verpasst hat: „Alles von nun an Beobachtete dient dazu, das fehlende Bild des Hinterhofdramas aus zahlreichen Details und Bildern wie aus Schnipseln zusammenzusetzen." (S. 152)

Zoomen der Kamera wird im Blick des Photographen durch sein Objektiv vorgeführt und in den Filmaufnahmen sukzessive als Perspektivwechsel verdeutlicht. Nicht nur das Verhältnis von Detail und Gesamtbild, sondern auch das Verhältnis von Gehen und Sehen, das bereits mit Rückgriff auf Michel de Certeau angesprochen wurde, steht zur Diskussion. Der Photoreporter ist durch sein eingegipstes Bein an der Fortbewegung gehindert und verschafft sich deshalb durch das Heranzoomen einzelner Szenen einen Zugang zum Leben im Hof. Gleichzeitig wird bei der Beobachtung des Geschehens im Hinterhof die Frage nach der Grenze zwischen Intimität und Öffentlichkeit laut, die sich mit der Frage nach Überwachung paart, welche mit der Entwicklung der optischen Medien verbunden ist.

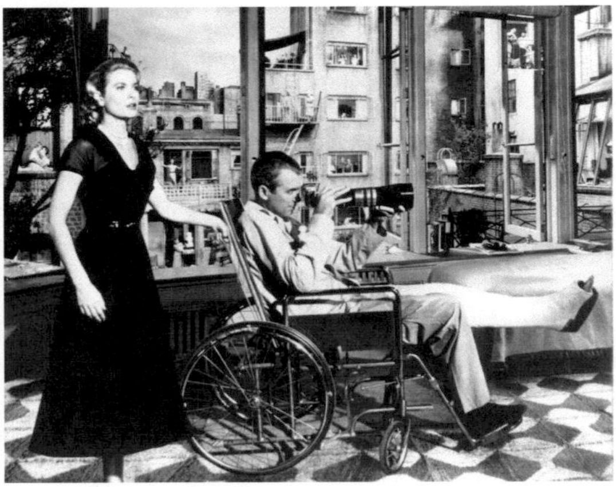

*Abb. 17: Alfred Hitchcock, Rear Window, 1954*

Im Film wird, anders als in der Choreographie, das Verhältnis von Detail und Totale durch die Bewegung der Kamera und den Filmschnitt gesteuert. In der Choreographie kann der Betrachter mit Einschränkung selbst zwischen Nahaufnahme und Totale wechseln. In den meisten Choreographien Stuarts stehen mehrere Bildfelder nebeneinander, so dass der Blick gleichzeitig fokussiert und gestreut wird. Das Durchkreuzen verschiedener Perspektiven eröffnet unendlich viele Möglichkeiten der Verknüpfung. Neben diesen perspektivischen Wechseln wird der Betrachter durch zusätzliche Materialitäten wie Stimme, Musik oder Kostüm von einem Ausschnitt zum anderen bewegt, von einem Bild zum anderen. So kann die Stimme Verbindungen herstellen, aber auch Gegensätze hervorrufen oder ein neues „Fenster“ öffnen. Der Zoomeffekt wird immer wieder aufgelöst und das Gegenteil – die Zerstreuung – setzt ein.

Dieses Prinzip von aufeinandertreffenden, „abwechselnd und synchron bespielten ‚Feldern'"[18] auf der Bühne vergleicht Hans-Thies Lehmann mit der „Montage" im postdramatischen Theater.[19] Der Begriff der Montage wird im Film für das Zusammenfügen von Bildsequenzen gebraucht, die an verschiedenen Orten und/oder Zeiten spielen. Während aber in der Film-Montage meist von einem Nacheinander von zeitlichen und räumlichen Schnitten ausgegangen wird, liegen die Schnitte hier nebeneinander und werden von der Choreographie und vom Betrachter sowohl simultan als auch sukzessiv eingeleitet bzw. wahrgenommen. Die Konzentration wird auf verschiedene Elemente gelenkt, verschiedene Orte und Zeiten wollen gleichzeitig ins Blickfeld genommen werden. Die Vieldeutigkeit überfordert den Betrachter und wirft ihn auf seine eigene Wahrnehmung zurück: Einerseits nimmt ihn das Zoomen auf ein Fenster gefangen, andererseits ist er vollkommen frei, von einem „Bild" zum anderen zu wechseln. Da aber die einzelnen Bildfelder nicht immer zusammenpassen, bleibt die Verbindung zwischen den Teilen offen.

## Bildlichkeit und Körperlichkeit – Frontalität und Schichtung

In Bezug auf die Fassade habe ich bereits verschiedene Bewegungen sowohl der Tänzer als auch der Wahrnehmung beschrieben. Sie sind durch eine Bewegung in der Ebene der Fassade und aus dieser heraus gekennzeichnet. Der Betrachter bleibt in *Highway 101* immer vor der Fassade, er bezieht sich also frontal auf sie, so dass die räumliche Schichtung nur durch die Bewegung der Tänzer und durch den Fokus der Augen entsteht. Ein Vergleich mit der Choreographie *insideout* (2003) von Sasha Waltz, bei der der Betrachter selbst über die Bühne – einem architektonischen Gebilde mit Fenstern, Türen, Treppen und verschiedenen Stockwerken – spazieren kann, verdeutlicht, wie die frontale Ausrichtung der Fassade den Effekt der Bildlichkeit steigert. Während in *Highway 101* das Gegenüber von Fassade und Publikum immer gewährleistet ist, nimmt der Zuschauer in *insideout* mit jedem Weg eine andere Sicht wahr. Das, was der Zuschauer zu sehen bekommt, ist mit seinem Gang durch die Bühnenarchitektur verbunden. Zwar gibt es immer wieder Ansichten von Kammern, in denen etwas geschieht, diese befinden sich aber innerhalb eines großen Ganzen, in dem sich der Zuschauer selbst bewegt. Er bewegt sich im „Bild", das er nie frontal in den Blick bekommen wird.

Die Fensterfassade in *Highway 101* bindet dagegen das Geschehen in die Ebene und erzeugt zugleich eine Spannung zwischen der Fassadenwand und dem Dahinter. In einer Aufführung im Kaaitheater in Brüssel werden die Fenster teilweise durch Videoprojektionen ersetzt und so die Flächigkeit und

18 Lehmann, S. 296.

19 Ebd., S. 296-98.

Bildhaftigkeit unterstützt. Der Übergang zwischen Videobild und realem Fenster ist nicht mehr eindeutig, und bringt zusätzlich eine Ambivalenz zwischen der materiellen Körperlichkeit im Raum und der flachen, medialen Übertragung per Video ins Spiel. Die Spannung zwischen Frontalität und Schichtung wird mit der Ambivalenz zwischen Videoprojektion und Körperlichkeit gekoppelt. Das wird an der Brüsseler Aufführung[20] deutlich:

An der nach hinten den Bühnenraum abschließenden Wand im Kaaitheater befindet sich in der Mitte eine Öffnung mit einem Treppenaufgang und einem Fenster darüber, das mittels Schiebetüren geschlossen werden kann, um selbst zur Projektionsfläche zu werden. Auf die beiden Seiten des realen Fensters werden Videobilder projiziert, die dem Blick durch ein Fenster in einen Innenraum gleichen: Links befindet sich das Videobild eines Raums mit einem Bett, das sich in ein Sofa wandeln lässt, und rechts befindet sich das Videobild einer Nasszelle mit Duschkabine und Waschbecken. Der Übergang zwischen Videobild und Fensteröffnung ist so fließend, dass der Betrachter nicht mehr genau zwischen Medialitäten und Wirklichkeiten unterscheiden kann. Eine Tänzerin steht vom Bett auf und läuft in den mittleren Raum – dabei läuft sie unmittelbar aus der Projektion heraus und wird körperlich anwesend –, umgekehrt läuft eine Tänzerin von der Mitte in den projizierten Duschraum – sie läuft aus dem realen Treppenhaus in die Projektion. Die Übergänge sind kaum erkennbar, so dass der Betrachter sich nie sicher ist, ob er nun durch ein Fenster blickt oder auf eine Projektion. Das Verhältnis von Projektion und körperlicher Präsenz der Tänzer ist faszinierend und irritierend. Die Beziehung von räumlicher Tiefe und flacher Videoprojektion wird gleichzeitig zu einer Differenz zwischen medialer Übertragung und körperlicher Präsenz.

Das widerseitige Umschlagen einer Realität in die andere wird in einzelnen Momenten sichtbar gemacht, indem sich entweder die Bildlichkeit in den Vordergrund drängt oder diese durch die Präsenz der Körper gebrochen wird. So wird die Illusion des Bildes beispielsweise aufgebrochen, wenn eine Hand oder sich der Oberkörper einer Tänzerin aus dem Fenster hinauslehnt oder wenn die Schiebetüre das Öffnen und Schließen markiert. In einer Szene, die sich ebenfalls in diesem mittleren Fenster – im Zwischenraum zwischen Innen und Außen sowie zwischen den Projektionen links und rechts – abspielt, umarmen sich zwei Tänzer mit nackten Oberkörpern und neigen sich dem Betrachter aus der Öffnung entgegen. Sie klopfen sich gegenseitig wechselweise auf die nackte Brust. Die sehr körperliche Geste wird durch den Klang des Aufklatschens der Hand auf der nackten Haut unterstützt. Allerdings entsteht auch hier durch die mediale Übertragung eine Differenz: Der Klang stimmt

20 Für die Aufführung im Kaaitheater im März 2000 beziehe ich mich auf den Videoausschnitt.

nicht mehr mit dem Schlag überein, das Gesehene und das Gehörte verschieben sich zeitlich (und auch räumlich: durch die Übertragung über Lautsprecher). Merkwürdigerweise hinkt der Klang nicht etwa dem Bild hinterher, sondern geht ihm voraus. Reale Klänge und solche der Tonbandübertragung, sichtbare und unsichtbare Tonquelle, überkreuzen sich.

Das Verhältnis von Sichtbarkeit und Unsichtbarkeit wird so in der Brüsseler Aufführung von *Highway 101* durch das Verhältnis von physischer Präsenz und deren Reproduktion in der Projektion[21] gesteigert. Es ist nicht klar, wann und wo das projizierte Bild aufgezeichnet wurde, ob die Situation hinter der Wand live stattfindet oder ob sie vorproduziert wurde. Dadurch entsteht wie auch bei der Verschiebung des Klangs eine zeitliche und räumliche Spaltung, zwischen einem sichtbaren und einem über die Projektion zwar auch sicht-, aber unbestimmbaren Raum, zwischen einer Gegenwart auf der Bühne und einer bereits in der Projektion vergangenen Situation.[22]

Eine andere Art der Verschränkung zwischen Tanz- und Videopraxis, zwischen Flächigkeit und Körperlichkeit wird an der Treppensituation deutlich, die in den Aufführungen von *Highway 101* in Wien, Zürich und Brüssel ähnlich verläuft. Die Treppe ist wie das Fenster Verbindungsglied zwischen Innen und Außen, zwischen Oben und Unten, zwischen Privat und Öffentlich. Das Treppenhaus wurde in der modernen Architektur auch häufig transparent gestaltet, vielleicht um diese Beziehung zwischen Innen und Außen besonders hervorzuheben. Anders als über das Fenster kann die Außenwelt über die Treppe direkt betreten werden.

Die Treppe, die insbesondere durch ihre Stufenführung das Vorwärtsgehen markiert, das die Bewegung des Hoch und Runter räumlich und visuell in einzelne Schritte unterteilt, ist mehrfach in der bildenden Kunst Anlass gewesen, Bewegung darzustellen bzw. Bewegung in Einzelbilder aufzuteilen, um diese wieder in der Bewegung ineinanderfließen zu lassen. Ein bekanntes Beispiel ist Marcel Duchamps *Nu descendant un escalier, No. 2* von 1912. (Abb. 18) Duchamp, der sich selbst auf die Chronophotographie als Vorläufer des Films beruft[23], zerteilt in diesem Gemälde verschiedene ineinander- und übereinan-

21 Vgl. Kattrin Deufert: *Meg Stuarts intermediale Performances: ‚Splayed Mind Out‘ und ‚Highway 101‘*, Vortragsskript (ohne Jahr und Ort), eingesehen im Archiv von Damaged Goods, Brüssel.

22 Die Aufteilung des Raumes in verschiedene Räume und Zeiten, die teilweise über Videoprojektionen vergegenwärtigt werden, könnten mit der „Heterotopie“ von Michel Foucault oder dem „augmented space“ (vgl. Kattrin Deufert) verbunden werden, was nochmals einen neuen Gesichtspunkt eröffnen würde, den ich hier nicht ausführe.

23 Marcel Duchamp: „Hinsichtlich meiner selbst“, in: Serge Stauffer (Hg.), *Die Schriften, I*, Zürich 1994², S. 244, zitiert nach: Museum Jean Tinguely (Hg.), *Marcel Duchamp*, Basel: Museum Jean Tinguely/Ostfildern-Ruit: Hatje Cantz 2002, S. 56.

dergreifende, sich drehende Positionen beim Herabsteigen einer Treppe, um den Eindruck von Bewegung zu vermitteln. Neben dem Verwischen der einzelnen Positionen fällt das Mechanische der Figur auf. Sie ist nicht als Akt[24] erkennbar – wie der Titel suggeriert –, da sie wie ein Kartonmodell in einzelne Teile aufgebrochen ist. Das Auffalten verschiedener Ansichten und ihre Verschmelzung in einer Brauntonigkeit charakterisieren das kubistische Gemälde. Obwohl die einzelnen Positionen mit starken Linien versehen sind, lassen sie sich durch die eintönige Farbigkeit nicht wirklich voneinander trennen. Die Figur wird auf diese Weise in einen Zustand zwischen Stasis und Kinesis – zwischen Standbild und bewegtem Bild – versetzt.

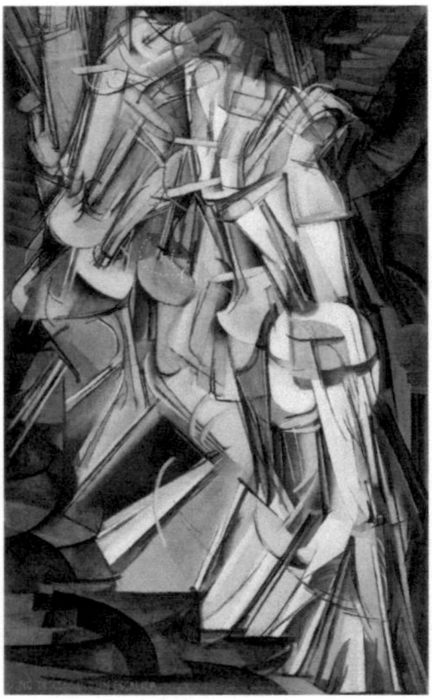

*Abb. 18: Marcel Duchamp, Nu descendant un escalier No. 2, 1912*

In *Highway 101* nimmt die stetige Aufwärts- und Abwärtsbewegung einer Tänzerin auf der Treppe auf die Szene des Hinabsteigens Bezug. Verschiedene Praktiken von Film und Video gehen in den Bewegungsablauf ein. Die Tänzerin steigt wie in einem Loop unentwegt hoch und runter. Teilweise steigt sie nicht nur sehr schnell herunter, sondern auch rückwärts dorthin, von wo der Lauf wieder von vorne beginnt. Die Bewegungsstruktur des Vor und Zurück und der Wiederholung nimmt verschiedene Videopraktiken auf, die in der Wiederholbarkeit des Bandes – nämlich dem Vor- und Zurückspulen, aber auch dem Loop – liegen. (Abb. 19)

24 Oft wird in der Malerei Bewegung mittels des Faltenwurfs der Gewänder dargestellt. Duchamp befreit hier im Akt aber bewusst die menschliche Figur von ihren Gewändern. Dies mag daran liegen, dass ihn ein strukturelles Phänomen der Bewegung interessiert, nämlich die Aufeinanderfolge von Schritten sowie deren Mechanik, die über die Chronophotographie ins Spiel gebracht wird.

Indem die einzelnen Stufen ein räumliches Raster bilden, das die Bewegung markiert und dadurch für einen Moment fixiert, wird die Beziehung von Bild und Bewegung aufgenommen. Die Verschränkung zwischen Tanzbewegung und Videopraxis wird im Heraustreten der Tänzerin aus der Fassade aufgelöst. Wie aus einem Loop tritt die Tänzerin von ihrer Szene auf der Treppe heraus in den Raum und geht auf das Publikum zu. Die Verringerung der Distanz und die zunehmend harten, den ganzen Körper durchschüttelnden Bewegungen, die einzelne Körperteile vom Körper abzuwerfen scheinen, steigern geradezu die Körperlichkeit der Tänzerin. Die Bewegung des Heraustretens und das Herantreten an das Publikum ist verbunden mit einer Bewegung aus der Fläche, aus dem Bild heraus, mitten in das Publikum. Dabei wird die Materialität der Bewegung körperlich und in intensivierter Form erfahrbar.

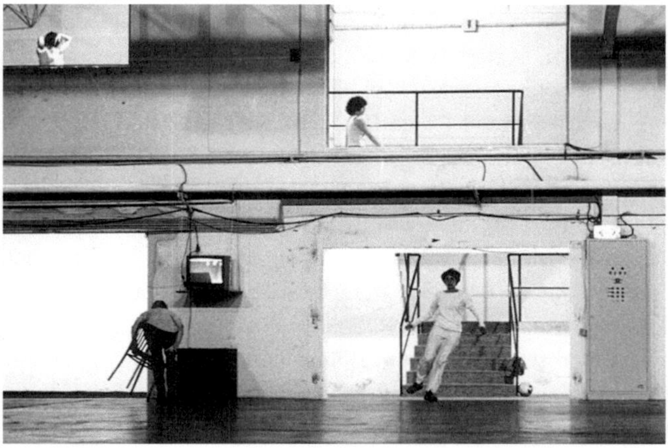

*Abb. 19: Meg Stuart, Highway 101, Wien 2000*

Die beiden Beispiele haben gezeigt, dass in *Highway 101* der Übergang von Bildlichkeit zu Körperlichkeit fließend ist und sich teilweise durch das Ineinandergreifen von Videoprojektion und Fenster kaum mehr differenzieren lässt. Es findet ein Wechselspiel zwischen Bildlichkeit und Körperlichkeit, Frontalität und Räumlichkeit, zwischen Bild und Bewegung statt.

## Transparenz

Die Choreographie *Highway 101* wird außer durch die Bewegung von Publikum und Performer durch das Gebäude des Schiffbaus von Ein- und Durchblicken geprägt. Es werden immer wieder Perspektiven eröffnet, die eine Drauf- oder Durchsicht ermöglichen, wie die Fensterfassade oder die früher beschriebene Glaswand im Foyer. Den Aspekt, der bereits in Bezug auf die

Schichtung und Frontalität der Fensterfassade angesprochen wurde, möchte ich nun als ein Aufscheinen aus einem zugleich durchlässigen und undurchdringbaren Grund mit dem Begriff der „Transparenz" noch einen Schritt weiterführen. Dieser Begriff ist deswegen interessant, da er für die Frage nach der Bildlichkeit sowohl in der Architektur als auch in der Malerei eine große Rolle spielt. Ich werde mich hier auf die Übertragung des Begriffs aus der Malerei auf die Architektur beschränken, da die Frage, wie die Bühnenarchitektur zur Bildlichkeit der Szenen beiträgt, wichtig ist.

Colin Rowe und Robert Slutzky haben in den 1950er Jahren mit *Transparency: Literal and Phenomenal* einen viel diskutierten Aufsatz verfasst.[25] Darin unterscheiden sie zwischen einer „eigentlichen (*literal*)" und einer „übertragenen (*phenomenal*) Transparenz". Die beiden Aspekte werden über die Verwendung des Materials und über eine Ambivalenz von Fläche und Raum charakterisiert. Die „eigentliche Transparenz" wird mit dem effektiven Durchblick und den Materialien Glas, Spiegel und Licht verbunden, während die „übertragene Transparenz" von einer Mehrdeutigkeit lebt, die sich zwischen untiefem Raum und Raumtiefe bewegt.[26] In Bezug auf *Highway 101* wurde bereits die Ambivalenz zwischen Frontalität und Schichtung, Räumlichkeit und Flächigkeit ins Spiel gebracht. Sie soll nun mit der „übertragenen Transparenz" von Rowe/Slutzky in Beziehung gebracht werden.

In diesem Zusammenhang bietet sich ein Vergleich zu der ungefähr zeitgleichen Choreographie *Body/Work/Leisure* (Dezember 2001) von Frédéric Flamand an, für die Jean Nouvel die Bühnenarchitektur konzipiert hat. Dort wurde mit einem Baugerüst, das sich vom Bühnenboden in die Vertikale erhebt, eine ähnliche Situation wie mit der Fensterfassade in *Highway 101* erzeugt. Das Gerüst wird in der Horizontalen von mehreren übereinander liegenden Etagen geprägt. Zugleich wird durch den Einsatz von Glasschiebetüren, Spiegelflächen, Leinwänden und Schrägen eine Schichtung in der Tiefe erzeugt. (Abb. 20) Anders als bei der Fensterfassade steht das Publikum nicht vor einem Gerüst, sondern wird von zwei Gerüstbauten umgeben. Dadurch wird die frontale Ausrichtung aufgehoben, und die beiden Seiten werden über das Publikum hinweg aufeinander bezogen. Beide Choreographien werden von einer vertikalen und horizontalen Struktur sowie einer Tiefenwirkung bestimmt, aber die räumlichen und zeitlichen Schichtungen ereignen sich auf je andere Weise.

25 Colin Rowe und Robert Slutzky: „Transparency: Literal and Phenomenal", in: *Perspecta 8*, The Yale Architectural Journal, 1964. Wegen der darin enthaltenen Polemik gegen Martin Gropius und das Bauhaus ist der Aufsatz erst 1964 – neun Jahre nach seiner Verfassung – erschienen.

26 Vgl. die deutsche Übersetzung von Bernhard Hoesli: Colin Rowe, Robert Slutzky: „Transparenz", in: Colin Rowe, Robert Slutzky u. Bernhard Hoesli (Hg.), *Transparenz. Mit einem Kommentar von Bernhard Hoesli und einer Einführung von Werner Oechslin*, Basel/Boston/Berlin: Birkhäuser 1997[4], S. 21-23.

In der Arbeit von Meg Stuart gestaltet sich das Verhältnis der verschiedenen Ausrichtungen und Perspektiven durch die Anordnung der Öffnungen in der geschlossenen Wand. So wird über die obere Reihe der Fenster und die untere Reihe der Türen eine horizontale, durch die Treppe hingegen eine vertikale Gliederung vorgenommen. Die Bewegung in die Wand hinein und aus dieser heraus eröffnet eine räumliche Tiefe. Diese Bewegungen sind sowohl imaginativer als auch realer Art, und müssen nicht unbedingt parallel verlaufen. Zudem ist die Fassade von einer Geschlossenheit geprägt, die nur einzelne Durchblicke freigibt. Das Verhältnis von geschlossenen und offenen Partien schafft ein Spannungsfeld zwischen Sichtbarkeit und Unsichtbarkeit, zwischen Innen und Außen.

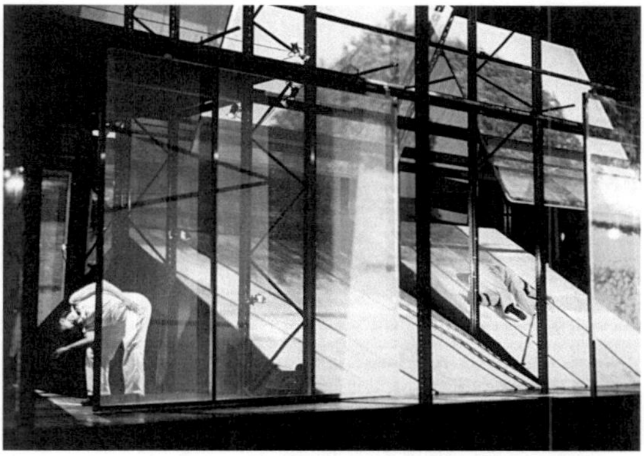

*Abb. 20: Flamand/Nouvel, Body/Work/Leisure, 2001*

In der Choreographie von Flamand gibt es dagegen keine geschlossenen Partien, so dass die Tänzer meistens sichtbar sind oder zumindest durch die Glaswand hervorscheinen. Die räumliche Schichtung und Transparenz wird vielmehr durch die Materialien wie Glas, Spiegel und durchlässige Leinwände erreicht. Die durch diese Materialien angeordneten Schrägen stellen räumlich eine Beziehung zwischen Vorne und Hinten, Oben und Unten her. Sie lassen das Dahinter durchscheinen, und die Tänzer schwingen sich von unten nach oben. Ähnlich wie die Treppe in *Highway 101* erzeugen sie so ein räumliches Bezugsfeld. Zusätzliche Überlagerungen entstehen durch Reflexionen von Spiegeln und durch Videoprojektionen. Mit einem *Bluescreen*-Verfahren werden die Tänzer ausgeschnitten und an einem anderen Ort mittels Projektion wieder eingesetzt. Dadurch wird ein Verhältnis von Anwesenheit im Raum und ihrer virtuellen Verbreitung über den Raum hinaus möglich.

Die „eigentliche Transparenz" wird in der Choreographie Flamands durch Materialien wie Glas, Spiegel und Videoprojektionen erreicht, während in der Arbeit Stuarts die Transparenz aus einem Spannungsverhältnis zwischen Innen und Außen, zwischen Sichtbarkeit und Unsichtbarkeit hervorgeht. Es handelt sich dabei um ein Spannungsverhältnis, das sich zwischen frontaler Flächigkeit und räumlicher Tiefe bewegt, was mit der „übertragenen Transparenz" von Rowe/Slutzky vergleichbar ist. Bei der Choreographie von Flamand/Nouvel kann der Zuschauer allerdings auch nicht alles gleichzeitig in den Blick nehmen, er muss sich zwischen der einen oder der anderen Seite entscheiden, obwohl deren Sichtbarkeit immer gewährleistet wäre. Die Bewegungen bleiben deshalb „Tatsache", selbst wenn sie über eine Videoaufnahme herausgelöst und an einem anderen Ort projiziert werden. Demgegenüber eröffnen die Ausschnitte in Stuarts Choreographie von vornherein eine Ambivalenz: Sie steigern die Sichtbarkeit, indem ein Teil unsichtbar bleibt. Dadurch entsteht „eine ununterbrochene Dialektik zwischen Tatsache und Andeutung"[27], was Rowe/Slutzky für die Architektur von Le Corbusier folgendermaßen beschreiben und was sich mit Einschränkung auf *Highway 101* übertragen lässt:

> Die Wirklichkeit des tiefen Raumes wird fortwährend in Gegensatz zu Andeutungen eines untiefen Raumes gebracht, und durch die resultierende Spannung wird Lesart um Lesart erzwungen. Die fünf Raumschichten, die in jeder vertikalen Dimension das Volumen des Gebäudes gliedern, und die vier Schichten, die es horizontal schneiden, beanspruchen alle von Zeit zu Zeit die Aufmerksamkeit; und diese Rasterung des Raumes resultiert in ununterbrochener Veränderung der Interpretation.[28]

Rowe/Slutzky charakterisieren hier die „übertragene Transparenz" als eine Bewegung zwischen „Tatsache" und „Andeutung", die in Bezug zur Fensterfassade in *Highway 101* bereits durch das Verhältnis von imaginativer und realer Bewegung thematisiert und in Zusammenhang mit dem Wechselspiel von Fokus und Zerstreuung sowie von Frontalität und Schichtung gebracht wurde. Die Spannung zwischen zwei Polen könnte auch als Bewegung zwischen Transparenz und Opazität verstanden werden, die in der „übertragenen" latent mitschwingt.[29] Laut Gottfried Boehm braucht die Transparenz ihren Gegenpol, die Opazität, um als kontrastives Verhältnis eine ikonische Differenz[30] zu

27 Ebd., S. 41.

28 Ebd., S. 41.

29 Die Unterscheidung zwischen transparent und opak, die für die Malerei wichtig ist, wird von Rowe/Slutzky nicht erwähnt, weil sie ansonsten vermutlich nicht zwischen zwei Transparenzbegriffen differenzieren müssten.

30 Vgl. hier die Anmerkungen zu Transparenz und Opazität im Aufsatz von Gottfried Boehm: „Die Wiederkehr der Bilder", in: Ders. (Hg.), *Was ist ein Bild?*, München: Fink 1995, S. 11-38. Boehm entgegnet an dieser Stelle der Kritik von Arthur C. Danto an den „Transparenztheoretikern" (*Die Verklärung des Gewöhnlichen*, Frankfurt a. M.: 1984, S. 239-247) damit, dass die Transparenz zur Entstehung eines Bildes ihres Gegenübers, der Opazität, bedarf.

eröffnen. Die für die Entstehung von Bildlichkeit maßgebende Differenz wird von Boehm als ein optisches Kontrastverhältnis charakterisiert, durch das Bilder Sinn generieren. Im Hervortreten der Tänzer aus dem Verborgenen (hinter der verschlossenen Fassade) entsteht eine Ansicht, die aber erst durch das mögliche und tatsächliche Verschwinden der Tänzer zu einem ikonischen Moment kristallisiert. An der Grenze zwischen Sichtbarkeit und Unsichtbarkeit bildet sich vielfacher Sinn, der sich in verschiedene Richtungen bewegen kann und jeweils wieder in einem neuen Zusammenhang hervortritt.

## Von der Fassade zum Innenraum

Nach dem Projekt *Highway 101* (2000/2001) entwirft Meg Stuart Choreographien wie *Alibi* (2001) und *Visitors Only* (2003), in denen ganze geschlossene, aber durchlässige Räume auf die Bühne gestellt werden. Obwohl bestimmte Eigenschaften der Fensterreihe wie die Zerteilung der Bühne und die partielle Sichtbarkeit weiterhin im Spiel sind, eröffnet die Erweiterung der räumlichen Situation von der Fassade zum multiplen Innenraum ein Verhältnis zwischen den Räumen, das sich in der Position und der Bewegung der Tänzer niederschlägt. Sie bewegen sich nicht nur in der Ebene der Fenster, aus ihr heraus oder in sie hinein, sondern sie bewegen sich in den Räumen und zwischen den Räumen. Dadurch wird die lineare Bewegung des Blicks an der Fassade entlang und in die Tiefe von einer räumlichen Erfahrung erweitert. Es entsteht ein anderes Verhältnis zwischen Performer und Raum, zwischen den Performern sowie zwischen Performer und Betrachter.

Der Übergang von der Fassade zum Innenraum lässt sich besonders gut an *Visitors Only* demonstrieren, da dort die Fassade buchstäblich aufgebrochen wird. Inspiriert von den Arbeiten des amerikanischen Künstlers Gordon Matta-Clark und seinen Eingriffen in bestehende Gebäude, hat die Bühnenbildnerin Anna Viebrock ein zweistöckiges Gebäudefragment zu je vier Räumen entworfen. Die Anordnung der Räume in einem Viereck – ähnlich einem kartesianischen Koordinatensystem – eröffnet eine Idealsituation, die aber durch kleine Abweichungen und Gefahrenzonen durchbrochen wird. Alle Räume treffen sich im Kreuzungspunkt der Koordinaten, spiegeln sich sozusagen nach allen Seiten, oben und unten, rechts und links, vorne und hinten. Diese Symmetrien werden aber durch die Drehung des Gebäudes aus der frontalen Ansicht nach links hinten sowie durch die Dehnung nach rechts verzerrt. Die ganze vordere Front ist zum Publikum hin offen, jedoch je nach Sitzplatz verdecken die Wände teilweise den daneben oder dahinter liegenden Raum. Durch die Schichtung der Räume sind die hinteren nur durch die im Achsenkreuz angelegten Öffnungen einsehbar. Die Durchbrüche rahmen das Geschehen, zeigen aber die Performer nur ausschnittartig: Oben sehen wir nur die Oberkörper, während in den unteren Räumen die Beine ohne Köpfe zu sehen sind. Teile des Geschehens müssen unsichtbar bleiben, auch wenn versucht wird, die einzelnen Bildausschnitte wieder zusammenzufügen. Die Bühnenarchitektur und die darin sich vollziehende Choreographie ist also insgesamt geprägt durch Ambivalenzen zwischen Symmetrie und Asymmetrie, zwischen Frontalität und Drehung des Gebäudes als auch zwischen Sichtbarkeit und Unsichtbarkeit des Geschehens.

Das Gebäudefragment wird zum Rahmen für Blickachsen und Ereignisse: Die Raumstrukturen setzen dem Blick der Zuschauer und der Bewegung der Tänzer Schranken, die aber auf physischer wie auf visueller und akustischer Ebene überschritten werden können. In einer Art Orchestergraben zwischen Bühne und Publikum befinden sich die zwei Musiker, Paul Laup und Bo Wiget, und der Videokünstler Chris Kondek. Die Ebene der Musik vermag die einzelnen voneinander getrennten Momente wieder zu verbinden oder auch deren Reibungskraft akustisch zu unterstützen. Die Konstellation der Räume eröffnet ein Beziehungssystem, das vom energetischen Potential der Choreographie (Bewegung, Stimme, Geste, Kostüm) genutzt, überlagert und weitergetrieben wird.

Die Verteilung der Tänzer innerhalb der räumlichen Struktur verleiht den einzelnen Teilen des Gebäudes ein je spezifisches Gewicht. Die Choreographie beginnt mit allen acht Tänzern im vorderen Raum unten links und endet an der Brüstung oben rechts, sie durchzieht auf verschiedene Weisen das Gebäudefragment, zusammengeballt und konzentriert auf einen Raum, über die Räume verteilt oder über den Rand herausbrechend (Beschreibung der Choreographie s. Kap. 4). Die Bewegungen der Tänzer spielen mit den genannten Ambivalenzen des Gebäudefragments: Sie nehmen beispielsweise symmetrische Relationen auf oder unterstreichen das Dreh- und Kippmoment der Architektur. Die durch Blickachsen und Rahmung hervorgerufene Bildlichkeit wird durch die Dynamik der Choreographie immer wieder aufgelöst. Es entsteht eine Spannung zwischen einer Ansicht und ihrem Entzug.

Bevor ich die Beziehung zwischen Bühnenarchitektur, Choreographie und Betrachter genauer analysieren werde, gebe ich einen Einblick in die Arbeit von Gordon Matta-Clark und in die Bühnenbilder von Anna Viebrock.

## ‚Splitting': Gordon Matta-Clarks Öffnen von Gebäuden

Der amerikanische Künstler Gordon Matta-Clark (1943-1978) hat in den 1970er Jahren meist leerstehende Gebäude in Amerika und Europa für seine Eingriffe benutzt. Der ausgebildete Architekt verweigerte sich dem Konstruieren von neuen Gebäuden und suchte nach Möglichkeiten in bereits existierende Bausubstanz einzugreifen, diese zu zerlegen und zu dekonstruieren. Das Entzweischneiden von Gebäuden, das Heraustrennen von einzelnen Baulementen und das Einfügen von neuen, leeren Volumen belegen ein grundlegendes Interesse für architektonische Strukturen und deren gesellschaftliche Zusammenhänge.[31] Seine Aktionen entstanden im Kontext der amerikanischen Kunst der sechziger und siebziger Jahre des 20. Jahrhunderts, die sich vom Kunstraum der Galerie lösen wollte, Kritik an der Institution übte und sich mit Begriff und Auflösung des Werks auseinandersetzte. Zum einen wendet er sich, wie die Land Art mit ihren *site specific objects,* einer kunstunabhängigen Umgebung zu, greift aber eher im städtischen, gebauten Raum ein. Zum anderen sind seine Aktionen, wie die damals aufkommende Kunstpraxis der Performance[32], flüchtig und zeitlich begrenzt, da die Gebäude kurz nach den Eingriffen abgebrochen oder aus Sicherheitsgründen gesperrt wurden. Erhalten sind Filme und Photographien, die Matta-Clark zum großen Teil selbst aufgenommen und bearbeitet hat. Durch die ausgewählten Perspektiven und die Nachbearbeitung sind die Filme und Photographien mehr als nur Dokumentationen.[33] Sie geben bestimmte Absichten des Künstlers wieder, sie vermitteln Blickrichtungen und Sehweisen.

Die Öffnungen und Durchbrüche Matta-Clarks rufen in ihrer Ambivalenz von Zerstörung und Neuordnung eine Dynamik hervor, welche die Statik des bestehenden Gebäudes befragt. Gleichzeitig werden Blickachsen geschaffen, die dem Betrachter einen neuen Zugang zur Architektur ermöglichen. Matta-Clark äußert sich in einem Interview zur Dynamisierung der Gebäudestruktur und zu den visuellen Ordnungen, die von seinen Eingriffen ausgehen:

The first thing one notices is that violence has been done. Then the violence turns to visual order and hopefully, then to a sense of heightened awareness. You see that light enters places it otherwise couldn't. Angles and depths can be perceived where they should have been hidden. Spaces are available to move through that were pre-

31 Die sowohl ästhetischen als auch sozialen Belange der Eingriffe werden vom Künstler mit der Idee der „Anarchitektur" umschrieben, die für einen anarchistischen Umgang mit der Architektur plädiert, „der weniger vom Aufbau einer Struktur bestimmt ist als vielmehr von einem gleichsam physischen Durchbrechen der Konventionen durch einen Prozess des ‚Abbauens' und des ‚Dekonstruierens'." Mary Jane Jacob: „Einleitung und Dank", in: Margrit Suter und Jean Christophe Ammann (Hg.), *Gordon Matta-Clark (1943-1978). Eine Retrospektive*, Mönchengladbach: Städtisches Museum Abteiberg Mönchengladbach/Basel: Kunsthalle Basel 1986, S. 3; vgl. Judith Russi Kirshener: „The Idea of Community in the Work of Gordon Matta-Clark", in: Corinne Diserens (Hg.), *Gordon Matta-Clark*, London: Phaidon Press 2003, S. 154.

32 Matta-Clark hat neben seinen architektonischen Arbeiten auch Performances durchgeführt. Vgl. *Tree Dance* (1971, Vassar College, New York), *Clockshower* (1974, Clocktower, New York).

33 Vgl. Christian Kravagna: „‚It's Nothing Worth Documenting if it's not Difficult to Get': On the Documentary Nature of Photography and Film in the Work of Gordon Matta-Clark", in: Diserens 2003, S. 133-146.

viously inaccessible. My hope is that the dynamics of the action can be seen as an alternative vocabulary with which to question the static inert building environment.[34]

Die Eingriffe in die architektonische Struktur eröffnen auf physischer und visueller Ebene neue Erfahrungen, die Matta-Clark als Alternative zu bestehenden Sehordnungen und zur Statik der Gebäude bezeichnet. Nicht nur physisch wird der Betrachter in Bewegung versetzt, indem er nun Räume durchschreiten kann, die vorher geschlossen waren, auch der Blick gleitet durch die Öffnungen in verschiedene Richtungen und Tiefen, die teilweise physisch gar nicht begehbar sind. Wie der Akt des Öffnens und des Zerschneidens etwas in Erscheinung bringen kann, was so vorher noch nicht sichtbar war, und wie die dadurch ausgelöste Bewegung (physisch und visuell) Momente von Bildlichkeit hervorbringen kann, wird nun an zwei Arbeiten des Künstlers – dem Künstlerbuch *Splitting* (1974) sowie den filmischen und photographischen Arbeiten zu *Conical Intersect* (1975) – untersucht.

## Dimensionen des ‚Splittings'

Die Zweiteilung des Reihenhauses *322 Humphrey Street* in New Jersey im Frühjahr 1974 prägt zusammen mit dem dazu erschienen Künstlerbuch *Splitting* (Abb. 21) den Begriff der „Spaltung" in der Arbeit von Gordon Matta-Clark. Der Schnitt, der das Gebäude in zwei Hälften teilt, kann dabei als analytischer Vorgang verstanden werden. Er bringt die räumliche Struktur des Hauses sowie deren Erschließung über den Eingangsbereich und die Treppe, aber auch seine Beschaffenheit und Materialität zum Vorschein. Nicht nur die im Schnitt sichtbaren formalen und funktionalen Gegebenheiten des Gebäudes beschäftigen den Künstler, sondern auch ihre historischen und gesellschaftlichen Komponenten.[35] Dieser zerteilende Vorgang, der die verschiedenen Faktoren des Reihenhauses offenlegt, wird in der Buchform dargestellt und zugleich synthetisiert. Im Medienwechsel von der Aktion zur Photographie und von der einzelnen Photographie zu Photocollage und Buch ereignet sich auf je andere Weise ebenfalls ein Sprung. Die Abfolge der Eingriffe – vom zurückgelassenen Gebäude, dessen Spaltung, über die Verschiebung des Niveaus auf der einen Seite und über das Herausschneiden der Ecken bis hin zum Abbruch – wird im Buch *Splitting* durch einen Begleittext in Zeitabschnitte gegliedert und mit Abbildungen aus verschiedenen Perspektiven (jeweils zwei Bilder von außen und zwei von innen) dokumentiert. Die Photogra-

34 Gordon Matta-Clark in einem Interview (Autor unbekannt) in Antwerpen September 1977, in: Diserens 2003, S.189/190.

35 Vgl. Gordon Matta-Clark im Interview mit Liza Bear: „Splitting The Humphrey Street Building", in: Diserens 2003, S. 163-169.

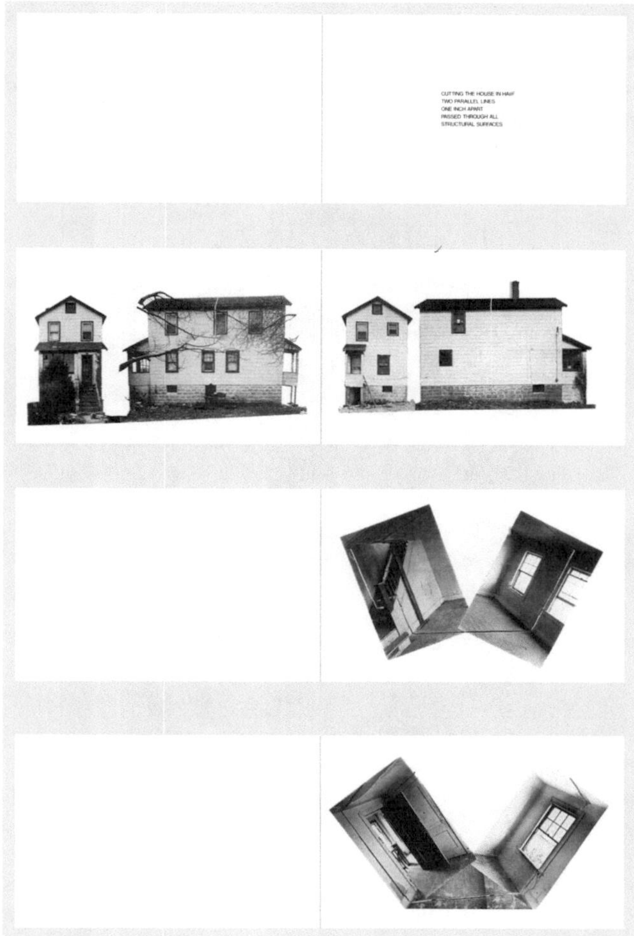


*Abb. 21: Gordon Matta-Clark, Splitting, 1974*

phien werden zusätzlich zerlegt und wieder neu zusammengesetzt, wodurch der analytische und synthetische Prozess nochmals hervorgehoben wird.

In ihrer konzeptuellen Ausrichtung erinnern insbesondere die frontalen Ansichten der Fassaden, deren Vorder-, Rück- und Seitenansichten, an Dan Grahams *Homes of America* (1966/67) – eine sowohl als Diaprojektion als auch als Photoessay verwirklichte Arbeit über ähnliche Reihenhäuser. Anders als Graham greift Matta-Clark eine einzelne Einheit aus der Reihe heraus und führt ihre architektonische Struktur als eine Art Prototyp vor. Für die Abbildungen in dem Künstlerbuch *Splitting* löst er die vier Ansichten des Gebäudes aus ihrer Umgebung des Gartens und setzt sie wie in einem Ausschneidebogen für ein Kartonmodell nebeneinander. Die einzelnen Ansichten kommen Piktogrammen eines Reihenhauses gleich. Das Herauslösen führt zu einer Reduktion, die das Klischee des Reihenhauses, seine hermetische Geschlossenheit, vorführt, um diese dann über die Öffnungen aufzubrechen.

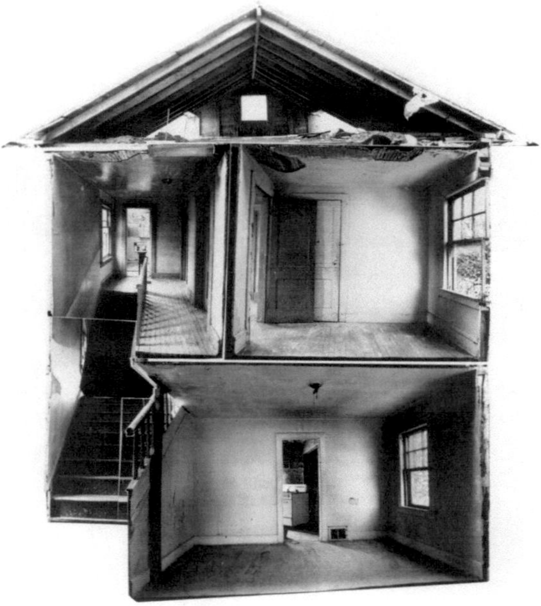

*Abb. 22: Gordon Matta-Clark, Splitting, 1974*

In der Einlage des Buches werden alle Eingriffe zusammengefasst und zusätzlich mit der Spaltung des Blicks verknüpft. Der Künstler wirft in dieser Photocollage einen Blick auf die Zusammensetzung des Gebäudes, wie sie nur beim Abbruch der einen Hälfte möglich ist.[36] Die nebeneinander liegenden Räume sind gleichzeitig sichtbar und öffnen sich wie eine Bühne zum Betrachter. (Abb. 22) Da sie aber nicht vom gleichen Standpunkt aus aufgenommen sind, driften sie auseinander. Zwischen die einzelnen Räume tritt eine Kluft, an der sich der Blick aufspaltet und in die einzelnen Räume ausbreitet. Die Zusammensetzung der Räume aus mehreren Photographien scheint zwar vom Erdgeschoss bis zum Dach aufzugehen, doch die unterschiedlichen Blickwinkel bilden ein wackliges Ganzes. Es entsteht eine Multifokalität, in der die geöffnete Haushälfte nunmehr fiktives Ganzes ist. Eine ähnliche Dynamisierung des Gebäudes und ein gleichzeitiges Aufbrechen der Perspektive

36 Die Bildunterschrift lautet dementsprechend „DEMOLISHED AND REMOVED SEPTEMBER 1974".

entstehen durch das Herausschneiden der Ecken direkt unter dem Dachansatz. Der Schnitt greift in die Statik ein und erzeugt eine Öffnung, die anders als gewöhnliche Fenster keinen gerichteten Blickpunkt bilden, sondern den Blick von einer Seite zur anderen streifen lassen. Mit den Einschnitten in die Architektur selbst und deren Photocollage bricht Matta-Clark die Ordnung der Zentralperspektive als Hinführung des Blicks auf einen Fluchtpunkt auf, indem er gleichzeitig mehrere divergente Blickrichtungen eröffnet.

## Raumöffnungen und -schichtungen: visuelle und physische Erfahrung

Die Filme von Matta-Clark dokumentieren anders als seine Photographien die Aktion in ihrem physischen Akt und erschließen die Gebäude und die Öffnungen über die Bewegung der Kamera. Die harte und gefährliche Arbeit, die hinter den photographischen Bildern steckt, wird im Film deutlich. Matta-Clark und seine Mitarbeiter hantieren mit Sägen, Brecheisen und anderen Werkzeugen in einer Schwindel erregenden Höhe, ohne dass sie irgendwie gesichert wären. Die Kamera nimmt die Entstehung der Einschnitte auf. Zwischendurch entfernt sie sich von den Aktionen und bewegt sich durch den Gebäudezusammenhang und nähert sich wieder von einer anderen Seite der entstehenden Öffnung an. Sie hält das Eindringen des Lichts durch den entstehenden Spalt fest und bleibt für einen Moment bei einer Ansicht stehen, die den Einschnitt besonders wirkungsvoll zeigt. Diese im Film für einen Moment lang aufblitzenden Ansichten sind auch aus den Photographien bekannt. Im Film kommen auf diese Weise gewöhnliche neben ästhetisch ausgewählten Ansichten zu stehen, was Christian Kravagna folgendermaßen beschreibt:

> While the work process itself is seldom even hinted at in the photographs, the film show the physical effort involved, the necessary technical arrangements, and the tools used. In the films mundane details of this kind can be followed by shots that underline the aesthetic qualities of the work, such as the light effects created by the cuts.[37]

Die Kameraführung nimmt zwar die Aktion und ihr Aufbrechen der Statik in den Blick, verdeutlicht aber auch gerade im Verhältnis von Bewegung und Innehalten die Hinführung auf die entscheidende Form des Einschnitts und der von Matta-Clark eröffneten Sehordnungen. Beim Innehalten formiert sich eine kristalline Ansicht, welche an die weiter vorne erwähnte Unterscheidung von Gehen und Sehen erinnert. Die Filme geben verschiedene Momente beim Durchschreiten des Gebäudes wieder: Momente, die sich eher über die Bewegung, und andere, die sich nur über den Blick erschließen lassen. Physische

37 Kravagna 2003, S. 143.

und visuelle Erfahrung lassen sich in den Filmen und in der Photographie auf unterschiedliche Weise nachvollziehen. Wie beim Führen einer Film-Kamera die Bewegung und das gelegentliche Einhalten und Betrachten des Einschnitts deutlich wird, können auch in einer Photographie – insbesondere in den Collagen – über die Bewegung des Auges und den Sprung von einem Bild zum anderen die physische Erfahrung, der Schwindel und die Gefahr imaginiert werden.

Das Durchtrennen von Wänden eines Raumes bzw. das Einschieben von durchlässigen Volumen über ganze Gebäude hinweg macht die bestehenden Räume mit ihren ursprünglichen Begrenzungen und in ihrem Zusammenhang sichtbar, lässt aber gleichzeitig auch den Blick darüber hinauswandern. In der Tat ist es eher der Blick, der sich durch die Gebäudeschichten bewegen kann, als der Körper selbst, der doch weiterhin an die Schwerkraft gebunden ist.

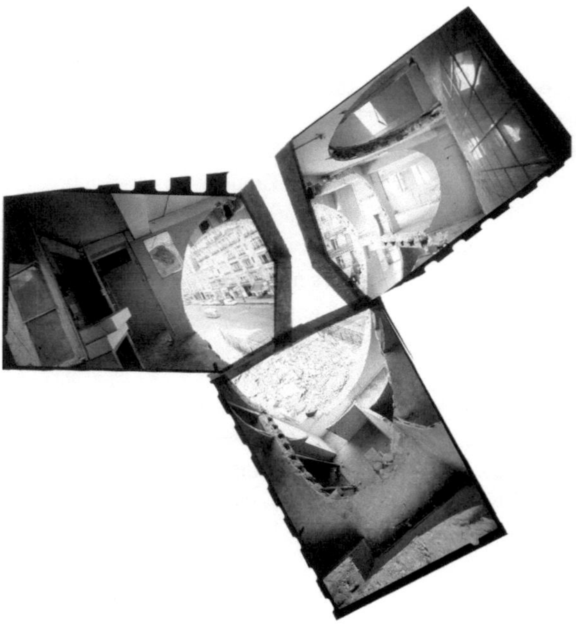

*Abb. 23: Gordon Matta-Clark, Conical Intersect, 1975*

Dass Gordon Matta-Clark sich gezielt mit Sehordnungen auseinandersetzt, zeigt neben der bereits besprochenen Collage auch der kegelförmige Aushub von *Conical Intersect* (1975) in zwei Wohnhäusern neben dem sich im Bau befindenden Centre Pompidou in Paris. Der Kegel, der an der Fassade als Kreisöffnung beginnt, sich nach innen schraubt und sich immer mehr verengt, bis die Spitze durch das Dach des zweiten Wohnhauses in den Himmel führt, nimmt die Idee einer Sehpyramide auf. (Abb. 23) Inspiriert von Anthony McCalls Arbeit *Line Describing a Cone* (1973), die mittels Videoprojektion das Phänomen der kegelförmigen Ausbreitung des Lichts thematisiert und mittels Dampf materialisiert, verleiht Matta-Clark dem unsichtbaren Volumen des Lichtkegels entlang des Schnittes durch die Gebäudestruktur – das Gebäude dient als Widerhall des Negativraumes – eine Sichtbarkeit.[38]

Der Blick wird durch die einzelnen Schichten in das Gebäude immer enger geführt und umgekehrt von innen durch die verschiedenen Raumschichten nach außen immer weiter gestreut. Die Bewegung des Blicks in die Tiefe wird von einem ausschweifenden Blick in die Räume der einzelnen Gebäudeschichten gekreuzt. Im Blick durch die Schichten verdichtet sich das ganze Gebäude wie in einer Ansammlung von Bildern. „Viewed from the top floor down through the fragments of once – conventional appartement or office space", so Corinne Diserens, „the structure possessed a sort of reflective quality, resembling a surface – as though it were just an accumulation of images (of the spaces below)."[39]

Das Ineinanderfügen von Ansichten durch das Durchbrechen der Wände und das Öffnen von Blickachsen wird in der Photocollage zu *Conical Intersect* nochmals deutlich: Die Perspektiven der drei zusammengefügten Photographien driften leicht auseinander. Die Photographien falten den Raum auf, indem sie verschiedene Ansichten gleichzeitig nebeneinanderstellen: die Ansicht nach unten, die Ansicht nach links und nach rechts fügen sich in einem Bild zusammen. Die eingeschnittenen Volumen erweitern nicht nur die Blickmöglichkeiten, sondern öffnen auch die den Gebäuden inhärenten gesellschaftlichen, kulturellen und historischen Grenzen. Der Durchblick ändert die Beziehung zwischen Innen- und Außenraum sowie von öffentlichem und privatem Raum und durchbricht verschiedene Materialschichten, die teilweise historische Züge annehmen.

## Anna Viebrocks offene und geschlossene Räume

Die Bühnenbildnerin Anna Viebrock arbeitet seit 1991 mit dem Regisseur Christoph Marthaler zusammen. Während der Zeit am Schauspielhaus Zürich hat sie auch Bühnenräume für die Choreographien *Alibi* (2001) und *Visitors Only* (2003) von Meg Stuart entworfen. Wie die Bühnenbildnerin durch ihre offenen/geschlossenen Räume zur Entstehung von Bildlichkeit beiträgt und welche Rolle dabei Vorbilder spielen – in *Visitors Only* beispielsweise die Arbeit von Gordon Matta-Clark –, wird im Folgenden analysiert.

38 Vgl. auch Pamela M. Lee: *Object to Be Destroyed: The Work of Gordon Matta-Clark*, Cambridge: MIT Press 2000, S. 176.

39 Corinne Diserens: „Preface", in: Dies. 2003, S. 6.

Die Bühnenräume von Anna Viebrock sind meistens geschlossene Innenräume, die sich zum Zuschauerraum öffnen. Die Bühnenbildnerin wählt Innenräume wie Wartehallen oder Kneipen, in denen die Performer sich für einen Augenblick oder für eine Zeitspanne zusammenfinden. Sie verleiht den Räumen und ihrer „geschlossenen Gesellschaft" eine zeitliche Dimension, da der Raum selbst sich nicht verändert, wohl aber die Performance im Raum jeweils neue Blicke freisetzt. Die Räume sind offen und geschlossen auch in einem übertragenen Sinn, weil sie ganz konkret auf einen Raum verweisen, dessen Funktionen bekannt, jedoch gleichzeitig vieldeutig sind. Hier ist der Bezug zu den Arbeiten von Matta-Clark offensichtlich, da beide auf unterschiedliche Weise mit der Öffnung von Räumen spielen: als Einblick in und Anblick auf den Raum und als Öffnung auf eine gesellschaftliche, historische Dimension. Dadurch entstehen zwei Arten von Bildlichkeit, die eng miteinander verknüpft sind: Die eine wird bestimmt durch die räumliche Disposition und die andere durch eine Öffnung zum Imaginären hin.

Die Bühnenräume von Viebrock sind meist große Hallen, in denen die Performer beinahe verschwinden. Die Performer werden aber am Rand gehalten – teilweise von speziellen Sitzvorrichtungen oder von der rundum laufenden Brüstung eines Schiffsinnenraumes wie in der Inszenierung von Shakespeares *Was ihr wollt*[40] oder von kleinen Einbauten wie in *Hotel Angst*[41]. Auch in *Alibi* (vgl. Abb. 33) werden alle Performer von einer Halle gefasst, deren grüne Umrandung einen Ort markiert und den Bühnenraum vom Zuschauerraum abgrenzt. Die Performer bleiben wie auch in den meisten Marthaler/Viebrock-Inszenierungen während der ganzen Aufführung immer auf der Bühne, können aber ihren Platz und ihre Präsenz ändern. Sie können sich auf der rechten Seite im Glashaus, auf dem Sofa hinten an der Wand oder an den zwei Tischen auf der linken Seite niederlassen, von dort den anderen Performern zuschauen oder selbst ins Blickfeld geraten. Alle sind in einem großen Raum versammelt, gleichsam vereinzelt, und doch werden sie während des Verlaufs mit unterschiedlicher Aufmerksamkeit bedacht. Die Einbauten oder die Gruppierungen weisen den Performern ihren Platz zu. Durch ihre Bindung an einen solchen Ort innerhalb der großen Halle entsteht ein Fokus auf die Details, die sowohl von Stuart als auch von Marthaler in der Hervorhebung der Eigenschaften eines jeden Performers bewusst gefördert werden. Auf diese Weise öffnen sich im Innenraum einzelne Nischen, die durch die Lenkung der Aufmerksamkeit – sei es durch die Lichtführung oder die Aktion der Performer oder durch das Zuschauen anderer Performer – unterschiedlich in den Blick

40 Christoph Marthalers Inszenierung von *Was ihr wollt* wurde 2001 im Schauspielhaus Zürich, im Pfauen, uraufgeführt.

41 Mit *Hotel Angst*, ebenfalls einer Inszenierung von Christoph Marthaler, wurde die Schiffbauhalle, ein Ableger vom Schauspielhaus Zürich, im Herbst 2000 eröffnet.

gerückt werden. In *Alibi* und in *Visitors Only* werden durch die Unterteilung der Räume und ihre Ausrichtung auf den Betrachter während der Choreographie immer wieder neue Ansichten erzeugt, ohne dass die Räume verändert würden.[42]

Um das Gebäudefragment in *Visitors Only* (vgl. Abb. 37 und 38), das nach hinten durch Fenster und auf der linken Seite durch Türen mit Briefkastenschlitzen abgeschlossen ist, zu öffnen, hat Viebrock die Idee der Wanddurchbrüche von Matta-Clark aufgenommen. Die Wände der in einem Achsenkreuz angeordneten Räume sind in der Mitte durch fensterartige Öffnungen aufgebrochen. Das Verbinden von vier Räumen mittels Durchbrüchen erinnert an Matta-Clarks Arbeit *Four-Way Wall* aus der Serie der *Bronx Floors* von 1973. (Abb. 24) Mit solchen rechteckigen Einschnitten in Wand und Boden startete der Künstler in einem leerstehenden Wohnblock im New Yorker Stadtteil Bronx sein Projekt. Er suchte so, die Wände von benachbarten Zimmern oder Wohnungen und ihre Struktur oder ihre private Abgeschiedenheit zu öffnen.

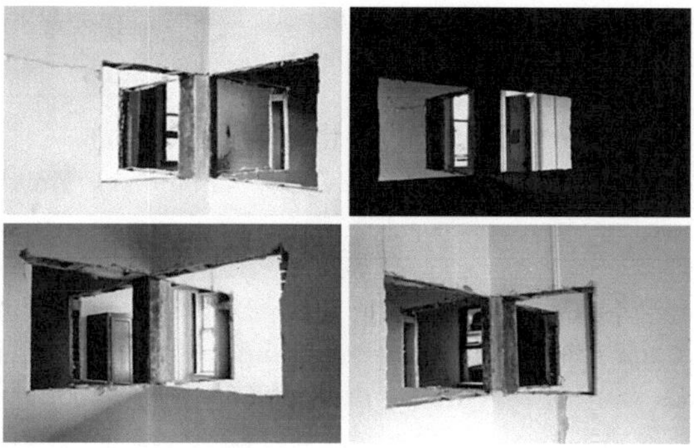

*Abb. 24: Gordon Matta-Clark, Bronx Floors, 1973*

Viebrock vergrößerte die Durchbrüche und nahm die mittlere Stütze heraus, so dass die hinteren Räume besser einzusehen sind. Anders als in Matta-Clarks Photographien, in denen die diagonale Sicht auf die Öffnung eine Dynamik hervorruft, hat Viebrock die Räume zum Publikum hin ausgerichtet. Zudem hat sie das Achsenkreuz auf zwei Stockwerke verdoppelt, um so Relationen zwischen oben und unten, vorne und hinten sowie zwischen rechts und links zu erzeugen. Die Öffnungen, die bestimmte Blickachsen hervorrufen, und ihre Symmetrien und Asymmetrien sind an der Entstehung von Bildlichkeit beteiligt, was ich weiter hinten ausführen werde.

42 Auch das erinnert an die vorher beschriebenen Öffnungen in der Arbeit Matta-Clarks, die den Blick durch das Gebäude lenken. Die Gebäude öffnen sich wie eine Bühne, auf der teilweise auch kleine Performances aufgeführt wurden, so z. B. in der Arbeit *Circus-Caribbean Orange* von 1978 in Chicago.

Eine andere Art von Öffnung in den Bühnenbildern von Viebrock ist verbunden mit ihrem Bezug zu existierenden Räumen und der Verschiebung, die sie an den Vorbildern vornehmen. Viebrock versucht, wie sie in einem Interview erläutert,

> die Orte, die man vielleicht in der Realität finden könnte, in das Theater zu bauen [...], die oberflächlich so aussehen wie z. B. Orte wie der Badische Bahnhof in Basel und die trotzdem konstruiert sind, weil sie mehrere Orte in einen schachteln und unrealistische Proportionen haben. Das hat mit einer gewissen Antihaltung zur Kulisse und zum Dekor zu tun, weil ich gar nicht unbedingt Theaterräume herstellen will, sondern erfundene gefundene Räume.[43]

Um Orte aus der Realität ins Theater zu versetzen, recherchiert die Bühnenbildnerin unter ihren eigenen Photographien oder in Büchern, um einen angemessenen Raum zu finden. Von den Türgriffen bis zum Leuchter oder zur Tapete setzt sie alles detailgetreu um, lässt aber durch kleine Verschiebungen in der Proportion oder der Dinge zueinander Räume entstehen, die real und doch irgendwie fremd wirken. „Man glaubt zu wissen, wo man ist, und man weiß es doch nicht. Täuschungen durch Perspektiven, Proportionen und Verwandlungen, durch die Realität konkreter Objekte, die aber im falschen Zusammenhang sind, das hat“, so Stefanie Carp, die Dramaturgin von Marthaler, „Anna Viebrock immer interessiert.“[44]

Auf diese Art und Weise nimmt sie die Photographien der *Bronx Floors*-Serie von Matta-Clark auf. Da der Künstler selbst von bestehenden Gebäuden ausgeht und durch seine Eingriffe soziale und historische Komponenten der Raumstrukturen und der Materialien der Gebäude hervorhebt, findet die Bühnenbildnerin dort Anleihen für ihre realen Räume auf der Bühne. Auch hier übernimmt sie sämtliche Details von den Türgriffen, über die Türen und Fenster bis hin zum Aufbau der Wände. An den Durchbrüchen wird, wie in Matta-Clarks *Threshole* (Abb. 25), der weiß verputzte Lattenrost sichtbar. Diese realistischen Elemente vermitteln den Eindruck, dass es sich um ein ganz gewöhnliches amerikanisches Wohnhaus aus den Anfängen des 20. Jahrhunderts handelt. Die Öffnungen sowie die abgeschnittenen und heraus getrennten Wände geben, ähnlich wie in der Arbeit des Künstlers, einen Blick auf die Realität frei und verfremden diese zugleich. Im Theaterkontext wird sofort nach einem möglichen Bezug, einer möglichen Geschichte dieser Räume gefragt. Die Abbruchsituation erinnert an leerstehende, zerfallende Häuser, an

---

43 Anna Viebrock, Bettina Masuch: „Damit die Zeit nicht stehen bleibt. Anna Viebrock im Interview mit Bettina Masuch“, in: Bettina Masuch (Hg.), *Anna Viebrock Bühnen/Räume. Damit die Zeit nicht stehenbleibt*, Berlin: Theater der Zeit 2000, o. S.

44 Stefanie Carp: „Geträumte Realräume“, in: Masuch 2000, o. S.

verlassene Räume, die im Laufe der Performance wieder neu besetzt werden. Durch gewisse Szenen erhält das Gebäudefragment auch den Beigeschmack eines Geisterhauses. Die surreale und geisterhafte Stimmung wird zusätzlich durch das untere Stockwerk provoziert, das unterhalb der Türgriffe und Fensteröffnungen, die sich auf der Bodenhöhe der Bühne befinden, abgeschnitten ist. Dadurch wird die Beziehung der Tänzer zum Raum gestört: Durch die Durchbrüche werden nur ihre Beine sichtbar, und zum Öffnen der Türen müssen sie sich zu den Türgriffen hinunterbücken.

In entfernter Weise nimmt die Raum-Tänzer-Relation die Geschichte der Alice im Wunderland[45] auf, die durch einen Zaubertrank entweder zu groß oder zu klein ist, um durch die Türe in den Garten zu gelangen. Da sich die Choreographie mit verschiedenen virtuellen Realitäten – Traum, Hypnose, Besessenheit – auseinandersetzte, bildete die Geschichte von Alice einen wichtigen Ausgangspunkt für die Improvisation in der Probenphase. Die einzelnen Situationen aus der Geschichte lassen sich in der Aufführung aber nicht mehr direkt ablesen.

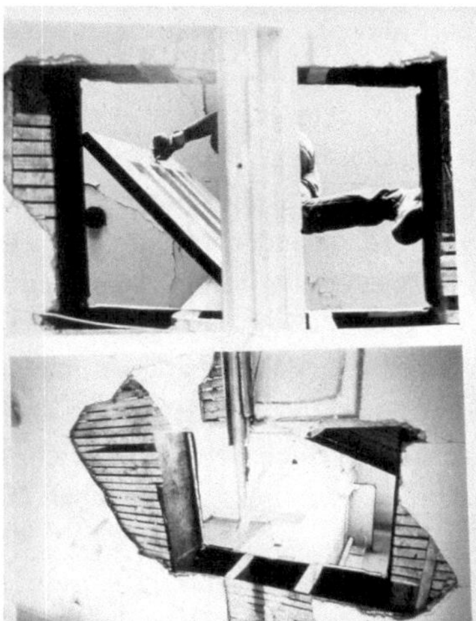

*Abb. 25: Gordon Matta-Clark, Bronx Floors, 1972*

Aber auch damit ist die Frage nach dem Gebäudefragment nicht geklärt. Was ist das für ein Haus? Die leeren Räume, die bis auf einen Stuhl wie bei Matta-Clark ganz ausgeräumt sind und so keinen Hinweis auf ihren vorherigen Gebrauch geben, außer dass sie allgemein Verschleißspuren aufzeigen, lassen sich nicht zuordnen. Das Gebäudefragment ist einer der „geträumte(n) Real-

45 Lewis Carroll: *Alice's Adventures in Wonderland*, Oxford 1865.

räume“[46], wie Stefanie Carp die Bühnenräume von Anna Viebrock nennt. Die Abweichungen und Widersprüche, die in der Zusammensetzung der Details aufbrechen, öffnen den einen realen Ort auf mehrere Potentialitäten hin. Der Bühnenraum ist zum einen ganz konkret dieser reale Ort und beinhaltet zum anderen viele reale Orte zugleich, die durch die Performer und deren Handlung nach und nach hervorbrechen. Gleichzeitig stellt sich auch die Frage, wer die Performer in diesem Gebäudefragment sind? Hausbesetzer, ehemalige Bewohner, Geister oder einfach nur Besucher – „Visitors Only“?

## Dynamisierung des Raumes durch Bewegung

Die Bewegung der Performer nimmt in der Choreographie *Visitors Only* die räumliche Ordnung der Bühnenarchitektur auf: Einerseits werden durch parallele Handlungen der Tänzer in gegenüberliegenden Räumen Symmetrien aufgerufen und andererseits in der Bewegung durch die einzelnen Räume von Tür zu Tür das räumlich angelegte Drehmoment unterstützt oder gar gesteigert. In der Beziehung der Tänzer zu den Räumen und zu sich selbst werden durch bestimmte Konstellationen Momente von Bildlichkeit ausgelöst, die aber gleichsam in der fortlaufenden Bewegung der Tänzer wieder aufgehoben werden.

Ich werde mich nun vor allem auf den Mittelteil von *Visitors Only* konzentrieren, in dem sich die Tänzer im bereits beschriebenen Gebäudefragment von Raum zu Raum bewegen. Die Szene lässt sich kaum in ihren Einzelheiten beschreiben, da sehr viele voneinander unabhängige Details gleichzeitig aus den mehr oder weniger abgetrennten Räumen auf den Betrachter einwirken. Diese Details – seien sie sprachlicher, gestischer oder kinetischer Art – werden in der Wahrnehmung miteinander verknüpft. Ich werde deshalb weniger die Details als die Verknüpfungsmöglichkeiten und ihre räumlichen und zeitlichen Zusammenhänge in den Blick nehmen: Gleichzeitigkeiten, Aufeinanderfolgen und Raumrelationen wie links rechts, oben unten, vorne hinten sowie über die Diagonalen.

### Symmetrien und Asymmetrien

Die vordergründigen Symmetrien des Gebäudefragmentes rufen in der Choreographie *Visitors Only* immer wieder Gegenüberstellungen, insbesondere von Spiegelungen[47] und Parallelaktionen zwischen Rechts und Links sowie zwischen Oben und Unten hervor. Dazu ein Beispiel:

---

46 Stefanie Carp: „Geträumte Realräume. Die Bühnenbildnerin Anna Viebrock“, in: Pfüller u. Ruckhäberle 1998, S. 118-127.

47 Neben der hier beschriebenen Szene greifen auch andere in *Visitors Only* das Thema der Spiegelung auf: Weiter vorne in der Choreographie treten beispiels-

Zwei Performer stehen sich in den oberen hinteren beiden Räumen gegenüber. Sie tragen beide kurze Hosen (der eine weiß, der andere rosa), Hemd, Jackett und Krawatte. Wie durch einen Bilderrahmen begrenzt, sehen wir in den Öffnungen jeweils einen Oberkörper der beiden Tänzer. Sie blicken sich durch die Öffnung in der Querwand an und ahmen sich gegenseitig nach. An der Krawatte ziehen sie ihren eigenen Oberkörper nach links und rechts, zwischen Vorbild und Spiegelbild, zwischen Angabe und Annahme wechselnd, als würden sie einen Ball hin und her spielen. Dabei ist nicht immer auszumachen, wer wen spiegelt. Die Spiegelung wird zusätzlich durch die Rahmung der nebeneinander liegenden Durchbrüche unterstützt. Im ersten Moment ist dem Betrachter nicht klar, ob es sich beim Doppel (der Performer) um eine Videoprojektion oder eine Spiegelung eines einzigen Tänzers handelt. Das Spiegeln wird nach und nach aufgelöst und geht über in ein Anziehen und Abstoßen. Die beiden Performer verschieben ihre Spiegelachse und stoßen sich gegenseitig mit gleich bleibendem Abstand durch das obere Stockwerk. Sie schieben sich aus dem Rahmen heraus, so dass mal der eine und mal der andere hinter der Wand verschwindet, sie tauschen ihre Seiten und treiben sich an den Rändern der Bühne entlang. (Abb. 26)

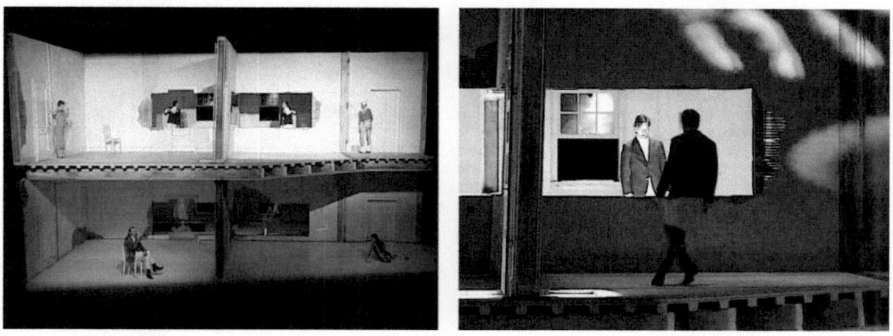

*Abb. 26: Meg Stuart, Visitors Only, 2003*

Durch das gegenseitige Spiegeln werden die Performer in ein Kräfteverhältnis eingebunden, das sie auf Distanz hält, sie aber gleichzeitig aufeinander bezieht. Der Blick des Betrachters bewegt sich zwischen den Performern hin und her, nimmt wechselweise den einen und dann den anderen wahr, während die beiden sich gleichzeitig gegenüberstehen und anblicken. „Die Körper der Tänzer und die Körper der Zuschauer sind“, wie Gerald Siegmund treffend schreibt, „über Blicke verbunden. Blickkonstellationen werden inszeniert, in

weise in den hinteren beiden Öffnungen zwei Tänzerinnen mit nacktem Oberkörper auf, die beide rote Perücken tragen und sich dadurch ähnlich machen. Sie locken sich gegenseitig mit dem Zeigefinger an und spielen so mit ihrem Gegenüber und ihrer sich zugewandten Geste.

die Meg Stuart ihre Körper bewusst hineinplatziert."[48] Diese Blickkonstellationen, die überhaupt erst durch Distanz möglich sind, rufen durch die Platzierung auf der Bühne und durch die Verschiebung in der Bewegung Raum-Zeit-Relationen hervor. Über die Distanz werden nicht nur Blicke gewechselt, sondern auch Impulse, was durch die aufeinander Bezug nehmenden Bewegungen in der Spiegelszene deutlich wurde.

Durch die Bewegung an den Rändern entlang werden Unebenheiten und offene Stellen, wie der Abbruch am vorderen Bühnenabschluss oder das Loch unter der Tür, deutlich. Die Bewegung nimmt die Raumstruktur auf, driftet aber gleichzeitig an ihr vorbei und darüber hinaus. Dadurch wird die Dynamik der Gebäudestruktur intensiviert. Die Verschiebung der Körper aus ihren Rahmen erzeugt eine Bewegung, die an der vermeintlich feststehenden Ordnung der Bühnenarchitektur ansetzt und die inhärenten Asymmetrien hervorhebt. Zwischen den Tänzern und dem Raum entsteht ein Kräftefeld, das sich zwischen Angleichung und Abweichung bewegt. Die Verschiebungen und Differenzen werden aber insbesondere durch die fortwährende Orientierung von Raum und Performance an der Mittelachse der Bühne sichtbar: „Asymmetrie, die nicht hinter Symmetrieerwartungen zurückfällt, läßt sich nur denken, als Sprengung und Störung des Gleichmaßes, als ein Mehr, das im Verhältnis zum Anderen auftaucht, aller Vergleichbarkeit und Gleichstellung zum Trotz. Es geht also um eine Spannung zwischen Symmetrie und Asymmetrie."[49] Waldenfels erläutert das Verhältnis von Symmetrie und Asymmetrie für den Dialog zwischen zwei Personen. Es gibt darin jeweils ein Gefälle zwischen dem Sprechenden und dem Zuhörenden, und in ähnlicher Weise ereignet sich das auch zwischen den sich spiegelnden Performern: Mit jedem Schritt steht das Gleichgewicht zwischen den sich Gegenüberstehenden und ihre Beziehung zur Architektur auf dem Spiel. In diesem Gefälle zwischen Angleichen und Abstoßen, zwischen Aufnehmen der Raumstruktur und dem Darüber-Hinausbewegen entsteht momentan eine ikonische Differenz. Mit ihrer Position nehmen die Performer auf die Rahmung des Gebäudefragments Bezug, sie treten in ein Beziehungsverhältnis. Die Architektur bildet sozusagen eine Referenz, an der und zu der sich die Bewegung immer wieder neu verhält. In ihrer Verschiebung aus der Symmetrie des Gebäudes wird die Ordnung in Bewegung versetzt, die Spiegelachse verschoben und eine Drehung des Hauses impliziert. Die beinahe frontale Ansicht geht in ein Drehmoment über, das die Dynamik des durchbrochenen Gebäudes steigert.

48 Gerald Siegmund: *Abwesenheit. Eine performative Ästhetik des Tanzes. William Forsythe, Jérôme Bel, Xavier Le Roy, Meg Stuart*, Bielefeld: transcript 2006, S. 419.

49 Bernhard Waldenfels: *Bruchlinien der Erfahrung. Phänomenologie, Psychoanalyse, Phänomenotechnik*, Frankfurt a. M.: Suhrkamp 2002, S. 223.

## Öffnen, Schließen, Drehen

Das bereits von der Bewegung der beiden Performer ausgelöste Drehmoment wird durch die etwas später einsetzende Bewegung der Tänzerin Vania Rovisco durch den unteren Stock gesteigert. Sie bewegt sich in gleicher Richtung um die imaginative Rotationsachse der Bühnenarchitektur. Dabei öffnet sie eine Tür, schließt sie wieder hinter sich und wird von einer unsichtbaren Kraft rücklings auf den Boden geworfen. Dann geht sie von Raum zu Raum und kehrt wieder zurück an ihren Ausgangspunkt. Beim Durchlaufen der Räume bleibt die Tänzerin stehen, blickt um sich und wird dann wieder von einem Raum angezogen. Durch die Anziehungskraft der einzelnen Räume scheint die Tänzerin fortgedrängt oder zurückgehalten zu werden. Im Öffnen und Schließen der Türen werden die Übergänge von einem Raum zum anderen sichtbar gemacht, nicht nur als ein Überwinden der Schwelle, sondern auch in einer damit verbundenen Transformation der Tänzer.

Beim Eintreten oder Verlassen eines Raumes können die Performer, wie hier Vania Rovisco, ohne weiteren Grund in einen anderen Gemütszustand fallen, als würden sie von einer Energie erfasst, die der Raum zu speichern scheint. Der Ort wird zum Träger von inneren Zuständen, die wiederum erst über die Erregung der Performer sichtbar werden. Es findet ein Energieaustausch zwischen Tänzerin und Raum oder umgekehrt statt.[50]

Mit der visuellen Zäsur des Übergangs von einem Raum in den anderen wird in *Visitors Only* oft nicht nur ein neuer Abschnitt in der Bewegung des einzelnen Tänzers eingeleitet, sondern meist gekoppelt mit anderen Wendungen im Haus. Während Vania Rovisco aus dem Raum vorne links tritt und gerade die Tür in der Mitte hinter sich schließt, öffnet eine andere Tänzerin diagonal versetzt die Tür rechts hinten, wie wenn sie von dem entstehenden Vakuum angezogen würde. Durch den Sog, der bereits aus der Spiegelszene bekannt ist, wird die Bewegung der Tänzer von Raum zu Raum gedehnt oder gerafft und so eine zeitliche Dimension eröffnet. Die Spannung zwischen Raum und Tänzerin bzw. zwischen zwei Tänzern wird von der an- und abschwellenden Musik unterstützt. Die Gitarre von Paul Lemp bleibt teilweise auf einem Ton stehen, setzt diesen immer wieder von neuem an – mal langsamer, mal schneller werdend – oder drängt in einer Tonfolge fort. Dazwischen setzt das Cello von Bo Wiget ein, teilweise den fortwährenden Gitarrensound unterbrechend. Die Übergänge in der Musik untermalen das Herausdrängen oder das Zurückziehen der Tänzer in einen Raum oder steigern durch ihre inhärente Reibung die Dynamik der Tänzer.

50 Der Raum als Energie- und Gedächtnisspeicher, wie er bereits in der Antike thematisiert wurde, drängt sich hier auf, würde die Untersuchung aber nochmals in eine andere Richtung führen.

Das Wechselspiel zwischen verschiedenen „Energiefeldern“ im Haus und der Dynamik der Tänzer wird visuell, akustisch und körperlich erfahrbar. In der Spannung zwischen Anhalten und Fortdrängen sowie zwischen parallellaufenden Bewegungsmomenten entsteht wie bei den zwei sich spiegelnden Tänzern ein Kräfteverhältnis, das über die Beziehung zur Architektur visuell erfahrbar wird. Innerhalb der Dynamik entstehen in ausgeprägten Momenten, wie beim Übergang von einem Raum zum anderen, Bildpunkte, die aber durch die Fortbewegung immer aufgelöst und transformiert werden.

## Bewegung an den Rändern und über diese hinaus

Ähnlich wie die beiden Performer in der Spiegelszene sich gegenseitig an den Rand treiben, macht die Tänzerin Vania Rovisco unerwartet einen Schritt aus dem in die Bühne hineingestellten Gebäudefragment heraus. Sie tritt über die Schwelle des Bühnenraumes und gelangt so in einen undefinierten Raum zwischen Bühne, Orchestergraben und Publikum. Mit dem Einknicken ihrer Beine und ihrem Blick zurück zur Bühne wird der Akt des Übertretens bewusst und gleichsam durch die Wendung im Körper markiert. Mit dem Blick zurück vollzieht sie gleichsam auch eine Rückschau auf ihre vorherige Position und damit auch auf das, was an ihr und mit ihr geschehen ist. Es ist ein Blick von außen, der vergleichbar mit dem der Zuschauer ist.

Die selbe Tänzerin wird sich ein zweites Mal gegen Ende der Szene, in der sich alle Tänzer durch das Gebäudefragment bewegen, an den oberen Bühnenabschluss begeben: Während das „Haus“ sich allmählich leert, bleibt sie im oberen Stockwerk zurück und lehnt sich, auf die Arme gestützt, über den Rand der Bühne. Sie befindet sich an der Abbruchkante und betont diese zusätzlich durch ihr Hängen und die dadurch implizierte Gefahr. Genau an diesem oberen Bühnenrand werden sich in der letzten Szene von *Visitors Only* alle Performer niederlassen. Ebenfalls ihre Beine über den Abgrund hängend, trinken sie eine Tasse Tee. Durch die Konzentration der Tänzer am Rand der Bühne, dort wo das Gebäudefragment abgebrochen ist, wird der Bühne ein optisches Gewicht verliehen, das den Eindruck erweckt, als drohe sie mit den Tänzern nach vorne umzukippen. Das Kippmoment verweist aber auch auf die offene Situation am Schluss der Choreographie, die in der Schwebe lässt, was mit dem Gebäude und ihren Bewohnern passiert.

Die Bewegung an den Rändern und deren Überschreiten betonen das abgebrochene Hausfragment und die offenen Stellen. Die Fragilität wird somit durch die Bewegung der Tänzer körperlich und visuell erfahrbar und die Dynamik, welche dem Gebäudefragment durch die offenen Stellen zugefügt wird, gesteigert.

## Innere Spaltung der Performer

Bislang wurde anhand der Choreographie *Visitors Only* das Spannungsfeld zwischen zwei Performern sowie zwischen Performer und Raum untersucht. Die Reibungen, die zwischen zwei Tänzern in voneinander getrennten Räumen stattfinden, können in der choreographischen Arbeit von Meg Stuart auch in einer einzigen Tänzerin oder einem einzigen Tänzer ausgetragen werden. In einem Nacheinander können die Tänzer bei der Bewegung von Raum zu Raum in einen jeweils neuen Zustand versetzt werden. Sie können aber auch gleichzeitig von verschiedenen sich widerstrebenden Emotionen gesteuert werden, was eine innere Spaltung des Tänzers oder der Tänzerin hervorruft.

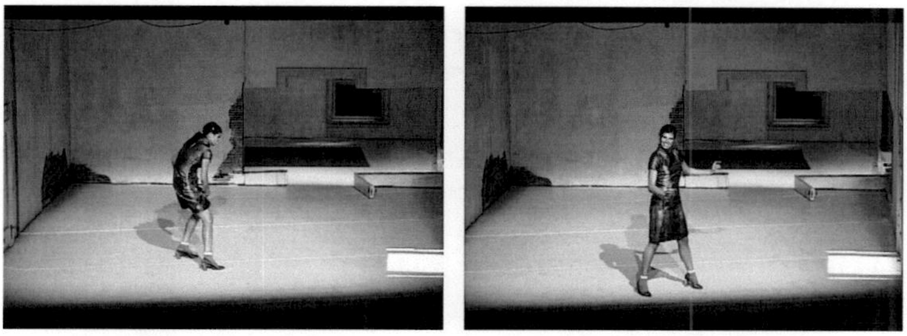

*Abb. 27: Meg Stuart, Visitors Only, 2003*

Am Beispiel der vorher diskutierten Szene mit der Tänzerin Vania Rovisco wird neben der Bewegung und Transformation von Raum zu Raum durch das untere Stockwerk auch die gleichzeitige Wirkung unterschiedlicher Kräfte deutlich. Als ob die Tänzerin beim Eintreten in den vorderen Raum von einer unsichtbaren Kraft bewegt wird, knickt sie – scheinbar unkontrolliert und doch körperlich gefangen – an den Füßen und Beinen ein, um sich dann nach oben zu stemmen und ihren Oberkörper aufzurichten. (Abb. 27) Mit ihrer von innen nach außen gerichteten Bewegung versucht sie etwas loszuwerden. Ein bedrohliches Krächzen bricht hervor, bringt zuerst nur einzelne Laute heraus, bis ganze Sätze herausgewürgt werden: „Welcome, good evening Ladies and Gentlemen, hope everybody is fine, comfortable?“ Die Stimme pendelt zwischen hoher und tiefer Stimmlage und überschlägt sich selbst immer wieder. Die gestammelten Worte, die freundlich das Publikum begrüßen und nach dessen Befindlichkeit befragen, passen nicht zur Stimme. Es entsteht eine merkwürdige Differenz zwischen dem, was sie sagt, und dem, wie sie agiert. Gleichzeitig wenden sich die Worte nicht nur ans Publikum, sondern ihre Fragen betreffen sie selbst. Die Selbstreflexion im Gesagten wird unterstützt durch Momente des Innehaltens und durch die Gestik der Hände, die ins Publikum und wieder zurück weisen.

Die Erregung treibt die Tänzer in den Choreographien von Meg Stuart in ein „Außer-sich-Sein", aus dem heraus sie einen Blick auf sich selbst als ein fremdes Gegenüber werfen können. Dieser Vorgang wird in der besagten Szene dadurch gesteigert, dass die Tänzerin Vania Rovisco von der Bühne heruntertritt – gleichsam den Rahmen des Theaters durchbricht – und sich dieser von außen wieder zuwendet, als blicke sie auf ihre vorherige Situation zurück. Neben der räumlichen vollzieht der Blick zurück auch eine zeitliche Verschiebung. Die einzelnen Motive stehen in einem sowohl räumlichen als auch zeitlichen Beziehungsgefüge, das nicht unbedingt linear verläuft. Vielmehr werden Raum und Zeit durch die Gleichzeitigkeit von verschiedenen Räumen und Handlungen ineinander geschichtet.

Die aufgebrochenen Differenzen lösen ähnlich wie in den Beziehungen zwischen den Performern oder zwischen Performer und Raum eine Spannung aus. Hier stehen sich nicht zwei Tänzer gegenüber, sondern sich widersprechende Körperbilder, die sich nicht zur Deckung bringen lassen und vielmehr ihren Abstand bewahren. Das Dazwischen, beispielsweise den „Abstand zwischen Blick und Hand", beschreibt Gerald Siegmund als „Spalt zwischen Subjekt und Objekt, den zwei Blattseiten des Körpers als sich wahrnehmendes Subjekt und als Objekt in der Welt".[51] Anders als im klassischen Theater, wo zwischen der Rolle, die ein Schauspieler zu übernehmen hatte, und der Person des Schauspielers unterschieden wurde, wird hier die körperliche Einheit der Tänzerin innerhalb der Performance aufgebrochen. Die Spaltung kann sich zwischen verschiedenen Körperteilen, ihren jeweiligen Ausdrucksmöglichkeiten, zwischen innerer Erregung und äußerer Erscheinung ereignen. Die verschiedenen Elemente scheinen nicht der gleichen Person zu gehören, weshalb sie sich auch gegenseitig kommentieren können. Die Gleichzeitigkeit von jeweils unabhängigen Elementen macht solche Korrespondenzen möglich und bewirkt ein Gegenüber von Blickkonstellationen, indem sich die Tänzer selbst wie von außen zu betrachten scheinen. Die Dissoziation der Performer – herrührend aus dem Ortswechsel sowie aus unzusammenpassenden Emotionen – provoziert eine ständige Neuordnung des Körperbildes.

Die Trennung zwischen Geste und Stimme, zwischen körperlichem und sprachlichem Ausdruck führen zu bislang undenkbaren Verbindungen. Es entstehen heterotope, wandelbare Körperbilder.[52] Die Transformation der Körper und ihre partiellen Auswüchse werden in *Visitors Only* durch das Wechseln von Kostümen und durch die Dislokation der Tänzer gesteigert und äußerlich

51 Siegmund 2006, S. 410.

52 Vgl. Gabriele Brandstetter: „Figur und Placement. Körperdramaturgie im zeitgenössischen Tanztheater am Beispiel von Merce Cunningham und Meg Stuart", in: Hermann Danuser (Hg.), *Musiktheater heute. Internationales Symposium der Paul Sacher Stiftung Basel 2001*, Mainz/London/Madrid u. a.: Schott 2003, S. 322-324.

sichtbar gemacht. Die inhärenten Differenzen der Tänzerin führen zu einem sich ständig wandelnden Zustand, der je nach Gewichtung von Stimme, Bewegung und Kostüm eine neue Wendung nehmen kann. Durch die Gleichzeitigkeit von sich widersprechenden Elementen entstehen während der Performance und in der Wahrnehmung des Betrachters Verschiebungen. Der Übergang von einem Zustand in einen anderen ist ein entscheidendes Merkmal von Stuarts Arbeit. Sie bezeichnet diese Wandelbarkeit mit einem Begriff, den sie einem bildgebenden Verfahren aus der Computersprache entlehnt, dem *morphing*. Der Begriff bezeichnet die Möglichkeit, ein Bild fließend in ein anderes übergehen zu lassen.[53] Mit der Veränderung auch nur eines der beteiligten Elemente wie der Stimme, der Bewegung oder des Kostüms entsteht eine Neuordnung, die beim Zuschauer jeweils bildartige Verdichtungen hervorruft, die aber immer wieder überlagert und neu geschichtet werden.[54]

Das Prinzip der Spaltung in den Choreographien von Meg Stuart und das dadurch eröffnete Potential der Transformation möchte ich in Beziehung zur Arbeit von Anna Viebrock und der von Gordon Matta-Clark stellen. Die multiplen Identitäten, die als Möglichkeit in einem Performer angelegt sind, lassen sich in ihrer Potentialität mit den vieldeutigen Orten der Bühnenbilder Viebrocks vergleichen. Ähnlich wie Viebrock vorgefundene Räume verwendet, bedient sich Stuart bekannter Bewegungen aus dem Alltag und treibt ihre Tänzer durch unpassende Kombinationen von Stimme, Bewegung und Kostüm zu unvorhergesehenen Verdichtungen. Durch die inhärenten Differenzen wird ein geschlossenes System aufgebrochen und auf multiple Sichtweisen hin geöffnet. Das Prinzip des Zerlegens und Neuordnens kann auch mit den Gebäudedurchbrüchen Matta-Clarks verglichen werden. Seine Öffnungen durchbrechen ein bestehendes Raumgefüge und stellen so neue Verbindungsmöglich-

53 Dieses Verfahren wurde vom Videokünstler Chris Kondek in Stuarts Choreographie *Replacement* (2004) direkt angewendet, um Photographien der Tänzer mit anderen zu überlagern, ihre Gesichter so zu transformieren, bis sie wie durch eine Krankheit verstümmelt, ja beinahe nicht wieder zu erkennen waren.

54 Vgl. Gilles Deleuze: *Das Zeit-Bild. Kino 2*, Frankfurt a. M.: Suhrkamp 1997: Die Transformation der Performer und ihre Heterogenität kann mit dem ‚Fabulierakt' verglichen werden, den Deleuze für das Kino mit dem „Werden einer realen Person" beschreibt, „die der Film ‚auf frischer Tat' beim ‚Fingieren', beim ‚Legendenbilden' ertappt." (S. 194-204) Und er folgert weiter: „Die Person ist untrennbar mit einem Vorher und einem Nachher verbunden, das sie im Durchgang von einem zum anderen Zustand vereinigt. Sie selbst wird zu einer anderen, wenn sie sich ans Fabulieren macht, ohne jemals fiktiv zu sein." (S. 198) Gerade die Eigenschaft des Fabulierens spricht Deleuze dem Theater wegen der gestischen und stimmlichen Einheit des Schauspielers ab (S. 300-302), was in dem diskutierten Beispiel explizit nicht zutrifft: Geste, Stimme, Worte und Kostüm lassen sich nicht zu einer Einheit verbinden, obwohl sie – anders als im Film – real und vor allem körperlich präsent sind.

keiten zwischen den Räumen her. Die Arbeitsweise der drei Künstler zeichnet sich durch eine Gegenüberstellung von Differenzen aus, die auf bestehende Raum- und Körperordnungen zurückgreifen. Gerade durch die Spaltung von bestehenden Elementen entsteht ein Spannungsfeld, innerhalb dessen sich immer wieder neue Formationen verdichten.

# 3 Von der Pose zum Affekt – Anhalten und Herausbrechen

## *Alibi*

In diesem Kapitel werden verschiedene Aspekte der Pose am Beispiel der Choreographie *Alibi* (2001) von Meg Stuart untersucht: Von der momentanen Stillstellung der Bewegung, über die Pause in der Choreographie, zum Verharren in einer sich wiederholenden Geste. Für die Erläuterungen eines über den Tanz hinausreichenden Begriffes der Pose greife ich auf die Untersuchung von Georges Didi-Huberman zur *Erfindung der Hysterie*[1] zurück. Was er anhand der von Jean-Martin Charcot angeordneten Photographien von Hysterikerinnen in der Salpêtrière beschreibt, findet in den Choreographien von Stuart eine Korrespondenz, weil sich diese affektiver Zustände und von der Normalität abweichender Handlungen annehmen.[2] Die Gegenüberstellung ist insofern von Bedeutung, als in beiden Fällen – jeweils auf andere Weise – extreme Körperlichkeit und Bildlichkeit miteinander verschränkt sind. Während in der Choreographie *Alibi* aus einer körperlichen Emphase – in der innehaltenden Bewegung bzw. in der sich in einem Rhythmus einpendelnden Bewegung – Bildlichkeit hervorbricht, werden die körperlichen Kontraktionen der Hysterikerinnen ins Bild gebannt, ja geradezu ausgestellt und inszeniert. Die Inszenierungen hysterischer Abläufe in den Photographien bringt Didi-Huberman mit Begriffen wie „Schauplatz" oder „Theatercoup" immer wieder in die Nähe zum Theater. Unter den Begriffen, die er anführt, um den Gewaltakt der Inszenierung zu verdeutlichen, befindet sich auch die „Pose". Er geht dabei

1 Georges Didi-Huberman: *Die Erfindung der Hysterie. Die photographische Klinik von Jean-Martin Charcot*, München: Fink 1997.

2 Abbildungen von Hysterikerinnen dienten teilweise als Inspirationsquelle, Praktiken wie die Hypnose wurden in der auf *Alibi* folgenden Choreographie in den Probenprozess einbezogen.

auf das lateinische *ponere* (hinstellen, setzen, anhalten) und die *pausa* (Pause, Stillstand, Station auf einer Prozession) zurück.[3] Die Pose steht – von der Ruhepause und der Unterbrechung, über das Hinstellen, Ausstellen oder Darstellen bis hin zum Sich-Zeigen oder Posieren – immer in Erwartung einer Reaktion, insbesondere in Erwartung eines erwidernden Blickes. Die Pose stellt sich dem Blick, setzt sich ihm aus oder zieht ihn zuallererst an.

Die Choreographie *Alibi* ist von Meg Stuart und ihrer Kompanie Damaged Goods am Schauspielhaus Zürich entwickelt und dort im November 2001 uraufgeführt worden. Nach der ortsbezogenen Arbeit *Highway 101* findet *Alibi* wieder auf einer Bühne statt. Die rohen Betonwände der Box, einem kleinen Theaterraum im Schiffbau, sind in der unteren Hälfte mit einem grünen Farbbelag versehen, der den ansonsten beinahe leeren Bühnenraum umfasst. Auf die Rückwand wird gelegentlich in der Mitte ein Videobild projiziert, was den Raum virtuell erweitert. Zusätzlich sind zwei kleine Monitore aufgestellt, einer vorne links auf dem Tisch, der andere rechts hinten auf einem Gestell. Die sieben Performer – Tänzer und Schauspieler – bleiben während der ganzen Aufführung auf der Bühne. Als einziger Rückzugsort dienen die zwei Tische auf der linken Seite der Bühne, die gleich Schulbänken hintereinander angebracht sind, und auf der rechten das kleine Häuschen, das, mit Glasscheiben versehen, zur Bühne und zum Publikum geöffnet ist. Die Zuschauertribüne reicht bis zum Boden der Bühne, so dass Tänzer- und Zuschauerbereich eng aufeinander bezogen sind. Der Zuschauer ist nicht nur räumlich dicht am Geschehen, sondern wird auch durch die Unmittelbarkeit der Erzählung und durch die heftigen Erregungen, die von den Performern auf die Tribüne dringen, und der elektrisierenden, eindringlichen Musik involviert. Die Performer selbst sind unterschiedlichen Ebenen der Gewalt ausgesetzt – physischer, aber auch psychischer, in Sprache gefasster Gewalt.

In *Alibi* gibt es wie in allen Choreographien von Meg Stuart keine lineare Erzählung, vielmehr reihen sich Anekdoten der einzelnen Tänzer aneinander oder greifen ineinander. Eine Pause in der Mitte trennt den zeitlichen und inhaltlichen Ablauf der Choreographie in zwei sich spiegelnde Seiten. Sie unterbricht die Solopartien, die von einer sich im zweiten Teil wiederholenden Szene gerahmt werden – eine Szene, in der alle durcheinander rennen und gelegentlich ein oder zwei Tänzer für einen kurzen Moment in einer Pose verharren.

Der Anfang von *Alibi* ist unvermittelt: Eine Putzmaschine fährt noch über die Bühne, bevor dann die sieben beteiligten Tänzer und Schauspieler in die Mitte stürmen und sich in einem Kreis zusammenscharen. Gemeinsam beginnen sie mit Fanrufen und Parolen wie „Olé, olé, olé …“ Die Fanbeschwörung mischt

3 Vgl. Ebd., S. 122-123.

sich mit persönlichen Streitereien. Das Zusammenraufen in der Mitte löst sich auf. Die Performer verteilen sich, vereinzelt oder zu zweit zusammengruppiert. Sie rennen über die Bühne, stolpern, fallen, sie rempeln einander an, raufen sich oder fallen sich in die Arme, um kurz darauf wieder abgestoßen zu werden. In diesem Gewimmel von Anziehung und Abstoßung, von Liebkosung und Gewalt brechen einzelne Posen hervor – Momente der Stillstellung von Bewegung, die an gängige Medienbilder aus Zeitungen oder Fernsehen erinnern: Bilder von politischen, gesellschaftlichen und sportlichen Anlässen sowie von Kriegsschauplätzen (Kap. 3, Dialektik der Pose). Gleichzeitig zeigen die Video- und Filmbilder auf einzelnen Monitoren oder auf die Wand projiziert ähnliche Szenen, die offensichtlich – weil sie wiedererkennbar scheinen und unter anderem nur schwarzweiß gezeigt werden – auf historische Momente verweisen. Mit den Filmausschnitten bildet sich hier ein Verhältnis zwischen Gegenwart und Historie, die eine gesellschaftliche und politische Dimension der Performance aufzeigt (Kap. 3, Wiederholung und Abstraktion), während in den darauf folgenden Soli individuelle, persönliche Geschichten aufgeführt werden.

Die Performer erzählen von sich, lesen einen Abschiedsbrief vor, bezichtigen sich der Schuld oder preisen sich und andere in einer Art Werbeslogan eines Vermittlungsbüros an. Ihre Worte oder Gesten fahren ihnen in die Glieder, zwingen sie zu Boden oder treiben sie in die Luft, sie bewegen sich an den Grenzen ihrer Körperlichkeit, ihrer äußeren und inneren Intaktheit. Im Übergang zu den Solis wendet die Tänzerin Vania Rovisco[4] ihren Finger zuerst gegen andere und durchbohrt dann ihren eigenen Körper. Daraufhin wird Andreas Müller in einer Siegerehrung zur Verantwortung gezwungen und stellt sich den Befehlen von Thomas Wodianka. Der Tänzer Valéry Volf verliert sich in der Einsamkeit, begleitet von seinem eigenen Videobild. Davis Freeman bezichtigt sich der Schuld, sodass sein Körper von seinen eigenen Worten in die Luft katapultiert wird (Kap. 3, ‚I'm guilty of'). Nach der Pause setzt Joséphine Evrard mit einem Schrei ein, beginnt zu hyperventilieren, bis sie die Pistole streckt (Kap. 3, Hyperventilation). Die Tänzerin Simone Aughterlony charakterisiert und preist zuerst ihre Mitspieler an, dann bietet sie sich selbst und ihren Körper feil. Die Szene mit den Solopartien geht über in die Wiederholung der Szene, aus der sie hervorgegangen ist – dem Rennen, Stolpern und Fallen.

Die Worte greifen den Körper an, während umgekehrt die körperliche Gewalt auf die Sprache einwirkt, diese intensiv werden lässt wie im von den aneinandergereihten Solos abgesetzten Solo von Thomas Wodianka: Er „pö-

4 Da die Performer seit den 1990er Jahren, insbesondere in den Arbeiten Stuarts, viel zur Entstehung der einzelnen Szenen einer Choreographie beitragen, habe ich mich entschieden, die einzelnen Performer bei ihrem Namen zu nennen, insbesondere für die Solos.

belt“ zuerst sich, dann alle Beteiligten – Performer und Publikum in gleichem Maß – an, bis er schließlich einen Text von David Wojnarowicz[5] vorträgt, der die Nichtigkeit des Selbst und das Verschwinden aus dem Leben reflektiert. Mit dem Ende des Textes beginnt der Performer leicht zu zittern, dann immer stärker. Die anderen Performer fallen nach und nach mit ein. Sie zittern im Stehen, Liegen, Sitzen, einzelne Körperteile zittern, der ganze Körper zittert, sie zittern lange, bis das Licht blendend hell wird (vgl. Kap. 4, ‚Shaking‘).

Heftige körperliche Ausbrüche und ruhige sprachliche Artikulationen stehen in *Alibi* nebeneinander, korrelieren und steigern sich gegenseitig. In ihrer Steigerung werden Affekte von unmittelbarer körperlicher Präsenz erzeugt, in denen die Bilder von Gewalt aus Fernsehen und Zeitung körperlich werden. In sprachlichen und körperlichen Äußerungen werden psychische und physische Gewalt gegen andere und sich selbst – gegen das eigene Denken und Verhalten, ja gegen den eigenen Körper – deutlich. Gewalt wird zugleich auf die Beziehung des Einzelnen zur Gemeinschaft und auf die sich daran aufbauende oder zerbrechende Identität bezogen.[6] Die Art und Weise der Inszenierung von Gewalt – die räumliche Ausgesetztheit, die Gegenwart der Aktionen und die elektrisierende, durch Rhythmik und Insistieren in einer Thematik den Affekt steigernde Musik – bewirken, dass das Stück intensiv ist, den Zuschauer gefangen nimmt, ihn betroffen macht, weil das Geschehen noch frisch, noch unverarbeitet ist.[7] Wie diese Unmittelbarkeit mit der Emphase der Pose und dem Steckenbleiben in einer Bewegung verbunden ist und welche Aspekte von Bildlichkeit dadurch aufgerufen werden, wird im Folgenden genauer untersucht.

Im ersten Teil werde ich einzelne Posen herausgreifen und sie in ihrem Kontext innerhalb der Choreographie *Alibi* befragen. Da die einzelnen Posen als kurze Momente der Stillstellung aus der Dynamik der Szene hervorstechen, bezeichne ich sie als „Pose-Szene“. Aspekte wie das Sich-Zeigen und die Erwartung des Blicks werden im ersten Abschnitt immer auch in Hinblick auf die Thematik der Gewalt untersucht, weil in den Posen die Festsetzung, die Manipulation oder das Mitreißen in der Begeisterung und im Kampf evident wird. Teilweise kann die Setzung der Pose selbst sowie die Deutung von Zeichen bereits als Gewaltakt gedeutet werden. In der Choreographie *Alibi* gibt es nicht nur die Unterbrechung der Bewegung in der Pose, sondern auch die Pause als eine Unterbrechung des choreographischen Ablaufs, die im dritten Teil analysiert wird. Schließlich bringe ich die Ausweitung der Pose auf

5 David Wojnarovicz: „Spiral“ 1992, abgedruckt im Programmheft zu *Alibi*, Schauspielhaus Zürich, November 2001.

6 Vgl. Felizitas Ammann: „‚Alibi‘: Meg Stuart und Damaged Goods in Zürich. Willkommen im Fightclub!“, *Basler Zeitung*, 20. Nov. 2001, Nr.271, S. 39.

7 Vgl. Tim Etchells: „Unfertige Wahrheiten“, im Programmheft zu *Alibi*, Schauspielhaus Zürich, November 2001.

„das Innehalten in einem Rhythmus, das Bewahren eines Rhythmus“[8] in die Nähe des Affekts, was im vierten Teil dieses Kapitels Thema sein wird. Da die Pose und der Affekt in den Choreographien Stuarts an ihr Motiv gebunden sind, diese geradezu aus dem Motiv herausgearbeitet werden, bewegt sich die Untersuchung zwischen einer strukturell ästhetischen und einer thematischen Herangehensweise.

## Dialektik der Pose

Im klassischen Ballett bildet die Pose – sowohl in der Arabeske als auch in der Attitüde – einen kurzen Moment des Innehaltens innerhalb einer Bewegung bevor sie wieder fortgesetzt wird. Das Moment des Anhaltens, der Suspension von Bewegung am höchsten Punkt, zieht die Aufmerksamkeit des Betrachters auf sich: Der Blick wird auf den disziplinierten Körper gelenkt, der gleichsam zur Schau gestellt wird. Im zeitgenössischen Tanz, insbesondere in der Arbeit Stuarts, wird die Betonung eines herausragenden Momentes in der Bewegung teilweise negiert: im Vorbeiziehen der Bewegung an den Wendepunkten, im „Spulen“ der Bewegung auf einer Stelle und in der Unterbrechung der Bewegungsfiguren an nicht vorgesehenen Momenten. Stuart greift in ihren Choreographien weniger Posen des Tanzes denn Posen des Alltags auf. Sie lässt sie in ihrer Zeichenhaftigkeit hervortreten, gleichsam in ambivalenter, sich wendender, sich immer wieder überschreibender Bedeutung.

Die Pose wird so nicht nur in der Unterbrechung der Bewegung, im Wendepunkt zwischen Bewegung und deren Fortsetzung zur „Umspring-Zone“[9], sondern auch in der Semantik, indem das scheinbar stabile Zeichen in sein Gegenteil umgewendet werden kann. Das Anhalten birgt immer schon ein reflexives Moment in sich, zum einen bezogen auf den Ablauf der Bewegung[10] und zum anderen auf ihre inhaltliche Komponente. Die Möglichkeit der Pose, ihre Bedeutung in ihr Gegenteil umschlagen zu lassen und sich selbst in einem ständigen Prozess immer wieder zu überschreiben, möchte ich unter dem Begriff der Dialektik[11] fassen. Sie bezeichnet in diesem Sinne in erster Linie einen inneren Gegensatz, der sich, wie bereits angedeutet, auf verschiedenen

8 Didi-Huberman 1997, S. 122.

9 Gabriele Brandstetter: „Pose, Posa, Posing. Zwischen Bild und Bewegung“, in: Elke Bippus u. Dorothea Mink (Hg.), *Mode/Körper/Kult*, Bremen: Hochschule für Künste/Stuttgart: Arnoldsche Verlagsanstalt 2007, S. 248-265, hier: S. 256.

10 Vgl. Gabriele Brandstetter: „Choreographie und Memoria. Konzepte des Gedächtnisses von Bewegung in der Renaissance und im 20. Jahrhundert“, in: Claudia Öhlschläger u. Birgit Wiens (Hg.), *Körper, Gedächtnis, Schrift*, Berlin 1997, S. 200-202.

11 Der Begriff impliziert eine Methode der Erkenntnis, die in der Antike von Platon in Form eines Dialoges verfolgt wurde und bei Hegel bis hin zur Logik des Widerspruchs von These, Antithese und Synthese reichte.

Ebenen in der Pose äußert. Darüber hinaus entstehen die Posen in *Alibi* oft in einer Verbindung von zwei Tänzern. Obwohl sich letztendlich die Geste in einer Hand oder auch zwei Händen eines einzigen Performers ergießt, ist das Zusammenspiel der beiden Performer für die Entstehung der Pose und ihre Heraushebung als Pose wichtig. Die Pose braucht immer ein Element, das sie trägt, sie feiert, sie anblickt, sie erhebt. Aus der Tragefigur entfaltet sich die Pose. Einen weiteren Hintergrund, von dem sich die Pose abhebt, bildet der Kontext der Szene, das wilde Rennen, Stolpern und Raufen. Von diesem werden die einzelnen Posen beinahe „überrollt" oder gerade durch die kontrastierende Bewegung hervorgehoben.

Die sich für kurze Momente ereignenden Posen erinnern an Bilder aus Fernsehen oder Zeitung, die dem Zuschauer aus der alltäglichen Berichterstattung bekannt sind, spielen mit deren Erkennbarkeit, ihrer gleichzeitigen Umwendung und ihrer ironischen Überzeichnung. Sie rekurrieren zwar auf ihre Vorbilder – Bilder aus dem sportlichen Wettkampf oder aus Kriegsszenen –, sind aber aus ihrem ursprünglichen Zusammenhang herausgelöst. Verschiedene Elemente in *Alibi* verweisen auf den Sport, so das Ausrufen von Fan- und Sportparolen zu Beginn der Szene, die Trainingsanzüge, T-Shirts mit Nummern und Turnschuhe der Performer oder der Bühnenraum als Turnhalle mit Schiedsrichterhaus. Die Bühne hält aber zusätzlich verschiedene Assoziationen bereit: Schule, Partyraum, Überwachungsanlage oder Todeszelle. Und das Rennen, Stolpern und Raufen kann kaum mit der disziplinierten Bewegung im sportlichen Wettkampf verbunden werden, was Anlass zu Sieg und Feier der Pose bieten könnte. Selbst das Rennen geht am Ziel vorbei oder wird bereits durch das Herausfallen aus der Startposition aufgehalten. Es impliziert vielmehr ein Fliehen, das mit der Musik verbunden ist, die wie ein „treibendes Geschoss" hinter den Tänzern her ist. Manche Tänzer fallen hin und bleiben für einen kurzen Moment liegen, bis sie wieder von neuem zum Rennen ansetzen. Auf diese Weise kommen triumphierende Posen neben solchen Momenten des Stillstands der zu Boden gefallenen Tänzer zu stehen. Vor diesem divergierenden Hintergrund zwischen Sportanlass und Kriegsszenerie – vor dem planlosen Durcheinander-Laufen, Kämpfen und Liebkosen – heben sich die einzelnen Posen ab.

## Sieg und Fall – die Umwendung der Pose

Mitten im Rennen hält eine Tänzerin mit dem Rücken zum Publikum neben einem Tänzer inne und streckt dreimal in schneller Folge ihren Arm in Form einer Siegergeste nach oben. Daraufhin klettert sie auf den Tänzer neben ihr. Am höchsten Punkt angelangt, erwarten wir als Zuschauer die Fortsetzung der Siegergeste, das Ausstrecken des Armes nach oben. Doch dieser weist nach unten und zieht den ganzen Körper kaum auf dem Höhepunkt angekommen in den Fall. (Abb. 28) Die Geste des ausgestreckten Arms löst sich vom Körper der Tänzerin und lebt im Kopf des Zuschauers als Zeichen weiter. Da die erwartete Siegergeste nicht erfolgt und die Tänzerin in ihrem Höhepunkt nicht getragen wird, wird der Zuschauer enttäuscht.

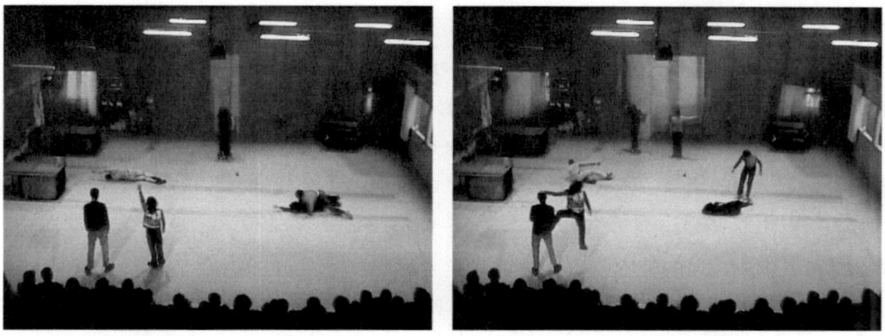

*Abb. 28: Meg Stuart, Alibi, 2001*

Die Pose wird nicht gefeiert, vielmehr abgebrochen, und wendet sich im Fall ihrer Gegenfigur zu. Die Ambivalenz von Aufstreben und Fallen wird in der Zusammensetzung aus zwei Performern gesteigert. Durch die Helferfigur des stehenden Tänzers wird die Tänzerin weiter hinaufgeführt, um desto tiefer zu fallen. Die Pose, die normalerweise von der Helferfigur getragen wird und so zu einem Kulminationspunkt kondensiert, bricht vor ihrem Ziel ab.

Das Getragenwerden als wichtiges Moment des Balletts und die Siegerehrung als Höhepunkt eines sportlichen Wettkampfes werden durch den Fall zu Boden gebrochen. Während im klassischen Ballett oder auch bei der Siegerehrung der Höhepunkt zelebriert wird, der Wendepunkt gerade notwendig ist, um wieder zurück in die Bewegung oder auf den Boden zu kommen, wird dieser Moment verkürzt und eine abrupte Wende eingeleitet. Dadurch wendet die Choreographin die Pose um und überspielt sie mit einer anderen Figur. Durch die Betonung des Wende- und weniger des Höhepunktes werden Umformulierungen möglich, die Gabriele Brandstetter als „De- und Transfiguration[en]“ bezeichnet.[12] Auf diese Weise wird der Aufstieg relativiert und mit der Möglichkeit des Fallens verbunden.

Das Umlenken begegnet uns in der Arbeit von Meg Stuart nicht nur in den für *Alibi* angeführten Posen, sondern beispielsweise auch in einer Szene von *Visitors Only*: Die Gesten und Bewegungen der Tänzer scheinen Zitaten gleich aus dem Umfeld einer Party, aus der Interaktion zwischen den Gästen, herausgelöst. Auf den ersten Blick sind Begrüßungsgesten, Flirts, Umarmungen etc. erkennbar. Doch die Gesten verfehlen ihr Ziel, eine Hand geht auf die andere zu und wird im letzten Moment abgelenkt und woanders hingeführt. In

12 Brandstetter 2007, S. 263.

diesem Sinne weist Meg Stuart auf diese alltäglichen Gesten hin, beschneidet sie aber in ihrer Zeichenhaftigkeit, „deformiert" und „defiguriert" die Posen und setzt sie wieder zu einer „hybriden Bewegungsfigur" zusammen.[13]

## Distanz zur Pose

Die Ambivalenz der Siegerpose, die bereits in ihrer Komposition aus zwei Performern und in ihrer Potentialität der Wende beschrieben wurde, wird in einer weiteren Variation in eine andere Richtung getrieben. Anders als bei der vorherigen Kombination, klettert die Tänzerin nicht auf den Tänzer, um ihre Geste zu vollziehen, sondern ergreift den Arm des Tänzers neben ihr und führt diesen zu einer Siegergeste in die Höhe.

Dieses Motiv des durch eine andere Person hochgehobenen Arms findet sich bei Siegerposen von Boxkämpfen, vermutlich um die Hand bzw. die Faust hervorzuheben, mit der die Leistung vollbracht wurde. Bei Boxern ist das Heben der Hand insofern bedeutsam, als sie sich diese Geste während des Spiels keinesfalls erlauben dürfen, vielmehr müssen sie ihre Fäuste vor den Körper halten, um diesen zu schützen.[14]

Die Zur-Schau-Stellung des Körpers und die damit einhergehende Verletzbarkeit werden in der in *Alibi* zitierten Pose geradezu materialisiert. Indem die Tänzerin den Arm des Tänzers zur Siegergeste ausstreckt, unterstützt sie die Pose und weist auf diese als Pose hin. Diese wird aber vom Tänzer nicht selbst vollzogen, sondern er lässt mit sich machen. Dadurch wirkt die Pose leer und zeigt sich in ihrer Zitathaftigkeit, losgelöst von ihrem Kontext. Zusätzlich zeigt die Tänzerin mit ihrem zweiten Arm auf den Tänzer. Das Zeigen der Hand bleibt aber nicht auf Distanz, sondern stößt wiederholt gegen den Bauch. Der Körper des Tänzers wird als ein zuzeigender vorgeführt, der sich aber nicht selbst präsentiert, sondern sich vielmehr dirigieren lässt. Zum Schluss reißt die Tänzerin mit ihrer wilden Gestikulation den Tänzer zu Boden. Das wiederholte Präsentieren des vermeintlichen Siegers birgt sowohl dessen Verletzbarkeit, aber auch die Manipuliertheit der Pose in sich.

In der Art und Weise der Ausführung der Pose wird die ihr inhärente Ambivalenz des Zeigens deutlich – als Zwang einer Zur-Schau-Stellung und mehr noch als Verletzbarkeit einer Privatheit. Auch hier ist es kein Feiern der Pose, sondern vielmehr ein Hadern mit ihr, die von außen herbeigeführt wird und die von außen gezeigt wird. Diese Distanz zur Pose weist auf einen kritischen Umgang der Choreographin mit ihr. Sie wird nicht einfach aus ihrem Kontext genommen, sondern unterlaufen, ironisiert und in ihrer Ambivalenz übertrieben.

13 Ebd.

14 Die Angaben zu den Siegergesten im Sport verdanke ich dem Vortrag von Michael Ott bei der Tagung *Hold it!* im Hebbel am Ufer in Berlin am 18.2.2007.

Die Gesetztheit der Pose, die aus bestimmten Umständen hervorgeht, wird in der Variation deutlich. Sie ist weniger Ausdruck einer Persönlichkeit, als vielmehr Ausdruck einer Stellung. Nicht das eigene Befinden zählt, sondern das, was andere von mir wollen und was ich nach außen hin vertreten muss. In diesem Sinne differenziert der Kunsthistoriker Max Imdahl zwischen Pose und Gebärde und macht diese Unterscheidung für die Kunst des Nationalsozialismus fruchtbar: „Gebärde ist körpersprachlicher Selbstausdruck, Pose dagegen Fremdausdruck: Pose ist auferlegt, sie entpersönlicht, sie entindividualisiert, denjenigen, der sie vollzieht. Die Pose ist eine falsche, eigentlich unwirkliche Ausnahmesituation, sie ist Selbstmanipulation oder Manipulation durch einen anderen."[15] Imdahl versteht die Pose als ein vom Nationalsozialismus vereinnahmtes Mittel zur Machtdemonstration. Sein Umgang mit dem Thema der Pose bezieht sich auf deren Missbrauch.

Das ist sicher ein Grund, wieso die Pose in der Choreographie *Alibi* – anders als in der Kunst des Nationalsozialismus – einer kritischen Reflexion ausgesetzt wird. Sie geht nicht wie gewöhnlich in voller Emphase aus dem Körper hervor, sondern wird als Manipulation buchstäblich vorgeführt und parodiert. Die Zur-Schau-Stellung des Körpers, dessen Disziplinierung und der dadurch erlangte Ruhm werden negiert und die Pose bewusst an ihrem Ziel vorbeigeführt.

## Materialität der Pose – Differenz und Störung

Ein Tänzer sinkt vor dem Publikum in die Knie und streckt beide Arme hoch. Er zeigt sich und verweist auf seinen Körper, posiert abermals triumphierend, obwohl er sich dabei zu Boden begibt. Vielleicht zwingt ihn auch seine Überwältigung zu Boden. Auf dem Weg in die Pose wird er von einem weiteren Tänzer um die Taille gefasst, als wolle dieser ihn auffangen oder auch umwerfen. Diese Unterbrechung steigert die Aufmerksamkeit und bewirkt zugleich eine Störung. Die nach oben gestreckten Arme werden durch die zweite Figur untermalt und in ihrer Selbstverständlichkeit unterlaufen. Durch das Hinzueilen des anderen Tänzers, als Trägerfigur so wie Störmoment, wird die Pose in ihrer Dialektik materialisiert.

Der Griff um die Hüfte als Tragemotiv weist auf die Pose als Auszeichnung. Im gleichen Moment trennt dieser Griff den Oberkörper mit seinen nach oben gestreckten Armen vom Rest des Körpers ab, die Pose wird vom Körper losgelöst, zugleich bodenlos und schemenhaft.

15 Max Imdahl: „Pose und Indoktrination. Zu Werken der Plastik und Malerei im Dritten Reich", in: Gottfried Boehm (Hg.), *Max Imdahl. Gesammelte Schriften. Band 3: Reflexion – Theorie – Methode*, Frankfurt a. M.: Suhrkamp 1996, S. 575.

Diese Dialektik der Pose lässt sich mit Dieter Mersch auf die „Doppelung" des Zeichens zurückführen – die Betonung des Zeichens als Zeichen und die Störung des Zeichens.[16] Dies führt er auf die Materialität des Zeichens zurück, mit der nicht unbedingt das Stoffliche gemeint ist, sondern die sinnliche Präsenz, die neben dem „Zeigen als" und dem „Verweisen auf" den Zeichen überhaupt erst ihr Da-Sein verleiht und ihre Wahrnehmung ermöglicht.[17] Die Materialität stehe quer zu den Zeichen, sie sei eine Störung des Zeichens selbst. In der Doppelung des Zeichens entstehe, so Mersch, eine Andersheit und Fremdheit, was eine Verschiebung des Zeichens bewirke. Bezogen auf die hier besprochene Pose in *Alibi* setzt die Verschiebung in der Unterbrechung des Körpers, der das Zeichen hervorbringt, an.

Um die Faktizität der Zeichen und deren Zeitigung zu erläutern, folgert Mersch in seinen Ausführungen weiter, dass es nicht möglich sei, ein Zeichen zu setzen, ohne dass etwas geschähe. Dieses Sich-Ereignen sei nicht rückgängig zu machen – vielmehr setze es sich fort. Die Unheimlichkeit des Zeichens liege in seiner Irreversibilität. Die Gewalt des Seins, der Existenz des Zeichens, werde nur durch Verschiebung des Zeichens erläuterbar, ja annehmbar. Das Trauma liege in dem „dass" es sich ereignet und weniger in dem „was", da die Bedeutung verschiebbar, das Ereignis selbst aber nicht auslöschbar sei.[18] Die Performativität der Zeichen, die in ihrer Fortsetzung und der damit einhergehenden Verschiebung begründet ist, lässt sich auch auf die Pose übertragen. Diese ruft im Moment ihrer Setzung ein Zeichen hervor, das sich jeweils neu in verschiedene Richtungen weiterführen lässt.

## Fallende und gefallene Körper

Ein Gegengewicht zu den Posen des Sich-Aufrichtens und Triumphierens bilden in der besagten Szene neben dem Rennen und Raufen fallende und gefallene Körper. Die Körper der Performer fallen in die Pose oder aus ihr heraus, sie fallen aus der Startposition eines Wettlaufs oder wie von einem Geschoß getroffen mitten aus dem Rennen auf den Boden. Sie bleiben liegen auf dem Rücken oder auf dem Bauch oder robben noch ein Stückchen weiter. Die fallenden bzw. die gefallenen Körper bilden Randzonen der Pose, und doch stehen beide „Fälle" in *Alibi* in einem Zusammenhang mit ihr. In welcher Weise

16 Dieter Mersch: „Das Ereignis der Setzung", in: Erika Fischer-Lichte (Hg.), *Performativität und Ereignis*, Tübingen/Basel: A. Francke 2003, S. 41-56.

17 Der Materialitätsbegriff geht mit dem von Erika Fischer-Lichte einher. Sie beschreibt damit bezüglich der Performativität verschiedene Qualitäten der Aufführung wie Körperlichkeit, Räumlichkeit, Lautlichkeit (Erika Fischer-Lichte: *Ästhetik des Performativen*, Frankfurt a. M.: Suhrkamp 2004).

18 Mersch 2003, S. 53.

sie sich auf die Pose beziehen und inwiefern hier überhaupt noch von Pose gesprochen werden kann, werde ich im Folgenden erläutern.

Das Fallen bildet eine Gegenfigur zur Pose. Denn das Fallen ist in Bewegung begriffen und kann nicht als momentane Stillstellung oder Wendepunkt betrachtet werden. Vielmehr ist es eine Bewegung aus der oder in die Pose, es kann als Abbruch oder Ausbruch aus der Pose verstanden werden. So wird die Siegerpose z. B. nicht zu Ende geführt, sondern bereits vor ihrem Höhepunkt abgebrochen. Aber die Tänzer fallen nicht nur aus der Pose, sie stolpern oder werfen sich auch aus dem Rennen auf den Boden. In diesem Sinn ist das Fallen nicht nur eine Antithese zur Siegerpose, sondern auch zur Körperbeherrschung im klassischen Ballett und Modern Dance. Das Fallen setzt sich von der gewohnten aufrechten Haltung des Menschen ab. Es entsteht aus einem Fehler, einem Unfall oder Zwischenfall, in dem der Körper außer Kontrolle gerät. Im zeitgenössischen Tanz wird geradezu damit experimentiert, wenn die Schwerkraft außer Kontrolle gerät – im Fall und am Fall –, während im Ballett die Aufhebung der Schwerkraft im Zentrum steht und im amerikanischen Modern Dance mit der Schwerkraft des Körpers gearbeitet wird. Aber die scheinbare Grenzüberschreitung der Körperkontrolle im Fall wird im zeitgenössischen Tanz kontrolliert herbeigeführt. Was ist, wenn das Fallen beabsichtigt ist, wenn es nicht mehr aus einem Fehler oder Nichtkönnen heraus entsteht, wenn es nicht mehr Zufall ist? In diesem Sinne kann das paradigmatische Auftreten stolpernder Tänzer im zeitgenössischen Tanztheater bereits wieder als Pose interpretiert werden – als Gegenpose zur Attitüde oder Arabeske im Ballett.[19] Weil sich das Fallen zwischen Können und Nicht-Können bewegt und in der Thematik des Fallens immer die Möglichkeit des Scheiterns gegenwärtig ist, lässt es sich mit der ambivalenten Siegerpose vergleichen.

Die Performer fallen nicht nur, sondern sie bleiben auch am Boden liegen und nehmen Haltungen ein, die an Bilder aus Medienberichten von Kriegsschauplätzen erinnern: Auf dem Rücken liegend oder auf dem Bauch, alle Viere von sich gestreckt oder die Arme leicht als Schutz unter den Kopf gelegt, zu zweit übereinanderliegend.[20] Die Musik begleitet das Fliehen und Rennen, treibt die Tänzer an, bis sie zu Boden fallen. Kaum liegen diese wie erstarrt am Boden, hält die Musik inne. Kaum stehen die Tänzer wieder auf

19 Zum Fallen im zeitgenössischen Tanz vgl. Gabriele Brandstetter: „Choreographie als Grab-Mal. Das Gedächtnis von Bewegung“, in: Dies. u. Hortensia Völckers (Hg.), *ReMembering the Body. Körper-Bilder in Bewegung*, Ostfildern-Ruit: Hatje Cantz 2000, S. 121-122.

20 Wie bei den Kompositionen der Siegerposen findet sich auch hier die Zusammenführung von zwei Performern. Die aufeinander oder nebeneinander liegenden Performer lassen sich umdeuten zu einem Moment der Liebkosung, das die mit der Pose hereinbrechende Gewalt des Krieges in seinem Schrecken unterstützt, ihm aber auch etwas entgegenhält.

und rennen fluchtartig durch den Raum, werden sie wieder von dem tosenden Lärm zu Boden geworfen.[21]

Gefallen sind die Tänzer am Tiefpunkt angelangt, aus dem es keine Fortführung mehr gibt. Es handelt sich normalerweise um eine Endposition am Boden, in der sich die Tänzer nicht mehr halten müssen, in der keine Schwerkraft mehr wirkt, weshalb dieses Moment nicht wirklich als Pose betrachtet werden kann. Und doch stehen die Tänzer in *Alibi* immer wieder auf, um bereits kurz darauf wieder zu fallen. Im Sich-Aufrichten erfahren die Gefallenen ebenfalls eine Wende, die so nur auf der Bühne möglich ist. In ihrer Wiederholung und in ihrer Referenz auf die Medienbilder reproduzieren sich die gefallenen Körper und projizieren sich auf diese. Aus ihrem ursprünglichen Kontext herausgelöst und als Figur auf die Bühne gebracht, werden sie zu Posen. Und zugleich bricht mit diesen herausgegriffenen, aber wirkungsvollen Momenten auch die ganze Szenerie des Krieges ein und läuft vor den Augen des Betrachters ab, unvermittelt, ohne Zusammenhang.

Der extreme Kontrast von Bewegung und Erstarrung – zwischen dem Rennen als ein Fliehen und der Stillstellung in ihrer Verbindung zum Tod – kann auch als ein unendlicher Kampf ums Überleben interpretiert werden. Das Fallen, das im alltäglichen Leben als Fehler betrachtet und vermieden wird, wird hier bis ins Unendliche fortgesetzt.

Die Posen in der Choreographie *Alibi* sind weniger den Kategorien des Tanzes als dem Sport und den Informationsmedien entlehnt. Sie nehmen bekannte Bilder auf, verweisen also auf eine mögliche Entzifferung, unterlaufen diese aber in ihrer Zweideutigkeit. Stuart stellt die Pose nicht in ihrem herausragenden Moment aus. Vielmehr wendet sie die Pose, untergräbt ihre Wirkung, parodiert ihre Bedeutung, indem sie ihre Zeichen- und Zwanghaftigkeit deutlich macht.

Im Sport geht das Material der Pose aus Vorbildern hervor, die auf Szenen des Triumphs oder auf Zeichen der Souveränität zurückgehen. Anders als auf der Bühne stehen die Posen immer in Zusammenhang mit einem Sportanlass, sie sind Teil eines Wettkampfes. Die Tänzer zeigen zwar ebenfalls Spuren von Schweiß und Erschöpfung, erfahren aber nicht die Überwältigung, die beim Erlangen eines Sieges erfolgt. Die Emphase der Pose, das „Sich Zeigen" des Siegers und das „Zur-Schau-Stellen" des trainierten Körpers findet nicht statt bzw. wird parodiert. Vielmehr wird die Pose selbst in ihrer Posenhaftigkeit ausgestellt, reflektiert und befragt.

Da die Siegerposen in der Choreographie aus ihrem Zusammenhang gelöst sind, stehen sie in einer Reihe von möglichen Assoziationen wie dem

21 Dieser Teil schließt an die „Posen-Szene" an und wird anders als diese gegen Ende der Choreographie nicht wiederholt.

sportlichen Wettkampf oder der Machtdemonstration eines diktatorischen Regimes. Der kritische Umgang mit ihnen enthüllt die Ambivalenz, die dem Wettkampf[22] und der Macht, aus der solche Posen hervorgehen, inhärent ist. Sie schließen nämlich im Akt des Sieges den impliziten Verlust oder die Möglichkeit des Scheiterns mit ein.

Nach einer Zeit, in der die Pose des Triumphes direkt mit dem Nationalsozialismus in Verbindung gebracht und deshalb missachtet wurde, was sich auch in dem vorangegangenen Zitat von Max Imdahl zeigt, gibt es seit der Jahrhundertwende wieder junge Choreographen, die sich mit dieser Thematik auseinandersetzen. In formelhafter oder auch diskursiver Art und Weise wird auf Posen zurückgegriffen und eine „Erinnerungs- und Umdeutungsarbeit" in Gang gesetzt. Die Möglichkeit der Umdeutung, was auch in der Arbeit von Meg Stuart präsent ist, führt zu einem neuen Zugang und zu einer möglichen Wiederkehr des Pathos.[23]

Stuart wendet die Siegerpose nicht nur um, sondern stellt sie in *Alibi* immer auch in Verbindung zu ihrer Gegenfigur: Das wird nicht nur an der Dialektik der Pose selbst deutlich, sondern auch am szenischen Nebeneinander der Pose des Aufrichtens und der des Fallens sowie beim Übergang einer Siegerehrung in ein Verhör – in einer Szene, die von einem Extrem ins andere kippt: Aus dem Glashaus auf der linken Seite wird ein Sieger ausgerufen. Gleichzeitig zeigt eine Tänzerin auf einen Tänzer, der etwas erstaunt um sich blickt, weil er – wie es scheint – nicht weiß, weshalb er ausgewählt wurde. Seine Körperhaltung zeigt wenig Selbstbewusstsein: Er schwankt über die Bühne, kann nicht gerade stehen und bringt kein Wort heraus. Er wird zum Sieger erklärt, aber es folgen Befehle, die seine Haltung korrigieren wollen: „Steh gerade, steh still, stell dich in die Mitte, nimm die Hände aus der Hosentasche." Die Imperative unterstützen die zwanghafte Situation. Die Siegerehrung nimmt eine Wende. Fragen, die zu Beginn mit dem Interesse an der Person des Siegers verbunden wurden, wenden die Szene jetzt plötzlich in ein Verhör. Die beklemmende Atmosphäre schlägt sich auf den Raum nieder. Die Bühne – anfangs als Turnhalle mit dem Glashaus als Schiedsrichtertribüne identifiziert – wird zum Gefängnis oder gar zur Todeszelle. Letztere Assoziation wird spätestens in dem Moment aufgerufen, als die Frage erklingt, was der Befragte für seinen Freund tun würde, ob er sein Leben hergeben würde. Zwischendrin wird immer wieder an den Sieg erinnert, so z. B. mit der Frage, was er mit seinem Preisgeld vorhabe. Die Szene endet mit der Frage: „Was ist dein letzter Wunsch?"

22 Hier sei auf den Druck des Hochleistungssports und die damit zusammenhängenden Dopingskandale verwiesen.

23 Gabriele Brandstetter: „Tanzwissenschaft im Aufwind. Beitrag zu einer zeitgenössischen Kulturwissenschaft", in: *Theater heute*, 2003, Dez., S. 8-11.

Eine leichte Verschiebung in der Körperhaltung, in der Wortwahl oder in der Art und Weise der Artikulation kann die Szene in eine andere Richtung lenken. Die Bedeutungen der Worte, der Zeichen und Gesten, aber auch des Umfeldes der Bühnenarchitektur reiben sich aneinander, differenzieren sich gegenseitig und bewegen sich von der einen Seite zur anderen und wieder zurück. Die Siegerehrung kippt in ein Verhör und umgekehrt, die Sporthalle wird zur Folterhalle und umgekehrt. Es entsteht ein Kippmoment, das die Situation in der Schwebe hält und den Zuschauer dadurch affiziert. Die beiden konträren Ereignisse sind so miteinander verschränkt, als würden sie sich voneinander ableiten, ohne dass ihr Zusammenhang logisch erklärbar wäre. Die Nähe der zwei sich widersprechenden Ereignisse wirkt unmittelbar. Die Situation bleibt ungeklärt. Sie lässt sich nicht mit unserem Denken von Recht und Unrecht verbinden. Sie bleibt unerklärbar.

Der sportliche Wettkampf steht dem Kampf ums Überleben sehr nahe, mit der Wahl zum Sieger gibt es immer auch Verlierer auf der anderen Seite. Dass wir uns ständig zwischen Siegern und Verlierern bewegen, dass die Geehrten von einem Moment zum anderen zu Randständigen in der Gesellschaft werden können, wird in den Choreographien von Meg Stuart immer wieder deutlich. Sie stellt gerade diese Ambivalenz und Doppelbödigkeit der Gesellschaft dar, indem sie den Ausgegrenzten – sei es durch ihr Verhalten, ihre anormalen Bewegungen, durch ihre Verwirrung etc. – besondere Aufmerksamkeit widmet.[24]

## Wiederholung und Abstraktion der Pose

Wieso sind diese kurzen Momente der einzelnen Posen innerhalb des andauernden Bewegungsrausches der ersten Szene und ihrer Wiederholung gegen Ende von *Alibi* so einprägsam? Wie unterscheidet sich ihre Wiederholung im zweiten Teil?

---

24 Hier ließen sich die Ausführungen von Agamben zum *homo sacer* (Giorgio Agamben: *Homo sacer. Die souveräne Macht und das nackte Leben*, Frankfurt a. M.: Suhrkamp 2002) anschließen, der sowohl vom menschlichen als auch vom göttlichen Recht ausgeschlossen ist, aber durch diesen Ausschluss zugleich wieder eingeschlossen ist. Die Verbindung von heiligem und nacktem Leben, die Agamben für die Figur des *homo sacer* erläutert, ist in Bezug auf die Figuren in den Choreographien Stuarts interessant. Dabei spielt sie teilweise mit dem nackten Leben, sie holt es sozusagen auf die Bühne. Eine ihrer jüngsten Choreographien, *Blessed* von 2007, ein Solo für den Tänzer Francisco Camacho, scheint bereits im Titel die Idee des *homo sacer* aufzunehmen. Der Tänzer wird in der einstündigen Choreographie einem unaufhaltsamen Regen ausgesetzt, der nur für kurze Momente aufhört und ein bis zweimal von halluzinogenen Momenten unterbrochen wird.

Die „Posen-Szene“ wird von der Geschwindigkeit und der Dynamik der Bewegungen dominiert und dauert insgesamt knapp zehn Minuten[25] an. Die einzelnen Posen heben sich vor dem Hintergrund der sich bewegenden, rennenden, raufenden Tänzer ab. Mitten aus diesem Gewühl tauchen jeweils für einen kurzen, aber einprägenden Moment einzelne Posen auf – wie aus dem Zusammenhang gerissen, außerhalb des Geschehens stehend. In der forttreibenden Energie der Bewegung sind die Posen kurze Momente des Stillstands, in denen sich etwas formiert, das sich vom Rest abhebt. Auch wenn der Moment noch so kurz ist, bewirkt er einen Einschnitt in die Dynamik. Gleichzeitig wird durch die momentane Stauung der Energie im Körper wieder eine Bewegung ausgelöst. Als herausragende Momente lösen sich die Posen aus dem zeitlichen Kontinuum und unterbrechen den Bewegungsfluss. Die Tänzer bleiben für einen Moment stehen und lassen eine Geste aus ihrem Körper heraustreten. Der Körper bildet laut Gottfried Boehm[26] eine Potentialität, aus der sich die Geste entfaltet. Er fungiert sozusagen als „Ikonophore“ – als Bildträger und Bildspeicher. Dieses Formieren wird in der Zusammenführung von zwei Tänzern zu einem beinahe skulpturalen Element gesteigert. Im Kompositum konzentriert sich etwas, das den Blick anzieht. Eine Form wird erahnbar, spielt mit ihrer Entzifferung und entfernt sich schon wieder von ihrem Vorbild.

Innerhalb des Durcheinanderrennens schlagen die Posen in ihrer momentanen Stillstellung und im Verweis auf bekanntes Bildmaterial beim Betrachter wie ein „Blitz“ ein, weshalb sie im Gedächtnis haften bleiben – sie werden als dieser Augenblick memoriert. Obwohl es sich hier weniger um Posen, im Sinne kanonisierter Tanzfiguren, als um dem gesellschaftlichen, politischen und historischen Kontext entnommene Gesten handelt, scheint der Vergleich mit der Tanzpose in Bezug auf die Gedächtnisbildung sinnvoll. Die Auszeichnung der Pose als Zäsur oder herausragender Augenblick zieht die Aufmerksamkeit an und wirkt auf das Gedächtnis ein. Diesen Zusammenhang erläutert Gabriele Brandstetter mit Rückgriff auf ein Tanztraktat über das Memorisieren von Tanzbewegungen aus dem 15. Jahrhundert. Das *fantasma* eröffnet, so Brandstetter:

> einerseits ein vergleichbares Phänomen wie die posa, nämlich das Einhalten zwischen zwei Schritten […], andererseits und darüber hinaus auch noch jenen Moment des Übergangs, in dem der Blick auf die bewegte Figur geworfen wird und diese er-

25 Das erste Auftauchen der „Posen-Szene“ wird zusätzlich gerahmt von einem fünfminütigen Vorspann (Fanrufe) und einem Nachspann mit Szenen wie dem „Zweikampf“, der „Projektil-Szene“ und einer siebenminütigen Szene, in der die Tänzer wechselweise fliehen und fallen.

26 Vortrag von Gottfried Boehm bei der Tagung *Hold it!* im Hebbel am Ufer in Berlin am 17.2.2007.

starren lässt – den Blick der Medusa; und er bezeichnet umgekehrt auch wiederum den Übergang der ‚eingefrorenen' Bewegung der Statue zum Schritt.[27]

Im Anschluss an Brandstetter möchte ich neben dem Übergang von der Bewegung zur Pose und von der Pose wieder zurück in die Bewegung insbesondere auf die mit dem *fantasma* ins Spiel gebrachte Dimension der Wahrnehmung eingehen. Gleichsam in seiner impliziten Beziehung zur Phantasie oder zum Gespenst[28] übernimmt das *fantasma* den Transfer zwischen Wahrnehmung und innerem Bild. Aristoteles bezeichnet es als Bindeglied in der Wahrnehmung, das zwischen dem äußeren Eindruck und dem Denken vermittelt. Es wird von ihm als Vorstellungsbild betrachtet.[29] Vergleichbar mit dem *fantasma* könnte die Vermittlerfunktion der Pose als Gedächtnisstütze fungieren, und dies nicht nur als Erinnerung des Tanzes in der Reflexion von vorangehender und zukünftiger Bewegung, sondern auch in der Tradierung von Geschichte.[30]

Die Posen lassen bekannte Bilder aus Sportanlässen, Wettkämpfen und Kriegsszenarien aufscheinen und greifen so auf aktuelle und historische Vorbilder zurück. Die aus den Alltagsmedien herausgelösten Momente betreffen Extremsituationen, wie sie sich auch in der Geschichtsschreibung verfolgen lassen. In der Choreographie werden die körperlich vorgeführten Posen untermalt und überlagert mit Filmaufnahmen, die auf zwei kleinen Monitoren vorbeiziehen und teilweise auf die Rückwand der Bühne projiziert werden. In den Filmausschnitten sind sportliche Wettkämpfe, große Persönlichkeiten und bestimmte Ereignisse zu sehen: Astronauten verabschieden sich vor dem Start des Raumschiffs, das Hissen der Flagge bei der Mondlandung, Eiskunstläufer, Sprinter und Speerwerfer werden gezeigt und nicht zuletzt der grüßende Papst, der auch heute noch auf gleiche Weise auf seinem Balkon erscheint. Die Schwarzweiß-Wiedergabe vermittelt den Eindruck, dass es sich um historische Filmausschnitte handelt, die sich aber nur teilweise identifizieren lassen, wie z. B. die Mondlandung. (Abb. 29) Auch hier bleiben einzelne Fragmente aus dem vorbeiziehenden Fluss der Bilder – gleich Erinnerungsfetzen – hängen. Auf den kleinen Monitoren aus der Distanz etwas zu erkennen, wäre beinahe unmöglich, wenn nicht einige Bilder bereits in unserer Erinnerung gespeichert wären: Bekannte Posen oder historisch markante Ereignisse.

27 Ebd., S. 201.

28 Die unterschiedlichen Konnotationen von „Fantasma" wie Phantasie, Gespenst und Imagination nimmt auch Brandstetter 1997 auf, S. 199-202.

29 Vgl. Jochen Schulte-Sasse: „Phantasie", in: Karlheinz Barck (Hg.), *Ästhetische Grundbegriffe: Historisches Wörterbuch in sieben Bänden*, Stuttgart: Metzler 2000-2005, S. 780.

30 Vgl. die Idee der Übertragbarkeit der Pathosformel von Aby Warburg (Aby Warburg: „Mnemosyne. Einleitung", in: Martin Warnke u. Claudia Brink (Hg.), *Aby Warburg. Der Bilderatlas Mnemosyne*, Berlin: Akademie 2000, S. 3-6).

Die Posen werden auf zweifache Weise von ihrer Aktualität – einem ganz konkreten Ereignis – abstrahiert: zum einen werden sie durch die Filme in einen historischen Zusammenhang gebracht und zum anderen aus ihrem Kontext herausgelöst und nebeneinander gesetzt. Nicht nur, dass die Posen von einem aktuellen Geschehen abstrahiert würden, weil sie auf bekannte Vorbilder rekurrieren, sie speichern auch das Ereignis in seiner ganzen Intensität und bringen dieses mit sich auf die Bühne. Ihre besondere Wirkkraft liegt gerade in der Abstraktion und Kondensation der Ereignisse, die dadurch den Zuschauer auf vielfältige Weise affizieren können. Die Kondensation des Ereignisses in der Pose ermöglicht jederzeit eine Aktualisierung und Anbindung an verschiedene Kontexte.[31] Die Ereignisse können sozusagen den Betrachter aus der Pose anspringen.[32]

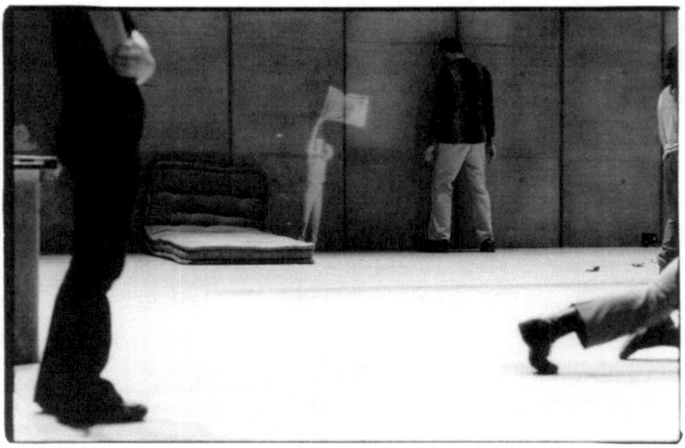

*Abb. 29: Meg Stuart, Alibi, 2001*

Die gleichzeitige Aktualität und Historizität von Posen ermöglicht und deutet auf eine sich reproduzierende und sich fortsetzende Geschichte. Dies wird mit der Wiederholung der hier besprochenen Szene gegen Ende von *Alibi* aufgenommen. Denn in der Wiederaufnahme am Ende beziehen sich die Posen nicht mehr nur auf externe Vorbilder, sondern auf die bereits in der Choreo-

31 In die Probenzeit von *Alibi* fiel das Ereignis des 11. Septembers 2001. Da die Thematik der Choreographie – politische und gesellschaftliche Gewalt – diesem Ereignis sehr nahe kommt, wurde zeitweilig überlegt, die Arbeit abzubrechen.

32 Die Reduktion und das Zuschneiden der Geste auf einen Moment hin ist vergleichbar mit dem Umreißen der Figuren in Pablo Picassos Bild *Guernica* (1937). An dem Vergleich mit dem Gemälde von Picasso ist interessant, wie die Schnitte in das Bild fahren und wie über die Reduktion der Figuren und der Farben eine schreiende Aktualität – eine sich gegenwärtig ereignende Gewalt – hervorgebracht wird. Im Programmheft erwähnt Tim Etchells „Guernica", ohne dass klar werden würde, ob er damit das Gemälde von Picasso meint.

graphie vorgeführten Posen selbst. Als eine Reproduktion der Reproduktion setzt sich die Choreographie der Posen weiter fort. Die sich gleichsam auf historische und aktuelle Ereignisse beziehende Szene und ihre Wiederholung umrahmen die dazwischen liegenden Soloszenen, die von einzelnen, privaten Geschichten geprägt sind. Eine Ausnahme bildet die Rezitation des Performers Thomas Wodianka über das Nichts und das Eintreten in das Nichts. Dieses Solo entwickelt sich aus der Wiederholung der „Posen-Szene" und leitet das Ende ein. Die Rezitation wirkt in diesem Zusammenhang wie ein Ausstieg aus dem sich reproduzierenden Kampf des Lebens.

## Gewaltakt des Zeigens und Deutens

Die Verbindung von Pose und Gewalt, insbesondere als Ausdruck von Gewalt und als Zwang zur Pose, habe ich bereits besprochen. Im Folgenden werde ich auf die Deutung und Interpretation von Zeichen und ihre Festschreibung als Gewaltakt eingehen.

### Das Zeigen wird zum ‚Projektil'

Die Tänzerin Vania Rovisco zeigt mit ihrem ausgestreckten Arm auf andere und dann auf sich selbst. Sie streckt zuerst den linken Arm von sich weg auf einen Tänzer, als wolle sie ihn als Täter kennzeichnen. Weiterhin den Arm ausgestreckt, läuft sie nach hinten, bis sie wieder auf einen Performer zielt, wendet sich plötzlich um und zeigt mit dem anderen Arm auf einen anderen Tänzer. Dann streckt sie den Arm gegen sich, von vorne führt sie ihn gegen ihre Augen, scheint sich selbst damit zu durchbohren. Sie führt ihren Arm nach links außen, dann den anderen nach rechts außen, dann in die Mitte und von dort wieder nach hinten, gegen sich, auf ihr Gesicht zu, so dass der Kopf ausweichend nach hinten fällt. Diese Abfolge – links, rechts, vorne, Mitte, hinten und schließlich das Kopfnicken – wird mehrfach wiederholt. (Abb. 30) In die laufende Wiederholung setzt eine Stimme aus dem Glashaus ein: „Links außen, rechts außen, Mitte hinten." Die Artikulation der Richtungsangabe erinnert an den Kommentator eines Fußballspieles, der den Ball bzw. den Spielverlauf verfolgt, es kann aber auch als Anfeuern der Tänzerin verstanden werden. Die aufgeregte, sich beschleunigende Stimme und der sich dazu im Takt bewegende Körper überlagern sich, lösen die klaren Bestimmungen auf. Dieses einfache Ausstrecken des Armes wird in seiner Intensität gesteigert, bis der Körper der Tänzerin außer Kontrolle gerät, sich wie hypnotisiert der gewaltartig ausbrechenden Bewegung hingibt, die Körpergrenzen aufweichend.

Als Zuschauer können wir diese Szene mit einer kurz vorher stattfindenden Situation verbinden: Zwei Tänzer flüstern der Tänzerin, Vania Rovisco, von beiden Seiten ins Ohr, während die Tänzerin – gleich einer Suggestion – etwas Unverständliches aus ihrem Mund verlauten lässt. Analog zum Einflüstern von vorher scheint nun das „links außen, rechts außen, Mitte hinten" aus dem Glashaus die Tänzerin über Lautsprecher anzutreiben. Dabei gilt die Stimme nicht eindeutig dem sich bewegenden Arm der Tänzerin.

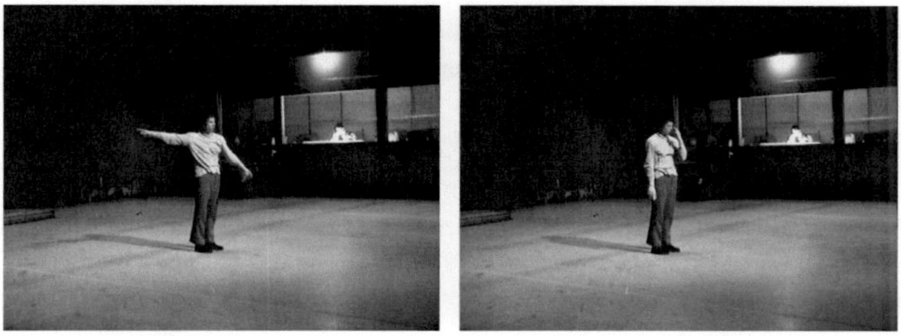

*Abb. 30: Meg Stuart, Alibi, 2001*

Das Zeigen als ein Bezeugen, als ein Deuten und Ausweisen – ob als Täter oder Opfer –, das Zeigen in seiner Eindeutigkeit und Unausweichlichkeit ist mit einem Gewaltakt vergleichbar. Das Ausstrecken der Arme ist im lateinischen *proicere* mit dem Vor-sich-Halten der Waffen verbunden.[33] Bildhaft nimmt das Ausstrecken des Armes mit der pistolenartig gerichteten Hand hier die Idee eines Geschosses auf – eines Projektils: Jacques Derrida entwirft in seinem Text „Das Subjektil ent-sinnen" einen Zusammenhang von *subjectil* – ursprünglich ein Begriff aus der Malerei für den Untergrund, den Träger, das Darunter – und dem *projectil*, das diesen Träger durchbohrt bzw. das sich auf das *subjectil* wirft.[34] In der beschriebenen Szene wird vom *projectil* als einem Werfen, einem Vorwerfen und einem Angreifen ausgegangen, das schliesslich im Durchbohren des eigenen Körpers mündet. Der Körper selbst wird zum *subjectil* – zur Angriffsfläche und zum Grund (kausal als Ursache und materiell als Hintergrund) – der Bewegung des Armes. Der Zusammenhang vom Projektieren des Arms auf einen anderen und dem Unterwerfen des Körpers sowie der Verselbständigung der Bewegung im Kontrollverlust des Körpers steht den Erläuterungen von Derrida nahe, der die Begriffe *projectil* und *subjectil* aufeinander bezieht, ineinander übergehen lässt und umwendet.

33 Vgl. Kap. 1, Projektion.

34 Jacques Derrida: „Das Subjektil ent-sinnen", in: Ders. u. Paule Thévenin (Hg.), *Antonin Artaud: Zeichnungen und Portraits*, München: Schirmer/Mosel 1986, S. 51-109.

Dass das Zeigen mit Gewalt gegen andere und gegen sich selbst verbunden ist, wird in der Unwiderruflichkeit des Zeigens im scheinbaren Durchbohren des eigenen Körpers, im körperlichen Akt des Zeigens deutlich. Was anfänglich mit dem Strecken des Arms als ein Wegführen von sich begonnen hat, führt direkt auf die Tänzerin zu, wird zur Bedrohung wie ein Pfeil, der durch sie hindurchführt. Im Auflösen der körperlichen Gefasstheit wird die Wirkung einer unsichtbaren Kraft sichtbar. Es ist wie eine Bemächtigung des Körpers von außen, die eine Spaltung in das Eigene und das Fremde hervorruft. Die Grenze verläuft nicht stringent. Vielmehr charakterisiert sich die Situation als ein Hin- und Herspringen zwischen beiden Kategorien: Subjekt und Objekt, Selbst- und Fremdbestimmung. Diese Einwirkung auf den Körper kann mit der Suggestion verbunden werden. Die subtile, zielgerichtete Manipulation der Hysterikerinnen durch die Ärzte an der Salpêtrière wird von Didi-Huberman als ambivalente Praxis beschrieben, in der die Bestimmungen von Subjekt und Objekt durchlässig werden.[35] Von außen wird das Subjekt, das dadurch zum Objekt wird, beeinflusst und in Bewegung versetzt.

Die Verselbständigung des Zeigens, das als eine Art Aufbegehren begonnen hat und zu einem *projectil* wird, wendet sich gegen den eigenen Körper. Im Kontrollverlust wird die Tänzerin wie von außen bestimmt. Das Ausbreiten der Arme als Gewaltakt gegen ein Gegenüber wird umgelenkt und auf sich selbst zurückgeführt.

## Symptome – körperliche und visuelle Merkmale

Verschiedene Dimensionen von Zeichen und Gesten, von Zeigen und Posieren wurden bereits an einigen Szenen von *Alibi* verdeutlicht. Neben Zeichen und Posen, die sich durch herausragende, außergewöhnliche Momente auszeichnen, treten weiterhin auch körperliche Merkmale, die von der Norm abweichen. Sie können zum einen als Symptome bezeichnet werden, die durch ihre Abweichung von der normalen Körperfunktion als Zeichen einer Krankheit gelesen werden können. Zum anderen kann die Abweichung äußerlicher, körperlicher Merkmale neben der Diagnostik von Krankheiten auch zur Erkennung einer Person beitragen. In beiden Fällen werden sie durch ihre Abweichung augenfällig. Die Symptome selbst bleiben jedoch bloße Sichtbarkeit, solange sie nicht von einem Arzt erkannt und einer Krankheit zugewie-

35 Vgl. Didi-Huberman 1997, S. 192-197, S. 203-208, S. 330-333. Die Ärzte der Salpêtrière wendeten Praktiken wie Hypnose oder Magnetismus an, um die Wiederholung der hysterischen Anfälle herbeizuführen und ihren Ablauf zu untersuchen. Dabei beeinflussten sie ihre Patientinnen, die umgekehrt in ihrer Hingabe an die Ärzte das lieferten, was diese von ihnen wollten.

sen werden.[36] Gemeinsam ist den Zeichen, Posen und Symptomen, dass sie mit der Frage nach ihrer Lesbarkeit und Entzifferbarkeit, aber auch deren Fehlbarkeit verbunden sind. Die Deutbarkeit der Zeichen oder Symptome spielt in *Alibi* verschiedentlich eine Rolle. Dazu zwei Beispiele:

In der ersten Szene werden Notizen verlesen, die an Vermisstenmeldungen oder Fahndungsgesuche erinnern. Sie nennen körperliche Merkmale wie die Größe, die Haarfarbe, aber auch Narben und Verletzungen, durch die sich die gesuchten Personen von anderen abheben könnten. Das Aufrufen der Meldungen wird von einer Projektion auf der Mitte der Bühnenrückwand begleitet, die Videoausschnitte und Photographien von körperlichen Merkmalen zeigt: Bilder von Menschen, auf denen meist nur ein kleiner Ausschnitt von einem Gesicht, einem Bein, einer Verletzung zu sehen ist. Die Bilder der Videoprojektion nehmen Kennzeichen auf, die auch den Worten zu entnehmen sind. Dennoch besteht keine genaue Entsprechung zwischen Bild und Wort. Hin und wieder blitzen in der Projektion identifizierbare Merkmale auf, werden aber sofort von neuen Bildern verdrängt. Teilweise sind die Bilder unscharf oder verwischen im schnellen Vorbeirauschen. In der Unschärfe und Verwischtheit wird deutlich, dass die äußeren, visuellen und körperlichen Merkmale, die als Erkennungszeichen von Personen – von Vermissten wie von Verbrechern, von Opfern und Tätern – dienen sollen, dieser Zuweisung und Identifikation nicht nachkommen können. Der Ausschnitt weist auf die Reduktion der Zeichen auf einen minimalen Gehalt hin, der das Umfeld und die Situation zur scheinbar besseren Erkennbarkeit ausblendet.

In einer darauf folgenden Szene werden die einzelnen Performer wie in einem Kontaktbüro durch die Tänzerin Simone Aughterlony angepriesen. Es werden nicht nur äußere Erkennungsmerkmale genannt, sondern auch Lebenseinstellungen oder Qualitäten der Personen, die zum Teil bereits weiter vorne in der Choreographie – in den Solos – vorgestellt wurden. Der Zuschauer versucht sofort, eine Beziehung zu dem herzustellen, was er sieht oder bereits gesehen hat. Die Konstellationen der einzelnen Szenen sowie deren Bezüge zu anderen eröffnen ein Beziehungsfeld zwischen der Sichtbarkeit der Zeichen und deren Deutbarkeit. Diese Bezüge können gleichzeitig, vorausgehend oder nachfolgend sein. Der Zuschauer versucht selbst immer wieder Zuweisungen zu unternehmen, die aber durch Abweichungen und durch paradoxe Zusammenhänge von der Choreographin bewusst unter- und gebrochen werden, so dass sich nie eindeutige Bezüge herstellen lassen. Die oben angesprochene

36 Vgl. das Nachwort zu Didi-Huberman 1997 von Silvia Henke, Martin Stingelin und Hubert Thüring: „Hysterie – das Theater der Epoche", S. 367. Hier wird die Deutung von Symptomen als Prozess der Wahrheitsfindung bei den Vorführungen von Jean-Martin Charcot in der Salpêtrière diskutiert, die durch ihre Inszenierung gerade das, was sie beweisen sollen, unmöglich machen.

Problematik der Zuweisung, der Lesbarkeit der Zeichen, deren Interpretation und Fehlbarkeit werden durch sich öffnende Differenzen immer wieder deutlich. Die Choreographin spielt geradezu mit dem Wunsch des Betrachters nach Identifikation, entzieht dieser aber immer wieder die Grundlage.

Die Differenzen deuten ihrerseits auf die Problematik der Wahrheitsfindung in der Medizin, in der Rechtsprechung, aber auch bei der Identifikation von Personen oder bei der Interpretation von Tanz und Theater. Die Zuordnung und Interpretation hat Roland Barthes in Anlehnung an Michel Foucault befragt und Symptome – als Zeichen einer Krankheit – mit den Zeichen der Sprache verglichen.[37] Der Vergleich könnte auf die Kriminalistik ausgedehnt werden, was von Foucault auch unternommen wurde.[38] Barthes vergleicht das System der Sprache mit der Diagnostik der Krankheit. Die Semiologie erweist sich in Bezug auf die Krankheit als eine Art Kurzschluss, da die Krankheit auf den Körper und sein Umfeld bezogen ist. Die Benennung einer Krankheit basiert auf einer Zuordnung von Symptomen, während man umgekehrt auch von den Symptomen auf die Krankheit schließen kann. Allerdings kann ein Symptom sich auf mehrere Krankheiten beziehen, weshalb es nicht eindeutig zugeordnet werden kann und die Umkehrung nicht immer funktioniert.[39]

Bei jeder Art des Lesens von Zeichen ergeben sich durch die Situation und den Hintergrund mehrere Möglichkeiten, die nebeneinander zu stehen kommen. Diese Eigenschaft der Mehrdeutigkeit wurde bereits für die einzelnen Posen, aber auch für die Szene und die Raumsituation erläutert.

Gemeinsam ist der Pose, dem Zeichen und dem Symptom, dass sie sich auf irgendeine Weise von ihrem Hintergrund unterscheiden und hervorheben. Sie zeichnen sich an bestimmten visuellen Merkmalen, Figuren und Bewegungen des Körpers ab. Durch ihre Charakteristik und ihre herausragende Funktion ziehen sie den Blick an, weisen auf sich selbst oder lenken den Blick von sich auf etwas anderes. Dieses Verweisen oder Deuten wird von der Choreographin auf verschiedene Weisen immer wieder abgelenkt, so dass wir als Betrachter von einer Anspielung zur nächsten geworfen werden.

---

37 Roland Barthes: „Semiologie und Medizin“, in: Ders. (Hg.), *Das semiologische Abenteuer*, Frankfurt a. M.: Suhrkamp 1988, S. 210-222.

38 Michel Foucault: *Überwachen und Strafen. Die Geburt des Gefängnisses*, Frankfurt a. M.: Suhrkamp 1992[10]; Michel Foucault: *Die Geburt der Klinik. Eine Archäologie des ärztlichen Blicks*, Frankfurt a. M.: Fischer 1988.

39 Barthes 1988, S. 220-222.

## Pause/Pausa

Der Begriff der „Pose" wurde bereits zu Beginn des Kapitels mit der *pausa* – einer Pause, einer Station innerhalb einer Prozession, einem Moment der Unterbrechung – in Verbindung gebracht. Die Choreographie *Alibi* wird von einer Pause unterbrochen und aufgehalten. Die Pause tritt zwischen die Solopartien der Tänzer, die teilweise sehr intensiv und existentiell sind und durch die Pause noch in ihrer Intensität gesteigert werden. Sie setzt in einem Moment der Aussichtslosigkeit ein, als Davis Freeman keine Ausflucht aus der alltäglichen Schuldbezeugung findet, als Valéry Volf seiner Einsamkeit nicht mehr entfliehen kann, noch bevor er einen Abschiedsbrief liest und bevor Joséphine Evrard die Pistole zieht. Dass das Ende nah ist, wird durch den Satz „the end is near" in der Pause bestätigt. Das Publikum selbst wird unsicher und betrachtet sich fragend, ob bereits das Ende der Choreographie erreicht ist. (Abb. 31)

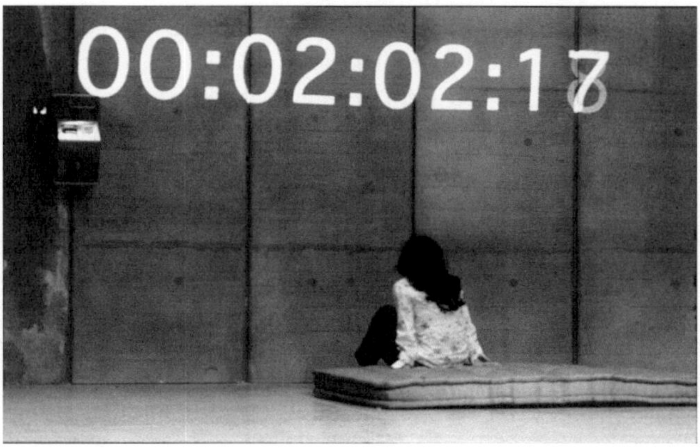


*Abb. 31: Meg Stuart, Alibi, 2001*

In dem Moment, als das Ende voraussehbar scheint, beruft ein Tänzer aus dem Glashaus eine Bedenkzeit ein, um das Ende aufzuhalten, aufzuschieben. Die Pause als Reflexion greift wieder zurück zur Tanzpose als einem Moment des Innehaltens, in dem die vergangene und zukünftige Bewegung reflektiert wird. Die Pause fungiert im Sinne einer Rück- und Vorschau, sie trennt die Choreographie in zwei Teile, die sich in einer Spiegelung aufeinander beziehen. Der erste Teil wird zum Ausgangspunkt für den zweiten. Dies wird durch die Rahmung der Pause mit den Solopartien und der darauf folgenden Wiederholung der „Posen-Szene" aus dem ersten Teil explizit. Die Pause fungiert nicht nur als Unterbrechung, sondern auch als Spiegelachse. Der erste Teil projiziert sich auf den zweiten und umgekehrt. Die Pause unterbricht die Choreographie nicht nur zeitlich, sondern wird inhaltlich als Aufschub oder strukturell in der Wiederholung und Spiegelung des choreographischen Aufbaus inszeniert.

Die Pause wird durch die Videoprojektion einer ablaufenden Stoppuhr als Einschub gekennzeichnet und zeitlich limitiert. Während die Zeit der Choreographie angehalten und die Narration – die jedoch schon vorher keine klare Linearität aufwies – unterbrochen wird, schaltet sich die Zeit über die projizierte Uhr wieder ein. Die Uhr zeigt die ablaufende Zeit an. Das Ablaufen der Zeit verdeutlicht einerseits das Zurücklaufen, mit dem ein Rückblick auf den ersten Teil der Choreographie abgeschritten wird, und andererseits das Zulaufen auf einen Nullpunkt, von dem aus ein Neustart möglich ist, der also eine Vorschau impliziert. Bei Null beginnen der zweite Teil und damit auch das Ende.

Die integrierte oder auf der Bühne inszenierte Pause ist ein paradigmatisches Stilmittel der Unterbrechung seit der Avantgarde. In der Choreographie *Relâche* (1924) von Francis Picabia wurde in der Pause der Film *Entr'acte* von René Clair gezeigt. Damit wurde das Theater als Genuss und Gesellschaftsevent negiert, das sich vor allem in der Pause im Foyer abspielte. Der Besucher konnte sich für den Film auf der Bühne oder die Pause im Foyer entscheiden.[40] Vielmehr als an *Relâche* erinnert *Alibi* an eine ihr zeitlich näher stehende Choreographie aus den 1960er Jahren: *Walkaround Time* von Merce Cunningham, die sich vermutlich ihrerseits auf *Relâche* bezieht. Die Pause könnte in allen drei Choreographien eine Referenz an Marcel Duchamp sein, der die Thematik des Zwischenraums und der zeitlichen Differenz ausgelotet hat. Sein *Großes Glas* spielt insbesondere in *Walkaround Time* eine große Rolle und wird auf verschiedenen Ebenen in die choreographische Struktur übertragen: Einzelne Motive aus dem *Großen Glas* stehen in durchsichtigen aufgeblasenen Plastikobjekten auf der Bühne, werden hin und her geschoben und zum Schluss in der Anordnung des Glases aufgestellt; die Wiederholung von Bewegungsabläufen; komplexe Übertragungsmomente, die sich in der zeitlichen Struktur der Choreographie und der Bewegung abspielen. In *Relâche* tritt Duchamp sogar als Performer auf: Er übernimmt die Rolle des nackten Adam; im Film *Entr'acte* spielt er zusammen mit Man Ray Schach.

Der Titel *Walkaround Time* verweist wie auch in *Relâche*[41] bereits auf die Pause, die Laufzeit eines Rechenvorganges bei einem Computer, während der die Programmierer sich im Raum frei bewegen konnten und sich irgendwie beschäftigen mussten.[42] Bei Cunningham setzen sich die Tänzer auf den Bo-

40 Vgl. Gabriele Brandstetter: *Tanz-Lektüren. Körperbilder und Raumfiguren der Avantgarde*, Frankfurt a. M.: Fischer 1995, S. 454-457.

41 Relâche bezeichnet im Theater auch die Zeit zwischen den Spielzeiten.

42 Vgl. David Vaughan: „'Then I thought about Marcel …' Merce Cunningham's Walkaround Time" (1982), in: Richard Kostelanetz (Hg.), *Merce Cunningham.*

den, massieren ihre Beine, trocknen sich mit einem Handtuch ab usw. Während der ablaufenden Zeit in der Pause von *Alibi* liest ein Tänzer einen Abschiedsbrief vor, eine Tänzerin singt vor sich hin, andere essen ihre Pausenbrote, einer raucht und wieder ein anderer schaut in den Fernseher – alles Tätigkeiten, die in der Pause oder nach der Aufführung hinter der Bühne oder zuhause ablaufen könnten. Nicht nur die Tätigkeiten, sondern auch die Präsenz der Performer und ihr niedrig gehaltener Energieaufwand deuten auf eine Entspannungsphase hin. Die Pause als Entspannung oder *recreation*, wie es im Englischen passend heißt, bestimmt in beiden Choreographien das Moment der Unterbrechung. Das Moment der Wiederaufbauphase und Wiedererschaffung ist in *Alibi* im Moment einer existentiellen Situation auch inhaltlich als ein Neuanfang (oder durch die Wiederholung gegen Ende der Choreographie auch als eine unendliche Wiederkehr) zu lesen. In Anlehnung an Didi-Hubermans Beschreibung der Photographie von Augustine in ihrem „Normalzustand“ kann die Pause als ein Moment der Unterbrechung oder der Dekontraktion vor der nächsten Anspannung verstanden werden, als eine Ruhepause vor dem nächsten Anfall,[43] der in der Choreographie mit dem Ablaufen der Uhr einsetzen wird.

## Exzessive Gegenwart an der Grenze des Körpers

Der folgende letzte Teil des dritten Kapitels thematisiert den Übergang von der Pose zum Affekt. Diesen Übergang verbinde ich mit dem, was Georges Didi-Huberman „das Innehalten in einem Rhythmus, das Bewahren eines Rhythmus“[44] genannt hat. Er bezieht sich damit auf die Dauer der Belichtungszeit und die Entstehung der Photographien, die Jean-Martin Charcot von den Hysterikerinnen, insbesondere von Augustine, anfertigen ließ. Die Dauer moduliere die Blicke auf die Vergangenheit (Rhythmen des Bewahrens), die Zukunft (Rhythmen des Vorhaltens) und den Augenblick hin (Dauer des Augenblicks).[45] Anders als bei den Photographien geht es aber in der Analyse der zwei folgenden *Alibi*-Szenen nicht um stehende Bilder, sondern um körperlich und emotional bewegte. Die Szenen charakterisiert das Feststecken der Bewegung im Sinne eines Hin und Her, eines Auf und Ab – das „Bewah-

*Dancing in Space and Time. Essays 1944-1992*, New York 1992; Gabriele Brandstetter: „Figur und Placement. Körperdramaturgie im zeitgenössischen Tanztheater am Beispiel von Merce Cunningham und Meg Stuart“, in: Hermann Danuser (Hg.), *Musiktheater heute. Internationales Symposium der Paul Sacher Stiftung Basel 2001*, Mainz/London/Madrid u. a.: Schott 2003, S. 320/1.

43 Didi-Huberman 1997, S. 126.

44 Ebd., S. 122.

45 Ebd., S. 122f.

ren eines Rhythmus" eben –, was unmittelbar auf Tänzer und Zuschauer einwirkt. Die Position vor bzw. nach der Pause setzt die Szenen zueinander in Beziehung, weil sie so auf den Moment des Anhaltens hinarbeiten bzw. aus diesem heraus.

Wie über die Rhythmik von Sprache, Körperbewegung und Musik Intensität entsteht, wie und wo der Affekt hervorbricht, wie sich die exzessive Körperlichkeit und Dynamik mit Bildlichkeit verbinden lässt, sind Fragen, mit denen ich mich im Folgenden auseinandersetzen werde.

## ‚I'm guilty of' – ‚Einfahren' der Sprache in den Körper

In Anzug und weißem Hemd beginnt Davis Freeman (Abb. 32) ganz ruhig in der Form eines Vortrags – unterstützt durch die Gestik und die gleichmäßige Artikulation der Stimme –, sich anzuklagen, aufzulisten, für was er sich alles für schuldig erklärt. Von Beginn an steht das ruhige und professionelle Auftreten in einem unauflösbaren Widerspruch mit dem Inhalt der Rede, die Anklage seiner selbst. In einer rational analytischen Art versucht er seine alltägliche Schuld dem Publikum – den Zuschauern auf der Tribüne wie den Tänzern – zu erläutern. Die anderen Tänzer, die im Glashaus sitzen und ihm durch die Fensterscheibe zuschauen, erweisen sich als Zeugen[46] oder gar Richter dieser Schuld.

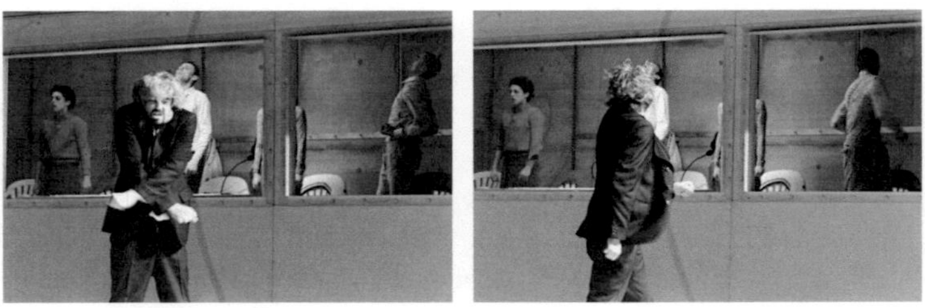

*Abb. 32: Meg Stuart, Alibi, 2001*

Das fortlaufende Auflisten von Schuld und die stete Wiederholung von „I'm guilty of …" wirken dynamisierend auf den Körper des Tänzers ein. Nach und nach erfasst ihn Erregung. Zuerst schlägt es dem Performer den Kopf nach hinten. Er spricht weiter, seine Stimme wird lauter, verzerrter, schreiender und schneller. Dann katapultiert es seinen ganzen Körper, wie von einem elektrischen Strom erfasst, nach hinten. Dadurch werden seine Arme nach oben geworfen und der Körper öffnet sich – als Zeichen der Unschuld oder des Ausgeliefertseins. Dann reißt er seine Arme nach vorn, der Körper schließt

46 Zur Figur des Zeugen vgl. Gilles Deleuze: *Francis Bacon. Logik der Sensation*, München: Fink 1995, S. 47-52.

sich wieder, der Performer sammelt sich. Zur Seite getrieben, fährt er immer verzweifelter mit der Anklage seiner selbst fort. Die Musik wird lauter und eindringlicher, Lautstärke und Dynamik nehmen zu und greifen auf die Stimme über. Das Auf- und Abstreichen der Bogen eines Streichorchesters beherrscht den ganzen Raum und unterstützt in stetiger Wiederkehr die unausweichliche Wiederholung von „I'm guilty of …". Musik und Sprechakt fahren dem Performer in den Körper, werfen ihn nach hinten und wieder nach vorne. In der Steigerung der Erregung und der Attacke auf die Ganzheit des Körpers pendelt sich seine Bewegung nach und nach in einem regelmäßigen, aber zackigen Rhythmus ein: Arme hoch, runter, Kopf nach hinten, Torsion nach links, Kreuzen der Arme und wieder von vorn. Die Musik steigert die sich formalisierende Bewegung. Die Melodiestimme wird zurückgenommen und die Bassstimme des Orchesters tritt mit einer reißenden, sich wiederholenden Streichbewegung hervor. In der Durchdringung von Melodie und Bass entstehen inhärente Spannungen, die die sich wiederholende Körperbewegung reflektiert. Die ekstatische Bewegung, der unwiderstehliche Rhythmus und das beharrliche Reißen der Streicher greifen nach und nach auf die Tänzer im Glashaus über. Ein Performer nach dem anderen nimmt die Bewegung auf, bis schließlich alle von der gleichen Bewegung angesteckt sind.[47] Sie werden von Beobachtern oder gar Zeugen der Selbstbezichtigung zu Mitstreitern im „Prozess". Wie die Bewegung von einem Ort zum anderen, einem Körper zum anderen übergreift, gelangt sie auch zum Betrachter. Die Intensität, die durch die Vervielfältigung und Wiederholung der Bewegung entsteht, und die Unnachgiebigkeit der Musik wirken unmittelbar auf den Betrachter ein.

Verschiedene Aspekte wirken an der Aufladung der Szene mit. Die Auflistung der Schuld, die Angreifbarkeit des Körpers, im Aufreißen und Schließen des Jacketts und in der Gestikulation der Arme, die Beharrlichkeit des Rhythmus in Musik und Bewegung, die Übertragung der äußeren und inneren Bewegung auf das Glashaus und die Inszenierung der Szene im Hin und Her der Blicke.

Während zu Beginn die Aufzählung der Anklagen den Performer und mit ihm die Zuschauer zu Reflexion angeregt haben, wird die Situation immer verworrener, die Gründe der Anklage immer unverständlicher und unlogischer. Die Frage nach der Bewältigung solcher Schuld – obwohl nicht direkt gestellt,

47 Diese Intensität wird von Lilo Weber in ihrer Kritik in der Neuen Zürcher Zeitung aufgenommen und fließt in den Rhythmus der Sprache ein: „Davis Freeman klappt auf, klappt zu, seine Worte zwingen ihn zu Boden, zucken in seinen Gliedern, drängen aus Händen und Füssen allmählich in die Kabine, wo nun die Körper einer nach dem anderen aufklappen, zuklappen, synchron erst, dann versetzt, während die gleichförmigen Akkorde Paul Lemps lauter und lauter werden." Lilo Weber: „Leibhaftige Gewalt. Uraufführung von Meg Stuarts ‚Alibi' im Zürcher Schiffbau", *NZZ*, Nr. 269, 19. Nov. 2001, S. 28.

doch durch die Wiederholung und den nicht abbrechenden Strom der Aufzählungen impliziert – wird immer eindringlicher und unabwendbar. Die Aufzählung lässt sich nicht rational begreifen. Die Rezitation verselbständigt sich in der Wiederholung von „I'm guilty of ..." und geht auf den Körper über. Sie fährt in den Körper – greift die Intaktheit der Person an. Der Performer verliert den Stand, seine Position wird instabil und angreifbar. Die Angreifbarkeit der Person wird am Körper materiell und visuell erfahrbar, indem er hin und wieder das Jackett öffnet und die Arme hochhebt, hin- und herkatapultiert wird und sich in der Torsion beinahe zerreißt.

Die Szene schlägt von der Ungreifbarkeit der Äußerungen und der körperlichen Zuckungen um in eine sich wiederholende, formalisierende Bewegung. In der Zone des Umschlagens von Sprech- zu Körperbewegung, von Melodie- zu Bassstimme stellt sich nach und nach eine Rhythmisierung und Formalisierung der Bewegung ein, die sich dann auf die Tänzer im Glashaus überträgt. Dieses Einpendeln in einem unwiderstehlichen Rhythmus gleicht einem Feststecken in einer Bewegung, die fortdrängt und nicht fort kann. Die vorangegangenen Gesten und Posen, mit denen der Performer seine Unschuld bzw. sein Ausgeliefert-Sein bekundet, werden in die formaler werdende Bewegung eingeschlossen, von der gleichbleibenden Rhythmik überlagert und sind nicht mehr als solche entzifferbar. Es ist wie ein Nachbeben und eine gleichzeitige Kondensation des Ereignisses in einer sich wiederholenden Bewegung. In der Rhythmisierung wird etwas im Körper gefasst, was aber an den Grenzen des Körpers, in der Torsion und im Hochreißen der Arme wieder ausbricht – das Leiden, der Affekt. Die Körperbewegung, sich vervielfältigend im Glashaus, wird zu seinem Träger, zum Träger und Übermittler des unbegreiflichen Ereignisses. Die ständige Wiederholung bewirkt eine Trance des Performers: Im Versuch, die Körperkontrolle wiederherzustellen, bricht der Affekt mit jeder neu ansetzenden Körperbewegung wieder aus.

Die Verschiebungen finden sich nicht nur in der sich wiederholenden Körperbewegung von Davis Freeman, sondern auch in den synchronen Bewegungen aller Tänzer wie auch im Auf- und Abklingen von Melodie und Bassstimme in der Musik. Obwohl der Rhythmus sehr beharrlich und unwiderstehlich wirkt, weichen die Bewegungen der Tänzer leicht voneinander ab. Das dadurch entstehende Angleichen und Abweichen verstärkt die Intensität der jeweils einzelnen Bewegung und ihrer Materialität. Zum einen wird die Erregung durch die Vervielfältigung und die Wiederholung in einem regelmäßigen, einprägsamen Muster gebändigt, und zum anderen entsteht eine Schwingung zwischen den einzelnen Bewegungen zur Gesamtheit, zwischen Individualisierung und Typologisierung, zwischen Einzelschicksal und Allgemeinheit.

In der Oszillation zwischen Angleichen und Verschieben bricht an den Rändern der Affekt aus, wird aber zugleich gebändigt durch den Rhythmus und die strukturierende Form. Deshalb kann in diesem Fall auch von einer

„affektiven Differenz“ gesprochen werden, die Maren Butte für das geplante *Eikones-Lexikon* beschreibt: Der affektive Grundkontrast versteht sich als eine Spannung zwischen Affekt und Form, welche im statischen Kunstwerk in einer Art „temporaler Stauung“ gespeichert ist. Als Beispiel nennt sie die Faltenwürfe, Draperien und wehenden Haare – von Aby Warburg als „bewegtes Beiwerk“ bezeichnet –, die im Bild in ihrer Bewegung zwar angehalten, aber in der Wahrnehmung immer wieder neu mobilisiert werden. In bewegten Bildern, so Butte, würde diese affektive Form sich fortlaufend in der Bewegung entladen.[48] Gerade in der besprochenen Szene kommt die Bewegung nicht vom Fleck, sie ist gefangen in der unaufhaltsamen Wiederholung. Sie spult auf der Stelle und kommt nicht zur Entladung, sondern lädt sich immer wieder von neuem auf. Die Bewegung staut sich in der Wiederholung und in der Übertragung auf das Glashaus zu einer bildähnlichen Gleichzeitigkeit.

Das Festhalten der Situation an einem Ort verbindet sich hier mit Unbegründbarkeit und Unausweichlichkeit: Davis Freeman kann sich von der Liste der Schuld nicht befreien. Dies wird gesteigert durch die Anordnung der Szene und dem Ausgesetztsein des Performers, nicht nur den Blicken der Zuschauer, sondern auch denen der anderen Performer im Glashaus. Die Anordnung lässt sich mit dem, was Gilles Deleuze für die Malerei von Francis Bacon mit „Schauplatz“ sowie mit Zeugenschaft beschreibt, vergleichen. Mit Schauplatz bezeichnet Deleuze die der Figur zugeordnete Fläche, welche die Figur umrundet, sie einschließt, sie isoliert, damit sie nicht in eine Narration eingebunden wird, sondern ohne Grund bleibt.[49] Die Zeugen – hier die Tänzer im Glashaus, in einem Triptychon von Bacon die Figuren der Nachbarbilder – fokussieren den Blick auf den Schauplatz, halten die Dynamik an diesem Ort fest. Denn der Zeuge ist bei Deleuze weniger ein Zuschauer oder Voyeur als vielmehr eine Konstante, „ein Maß oder ein Takt, bezüglich dessen man eine Variation ermittelt“.[50]

---

48 Maren Butte: „Affektive Differenz“, Stichwort für das geplante *Eikones-Lexikon*, vorgestellt am 12. April 2007 im Kolloquium vom Nationalen Forschungsschwerpunkt Bildkritik an der Universität Basel. Der Begriff der „affektiven Differenz“ geht auf die „ikonische Differenz“ von Gottfried Boehm zurück (vgl. Gottfried Boehm: „Die Wiederkehr der Bilder“, in: Ders. (Hg.), *Was ist ein Bild*, München: Fink 1995, S. 29-33). Die Übertragung der „ikonischen Differenz“ auf die Bewegung bedürfte einer eingehenden Forschung von Bewegungstheorien und ihre Verknüpfung mit der Bildtheorie, was nochmals einen weiteren Horizont eröffnen würde. An dieser Stelle danke ich Maren Butte und Sabina Brandt für den Austausch und die Einladung zur Teilnahme an diesem Kolloquium. Des Weiteren danke ich den Teilnehmern des Doktorandenkolloquiums von Gabriele Brandstetter vom 16. Februar 2007 am Institut für Theaterwissenschaft der Freien Universität Berlin, wo ich diese Szene zur Diskussion stellen konnte.

49 Deleuze 1995, S. 9f.

50 Ebd., S. 47.

In diesem Sinne bleiben die Tänzer im Glashaus weiterhin Referenz für die Hauptfigur, als sich die Situation umkehrt, da sie von der Bewegung angesteckt und somit zum spiegelnden Gegenüber werden. Als Zuschauer bildeten sie den Reflexionsgrund, nun werden sie selbst zur Reflexion der Bewegung. Davis Freeman hält inne und blickt auf die sich ruckartig bewegenden Tänzer. Rückblickend betrachtet er die Bewegung, die ursprünglich von ihm ausgegangen war, bis er sich wieder in die Bewegung einklinkt. Die auf einen Rhythmus insistierende, sich auf andere Tänzer übertragende Bewegung eröffnet eine Dauer, in der die Blicke hin und her gehen, zwischen vergangener und sich übertragender Erregung, die in der Bewegung immer wieder gegenwärtig ist.

Auch der Zuschauer bewegt seinen Blick zwischen Davis Freeman und den Tänzern im Glashaus. Dabei bindet er die Gestikulationen und Schuldbezeugungen vom Anfang der Szene in die wiederkehrenden Bewegungen ein, die jene langsam überschreiben und fortsetzen. In der sich wiederholenden Bewegung dringt die Vergangenheit immer wieder durch, in der Übertragung der Bewegung wird die Zukunft impliziert, ohne dass der Ablauf einer Geschichte möglich wäre. Es ist ein Kreislauf, in dem Vergangenheit und Zukunft in der Gegenwärtigkeit der Bewegung immer zusammengeschaltet sind.

In der Formalisierung wird der Affekt gefasst und in der Vervielfältigung der Bewegung übertragbar. Die Unbegreiflichkeit der täglich wiederkehrenden Schuld rückt jedem Einzelnen zu Leibe. Es ist diese Intensität, die vom Einzelnen ausgeht und auf die anderen überschwappt, die umso intensiver ist, als sie ganz persönlich ist und doch uns alle betrifft. Die Übertragbarkeit – sowohl der körperlichen Erregtheit als auch der ethischen Betroffenheit – geht mit der Formalisierung des Affekts einher. Durch die Abstraktion von einem Kontext lässt sich dieser auf verschiedene Weisen jederzeit aktualisieren.[51]

## Hyperventilation – Bewegung an der Grenze des Körpers

Mit dem Ablaufen der Zeituhr setzt Joséphine Evrard unmittelbar nach der Pause mit einem hohen lauten hysterischen Schrei ein. Dann beginnt sie schnell und laut zu atmen, scheinbar in der Beschleunigung ihren Mangel an Luft aufzuholen. Die Tänzerin scheint so die Verspätung – als solche deutet Deleuze[52] den Begriff der „Hysteresis" – in der schnellen, sich selbst überholenden Atmung einzuholen. Aus der Verspätung erwächst eine gesteigerte Präsenz des Körpers – eine exzessive Gegenwart, die sich selbst übersteigert, sich selbst bedroht. (Abb. 33)

51 Warburg 2000.

52 Vgl. Deleuze 1995, S. 34. Didi-Huberman 1997 bezieht dagegen die Verspätung auf die photographische Darstellung eines hysterischen Anfalls (S. 124).

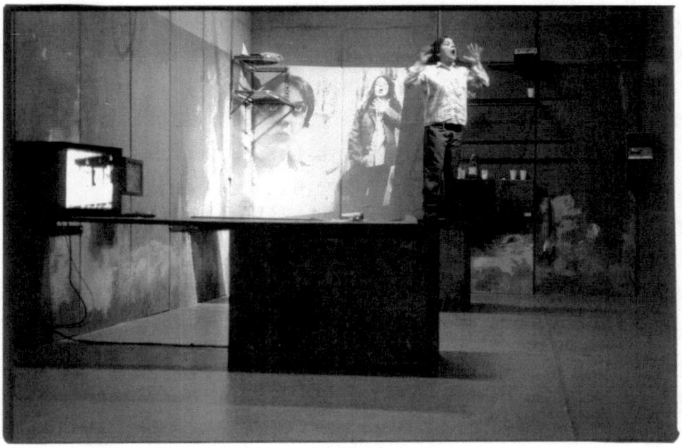

*Abb. 33: Meg Stuart, Alibi, 2001*

Die Tänzerin verlangt durch ihre gesteigerte Körperlichkeit Aufmerksamkeit. Sie exponiert sich nicht nur durch ihre Hyperventilation, durch die Übertreibung und Überzeichnung ihrer körperlichen Grenzen im Öffnen des Mundes und im Beben der Brust, sondern auch durch ihre Position: Sie steht auf dem Tisch, dem Abgrund nahe. Der Tisch ist ihr einziger Boden, ihr begrenzter Handlungsspielraum, und dient gleichzeitig als Podium ihrer Zur-Schau-Stellung, welche laut Didi-Huberman der „Erfindung der Hysterie" als Prinzip zugrunde liegt. Durch Zur-Schau-Stellung und Inszenierung haben Jean-Martin Charcot und seine Photographen bestimmte Gesten von Hysterikerinnen provoziert.[53] Das Außer-sich-Sein, das Aufmerksamkeit an sich konzentriert und nach dieser verlangt, wird durch ein Schild mit der Aufschrift „I'm looking for you" auf der gegenüberliegenden Seite im Glashaus erwidert. „Look for" hat zum einen die Bedeutung von „suchen" und zum anderen von „erwarten", was sich auf unterschiedliche Weise auf das Suchen nach Aufmerksamkeit der Tänzerin beziehen lässt und zugleich den Blick mit ins Spiel bringt. In der Anziehung des Blicks, in ihrer ganzen Anstrengung der exzessiven Gegenwart, des Drängens nach außen, des Drängens nach Präsenz, wirkt die Tänzerin auf vielfache Weise gefangen: auf ihrem Tisch, in der Wiederholung und in unserem Blick. Sie scheint örtlich und zeitlich fixiert, an einen Moment, einen Ort gebunden, wie wenn der „Blick der Medusa"[54] – der Schrecken – sie getroffen hätte.

Einen Bruch in dieser kaum zu durchbrechenden körperlichen Erregtheit bildet das plötzliche Hervorsprudeln des Satzes „I have got five points". Die Klarheit, die einerseits in der Artikulation und andererseits durch die Vorgabe

53 Didi-Huberman 1997, S. 13, S. 267.

54 Vgl. Brandstetter 1997, S. 201.

von fünf Punkten hervorbricht, steht in Kontrast zur Erregung der Tänzerin. Während der Aufzählung dringt jedoch bereits die körperliche Verfassung durch, so dass die letzten beiden Punkte auf der Strecke bleiben. Daraufhin greift sie zur Pistole, richtet sie zuerst mit ausgestrecktem Arm auf ein mögliches Gegenüber und dann auf sich selbst. Unklar, welche Ursache die Tänzerin in diesen Zustand des Außer-sich-Seins manövriert hat. Sie kommt für einen Moment wieder zu sich, indem sie, sich selbst befehlend, schreit: „put it down". Sie macht sich zum „Zeugen", zur Beobachterin ihrer eigenen Gewalt, und wendet sich selbst wie von außen zu. Durch die Selbstreflexivität kreist die Situation von sich – über sich – zu sich selbst zurück. Das wird unterstützt durch die Projektion im Hintergrund, die ihre Person in der Spiegelung – die Projektion zeigt die Performerin in den Spiegel blickend und bildet zugleich einen Spiegel – gleichsam verdoppelt. Die Tänzerin wird auf diese Weise gleich mehrfach von sich selbst eingekreist.

Dieses In-sich-Kreisen ist eher ein Zustand als eine Bewegung, jedoch ein in sich bewegter Zustand. Es ist ein auswegsloser, unergründbarer Zustand, dessen Ursache und dessen Ziel nicht logisch begründet werden können. Es ist eine Art „Bewegung auf der Stelle"[55] von äußerster Aktualität, die keine Fortbewegung ist, sondern eine Erregung am Körper, eine Bewegung, die von (n)irgendwoher kommt und die (n)irgendwohin geht: ein Affekt. Sichtbar wird er an der Grenze des Körpers: die Öffnung des Mundes, das Klappern der Zähne, das Zittern am Körper, das Beben der Brust. Alles passiert an der Grenze des Körpers – zwischen innen und außen sowie zwischen Form und Deformation. In der Deformation des Körpers und im Entweichen von Energie wird der Affekt unmittelbar – körperlich, lautlich und visuell.

Es ist ein Zustand, eine unausweichliche Situation, eine Gefangenheit in einem Augenblick, eine Dynamik, die auf der Stelle spult, die sich ständig überspult, die aber nicht aus sich herausfindet, die „irgendwo stecken bleibt", wie das Gabriele Brandstetter für den Affekt in einer anderen Choreographie von Stuart beschreibt: „Es ist die Bewegung eines Affektes unter hoher Pression, die irgendwo stecken bleibt, wie unter einem Druck deformiert, befremdet und in ein unbekanntes Raum-Körper-Gefüge entweicht."[56] Brandstetter erläutert diese Bewegung eines unentzifferbaren Affekts für die auf *Alibi* folgende Choreographie *Visitors Only*, deren Thematik noch näher bei der Entfremdung und Ortlosigkeit der Tänzer ansetzt. Der Affekt ist ein wichtiger Aspekt in der Arbeit von Stuart, in dem sich intensive Körperlichkeit und Bildlichkeit ineinander verschränken.

In Anlehnung an die Pathosformel von Aby Warburg lassen sich hier Bild und Körper verbinden. Der Körper ist Träger affektiver Qualitäten. „Die Kör-

55 Vgl. Deleuze 1995, S. 28-31.
56 Brandstetter 2003, S. 11.

persprache innerer und äußerer Bewegung leistet den energetischen Transfer ins Bild ebenso wie die energetische ‚Decodierung' im Auge des Betrachters."[57] Während bei den Beispielen von Warburg der Energietransfer aus der bildinhärenten Körperbewegung erörtert wird, wird der Zuschauer in den Choreographien Stuarts durch die körperliche Erregtheit und ihr Insistieren in einem Rhythmus affiziert. In beiden Fällen handelt es sich um eine Bändigung des Affekts in einer Figur: so in der sich in wallenden Stoffbahnen abzeichnenden Bewegung im Bild oder der formalisierten Wiederholung der Bewegung der Tänzer. Die Schwingungen, die vom Visuellen, Körperlichen und Lautlichen ausgehen, fügen sich in der Wahrnehmung zu einer Oszillationsfigur zusammen, die, gebunden an einen Ort, die Aufmerksamkeit auf sich zieht.

Beiden Szenen ist gemeinsam, dass sich die Performer in einem Zustand körperlicher Erregtheit bewegen. Dieses Bewegen in einem Zustand wird von Hans-Thies Lehmann als Merkmal des postdramatischen Theaters bezeichnet: „Postdramatisches Theater ist ein Theater der Zustände und szenisch dynamischer Gebilde."[58] Der Zustand ersetze die Handlung des dramatischen Theaters. In diesem Zusammenhang greift Lehmann einen direkten Vergleich zur Malerei auf, die, scheinbar statisch, im Auge des Betrachters Dynamik und Prozessualität hervorbringt. Auf ähnliche Weise finde sich innerhalb der Bewegung eines Zustands eine eigene Dynamik, die mit dem „szenischen Gebilde" korreliere.[59] Lehmanns Charakterisierung des Zustandes lässt sich mit den Ausführungen von Deleuze zur Malerei Bacons vergleichen. Deleuze beschreibt ebenfalls das Ablösen der Figur von einer Narration, die sich in einer „Bewegung auf der Stelle" manifestiert. Im Feststellen der Bewegung und im Aufheben ihres Fortlaufs entsteht ein bildähnlicher Zustand, der im Folgenden nochmals zusammengefasst wird.

Die inhärente Dynamik des Zustands zeichnet sich in beiden Szenen durch die andauernde Wiederholung, das „Bewahren eines Rhythmus" aus, in den sich die Performer hineinmanövriert haben und aus dem sie kaum wieder ausbrechen können. Unterschiedlich ist jedoch der Verlauf des Zustands: Während Joséphine Evrard bereits auf der Höhe ihrer Erregtheit beginnt, sich mit ihrer Atmung bereits an der Grenze des Körpers bewegt, wird der Körper von Davis Freeman erst allmählich durch das Insistieren von „I'm guilty of …" und das Anschwellen der Musik von der Erregung erfasst. Letzterer bewegt

57 Ulrich Raulff: *Wilde Energien. Vier Versuche zu Aby Warburg*, Göttingen: Wallstein 2003, S. 142.

58 Hans-Thies Lehmann: *Postdramatisches Theater*, Frankfurt a. M.: Eigenverlag 2001, S. 114.

59 Ebd., S. 113. Die den Zuständen inhärente Dynamik lässt sich wohl mit derjenigen von Gemälden vergleichen, denn es handelt sich um eine Beziehung zwischen Stasis und Bewegung, aber mit umgekehrten Vorzeichen.

sich mit seiner Intensität auf die Unterbrechung in der Pause zu, erstere geht aus der Spannung der Suspension des Fortlaufs hervor. Bei Joséphine Evrard bricht die scheinbare Klarheit der Sprache für einen Moment in ihr Außer-sich-Sein ein, während bei Davis Freeman die Gelassenheit der Sprache von der körperlichen Erregung eingeholt wird. Letztendlich bricht aber bei beiden im Insistieren, in der Wiederholung, die Verbindung der Bewegung zu ihrer Ursache (und zu ihrem Ziel) ab und verselbständigt sich.

Das „Bewahren eines Rhythmus" wirkt teilweise wie ein mechanisches Pumpen oder Ankurbeln des Körpers, wie ein Zwang zur Dynamik. Am Rande der formalisierten Bewegung wird in ihrer Zwanghaftigkeit immer auch das Leiden mitgetragen, da die Bewegung an der Grenze des Körpers stattfindet, ja an dieser rührt. An der Grenze zwischen Innen und Außen – durch die an der Intaktheit des Körpers rührenden Bewegung und durch die Verletzbarkeit des Körpers – bricht der Affekt hervor. Er zeichnet sich in den bereits beschriebenen, bewegten Zuständen – zwischen Festhalten und Fortdrängen – am Körper und an der Stimme ab. Anders als im dramatischen Theater, wo der Affekt kausal mit der Erzählung verknüpft ist, wird er hier an den Körper und an den Ort gebunden. In diesem Sinne ist der affektive Zustand vergleichbar mit bildlichen Darstellungen, denn der Affekt wird über die Körperbewegung und die Steuerung der Aufmerksamkeit des Blicks initiiert.

Neben der affizierten Körperlichkeit wird der Zustand durch die Anordnung und Ausrichtung der Szene fokussiert: den Schauplatz und die Zeugen. In der ersten Szene fungieren die Tänzer im Glashaus auf die Selbstbezichtigung zuerst zuschauend, dann die Bewegung aufnehmend als ein Gegenüber. In der zweiten Szene kann das Schild mit der Aufschrift „I'm looking for you" zugleich als Antwort auf die Erwartung des Blicks als auch auf die Suche nach einem Gegenüber gedeutet werden.

Es ist jedoch nicht allein die Sichtbarkeit – die formalisierte Körperbewegung und das Zur-Schau-Stellen –, was Bildlichkeit impliziert, sondern vielmehr die Art und Weise der Inszenierung und ihre Temporalisierung. Die Verbindung zwischen Performer und Tänzern entsteht nicht primär aus einer kausallogischen Verbindung, sondern durch die Gegenüberstellung und die Gleichzeitigkeit von Möglichkeiten. Die Elemente sind nicht in ein Nacheinander, in eine Narration eingebunden, vielmehr erhalten sie ihre Dringlichkeit durch ihre permanente Aktualität und ihre Unmittelbarkeit.

Das Innehalten der Bewegung auf der Stelle in einem Rhythmus provoziert in der Stauung des Fortlaufs eine nahezu bildliche Gleichzeitigkeit. Dadurch entsteht eine ständige Differenz zwischen Stasis und Bewegung sowie zwischen vorangehender und folgender Bewegung. In der Wiederholung wird die Bewegung zwar formalisiert, kommt jedoch nicht zur Auflösung – sie verharrt in einer temporalen Stauung.

# 4 Aufhebung der Zeit/ Räumlichkeit von Bewegung

## *Visitors Only*

Die Wiederholung von kleinen Bewegungen auf der Stelle, die im dritten Kapitel unter dem Gesichtspunkt der Pose und des Affekts beschrieben worden sind, werden im Folgenden anhand der Choreographie *Visitors Only* mit der Aufhebung von Zeit und Räumlichkeit in Verbindung gebracht. Zuvor werde ich den gesamten Ablauf[1] der Choreographie, die wie fast alle Choreographien Stuarts insgesamt zwei Stunden dauert, kurz skizzieren:

*Visitors Only* wurde am 30. April 2003 im Schauspielhaus Zürich in der Schiffbauhalle uraufgeführt. Das Bühnenbild von Anna Viebrock, das aus einem zweistöckigen Gebäudefragment mit acht Räumen besteht (vgl. detaillierte Beschreibung der Bühne: Kap. 2, Von der Fassade zum Innenraum), bildet das Spielfeld für die Bewegung der acht Tänzer. Zwischen Bühnenarchitektur und Tribüne sitzen, in einer Art Orchestergraben, die Musiker Paul Lemp (Gitarre, Bass und Elektrosound) und Bo Wiget (Cello) und der Videokünstler Chris Kondek.

Die Zuschauer werden von einem eindringlichen Sound empfangen, zu dem sich bereits alle Tänzer, versammelt im unteren Raum links vorne, in einem regelmäßigen Rhythmus auf- und abbewegen. Das Schütteln der Tänzer, im Englischen oft mit *shaking* bezeichnet, dauert insgesamt über fünfzehn Minuten, zögert den Anfang heraus und steigert die Erwartung (Kap. 4, ,Shak-

1 Die Abfolge der Choreographie ist sehr verkürzt beschrieben, da es zwischen den hier genannten Szenen viele kleine Ereignisse gibt, die nicht alle erwähnt werden können und die eine klare Trennung der Szenen eigentlich unmöglich machen. Dennoch heben sich einzelne Passagen durch besondere Qualitäten wie die Wiederholung einer Bewegung ab, so dass durchaus von Szene gesprochen werden kann.

ing'). Die Tänzer bewegen sich allmählich in und durch die anderen Räume. Oben in den Fenstern erscheinen zwei Tänzerinnen mit roten Perücken und nacktem Oberkörper gleich Nixen. Unten fragt der Performer Sam Louwyck nach der Anwesenheit von teilweise bekannten, teilweise bereits verstorbenen Persönlichkeiten. Eine Tänzerin, Vania Rovisco, bezeugt in einem hysterischen Schrei mehrfach, dass das ihr Haus sei. Nach diesen ersten Erkundungen im „Haus" treten alle acht Performer nacheinander in die vorderen beiden Räume des oberen Stockwerks. Sie reihen sich in bunten, markanten Kostümen – grell beleuchtet – nebeneinander auf und posieren wie bei einem Tableau vivant (Kap. 4, Entstehung und Auflösung des Standbildes). Danach verteilen sie sich auf die einzelnen Räume. Isoliert voneinander bleiben sie mit ihren kleinen tickartigen Bewegungen in ihrem Raum, bis alle von einer unsichtbaren Kraft durchs Gebäudefragment getrieben werden (vgl. Kap. 2, Dynamisierung des Raumes). Nachdem alle das „Haus" durchzogen haben, bleibt der Performer Thomas Wodianka allein oben links im vorderen Raum zurück. Er bleibt während der ganzen Szene an Ort und Stelle, dreht nur seine Hände und seinen Kopf und stößt Laute, Worte und Sätze aus (Kap. 4, Bewegung auf der Stelle). Diagonal dazu, unten vorne rechts, folgt eine partyähnliche Szene, zu der sich alle Performer in neuen eleganten Kostümen versammeln. Danach stellen sie sich ein weiteres Mal am vorderen Rand der Bühne auf, jeweils vier oben und unten. Die Aufreihung der Performer wirkt im Vergleich zum Standbild zu Beginn der Choreographie, in der alle samt ihren Kostümen aus- und vorgestellt werden, wie ein Verabschieden (Kap. 4, Abwesende Präsenz). Doch die Choreographie ist noch nicht zu Ende: Die Tänzer drehen sich paarweise in den hinteren vier Räumen im Kreis. Durch die unendliche Drehbewegung wird das Ende, ähnlich wie der Anfang, herausgezögert (Kap. 4, ‚Spinning'). Eingehüllt in mehrere Kleiderschichten treten die Tänzer zum Schluss nochmals auf die Bühne, setzen sich an den oberen Rand – die Beine nach unten baumelnd – und trinken Tee.

Wie andere Choreographien Stuarts wird auch *Visitors Only* gleich einem Zwiebelprinzip mehrfach gerahmt:

1. Durch zwei Szenen, die von der Wiederholung eines Bewegungsmotivs und seiner anhaltenden Dauer geprägt werden und so den Anfang bzw. den Schluss herauszögern. Diese Szenen werde ich deshalb unter dem Aspekt der Duration betrachten.

2. Durch die Aufreihung der Performer am Bühnenrand, die mit ihrem Vorstellen bzw. ihrer Verabschiedung vergleichbar ist. Durch die Gruppierung der Performer und ihre Stillstellung erinnern die beiden Szenen an Standbilder, die aber durch ihre minimalen Bewegungen den Zwang und die Unmöglichkeit der Stillstellung thematisieren. Gerade die Ambivalenz zwischen Stasis und Bewegung wird im zweiten Teil des Kapitels untersucht.

3. Dazwischen bewegen sich die Performer mit Ausnahme einer Szene, in der ein Performer an Ort und Stelle feststeht, durch das Gebäudefragment. Diese Szene ist Ausgangspunkt der Untersuchung zur „Bewegung auf der Stelle“ im ersten Teil des Kapitels. Durch das Festhalten der Bewegung und den Rhythmus des Sprechens werden andere, sonst unsichtbare Bewegungen sichtbar.

In der folgenden Analyse bewegt sich die Reihenfolge der Szenen vom Innern der Choreographie *Visitors Only* nach außen, zu Anfang und Ende. Während im zweiten Kapitel die Bewegung der Tänzer durch die Bühnenarchitektur im Vordergrund stand, werde ich mich jetzt auf die Szenen konzentrieren, die von Stillstellung, Wiederholung und Bewegung auf der Stelle geprägt sind.

Die andauernden kleinen Bewegungen an Ort und Stelle oder das An- oder Innehalten in einer Bewegung dehnen die Zeit. Dadurch und durch die Reduktion des Raumes wird die Bewegung aus einem Raum-Zeit-Kontinuum herausgelöst und in seiner anhaltenden Dauer wahrgenommen. In diesem Zusammenhang ist der Begriff der Dauer von Henri Bergson interessant, den Gilles Deleuze für seine Idee des „Zeit-Bildes“ im zweiten Kinobuch aufruft. Bergson versteht die Zeit als Dauer, die anders als der Raum nicht auf „graduellen“ Unterschieden aufbaut, sondern die sich „qualitativ“ wandelt. In den andauernden, sich wiederholenden Bewegungen an Ort und Stelle treten kaum sichtbare Veränderungen hervor, mehr jedoch energetische Unterschiede, die mit den „qualitativen“ der Bergsonschen Dauer verglichen werden können: „Die reine Dauer erweist sich als ein rein innerliches Nacheinander [succession] ohne Äußerlichkeit; der Raum hingegen ist Äußerlichkeit ohne Nacheinander (das Gedächtnis vom Vergangenen, die Erinnerung an das, was sich im Raum ereignet hat, würde ja bereits einen Geist voraussetzen, der Dauer hat).“[2] Die Unterscheidung Bergsons ließe sich auch auf die unterschiedlichen Bewegungsabläufe beziehen. In der andauernden Bewegung werden inhärente Differenzen und energetische Divergenzen sichtbar und spürbar, während in der Fortbewegung die Veränderung durch die Raumabfolge hervorgehoben wird. Die Dauer einer sich wiederholenden Bewegung verschränkt zugleich simultane und sukzessive Wahrnehmung durch ihren inhärenten Einbezug von vorhergehender und nachfolgender Bewegung. In diesem Sinne wird für die andauernde Bewegung die Frage gestellt, inwiefern sie ein ikonisches Potential eröffnet.

2 Vgl. Gilles Deleuze: *Henri Bergson zur Einführung*, Hamburg: Junius 2001, S. 53. Ich beschränke mich hier auf die Ausführungen von Deleuze zur Dauer Bergsons, denn sie ist in seiner Einführung ein zentrales Element und wird in dessen Entwicklung und Variationsbreite dargestellt. Da die Dauer das ganze philosophische Denken Bergsons umfasst, kann sie hier nicht annähernd ausgeführt werden. Wie im Zitat bereits angedeutet wird, beziehen sich die Eigenschaften von Dauer und Raum auch auf das Verhältnis von Materie und Geist.

## Bewegung auf der Stelle – innere Energien

In der Mitte von *Visitors Only*, nachdem das Gebäudefragment von den Tänzern durchwandert wurde und sich allmählich leert, bleibt der Performer Thomas Wodianka allein im linken vorderen Raum des zweiten Stocks stehen. Durch die Rahmung der Architektur scheint er vom Rest der Bühne isoliert. Er steht an Ort und Stelle, seine Füße fest am Boden. Zu Beginn bewegen sich nur seine Hände. Fixiert auf zwei Punkte vor seinem Körper drehen sie hin und her, als würden sie zwei Drehknöpfe bedienen. Verbunden mit der Drehung der Hände stößt er Laute aus – zuerst nur ein leises Brummen „Brrhh". Das Suchen nach Worten und das Drehen der Hände werden vom Wabern des Gitarrensounds unterstützt. Weiter suchend, mit den Händen abtastend, begleitet der Kopf die Mundbewegungen, als würde der Performer mit seinem ganzen Körper nach den Worten suchen. Das Finden der Worte und das „Entweichen"[3] dieser aus dem Kopf werden zu einem körperlichen Akt. Wiederholt treten einzelne Buchstaben hervor, die Buchstaben werden zu Worten und Wortfeldern wie „Blue, Blueish". Die Farbe Blau wird ergänzt durch eine andere Farbe: „White". Assoziationsfelder werden eröffnet. Plötzlich sprudelt ein ganzer Satz hervor. Sofort wird der Text wieder unterbrochen und die Suche beginnt von neuem: „Brrrhh". Diagonal, im Raum hinten rechts, durch die Öffnung einsehbar, schwebt eine Tänzerin, und bildet in der Luft hängend einen Gegenpol. Außerdem wird die Bewegung der Sprache und des Körpers von einer Videoprojektion auf der rechten Seite begleitet. Die Bilder ziehen in unregelmäßigem Rhythmus vorbei, bleiben teilweise stehen oder fließen ganz schnell. Der Abgrund vor ihm, die vorbeirasenden Videobilder auf der rechten Seite und die fliegende Tänzerin im Hintergrund bilden einen Gegenpol zum festen Stand des Performers, der im Lauf der Szene aufgelöst wird. (Abb. 34)

Die Bewegung auf der Stelle ist auf mehreren Ebenen für die Frage nach der Bildlichkeit interessant. Ich werde den Körper zunächst als einen „Transistor" beschreiben, der einen Widerstand bildet, um einen Austausch zwischen inneren und äußeren Eindrücken aufzuhalten oder fließen zu lassen. Später befasse ich mich mit dem Feststecken und Fortdrängen als einem die Szene prägenden Rhythmus, der das Sprechen, die Körperbewegung und den Fluss der Videobilder betrifft. Die Farbe und ihre Verteilung auf der Bühne werden schließlich zusammen mit dem Rhythmus unter dem Aspekt der Intensität untersucht

3 Vgl. Gilles Deleuze: *Francis Bacon. Logik der Sensation*, München: Fink 1995, S. 15-18. Dieser Teil des Kapitels beruht in gewisser Weise auf den Begrifflichkeiten, die Deleuze zur Analyse der Malerei Francis Bacons verwendet. Um den Textfluss nicht zu unterbrechen, werde ich diese meistens nur in den Fußnoten kommentieren und zum Abschluss im Begriff der „Sensation" zusammenführen.

und mit der *Logik der Sensation*[4] von Gilles Deleuze in Verbindung gebracht, die bereits durch die Verwendung gewisser Begriffe in die Analyse einfließt.

## Der Körper als Transistor: Durchgang von äußeren und inneren Bildern

Die Handbewegung, die den Zuschauer zuerst an das Tunen des Radiogerätes – das Hantieren an einem Empfangsgerät – erinnert, wird selbst zum Empfänger. Denn an den Händen, so scheint es, wird über den Tastsinn Empfang möglich. In der Korrelation zwischen Abtasten und Ausstoßen von Lauten wird die Übertragung von Information sichtbar. Empfangen und Senden vollziehen sich am und im Körper des Schauspielers. Er wird zum Empfänger und Sender zugleich – zum Transistor, durch den die Impulse fließen oder aber in ihm auch hängen bleiben können.

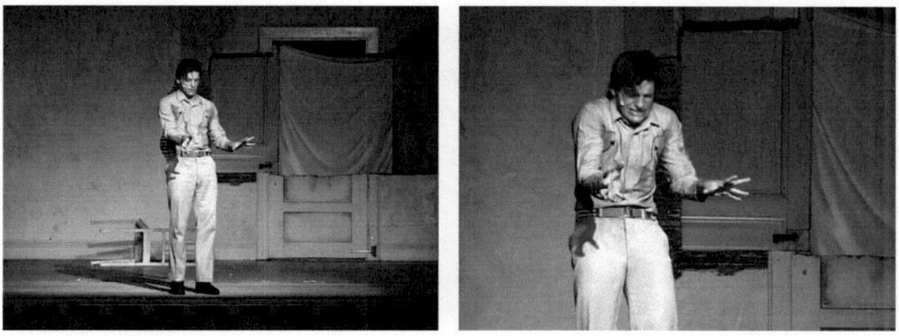

*Abb. 34: Meg Stuart, Visitors Only, 2003*

Das Motiv des Radios als Informationsvermittler wird durch Störungen materialisiert. Zum einen durchbrechen der körperliche und sprachliche Akt – im Stottern und Herausdrängen – den Informationsfluss. Zum anderen besteht das, was vermittelt wird, aus Textfragmenten, die persönliche Eindrücke, Empfindungen, Erinnerungen und Dialoge einschließen. Das Motiv des Radios wird vom menschlichen Körper als Sensor überlagert. Der Körper ist Durchgangsstation von äußeren und inneren Eindrücken, die über die Sprache und die (Körper-)Bewegung veräußerlicht und verinnerlicht werden.

Die Satzbausteine gleichen einer Momentaufnahme von Dingen, die von außen an den Tänzer herangetragen werden und die gleichzeitig von Empfindungen und Erinnerungen des Schauspielers (und Zuschauers) überlagert werden.[5] Am Körper – an seiner Äußerung und seiner Bewegung – werden

4 Deleuze 1995.

5 „Backstage, people cigarettes smoke. I'm feeling – get a feeling – not so good." Dies sind zwei Sätze, die von dem Performer gesprochen werden und die zeigen sollen, wie eine Bestandsaufnahme der Situation vermittelt wird.

Eindrücke, die von außen herein- und von innen herausdrängen, erfahrbar. Die Durchdringung von Innen und Außen wird umso deutlicher, als die Perspektive des Sprechenden von einem Moment zum anderen wechselt, von der Erzählung zum Kommentar, zur persönlichen Empfindung oder zum Dialog.[6] Indem der Tänzer teilweise über seine eigene Situation nachdenkt, sich quasi von außen betrachtet, wird er zum „Zeugen“[7] seiner selbst.

Das Auftauchen von eigenen Empfindungen im Kommentar oder die Betrachtung der eigenen Situation von außen entspricht einem Wechsel vom Ich zum Er und vom Er zum Ich, wie er sich laut Maurice Blanchot[8] beim Lesen und Schreiben ereignet und insbesondere mit der Entstehung des Bildes zusammenhängt. Aus dieser Bewegung von innen nach außen, von der Distanz zur Distanzlosigkeit und umgekehrt gehe die Faszination des Bildes hervor. Das Bild übt gerade deswegen eine Anziehung aus, weil es auf Distanz bedacht ist.[9] Diese Ambiguität bezieht sich sowohl auf die Eigenschaften des Bildes selbst als auch auf die Wahrnehmung, die Blanchot im französischen Begriff *image* ansiedelt. Einzig im Aufsatz „Les deux versions de l'imaginaire“[10] erwähnt er das Imaginäre, das er weniger mit dem psychoanalytischen Begriff verbindet denn mit dem Akt der Wahrnehmung. Dort steht das Imaginäre in direkter Nähe zum Erleben eines Ereignisses im Bild, dem „vivre un événe-

6 Beispiele aus der Rezitation von Wodianka: „There is a girl standing – in white clothes. – Come in the water, the water is fine. – I want to go in the shrine. No darling. I want to go with Daddy in the shrine. – There is a guy standing in a house, fake house in a house.“

7 Zur Zeugenfigur s. Deleuze 1995, S. 47-52, und oben, Kap. 3, Exzessive Gegenwart.

8 Da sich der Schriftsteller und Literaturkritiker mit dem Schreiben und Lesen im Zusammenhang mit dem Bild befasst, wurden seine Ideen insbesondere von der französischen Literaturwissenschaft als eine „théorie fictive“ bezeichnet (Vgl. Philippe Fries: *La théorie fictive de Maurice Blanchot*, Paris: L'Harmattan 1999). Ich möchte hier allerdings nicht von einer Theorie sprechen, da seine Vorstellungen vom Bild sehr stark mit der Praxis des Schreibens und Lesens verwoben sind.

9 Maurice Blanchot: „La solitude essentielle“ (1951), in: Maurice Blanchot (Hg.), *L'espace littéraire*, Paris 1968, S. 25-28; Maurice Blanchot: *Die wesentliche Einsamkeit*, Berlin: Hensel 1959, S. 41-46.

10 Maurice Blanchot: „Les deux versions de l'imaginaire“ (1951), in: Blanchot 1968, S. 345-360. Von diesem Text gibt es keine vollständige Übersetzung, vielmehr wurden Teile des Textes in Publikationen abgedruckt, die ihrerseits im Kontext der bildenden Kunst stehen: Maurice Blanchot: „Die zwei Versionen des Imaginären“, aus dem Franz. von Jürg Laederach, in: documenta/Museum Friedericianum (Hg.), *Politics – Poetics. Das Buch zur documenta X*, Ostfildern-Ruit: Cantz 1997, S. 218-225 (diese Übersetzung lässt, ohne dies zu erwähnen, ganze Teile weg), und Maurice Blanchot: „Beacon (Two Versions of the Imaginary)“, in: Dorine Mignot (Hg.), *Gary Hill*, Amsterdam: Stedelijk Museum Amsterdam; Wien: Kunsthalle Wien 1993, S. 170-172 ist ein Zusammenschnitt der beiden Texte von Blanchot, wie er in der gleichnamigen Arbeit von Gary Hill verwendet wird.

ment en image"[11], das auf zweifache Weise erfahren wird: Das eine Ereignis bezieht sich auf den Übergang von der Distanz zur Distanzlosigkeit und ist mit einem Ergriffen-Sein verbunden, in dem es keine Kontrolle, kein Außen mehr gibt. Das andere Ereignis verläuft in entgegen gesetzter Richtung von innen nach außen. In der Bewegung nach draußen wird aber die Gegenwart des Bildes gesteigert. Die Ambiguität zwischen Berühren und Distanzieren lässt das Bild in einer Schwebe.[12] Blanchots Idee des Bildes ist für diese Szene deshalb interessant, weil er wie der Performer von der Sprache ausgeht. Bei seinen Überlegungen zum Bild ist der Übergang zwischen Sehen und Schreiben, Schreiben und Lesen sowie Lesen und Sehen, ja zwischen Autor und Rezipient, zwischen Produktion und Rezeption fließend. Er unterscheidet dabei nicht zwischen äußeren und inneren Bildern, zwischen einem Bildobjekt und einer ephemeren Vorstellung.

Der Schauspieler wechselt in der Durchkreuzung von Senden und Empfangen zwischen den Perspektiven des Produzenten und Rezipienten. In dieser Verschränkung wird auch die Wahrnehmung des Zuschauers gespiegelt. Die Äußerungen vermischen sich mit der Erfahrung des Zuschauers, der sich zwischen dem, was er von außen wahrnimmt, und dem, was sich ihm von innen her erschließt, bewegt. Er kann nicht mehr zwischen dem, was er sieht, imaginiert oder erinnert, unterscheiden. Er nimmt an einem bildgenerierenden Prozess teil, bei dem sich innere und äußere Bilder verschränken.[13] Gleichzeitig kann er diesen Prozess am Körper des Schauspielers verfolgen. Das Entstehen bzw. Unterbrechen von Zusammenhängen in den einzelnen Worten und Sätzen, die Art und Weise des Sprechens und des Drehens der Hand eröffnen ein Assoziationsfeld, das in verschiedene Richtungen weiterlebt, im Performer und im Betrachter, und das umso stärker als die Bilder im Performer jeweils neu vergegenwärtigt werden. Bei jeder Aufführung beginnt er von neuem seine Empfindungen und sein Umfeld „abzutasten".[14] Er wendet dabei die Schauspieltechnik von Eric Morris an – das sogenannte *Imaging* – bzw. führt diese geradezu vor. Die Technik geht vom aktuellen Befinden des Schauspielers aus und versucht von dort aus, die im Theaterstück vorgegebene Situation anzugehen. Die Situation wird im Moment des Performens selbst hervorgebracht, so dass der Entstehungsprozess in die Vorführung mit eingeschlossen wird.[15]

11 Maurice Blanchot: „Les deux versions de l'imaginaire" (1951), in: Blanchot 1968, S. 355-358.

12 Ebd., S. 358f.

13 Zur Verschränkung von inneren und äußeren Bildern vgl. Hans Belting: *Bild-Anthropologie. Entwürfe für eine Bildwissenschaft*, München: Fink 2001, S. 19-22.

14 Auf diese Weise variiert die Stimmung von Aufführung zu Aufführung, einzelne Sätze können hinzutreten oder wegfallen, obwohl der Verlauf der Szene festgelegt wurde.

15 In der Einleitung wird die Schauspieltechnik von Eric Morris kurz beschrieben; weiterführende Literatur: Eric Morris: *Acting, Imaging and the Unconscious*,

Das Verhältnis von Innen und Außen wird am Körper des Performers sichtbar und im Sender-Empfänger-Motiv vorgeführt. Der Körper wird zum Transistor, der den Widerstand leistet, um bei einem ausreichenden Stromfluss die Informationen an die Oberfläche zu bringen. Die Widerständigkeit des Körpers kann mit der Eigenschaft des Bildes verglichen werden, das gewisse Störelemente einbaut, die zu einer vertieften Wahrnehmung führen und damit zu einer Anreicherung an Sinn.[16] Diese Szene spiegelt geradezu den Prozess der Entstehung von Bildern in der Wahrnehmung, die zwischen verschiedenen Ebenen – zwischen äußeren Eindrücken, eigenen Empfindungen oder Erinnerungen – hin und her pendelt.

## Unmittelbarkeit des Sprechens, der Bewegung und der Farben

Die Durchdringung von Innen und Außen, von Denken, Sprechen, Sehen, Hören und Empfinden wird durch den Rhythmus des Sprechens, der Körperbewegung und der Musik sowie der Intensität von Laut, Bewegung und Farbe gestützt. All diese Elemente sind an der unmittelbaren Wirkung der Szene beteiligt, was im Folgenden genauer analysiert wird. (Abb. 35)

### Feststecken und Herausdrängen

Der Performer bleibt beim Sprechen manchmal mitten im Buchstaben oder im Wort stecken, das Wort wird wiederholt, bis schließlich der ganze Satz heraussprudelt. Das Steckenbleiben zwingt den Betrachter, die Fragmente selbständig zu vervollständigen. Die Bruchteile der wahrgenommenen Sprache sind Auslöser für Assoziationen, die auf Seiten des Performers und des Zuschauers weiterleben, die aber ständig wieder von neuem durchkreuzt werden. Die lineare Abfolge des Sprechens wird durchbrochen und die Sprache damit von ihrer Logik und Kausalität suspendiert. Die Bedeutung der Worte wird von Rhythmus und Lautlichkeit des Sprechens sowie von der körperlicher Erregung überlagert. Die Bewegung des Körpers geht über auf die Bewegung des Sprechens, die von einer Ambivalenz zwischen Feststecken und Herausdrängen geprägt ist. Durch das Stottern, das Abwarten und das plötzliche Heraussprudeln von Buchstaben, Worten und ganzen Sätzen wird das Sprechen körperlich.

---

Ermor Enterprises 1998, und Eric Morris: *Being & Doing. A Workbook for Actors*, Ermor Enterprises 1990.

16 Vgl. Michael Wetzel: „Der Widerstand des Bildes gegen das Visuelle. Serge Daney und Georges Didi-Huberman als Verfechter einer Inframedialität“, in: Stefan Majetschak (Hg.), *Bild-Zeichen. Perspektiven einer Wissenschaft vom Bild*, München: Fink 2005.

Die Bewegung des Sprechens wird vom Drehen der Hände begleitet, die versuchen etwas zu empfangen, und dem Winden des Kopfes, der sich mit aller Kraft anstrengt, etwas aus dem Mund „entweichen"[17] zu lassen. Diese Korrelation wurde bereits als eine Übertragung zwischen Innen und Außen und umgekehrt zwischen Außen und Innen beschrieben. Vergleichbar mit dem Störmoment in der Sprechbewegung entsteht durch die sich wiederholende minimale Drehbewegung der Hände und des Kopfes der Eindruck von Unschärfe. An der Grenze des Körpers werden durch die „Unschärfe"[18], die Hin- und Herbewegung der Hände und des Kopfes, die Wirkung der Kräfte bzw. der Austausch zwischen Innen und Außen deutlich. Dort, wo die Übertragung stattfindet, bilden sich laut Deleuze „Deformationen".[19]

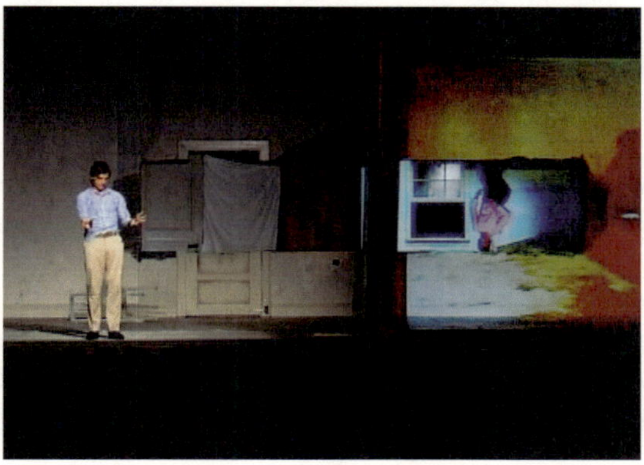

*Abb. 35: Meg Stuart, Visitors Only, 2003*

Ähnlich wie sich an der Deformation des Körpers die wirkende Kraft zeigt, wird diese auch im „Rhythmus" von Bewegung und Sprechen, von Zusammenziehen und Dehnen unmittelbar. Der Rhythmus ist laut Deleuze ein vitales Vermögen, das verschiedene Ebenen der Wahrnehmung wie Hören, Sehen, Tasten, etc. durchquert.[20] Hier entsteht der Rhythmus aus der Ambivalenz zwischen Herausdrängen und Festhalten. Der Performer zieht sich zum einen zusammen, hält einzelne Worte, Laute oder den Rest des Satzes zurück,

17 Deleuze 1995, S. 16f. Mit dem „Entweichen" beschreibt Deleuze eine Art der Bewegung von der Figur zur materiellen Struktur in der Malerei Bacons. Die Figur versucht durch einen Fluchtpunkt aus sich selbst herauszutreten.

18 Ebd., S. 12.

19 Ebd., S. 12 und S. 18. Die Deformationen in der Malerei Bacons weisen laut Deleuze auf unsichtbare Kräfte, die auf den Körper einwirken.

20 Ebd., S. 31. In den Gemälden von Francis Bacon wird er durch das Verhältnis von Figur und Farbgrund – als eine Koexistenz von Zusammenziehen und Ausdehnen der Figur – beschrieben.

und öffnet sich zum anderen und lässt die Worte heraussprudeln. Gleichzeitig wird durch diese Ambivalenz die Statik und die Isolation der Figur aufgelöst, was Deleuze für die Malerei von Francis Bacon folgendermaßen beschreibt: „Die Figur ist nicht nur der isolierte Körper, sondern der deformierte Körper, der entweicht.“[21]

In Bezug auf Rhythmik und Unschärfe sind außerdem die neben dem Performer laufenden Videobilder zu erwähnen. Die Bilder ziehen in unbeständigem Rhythmus vorbei, mal zu schnell, als dass sie wahrgenommen werden können, mal bleiben sie stehen oder „blinken“ auf, wie wenn ein Bild plötzlich aus der Erinnerung auftaucht, oder weißes Licht flackert gleich der Auslöschung oder Überblendung von Bildern auf. Gelegentlich wird das Bild wie bei Interferenzen verwischt und verzogen. Der Bilderfluss spiegelt die Wahrnehmung und die Denkbewegung, die ebenfalls auf verschiedene Weisen interferiert werden.

Bilder und Sprache laufen nicht synchron, sondern unabhängig nebeneinander her. Beide werden aber von wechselnden, unvorhersehbaren Raffungen und Dehnungen bestimmt. Manchmal hält der Performer inne und die Bilder ziehen vorbei, oder umgekehrt. Teilweise gibt es Momente der Koinzidenz, in denen das, was auf dem Bild zu sehen ist, mit dem, was der Sprechende sagt, korreliert. Der Gitarrensound unterstützt den rhythmischen Verlauf von Sprechbewegung und Bilderfluss durch das Innehalten und das immer wieder neu einsetzende Vibrieren auf einem Ton. Beim Zuschauen bewirken diese Interferenzen zwischen den Medien eine Spannung, die zu einer Auflösung drängt.

## Beschleunigung und Intensivierung bis zur ‚Raserei‘

Im zweiten Teil dieser Szene verliert der Performer Thomas Wodianka seinen stabilen Stand. Die minimale Bewegung der Hände und des Mundes steigert sich und geht auf den ganzen Körper über. Der Bauch zieht sich nach hinten, um der Atmung Raum zu schaffen und mit dieser die herausbrechenden Worte und Sätze nach oben zu befördern. Die Beine beginnen auf der Stelle zu treten, ihre Bewegung wird intensiver. Sie schlagen einen Rhythmus, der vom Satz „I love that track“ begleitet wird. Der Rhythmus kommt nicht von der Gitarre, die weiterhin in regelmäßigen Abständen auf einem Ton vibriert, er ist vielmehr ein imaginierter. Der Performer „fährt“ mit seiner inneren Musik regelrecht ab. „Abfahren“ ist hier in einem zweifachen Sinne gemeint: Wörtlich genommen bewegt der Performer seine Beine, als würde er ein Pedal treten oder Gas geben, die nächsten Worte handeln dann auch von Fahren und Geschwindigkeit. Und im übertragenen Sinn lässt sich das „Abfahren“ auch auf seine körperliche und geistige Verfassung beziehen, denn er wird von ei-

21 Ebd., S. 18.

ner unbegründeten Erregung erfasst. Die Bewegung des Körpers wird gesteigert: Nicht mehr nur die Hände bewegen sich in der immer wiederkehrenden Drehbewegung, sondern der ganze Körper befindet sich in einer Beschleunigung, die von den Beinen ausgeht. Doch der Körper kann nicht weg, kommt dem Drängen nicht nach. Die Bewegung wird beschleunigt und geht – weil sie nicht weg kann – über in Erregung am und im Körper.

Der Performer wird von einer Lust befallen, die teilweise in den Textfetzen angedeutet wird und die zwischen dem Rausch einer schnellen Fahrt, eines Musikstückes oder dem einer sexuellen Erregung hin und her pendelt. Der unmittelbare Wechsel zwischen den Motiven ist mit dem Affekt vergleichbar, der ohne Ursache und Richtung ist. Ebenso wie die Motive wechseln können, werden verschiedene affektive Zustände durchlaufen. Der Zustand von Rausch und Lust schlägt um in Angst, Verzweiflung und Orientierungslosigkeit. Im Affekt verliert der Körper seine Beherrschung. Außer Kontrolle geraten, sucht der Performer zum Schluss der Szene nach Halt.[22] Doch sein Kontakt bricht ab: „Lost – lost contact." Dieser letzte Satz wirft den Betrachter wieder an den Anfang der Szene, zum Empfänger-Sender-Motiv, zurück.

In erster Linie steigert sich die Erregung des Körpers im Spannungsfeld von Halten und Fortdrängen. Die Energie heftet sich an den Körper und bringt die unsichtbaren Kräfte zum Vorschein. Affekte werden evoziert, die verschiedene „Ebenen" durchlaufen. Die „Sensationsebenen" sind laut Deleuze losgelöst von einem Kontext, sie können von einer „Valenz" zur anderen umschlagen, sich auf verschiedene Bedeutungen hin öffnen.[23] Die Möglichkeit der Öffnung und des Umschlagens machen das Geschehen unmittelbar. Die am Körper und in der Sprechbewegung hervorbrechende Erregung schlägt von unbegründeter Lust in Angst und Verzweiflung um. Es wirken Kräfte, die nicht kontrollierbar sind, die sich von einer Seite zur anderen, von einem Affekt zum anderen bewegen können. Die Affekte wirken unmittelbar, sie lassen ihren Hergang nicht kausal nachvollziehen. Vielmehr werden sie in ihrem Umschlagen von einer Seite zur anderen ähnlich wie Farben in ihrer „Resonanz"[24] gesteigert.

## ‚Bemerkungen über die Farbe'

*Bemerkungen über die Farbe* ist der Titel einer Untersuchung von Ludwig Wittgenstein zur sprachlichen Fassbarkeit von Farbe, die Gary Hill für seine gleichnamige Videoarbeit inspiriert hat (vgl. Kap. 1, Blick ins Buch). Darauf

22 „Give me your hand" lautet es aus dem Mund des Performers.

23 Deleuze 1995, S. 30.

24 Vgl. ebd., S. 45f. Laut Deleuze ist die Resonanz vergleichbar mit der *mémoire involontaire* von Marcel Proust. Sie kann auch unabhängig von einer Vergangenheit, einem Gedächtnis entstehen, sich zwischen zwei Eindrücken bewegen.

nehme ich Bezug, um das Verhältnis der Farben in der genannten Szene zu thematisieren.

Zu den Intensitäten von Körper- und Sprechakt tritt das Moment der Farbe hinzu. Thomas Wodianka formt zu Beginn der Szene in seinem Mund aus einem undefinierbaren Brummen nach und nach die englische Bezeichnung für die Farbe Blau: „Bl – Blu – Blue – Blueish". Die Farbe „Blau", die in ihrer Lautlichkeit nach einer Auflösung drängt, wird gefolgt von ihrem Adjektiv „bläulich". Das Adjektiv erst macht deutlich, dass die Farbe sich auf etwas zu beziehen hat. Der Blick des Betrachters fällt sofort auf das blaue Hemd des Performers, das sich von den strahlend weißen Wänden des Raumes abhebt. Die einzige Farbe im Raum des Performers findet eine Korrespondenz diagonal versetzt, in der Öffnung rechts. Dort ist die in der Luft schwebende Tänzerin in einem rötlichen Hemd zu sehen. Außerdem sind die Farben im vorbeiziehenden Videobild intensiv. Die bewusste Verwendung der Farbe gilt es nun unter verschiedenen Gesichtspunkten genauer zu untersuchen: die verschiedenen Intensitäten des Blaus, die Beziehung zwischen Farbe und Gegenstand sowie die Relation der Farben zueinander.

Nicht nur zwischen den Farben, die den Kleidern der Performer zugeordnet werden können, sondern innerhalb der verschieden evozierten Blautöne finden sich Differenzen. Das Blau des Hemdes, das sich zwar von der Wand abhebt, ist ein blasses Blau, während das Blau, das über die Lippen des Performers „rollt", sehr intensiv wirkt, obwohl oder gerade weil wir als Betrachter dieses Blau als Farbe nicht sehen können. Die Art und Weise der Artikulation, das nahezu materielle Abtasten des Blaus, lässt es intensiv werden. Der gesprochene „Farbklang" wirkt unmittelbar und ruft eine Vorstellung von Blau hervor. Dadurch scheint sich die Farbe von ihrem Gegenstand zu lösen: Die Farbe des Hemdes tritt hinter die Intensität des lautlich hervorgebrachten Blaus zurück, so dass das Hemd eher mit dem Adjektiv bläulich in Verbindung gebracht werden kann.

Die Intensität der Farben in den Videobildern ist viel höher als die Farben der beiden Hemden, dem bläulichen und dem rötlichen. Im Video taucht das „Blau" sehr sporadisch, aber übersteigert und überzeichnet auf. Zusätzlich stechen tiefes Rot und Gelb aus den fließenden Bildern hervor. Die Videobilder scheinen geradezu eingefärbt zu sein.[25] Die gesteigerte Farbigkeit lässt –

25 Die Farbigkeit des Videobildes drängt einen Vergleich mit den Farben in den Filmen Jean-Luc Godards auf, die von Joseph Vogl am Beispiel von *Le Mépris* betrachtet werden: „Sie bilden die Ordnung des Films, diese Ordnung aber ist nicht die einer Sprache." Ohne dass sie selbst etwas erzählen, prägen sie die Erzählung des Films, indem ihre Intensitäten sich von den Gegenständen lösen. Mit Vogl: „Ohne feste Zuschreibung durchlaufen und korrelieren sie [die Farben] diese verschiedenen Schichten, Historien, Narrationen, bringen sie in wechselseitige Resonanz und Verstärkung, ohne einer von ihnen wirklich anzugehören. Und sie lösen sich – zweitens – nicht nur von den Bedeutungen und Meta-

ebenso wie in der lautlichen Ausmalung des Blaus – die Gegenstände auf den Bildern in den Hintergrund treten, insbesondere, wenn die Bilder rasend schnell vorbeiziehen, so dass nur noch ein Farbenflimmern zu sehen ist.

Ludwig Wittgenstein hat sich in *Bemerkungen über die Farbe*[26] mit der begrifflichen Fassbarkeit von Farbe auseinandergesetzt. Dabei versucht er, das, was man sieht, in Sprache umzusetzen. Wie auch andere Sprachspiele Wittgensteins ist dieser Versuch bereits mit der Unmöglichkeit der Übertragung des Gesehenen in Sprache gekoppelt. Die Intensität der Farbe und deren Helligkeit lassen sich nicht eindeutig festlegen, sondern nur in Relation zu anderen Farben beschreiben. Die Überlegungen Wittgensteins lassen die Dimensionen der Farbe und das eigentlich unmögliche Vermitteln ihrer Intensität über die Sprache in der genannten Szene nochmals auf andere Weise deutlich werden. Hier wird die Farbe über die klangliche Seite der Sprache, jenseits einer Begrifflichkeit, unmittelbar erfahrbar. Die Entstehung des Farbeindrucks über den Klang ist deshalb zugleich unabhängig und verbunden mit der visuell sichtbaren Farbe des blauen Hemdes.

Neben die Relation von gehörtem und gesehenem Farbklang tritt die der räumlichen Anordnung der Farben zueinander – mit Wittgenstein eine Möglichkeit, über Farben zu reden. Wie bereits erwähnt entstehen Resonanzen zwischen den Farbverteilungen innerhalb der Szene. Das Blau im Vordergrund – gewöhnlich ein tiefer Farbton, hier heller – und das Rot[27] im Hintergrund – eine eher warme Farbe – stehen einander gegenüber. Zwischen diesen Polen bewegt sich das Gelb, das meist den Grund des Videobildes prägt. Das Gegenüber der Farben ist von einem Kontrast geprägt, der eine Spannung zwischen den einzelnen Polen und Flächen eröffnet. Es entsteht eine Konstellation von Blick-

phern, sondern von den Gegenständen selbst, sie entmetaphorisieren und entobjektivieren sich und reißen eine Kluft zwischen Aussagen, Gestalten und Dingen einerseits, bloßem Bild, bloßer Bildhaftigkeit oder bloßem Sinneseindruck andererseits – kein gelber Bademantel mehr, sondern gelbe Farbe, kein Meer, sondern reines Blau." (S. 252-253) Die Farben lösen sich von ihrer Geschichte und ihren Gegenständen und entfalten ihre eigene Intensität. Joseph Vogl: „Schöne gelbe Farbe. Godard mit Deleuze", in: Friedrich Balke (Hg.), *Gilles Deleuze. Fluchtlinien der Philosophie*, München: Fink 1996, S. 252-265.

26 Ludwig Wittgenstein: „Bemerkungen über die Farben", in: Ludwig Wittgenstein (Hg.), *Werkausgabe Band 8*, Frankfurt a. M.: Suhrkamp 1989.

27 Nach der hier besprochenen Szene wird die schwebende Tänzerin mit dem rötlichen Hemd über den vorderen Rand in den unteren Raum gelangen. Sie wird dann einen knallroten Mantel und ebenso knallrote Schuhe tragen. Außerdem wird sie wieder eine Diagonale zum vorherigen Standort des Tänzers bilden, aber diesmal in einem zeitlichen Nacheinander. Neben der Farbe Rot eröffnet die Szene eine Korrespondenz zur vorherigen durch das Herauspressen von Lauten, die ohne Worte zu bilden verschiedene Stimmlagen durchlaufen. (Interview der Autorin mit der Tänzerin Antonija Livingstone im Mai 2003, die ihre Szene in Rot in Parallelität zur Szene in Blau setzt.)

punkten. Hier drängt sich ein Vergleich mit Gary Hills Videoarbeit *Bemerkungen über die Farbe* (1994) auf, die von einer gleichartigen Relation von drei Farben geprägt ist (Vgl. Kap. 1, Blick ins Buch). In der Choreographie und in der Videoarbeit lassen sich ganz im Sinne Wittgensteins die Farben durch ihre Relation in einen Zusammenhang bringen. Die Resonanz der Farben lenkt die Aufmerksamkeit des Betrachters und unterstützt deren Intensität.

## Die ‚Sensation' als Bewegung auf der Stelle

Farbe, Videobild, Sprech- und Körperbewegung unterliegen einer Ordnung, die keiner Begrifflichkeit oder Kausalität entspricht, die in keine Richtung weist, die vielmehr einer „Sensation"[28] gleichkommt. Mit „Sensation" meint Deleuze im Rückgriff auf Paul Cézanne die unmittelbare Wirkung, die von der Figur ausgeht: „Die Figur ist die auf die Sensation bezogene sinnliche Form; sie wirkt unmittelbar auf das Nervensystem."[29] Da die Sensation ohne Umweg über eine Erzählung direkt erfahrbar ist, laufen in ihr verschiedene Ebenen zusammen wie die von Subjekt und Objekt, von Empfindendem und Empfundenem, von verschiedenen Affekten sowie von verschiedenen Wahrnehmungsbereichen wie dem Sehen, Hören oder Schmecken.

In der genannten Szene geht der Rhythmus – das Festhalten und Herausdrängen – vom Sprechen auf die Bewegung und auf die Bilder über oder umgekehrt. Der Rhythmus und die Farben setzen Intensitäten frei, die nicht in eine lineare Logik überführbar sind, sondern gleich dem Performer auf der Stelle hin und her treten. Dieses Hin und Her zwischen den Farben, zwischen den Intensitäten, kann als Resonanz, als Schwingung zwischen den Elementen verstanden werden. Im ersten wie im zweiten Teil der Szene bewegt sich der Performer zwischen zwei Polen: zuerst zwischen dem Empfangen und Entweichen und dann zwischen Lust und Angst. Die Steigerung der Bewegung und das gleichzeitige Verharren an Ort und Stelle machen „die Wirkung unsichtbarer Kräfte" erfahrbar, was Deleuze für das Verhältnis von Sensation und Bewegung in der Malerei Bacons beschreibt:

> Die Bewegung erklärt nicht die Sensation, sie erklärt sich im Gegenteil durch die Elastizität der Sensation, durch ihre ‚vis elastica'. […] Kurz, nicht die Bewegung erklärt die Sensationsebenen, vielmehr erklären die Sensationsebenen, was an der Bewegung fortbesteht. Und in der Tat gilt Bacons Interesse nicht genau der Bewegung, obwohl seine Malerei die Bewegung sehr intensiv und heftig macht. Äußerstenfalls ist sie eine Bewegung auf der Stelle, ein Spasmus, der ein ganz anderes Problem als

28 Vgl. Deleuze 1995, S. 27-34. Mit der „Sensation" werden bereits erwähnte Begriffe wie der „Rhythmus", die „unsichtbaren Kräfte" und die „Resonanz" zusammengeführt.

29 Ebd., S. 27.

Problem Bacons ausweist: ‚die Wirkung unsichtbarer Kräfte auf den Körper' (daher die Deformationen des Körpers, die dieser tieferen Ursache zuzuschreiben sind).[30]

Dieses Zitat ist bestechend, weil es verschiedene Punkte anspricht, die für die besprochene Szene, aber auch für andere Arbeiten Stuarts zutreffen: den „Spasmus", die „Bewegung auf der Stelle", die „Wirkung unsichtbarer Kräfte" auf den Körper und deren „Deformation". Doch inwiefern kann das, was Deleuze für die Malerei sagt, auf die Choreographie übertragen werden, die von einer anderen Zeitlichkeit ausgeht? Die Bewegung ist in der Malerei nicht als solche erfahrbar, sondern als Sensation. Die Simultaneität verschiedener Elemente in der Malerei lässt durch ihre inhärenten Spannungen „die unsichtbaren Kräfte" sichtbar werden. In Bezug auf die Tanzszene findet ein ähnliches Phänomen mit umgekehrten Vorzeichen statt: Der Performer bleibt auf der Stelle, so dass die Tanzbewegung sich nicht in Raum und Zeit fortsetzen kann. Vielmehr wird Energie frei, die sonst hinter der Fortbewegung verdeckt bleibt. Die Energie oder die Kräfte, wie Deleuze es nennt, sind das, was von der Bewegung übrig bleibt, was sowohl in der Malerei als auch im Tanz auf den Betrachter überspringt und unmittelbar wirkt. Die Sensation, die eine unmittelbare Erfahrung auslöst, wird bei Blanchot mit „Faszination" bezeichnet. „La fascination est la passion de l'image", die den Blick in einer „unbeweglichen Bewegung" („un mouvement immobile") und einem „Grund ohne Tiefe" („un fond sans profondeur") – „einem Kontakt auf Distanz" – mitreißt und absorbiert.[31]

## Standbilder zwischen Lebendigkeit und Erstarrung

In zwei Szenen aus *Visitors Only* reihen sich die Performer am vorderen Rand der Bühne auf. Die eine Szene wird dominiert von einem Übermaß an Kostümierung – jeder Performer ist in ein anderes, durch Farbe und Stil deutlich unterschiedenes Kostüm „gesteckt" –, während in der anderen Szene alle Kleider in gedämpften Mischfarben tragen. Durch die Aufreihung der Tänzer, deren Kostümierung und die Tendenz zum Stillstand erinnern die Szenen an Tableaux vivants. Wie die Choreographin sich mit der Idee des Standbildes auseinandersetzt und dieses in Bewegung versetzt, wird anhand der beiden Szenen untersucht.

### Entstehung und Auflösung des Standbildes

Nach der Eröffnungsszene von *Visitors Only* treten die acht Tänzer einer nach dem anderen durch die Türen links und rechts hinten in die vorderen beiden

30 Deleuze 1995, S. 30/31.

31 Für Französisch vgl. Maurice Blanchot: „La solitude essentielle", in: Blanchot 1968, S. 25; für Deutsch vgl. Blanchot 1959, S. 42.

Räume des ersten Stocks: Die beiden Türen öffnen sich gleichzeitig, links erscheint eine Tänzerin in einem gelben Ballerinakleid und rechts eine in einem rosa Kleid, mit Kette und Sonnenbrille. Sie bewegen sich langsam, mit unsicheren, abgehackten Schritten, ihre Position im Raum sowie im Kleid suchend. Gerade sind sie an ihrem Ort angekommen, nehmen ihre Position ein, da geht das Licht für einen kurzen Moment aus, um kurz darauf wieder in strahlendem Glanz den Raum und die beiden Figuren aufleuchten zu lassen. Die beiden stehen allein auf ihrem Platz, bis links ein weiterer Tänzer in weißem Zweireiher mit schwarzen Stiefeln und rosaroter Schärpe eintritt. Zuerst geht er an der Tänzerin im gelben Kleid vorbei, ohne sie zu bemerken, nimmt aber, sobald er seinen Platz rechts neben ihr eingenommen hat, mit einer Drehbewegung des Kopfes minimal Kontakt auf. Auch seine Bewegung ist gestelzt. Auf beiden Seiten öffnen sich wieder die Türen, rechts tritt eine Tänzerin in einem Matrosenkostüm ein, links zwei Tänzer in einer Schuluniform. Die beiden Tänzer rahmen die Szene im linken Raum, während der „Matrose“ seine Position hinter der „Dame“ im rosa Kleid einnimmt. Das Licht geht nochmals aus und wieder an. Links tritt eine Tänzerin in grünem Kleid mit bunter Schürze und grünen Putzhandschuhen ein und rechts ein Tänzer mit Cowboystiefeln, Hut, Pistolengurt und Hawaiihemd. Auch sie gehen an den bereits aufgereihten Performer vorbei, peilen ihren Platz an und nehmen ihre Position ein. Nachdem alle Performer sich in den beiden Räumen – fünf im linken und drei im rechten – aufgestellt haben, wird die Szenerie nochmals kurz von einer Dunkelphase unterbrochen, um dann alle nebeneinander in ihren leuchtend bunten Kostümen aufblitzen zu lassen. Das Eintreten der Performer wird von einer dramatischen, an einen Western erinnernden Melodie begleitet, die in einer fortlaufenden, variierenden Wiederholung durch die Szene führt. Denn der Rhythmus lässt die Töne der Melodie gleich einem Donner in den Raum hereinrollen. Während äußerlich scheinbar nichts geschieht, beschwört der Gitarrensound von Paul Lemp eine lauernde Gefahr.

Durch die Kostüme und die Anordnung der Performer in den beiden Räumen entstehen zwei Gruppen, die das Klischee einer Familienphotographie bedienen. Unstimmigkeiten in Kostüm und Haltung stören jedoch das Bild der Anordnung und machen auf die Fehlstellen der Zuordnung aufmerksam. Die Stillstellung der Performer in Pose und Kostüm drängt nach Bewegung, staut Gewalt und Aggression an, die nach und nach in minimalen Gesten und Handlungen hervorbrechen. So zum Beispiel tritt die Tänzerin im gelben Kleid nach vorne und beginnt ruckartig einen Spagat vorzuführen. Als sie beinahe am Boden angelangt ist, stellt der Tänzer im Zweireiher einen Stiefel zwischen ihre Beine und wiegt sie hin und her. Die Tänzer in Schuluniform geraten ebenfalls in ein Anziehungsfeld: Der eine bringt den anderen mit einem einfachen Fußtritt zu Fall, während dieser den Angriff stumm über sich ergehen lässt. In den verkürzten, langsamen und stummen Handlungen steigern sich

Gewalt, Aggression und Sexualität. Sie durchbrechen sowohl die Stillstellung als Bild als auch die Harmonie der Gruppe. (Abb. 36)

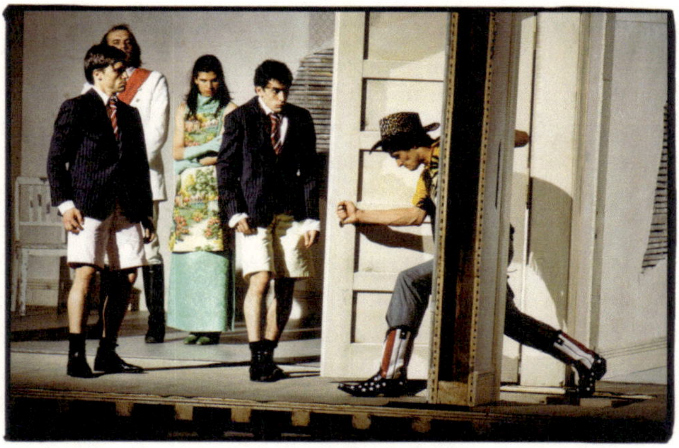

*Abb. 36: Meg Stuart, Visitors Only, 2003*

In der Szene geschieht scheinbar wenig, und doch entsteht in der Stillstellung und Aufreihung der Performer eine Dramatik, die von der Musik und den kurzen Dunkelphasen unterstützt wird. Die Musik erzeugt durch ihren immer wiederkehrenden Rhythmus in einer wechselweise absteigenden und aufsteigenden Tonfolge (3x kurz, kurz, lang, Pause, kurz, kurz, kurz, lang, Pause, lang, lang, 3x kurz, kurz, lang, Pause, kurz, kurz, kurz, lang, Pause, lang, lang etc.) eine Spannung, welche das gleichzeitige Innehalten und Fortdrängen der Performer aufnimmt. Die Performer halten lange inne, bis sie plötzlich eine kleine, schnelle Geste ausführen. Ihre kurze, abgehackte Bewegung ist also von langen Pausen durchsetzt. Diese Spannung wird durch die Unterbrechung mittels kurzzeitiger Verdunkelung der Szene gesteigert. Das Erlöschen des Lichtes ist mit einem Schnitt gleich dem Innehalten in der Musik und in der Pose vergleichbar: Einem Schnitt zwischen hell/dunkel, zwischen vorher/nachher und zwischen den Frames eines Films, zwischen Bild und Bild.

Die Unterbrechung des Lichts ruft in dieser verschworenen Gesellschaft auch die Assoziation einer geisterhaften Stimmung hervor. Dass hier irgendetwas nicht stimmen kann, wird laufend durch die irritierenden Verschiebungen in den Posen, Kostümen oder in der Beziehung der Performer zueinander sichtbar.

Auf bildmedialer Ebene kann das Aufleuchten der Szene als Blitzlicht beim Akt des Photographierens oder als Ausleuchtung des Tableau vivant verstanden werden. Die Anspielungen auf Photographie und Tableau vivant setzen sich in den bereits genannten Elementen, dem Posieren und Kostümieren, fort. Die Spannung zwischen Stillstellung und Bewegung, zwischen Kostüm, Pose und lebendigem Körper werde ich im Vergleich mit der Idee des Tableau vivant befragen. Dabei werden Merkmale der Szene wie Fixierung und ihre Durchbrechung sowie die über Pose und Kostüm inszenierte Verfremdung bedeutsam.

Die Aufreihung der Performer und ihre Stillstellung werden mit einem Tableau vivant assoziiert, das sich aber nach und nach auflöst. Die auch als „lebende Bilder" bezeichneten Tableaux vivants werden von Birgit Jooss als „szenische Arrangements von Personen, die für kurze Zeit stumm und bewegungslos gehalten werden"[32] definiert. Diese Kunstform war seit dem 18. Jahrhundert bis ins 19. Jahrhundert in bürgerlichen Kreisen weit verbreitet, um, ausgehend vom Mythos des Pygmalion, berühmte Bilder aus der Kunstgeschichte mit menschlichen Körpern nachzustellen und so zu Leben zu erwecken. Sie fand meist in privatem Ambiente statt, so dass die Räumlichkeiten selbst schon als Kulisse für die bildhafte Nachstellung dienten, die durch weitere Rahmungen wie Podeste und Vorhänge gesteigert wurden. Die Tableaux vivants selbst waren kurzweilige Angelegenheiten: Sie dauerten vom Moment, da der Vorhang gezogen wurde, nur einige wenige Minuten, denn das Einhalten und Aushalten der Posen war durchaus nicht einfach. Ähnlich wie im hier besprochenen Standbild aus *Visitors Only* wurde durch den Einsatz von Musik eine Stimmung oder Dramatik erzeugt.[33] Aus der Perspektive des Theaters wird das Tableau vivant weniger als eine „Verlebendigung" denn als eine Stillstellung von Bewegung im Bild betrachtet. Das Tableau vivant bewegt sich auf dem Grat dazwischen, zwischen Bild und Theater, „zwischen Verlebendigung durch Verkörperung und Mortifikation in der Stillstellung"[34].

Der Verlauf der Szene in *Visitors Only* zeigt das Standbild in seiner Entstehung und Auflösung. Damit weicht es von der Tradition der Tableaux vivants ab, die mit dem Öffnen des Vorhanges, bereits vollständig arrangiert, nur für einen kurzen Moment sichtbar waren. Die Perfektion der Anordnung und das Ausharren der lebendigen Körper in der Pose des nachgestellten Bildes werden in der Szene durch gewisse Unstimmigkeiten durchbrochen. Stu-

32 Birgit Jooss: „Die Erstarrung des Körpers zum Tableau. Lebende Bilder in Performances", in: Christian Janecke (Hg.), *Performance ‚und' Bild. Performance ‚als' Bild*, Berlin: Philo 2004, S. 272.

33 Vgl. Sabine Folie u. Michael Glasmeier: „Atmende Bilder. Tableau vivant und Attitüden zwischen ‚Wirklichkeit und Imagination' ", in: Sabine Folie (Hg.), *Tableaux vivants. Lebende Bilder und Attitüden in Fotografie, Film und Video*, Wien: Kunsthalle Wien 2002; weiterführende Literatur zum Tableau vivant: Bettina Brandl-Risi: „Tableau vivant", in: Erika Fischer-Lichte, Doris Kolesch, Matthias Warstat (Hg.): *Theatertheorie. Metzler Lexikon*, Stuttgart/Weimar: Metzler 2005; Birgit Jooss: *Lebende Bilder. Zur körperlichen Nachahmung von Kunstwerken in der Goethezeit*, Berlin: Reimer 1999.

34 Brandl-Risi 2005, S. 326.

art interessiert sich weniger für die perfekte Bildwerdung als für die Ambivalenz zwischen Stillstellung und ihrer Durchbrechung, zwischen Andeuten und Verschieben.

Der vordergründige Zusammenhang der zu einem Bild aufgereihten Figuren wird durch Ungereimtheiten aufgelöst, die insbesondere durch die unterschiedlichen Kontexte, aus denen die Kostüme stammen, hervorgerufen werden. Bei genauem Hinsehen stammen die einzelnen, hier zu einer bunten Mischung zusammengestellten Kostüme aus unterschiedlichen historischen und gesellschaftlichen Kontexten: Die Schärpe erinnert an ein historisches Kostüm aus Frankreich, das Ballerinakleid entstammt einem anderen gesellschaftlichen Kontext als die Schuluniformen usw. Zudem unterlaufen absurde Kombinationen, wie beispielsweise die Verbindung von Cowboy mit Hawaiihemd oder von Putzhandschuhen und seidenem Kleid, die Einheit der kostümierten Figur. Durch die Ungereimtheiten und die gleichzeitige Übertreibung stellt die Choreographin die Kostüme als Inbegriff gesellschaftlicher und theatraler Codes bloß. Die Kostüme werden als Verkleidung zu einer austauschbaren Variable, die dazu da ist, für eine gewisse Zeit eine Identität anzunehmen, die aber jederzeit wieder abgestreift werden kann.

Die Unstimmigkeiten werden auch in der Art und Weise des Posierens deutlich. Zwanghaft versuchen die Performer, sich in die ihnen über das Kostüm zugewiesene Pose zu legen und in dieser zu verharren: der Cowboy muss seine Kraft demonstrieren, die Schuluniform verlangt nach Disziplin, etc. Der Oberkörper der Performer ist nach hinten geneigt, ihr Kopf wirkt wie verschoben auf den Hals gesteckt und ihre Arme stehen steif vom Körper ab. Das Absetzen der einzelnen Körperteile wie der Arme und des Kopfes vom Rest des Körpers verschiebt die Pose, übertreibt und übersteigert sie. Der Stillstand wird durch steife, ruckartige Bewegungen unterbrochen, eine Tänzerin knickt an den Fußgelenken ein und eine andere wackelt mit ihrem Kopf hin und her. Bewegungen wie Tics, die normalerweise nicht vorgezeigt werden, sind in *Visitors Only* im Posieren eingeschlossen. Das Posieren der Performer wird einmal durch die einbrechenden Gesten und Handlungen und dann durch Verschiebungen und Irritationen in der Pose selbst gestört (vgl. Kap. 3).

In den Posen und Kostümen werden traditionelle Rollenbilder in Gesellschaft und Theater aufgerufen, die in der Gruppierung auf das Klischee von Familienporträts oder die Idee von Maskenbällen verweisen, diese aber nicht im Ganzen einlösen. Die über die Pose als fixierter Bewegung und dem Kostüm als Klischee erzeugten Rollenbilder werden durch ihre inhärente Verfremdung und durch unpassende Zusammenhänge einer Festschreibung entzogen. Pose, Kostüm und Gesellschaftsmuster changieren zwischen Erstarrung zum leeren Zeichen und deren „Verlebendigung“ zu einem vieldeutigen, unabschließbaren Zusammenhang.

Anders als die Tableaux vivants, die politische, gesellschaftliche und religiöse Wertvorstellungen durch das Nachstellen von Gemälden vermittelten, rekurriert das hier beschriebene Standbild zwar auf gesellschaftliche Vorbilder, verweigert aber deren Festschreibung. Die Vorstellungen von sozialen Werten und gesellschaftlichem Verhalten werden mit ihrem Scheitern verknüpft, weil Gewalt und Aggression sowohl das stillgestellte Bild als auch das Beisammensein aufbrechen. Einzelne Körperteile durchkreuzen die Posen und verweisen auf „die Lücken der Zu-Ordnung".[35] Störelemente wie die Putzhandschuhe wirken einer möglichen Entzifferung der Kostümierung entgegen. Sie durchkreuzen das stillgestellte Tableau und überlagern die aufgerufenen Bilder. Zudem erzeugt die Verlangsamung und Minimalisierung der Bewegung bis hin zum Stillstand eine Dramatik, in der die kleinste Bewegung wie das Spreizen der Hände bereits zum Gewaltakt wird.

Auch distanzieren sich die Performer von Pose und Kostüm. Sie scheinen sich nicht ganz mit dem Ort und mit ihrer Rolle abfinden zu können. Sie sind Fremde in ihren Hüllen und an ihren Plätzen. Sie scheinen nicht in ihrer Haut zu stecken, von einer fremden Macht regiert zu werden, was ein vom Tonband eingespielter Erzähltext erläutert, der von der Begegnung mit Aliens handelt.[36] In der Ambivalenz von „fremd" und „eigen", von Erstarrung und lebendigem Körper wird über das Medium der Photographie und das Tableau vivant das Paradox zwischen dem Festhalten von Leben und dessen Unmöglichkeit, zwischen dem Zeigen eines Ich und dessen ungenügender Wiedergabe deutlich. Stuart benutzt die Anspielung auf Bildmedien wie die Photographie oder das Tableau vivant, um eine Ambivalenz zwischen Bewegung und Erstarrung, zwischen gelungener Pose und deren Verfehlen aufzubauen.

## Abwesende Präsenz: Standbild auf der Schwelle

Ein Standbild gegen Ende von *Visitors Only* nimmt auf andere Weise Bezug zum Tableau vivant – der lebendigen Verkörperung eines Bildes und der Umkehrung des Vorgangs in der Photographie als Stillstellung des Körpers: Stuart spielt mit der gleichzeitigen An- und Abwesenheit der Körper auf der Bühne.

Alle Performer reihen sich – aus den Räumen heraustretend – an der vorderen Kante der Bühne auf: vier unten und vier oben. (Abb. 37) Sie stehen in dieser Anordnung direkt vor dem Abgrund des Gebäudefragments. Diesmal

35 Gabriele Brandstetter: „Pose, Posa, Posing. Zwischen Bild und Bewegung", in: Elke Bippus u. Dorothea Mink (Hg.), *Mode/Körper/Kult*, Bremen: Hochschule für Künste/Stuttgart: Arnoldsche Verlagsanstalt 2007, S. 248-265, hier: S. 265.

36 An verschiedenen Stellen der Choreographie werden im Hintergrund Texte von Tim Etchells aus seiner Sammlung von Träumen von einer Erzählstimme vom Tonband abgespielt (Tim Etchells: *The Dream Dictionary for the Modern Dreamer*, Duck Editions 2001).

tragen alle graufarbene, melierte oder mischfarbene Kleider und eine Sonnenbrille. Das Licht ist blendend hell und löscht die Farben beinahe aus. Die Eintönigkeit der Kleidung lässt alle äußerlich gleich werden. Gelegentlich zupfen sie an ihrer Kleidung, richten die Sonnenbrille gerade oder streichen ihre Haare nach hinten. Gegen Ende der Szene nehmen sie ihre Sonnenbrille ab und lassen die Pupillen nach oben wandern.

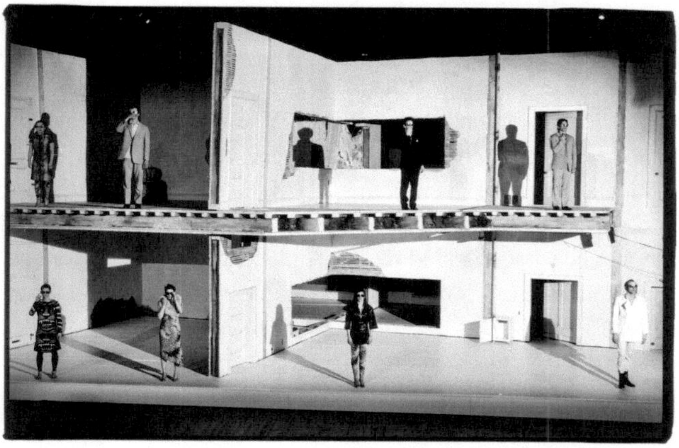

*Abb. 37: Meg Stuart, Visitors Only, 2003*

Die Performer senden keine Signale aus. Selbst ihre Augen, diese Fenster zur Seele, als Verbindung zwischen Innen und Außen, sind durch die Sonnenbrille verdeckt. Sie wirken nach außen abgeschottet. Anders als in der vorherigen Szene müssen die Performer nicht mehr zwanghaft etwas darstellen, wissen aber auch nicht, was sie überhaupt tun könnten. Sie stehen da, frei von jeder Absicht. Ihre kleinen, ziellosen Bewegungen wie das Nesteln an der Kleidung sind willen- und kraftlos. Ihre extrem verlangsamten Bewegungen brechen immer wieder ab oder bleiben ganz stehen, lösen eine befremdliche, geisterhafte Wirkung aus. Die Performer scheinen aus einer anderen Wirklichkeit zu kommen. Wenn sich später die Pupillen an den oberen Rand der Augen bewegen, so dass nur noch das Weiß der Augäpfel zu sehen ist, unterstützt das die abwesende Präsenz der Performer. Die Pupillen abgewendet, scheinen sie in eine andere Welt zu blicken. Gleichzeitig wird das Licht immer greller, blendend hell und erinnert an Jenseitsvorstellungen und Erfahrungen mit dem Tod.

Barthes' *helle Kammer* verbindet die Photographie mit dem Tod und bezieht sie auf das Tableau vivant:

[A]uch wenn man sich bemüht, in ihr etwas Lebendiges zu sehen (und diese Verbissenheit, mit der man ‚Lebensnähe' herzustellen sucht, kann nur die mythische Verleugnung eines Unbehagens gegenüber dem Tod sein), so ist die PHOTOGRAPHIE doch eine Art urtümlichen Theaters, eine Art von ‚Lebendem Bild': die bildliche Darstellung des reglosen, geschminkten Gesichtes, in der wir die Toten sehen.[37]

In ähnlicher Weise wie die Photographie die Lebendigkeit des Körpers im momentanen Stillstand einfriert, führt das Tableau vivant die Performer beim Verkörpern des Bildes in die Nähe des Todes. Anders jedoch als in Barthes' Reglosigkeit oder Maskierung erzeugt hier die Art und Weise der Bewegung und der Verlust einer Zuordenbarkeit der Kleidung eine geisterhafte Abwesenheit. Nicht primär die Mittel des Theaters, wie die Maske, setzt Stuart gegen das Bild ein, sondern den Blick selbst. Durch das Abwenden des Blicks wird eine Erwiderung unmöglich, die eine Bewegung zwischen Betrachter und Bild in Gang brächte und dem Bild Präsenz verliehe.

Die Willenlosigkeit der Bewegungen und die abwesende Anwesenheit der Performer deuten auf einen Gedächtnisverlust[38] hin. Gewisse Bewegungen wie das Nesteln an der Kleidung sind nur noch mechanisch gespeichert, haben aber keinen Grund und keine Wirkung mehr. Die Performer scheinen ihren Körpern zu entgleisen. (Abb. 38) Der „Gedächtnisverlust" geht auf den Zuschauer über, dem die Kleider[39] und die kraftlosen Bewegungen kaum noch Assoziationen oder Zuordnungsmöglichkeiten liefern. Alles, was in der Choreographie bereits geschah, insbesondere das mehrfache Wechseln der bunten Kostüme, wird neutralisiert. Wie die Mischfarben bewegen sich die Performer in einem Zwischenzustand – zwischen Anwesenheit und Abwesenheit, zwischen Bewegung und Stillstand, zwischen Lebendigkeit und Erstarrung, zwischen Leben und Tod. „Zombie" – der inoffizielle Titel der Szene – steht für diese lebenden Toten.

Die beiden hier besprochenen Szenen tendieren dazu, die Bewegung still zu legen, einzufrieren und für einige Momente erstarren zu lassen. Gleichzeitig nehmen sie durch ihre Konstellation als Reihe oder Gruppierung Bezug zur Idee des Tableau vivant, ohne dass die Nachstellung eines existierenden Bildes intendiert wäre. Die Stillstellung der Tänzer wird durch Störelemente und innere Regungen durchbrochen, so dass eine Spannung zwischen Innen und Außen, zwischen Lebendigkeit und Erstarrung entsteht. In der einen Szene

37 Vgl. Roland Barthes: *Die helle Kammer*, Frankfurt a. M.: Suhrkamp 1989, S. 41.

38 In den folgenden Szenen wird die Idee des Gedächtnisverlusts weitergeführt. In der einen Szene werden verschiedene Gegenstände vorgezeigt, die aber keine Bedeutung bzw. keinen Zusammenhang mehr herstellen und die von den Tänzern fallen gelassen werden oder die ihnen aus den Händen fallen. In der parallel dazu laufenden Szene listet ein Performer, von dem nur die Beine zu sehen sind, alles nur Mögliche – bis hin zu den eigenen Erinnerungen – auf, indem er beständig den Satz „You can have …" wiederholt.

39 Hier ist absichtlich von Kleidern die Rede und nicht von Kostümen, da sie nicht explizit eine Geschichte mitbringen.

gelangen die Performer in der Verlangsamung ihrer Bewegung bis zum Stillstand und in der abwesenden Präsenz ihrer Körper in die Nähe des Todes, die andere eröffnet eine Spaltung zwischen Pose, Kostüm und innerer Regung, zwischen äußerer Erscheinung und innerem Zustand, zwischen Stillstellung und Aggression. Zum einen geht die Lebendigkeit in Willenlosigkeit auf, zum anderen findet eine Zersetzung der Einheit der Figur statt. Auf je andere Weise wird die Idee des Tableau vivant aufgegriffen und unterwandert: im ersten Beispiel durch die inhärenten Unstimmigkeiten in der Kostümierung und durch Störelemente wie ruckartige Bewegungen, im zweiten durch die Abwesenheit der auf der Bühne präsenten Körper.

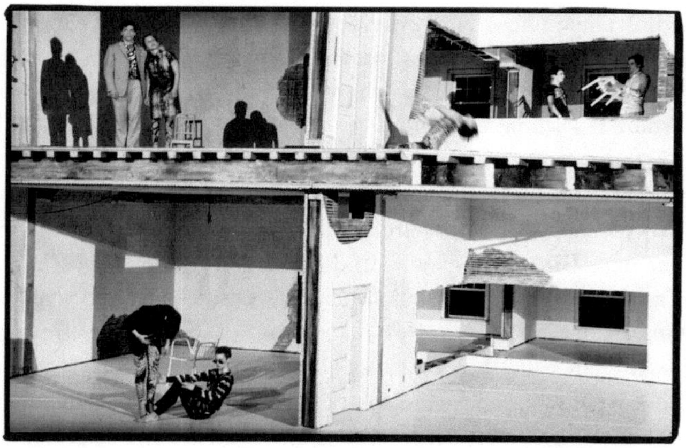

*Abb. 38: Meg Stuart, Visitors Only, 2003*

Meg Stuart arbeitet in diesen beiden Szenen mit der choreographischen Anordnung zum Bild, dem Anhalten der Bewegung im Bild. Sie greift dabei auf existierende Bildpraktiken wie Photographie und Tableau vivant zurück, liefert so einen Anhaltspunkt, versetzt diesen aber in die Schwebe. Indem sie die Entstehung und Auflösung des Tableau vivant zeigt, verweist sie auf die in der Suspension der Stillstellung verborgenen, aber in dessen Paradox mitschwingenden Ambivalenzen. Oder sie wendet die Präsentation des Bildes, das mit seiner Präsenz den abwesenden Körpers ersetzen soll[40], um, indem sie zugleich lebende und abwesende Körper auf die Bühne stellt.

40 Vgl. Belting 2001, insbesondere sein Kapitel zum Totenkult, S. 143-188, oder in Bezug auf die Photographie Barthes 1989.

## Duration – andauernde Bewegung

In diesem Teil geht es um andauernde, sich wiederholende Bewegungen auf der Stelle, die anhand zweier Szenen aus *Visitors Only* erläutert werden: einer Schüttelsequenz ganz zu Beginn und einer Drehsequenz gegen Ende der Choreographie. Durch die Wiederholung, die Gleichzeitigkeit und die Dauer nehmen die Bewegungen ikonische Qualitäten an.

Das Ikonische wird von Gottfried Boehm[41] und Max Imdahl[42] als eine besondere Sinndichte charakterisiert, die aus der raumzeitlichen Organisation von anschaulichen Gegebenheiten hervorgeht. Indem das Bild verschiedene sukzessiv ineinandergreifende Momente in einer übergreifenden Simultaneität fasst, führt es eine „unmittelbare Evidenzerfahrung"[43] herbei. Boehm hat immer wieder die Zeitlichkeit betont, in der sich statische Bilder in ihrer Potentialität ereignen. Alles ist im Bild bereits vorhanden, wächst aber immer wieder auf neue Art zusammen. Durch eine bestimmte „Valenz der Konkretisierung" ereignet sich das Bild immer wieder neu, Vergangenheit und Zukünftigkeit treffen aufeinander und verbinden sich in der „Paradoxie eines werdenden Gewesenseins".[44] Die Durchkreuzung möglicher Ansichten in der Simultaneität eines Bildes, lässt sich auf die andauernde Bewegung beziehen.

Die Tanzbewegung entfaltet sich normalerweise in einem raum-zeitlichen Kontinuum, das durch Rhythmus, Dynamik und Artikulation der Bewegung differenziert wird. Über die Wiederholung eines in sich variierten Bewegungsmusters wird das Kontinuum aufgebrochen. Durch die Dauer entsteht eine bildähnliche Gleichzeitigkeit, welche die Aufeinanderfolge der einzelnen Bewegungen in sich aufnimmt. Wie innerhalb einer sukzessiven Bewegungsfolge eine ikonische Simultaneität erzeugt wird, steht im Zentrum der folgenden Überlegungen.

### ‚Shaking' – vibrierende Körper

Eines dieser andauernden, sich wiederholenden Bewegungsmotive, das auch in anderen Choreographien Stuarts auftaucht, ist das *shaking*[45]: ein Schütteln, Vibrieren oder Zittern des ganzen Körpers oder einzelner Körperteile.

---

41 Gottfried Boehm: „Die Wiederkehr der Bilder", in: Gottfried Boehm (Hg.), *Was ist ein Bild?*, München: Fink 1995, S. 11-38, insbesondere S. 29-33.

42 Max Imdahl: „Giotto. Zur Frage der ikonischen Sinnstruktur", in: Gottfried Boehm (Hg.), *Max Imdahl. Gesammelte Schriften. Band 3: Reflexion – Theorie – Methode*, Frankfurt a. M.: Suhrkamp 1996, S. 424-455, insbesondere S. 437 und S. 448-454.

43 Ebd., S. 437.

44 Gottfried Boehm: „Die ikonische Figuration", in: Ders., Gabriele Brandstetter u. Achatz von Müller (Hg.), *Figur und Figuration. Studien zu Wahrnehmung und Wissen*, München: Fink 2007, S. 33-52, hier: S. 50.

45 Brandstetter erwähnt das Tanzstück *The Shakers* von Doris Humphrey das sich auf die gleichnamige Sekte bezieht, die im 18. Jahrhundert aus den Quäker her-

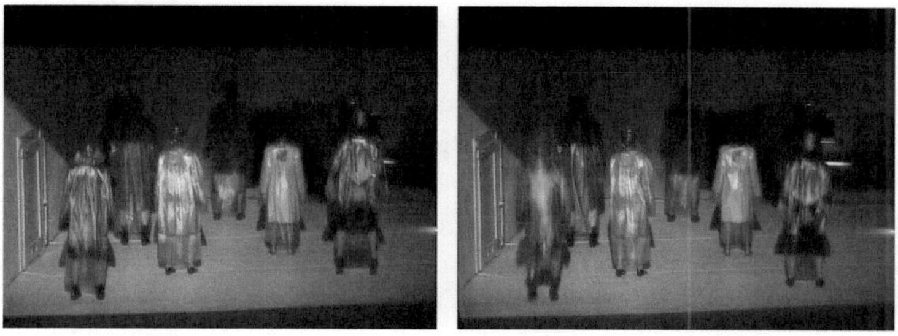

*Abb. 39: Meg Stuart, Visitors Only, 2003*

Beim Betreten der Schiffbauhalle empfängt *Visitors Only* die Zuschauer mit dröhnendem E-Gitarren-Sound von Paul Lemp, der teilweise von kratzenden oder nur angehauchten Cellotönen von Bo Wiget durchzogen ist. Das ganze Gebäudefragment ist bis auf einen Raum (unten links vorne) leer. Dort stehen alle acht Tänzer und Tänzerinnen dicht neben- und hintereinander mit dem Rücken zum Publikum und wippen auf der Stelle auf und ab. (Abb. 39) Die Bewegung ist bereits in vollem Gange, während die Zuschauer hereinkommen und sich ihren Sitzplatz auf der Tribüne suchen. Das regelmäßige Auf und Ab geht eher von den Knien als von den Füssen aus, die Tänzer bleiben meist mit dem Boden verbunden. Es ist eine von den Knien ausgehende Wellenbewegung, die, wie von außen angetippt, über den ganzen Körper hinweg- und wieder zurückgeht. Sie wiederholt sich fortlaufend auf der Stelle und dauert fünfzehn Minuten an, steigert sich, bis ein Tänzer nach dem anderen vom Boden abhebt und dazu kurze, unerwartete Schreie ausstößt. Danach hält die Bewegung inne: Die Tänzer schauen um sich, bewegen sich ein, zwei Schritte und halten wieder inne. Auf diese Weise verteilen sie sich über die Räume.

Die Wiederholung des Bewegungsmomentes und seine Vervielfachung in den acht Tänzern und Tänzerinnen bewirken eine Konzentration und Akkumulation von Energie in diesem kleinen Raum. Die Wippbewegung des Einzelnen verbindet sich mit der der anderen und schließt so die Tänzer zu einem Block zusammen. Die Tänzer und ihre Bewegung bilden zusammen eine geballte, aber vibrierende Masse, in der sich die Energie aufstaut. Innerhalb dieser Ballung und der scheinbar in sich geschlossenen Konstanz der Auf- und Abbewegung entstehen jedoch leichte Abweichungen von Bewegung zu Bewegung und von Tänzer zu Tänzer. Leichte, kaum merkbare Veränderungen

vorgegangen ist. Humphreys Interesse galt dem ekstatischen Bewegungsmaterial, welche den Gottesdienst der Shaker prägte und ihnen den Namen gab. Daraus entwickelte sich das wichtigste Prinzip ihres Tanzstils, *fall and recovery*. Vgl. Gabriele Brandstetter: „Grenzgänge II. Auflösungen und Umschreibungen zwischen Ritual und Theater“, in: Dies. u. Helga Finter (Hg.), *Grenzgänge. Das Theater und die anderen Künste*, Tübingen: Narr 1998, S. 13-20.

in der Dynamik erzeugen ein An- und Abschwellen. Sie gehen von einzelnen Tänzern aus und bewirken eine Art Schneeballeffekt. So hebt zum Beispiel einer plötzlich vom Boden ab und hüpft etwas höher als die anderen. Dadurch werden die anderen angesteckt und hüpfen ebenfalls – einer nach dem anderen, in dichten Abständen – hoch. Eine Welle durchzieht die konstante Auf- und Abbewegung und setzt sich von einem zum anderen fort.

Im Spannungsfeld von Angleichen und Abweichen, von Festhalten und Fortdrängen wird Energie freigesetzt, die aber durch die Bewegung an Ort und Stelle festgehalten wird und deshalb kondensiert.[46] Die Energie akkumuliert sich in diesem Raum, bis sie zusammen mit den einzelnen Tänzern in die Nebenräume diffundiert. Auf diese Weise bilden die Tänzer zusammen zuerst ein vielfältiges Energiebündel, das sich dann in seine einzelnen Atome aufteilt.

Die Energie, die sonst von der Fortbewegung und den äußeren Veränderungen absorbiert wird, staut sich in der Wiederholung, der räumlichen Beschränkung und der zeitlichen Ausdehnung an. An Ort und Stelle festgehalten, wird das Vibrieren am Körper der Tänzer und im Austausch mit ihrem nächsten Umfeld erfahrbar. Es wirkt sich in die Tiefe und in die Breite aus:

Einerseits entsteht in der Dauer eine Tiefenwirkung, da sich Performer und Zuschauer mehr und mehr den Details widmen. Verschiedene Schichten werden fortlaufend nach oben befördert bzw. durchbrochen. Die Aufmerksamkeit des Betrachters dringt nach Innen vor, während die Energie der Tänzer aus dem Innern der Körper nach außen dringt. Dieses Phänomen ist vergleichbar mit dem Zoomen, das sich immer näher an die Körper heranbewegt und auf diese Weise das Vibrieren an der Körpergrenze zum Vorschein bringt. Hier wird die Energie sichtbar, die die Körper der Tänzer durchströmt und in Zuckungen oder Wellenbewegungen an die Oberfläche dringt.

Andererseits werden die einzelnen Tänzer von der Dynamik der anderen erfasst. Sie treiben sich gegenseitig an, unterstützt von der hämmernden, dröhnenden Musik. Es kommt zu einem Energieaustausch zwischen Tänzer und Musiker, aber auch zwischen Tänzer und Raum – mit Siegmund:

> Während sich die Körper der Tänzer durch Abgeben der Energie entleeren, füllt sich der Raum auf der anderen Seite der Haut immer mehr mit Energie an. Vergleichbar mit einem Trancezustand verlieren die Tänzer sich und ihr Bewusstsein, während der undefinierte Raum um sie herum zu leuchten und zu glühen beginnt. Das Subjekt entleert sich und erfährt sich über den Umweg des Anderen, von dem es kein Bild gibt, als Fremdes.[47]

---

46 In *Visitors Only* wird das Kondensat tatsächlich sichtbar, unter den durchsichtigen Regenmänteln bildet sich beim Schwitzen der Tänzer Dampf, der an dessen Rändern kondensiert. Vgl. Gerald Siegmund: *Abwesenheit. Eine performative Ästhetik des Tanzes. William Forsythe, Jérôme Bel, Xavier Le Roy, Meg Stuart*, Bielefeld: transcript 2006, S. 430.

47 Ebd., S. 431.

Mehr noch als Siegmund möchte ich die Beziehung als einen gegenseitigen Austausch und weniger als eine Entleerung der Tänzer betrachten, denn in gleichem Maße wie sich der Raum mit der Energie der Tänzer füllt, kommen die Tänzer im Raum an und nehmen dessen Stimmung in sich auf. Dieses Aufnehmen führt dann zu dem, was Siegmund als eine Erfahrung von sich als einem Fremden bezeichnet. Sie sind „Visitors Only" in den Räumen und in ihrer Haut.

Neben den räumlichen Schichten werden in der Dauer der sich aufeinander schichtenden Bewegung gleichzeitig auch zeitliche Schichten durchlaufen. In der unaufhaltsamen Auf- und Abbewegung werden Geschichten transportiert, gespeichert, ausgetauscht und neu geformt. Obwohl oder gerade weil nichts zu sehen ist – die mit dem Rücken dem Zuschauer zugewandten Tänzer tragen unter ihren durchsichtigen Regenmänteln weitere Mäntel –, wird eine geisterhafte Stimmung erzeugt. Durch die Dauer beginnt der Zuschauer sich zu fragen, was das für Räume sind und was die Tänzer darin zu suchen haben. Die Tänzer kommen mit einer unbekannten Vorgeschichte in diesem „Haus" an, welches selbst eine Geschichte mitbringt, von der wir nichts wissen. In der Dauer akkumulieren verschiedene Zeiten wie Vergangenheit, Gegenwart und Zukunft.

Außerdem kann die „Shaking"-Szene am Anfang von *Visitors Only* auf die vorausgegangene Choreographie *Alibi* bezogen werden, die mit einem Zittern der Tänzer endete. Das „Shaking" vermittelt somit nicht nur eine allgemeine Erfahrung von Dauer und Erinnerung, sondern lässt sich auch als Geschichte der Choreographien Stuarts lesen. *Visitors Only* setzt dort an, wo *Alibi* aufgehört hat. Dies betrifft gleichermaßen auch das Tanzensemble, das bis auf drei neue Mitglieder diese Bewegung in ihrem Körper aufgenommen und verinnerlicht hat. Neben dem „Shaking" zu Beginn von *Visitors Only* (2003) und am Schluss von *Alibi* (2001) gibt es eine weitere Szene in der sehr viel früheren Choreographie von Stuart, in *No Longer Readymade* (1993). Dort konzentriert sich das Schütteln auf einen einzelnen Tänzer.

Um das Bewegungsmotiv in seinen Variationen analysieren zu können, werde ich die Schüttelszenen der anderen Choreographien hinzuziehen. Denn das Motiv wird jeweils anders ausgeführt, wirkt anders am und auf den Körper und verändert sich mit der Dauer der Szene. Wie wirken sich der Kontext der Choreographie, die Anordnung der Tänzer und die Dauer der Bewegung auf das Motiv aus? Wie lassen sich die Dauer und die inhärenten Differenzen der Bewegung mit bildähnlichen Qualitäten verbinden?

## Unschärfe – Verwischen der Konturen

In einer Szene aus *No Longer Readymade* – einer frühen Choreographie Stuarts von 1993 – konzentriert sich das Schütteln auf den Oberkörper eines einzigen Tänzers, wodurch die Aufmerksamkeit auf einzelne Bewegungen gerichtet wird. Das wird umso deutlicher, als das Schütteln von einer Drehbewegung des Kopfes und der Arme gerahmt wird. Der Tänzer Benoît Lachambre wirft zu Beginn seinen Kopf ununterbrochen hin und her. Dann setzt er neben die Hin- und Herbewegung wechselweise links und rechts die Arme hinzu. Die Hände formen durch den abgespreizten Daumen und Zeigefinger ein Zeichen, das in einer schnellen Folge an verschiedenen Positionen gesetzt wird: Zuerst bewegt sich der rechte Arm nach oben rechts und wieder runter, dann bewegt sich der linke nach oben und wieder runter. Auf diese Weise umkreisen die Hände den hin- und herwiegenden Kopf. Dann erst beginnt der Tänzer für einen Moment seinen Oberkörper durchzuschütteln, um kurz darauf wieder mit der Drehbewegung des Kopfes und der versetzten Armbewegung einzusetzen.

Durch die unaufhörliche Wiederholung und die sehr schnelle Bewegungsfolge lassen sich die einzelnen Bewegungen nicht mehr klar voneinander trennen. Sie überschreiben sich laufend von neuem mit der gleichen, aber doch variierten Bewegung. Gleichzeitig trennt sich der Oberkörper durch seine Drehbewegung vom stillstehenden Unterkörper ab. Die einzelnen sich bewegenden Körperteile scheinen auseinandergerissen zu werden, weil sie sich unabhängig voneinander und sehr schnell hin- und herbewegen. Die Körpergrenzen des Tänzers werden durch die sich verwischenden Partien und die Aufhebung einer Einheit labil.

Die Konturen und Linien des Körpers, insbesondere des Oberkörpers, lösen sich durch das ständige Überschreiben der schnellen Bewegungen auf. Das Gesicht als Hauptcharakteristikum einer Person wird zu einer unbestimmbaren, in der Bewegung sich auflösenden Form. Die Unschärfe wird von Pirkko Husemann mit den entsprechenden Ausführungen von Gilles Deleuze zu den Figuren in der Malerei Francis Bacons verglichen.[48] Dieser führt das Phänomen der Unschärfe und der Deformationen auf die Wirkung unsichtbarer Kräfte zurück. In der Tat scheint der Tänzer, von einer fremden Kraft bestimmt zu werden. Seine Bewegungen drängen fort, während er weiterhin an seinem Platz festgehalten wird. „Orientierungslos, kopflos wird er bewegt, anstatt sich zu bewegen“, so beschreibt Gerald Siegmund die auf den Tänzer wirkende Kraft und folgert weiter: „Er verliert sich in der Bewegung und an die Bewegung, übergibt sich und die Kontrolle über sein Tun einer Kraft, die ihn willenlos zu machen scheint.“[49] Der Verlust der Kontrolle äußert sich ähnlich wie die Labilität der Körpergrenzen nicht nur in den verwischten Partien, sondern auch in der Koordination der einzelnen Körperteile. Die Hände und der Kopf bewegen sich zuerst virtuos gegeneinander, verselbständigen sich aber durch die

48 Pirkko Husemann: *Ceci est de la danse. Choreographien von Meg Stuart, Xavier Le Roy und Jérôme Bel*, Noderstedt: Books on Demand GmbH 2002, S. 29-31.

49 Vgl. Siegmund 2006, S. 409.

unaufhaltsame Wiederholung. Die Geschwindigkeit und die auf die einzelnen Bewegungen wirkende Kraft lassen die Körperteile auseinandertreiben.[50]

Da sich hier, anders als in der „Shaking"-Szene von *Alibi* oder *Visitors Only*, nur ein Tänzer dieser Hin- und Herbewegung hingibt, wird die Aufmerksamkeit auf seinen Körper gerichtet und von den Details der blockartig angeordneten Tänzer und ihrer Bewegung abgezogen. Der einzelne Körper und seine Teile rücken in den Vordergrund. Die Bewegung an der Grenze des Körpers und seiner Einheit kann in gewisser Weise mit dem Titel der Choreographie in Verbindung gebracht werden, der das Readymade verneint[51] und aufhebt. Stuart bezieht sich damit auf ein grundlegendes, die Bedingungen und Wahrnehmungen von Kunst veränderndes Konzept von Marcel Duchamp zu Beginn des 20. Jahrhunderts. Mit dem Readymade, mit der Setzung industriell gefertigter Objekte als Kunstwerk, sprengte Duchamp die Grenzen der bildenden Kunst, indem er diese alltäglichen Objekte allein durch eine Signatur und durch ihre Verortung innerhalb eines Kunstkontextes wie dem Museum oder dem Galerieraum zum Kunstwerk erhob. Doch was kann in Bezug auf das Tanztheater als Readymade verstanden werden bzw. dieses mit einem „no longer" aufheben? Brandstetter verweist auf den Körper des Tänzers als Produkt einer Setzung als Kunst – als Resultat einer Prägung und nicht als Naturform.[52] Die Verneinung dieses fixierten Körperbildes – als Readymade – wird nicht nur im Titel deutlich, sondern durch die Steigerung der Schüttelbewegung, die in ihrer Unschärfe die Figur aufhebt, in ihrer Übertreibung über diese hinausläuft und sich verselbständigt. Der Körper ist nicht ein stillzustellendes oder endgültig geformtes Produkt, sondern befindet sich in stetiger Verwandlung. Die Unmöglichkeit der Fixierung oder des Festhaltens wird gerade durch die minimale Bewegung deutlich: Der Tänzer steht an Ort und Stelle, bewegt nur seinen Kopf und Oberkörper, ist deshalb an einen Ort fixiert und wird gleichzeitig sehr stark bewegt. Gleichzeitig nimmt aber die Hin- und Herbewegung in der Wiederholung wieder Form an, auch wenn dies

50 Susanne Foellmer, die diese Szene ausführlich in Bezug auf Rahmung und Struktur hin analysiert, beschreibt präzise, dass es nicht um die Auflösung des Körpers geht, sondern um eine Materialisierung des Körpers in seiner Entgrenzung (Susanne Foellmer: *Am Rand der Körper. Inventuren des Unabgeschlossenen im zeitgenössischen Tanz*, Dissertation an der Freien Universität Berlin, 2008).

51 Die Hin- und Herbewegung des Kopfes lässt sich auch auf eine einfache Bewegung, die zumindest in Europa mit der Verneinung verbunden wird, beziehen.

52 Gabriele Brandstetter: „Figur und Placement. Körperdramaturgie im zeitgenössischen Tanztheater am Beispiel von Merce Cunningham und Meg Stuart", in: Hermann Danuser (Hg.), *Musiktheater heute. Internationales Symposium der Paul Sacher Stiftung Basel 2001*, Main/London/Madrid u. a.: Schott 2003, S. 309-326, hier: S. 321-324.

eine Form ohne feste Kontur ist. Es ist das Charakteristikum der Verneinung, dass sie immer auch ihr Positiv impliziert, indem sie sich darauf bezieht.[53]

## Zittern als ein Nachbeben

Anders als in *Visitors Only* befindet sich in *Alibi* die Schüttelsequenz am Ende der Choreographie (Beschreibung von *Alibi* s. Kap. 3). Die sieben Tänzer werden nach und nach von einem Zittern befallen, zuerst einzelne Körperteile, dann der ganze Körper. Das Zittern geht durch die einzelnen Körper und greift sie immer wieder an unterschiedlichen Stellen an. Die Tänzer versuchen zu Beginn, das Zittern nicht zuzulassen, versuchen ihm entgegenzuwirken, sich an anderen Tänzern oder auch einem Stuhl zu halten. Einer sinkt auf alle Viere, ein anderer liegt am Boden. Wie die Bewegung nicht dem gleichmäßigen Auf und Ab von *Visitors Only* entspricht, das Zittern verschiedene Körperteile befällt, gruppieren sich die Tänzer zufällig im Raum, sie bewegen sich aufeinander zu oder voneinander weg, sie stehen, liegen oder sitzen. Das Zittern nimmt im Verlauf der Szene den ganzen Körper ein, die Performer können sich nicht mehr entziehen, vereinzelt stehen sie über die Bühne verteilt. Dieses Zittern steigert sich unweigerlich, angetrieben von der elektrisierenden, durchdringenden Musik von Paul Lemp. Der hämmernde E-Gitarrensound nimmt mit seinem Vibrieren den ganzen Raum, Bühne und Tribüne ein, bis die Erschütterung abebbt, das Licht immer heller wird und das Hämmern der Gitarre in eine versöhnliche Melodie übergeht, die leise ausklingt. (Abb. 40)

In *Alibi* wird das Vorausgegangene für die Aufladung der Zitterpartie wichtig, da diese am Schluss der Choreographie steht und somit die Gewalt und den Kampf ums Überleben in den vorhergehenden Szenen in sich trägt und auffängt. Das Zittern kann also einerseits als ein Beruhigen der Leidenschaften – ein Abklingen – verstanden werden, und andererseits ist das Zittern gerade Zeichen eines Ausbruchs von nicht zur Ruhe kommenden Körpern. Es durchzieht den Körper wie eine Erschütterung oder ein Nachbeben. Im Zittern

53 Vgl. hierzu die Titel der Choreographien von Meg Stuart zwischen 1990 und 1995, die eine Negation mit sich führen: *Disfigure Study*, *No Longer Readymade* oder *No One is Watching*. Sie setzen bei verschiedenen Prämissen des Tanztheaters an, zerlegen den Körper in seine Teile, hinterfragen seine Setzung als Produkt und spielen auf die Rolle der Zuschauer an. Gerade in *No One is Watching* wird das Paradox deutlich, da ein Tanzstück explizit zum Zuschauen bestimmt ist, ein Körper, ganz gleich wie, auf der Bühne immer ausgestellt, *on scene* ist. Da Stuart für diese Choreographie eine nackte, überaus fettleibige Frau mit dem Rücken zum Publikum auf die Bühne setzt, unterstreicht sie diese Ambivalenz. Die ungewöhnliche Masse des Körpers zieht die Blicke an, stößt sie aber zugleich auch ab. Es ist ein Körper, der gewöhnlich im Tanztheater nicht vorgezeigt würde, den sich auch niemand ansehen möchte, und doch zieht er den Blick an.

manifestiert sich ein Konflikt zwischen Innehalten und Auflehnung gegenüber einer Geschichte, das Sträuben gegen das Vergessen.

Dieser Zusammenhang geht aus der dem „Shaking" direkt vorausgehenden Szene hervor, in welcher der Schauspieler Thomas Wodianka rotzig und trotzig über die Bühne zieht, sich selbst, die anderen Performer und das Publikum anmacht. Sein Aufbäumen und Provozieren geht in Erschöpfung und das Rezitieren eines Textes von David Wojnarowicz über, mit dessen philosophischem Gehalt sein Verhalten kontrastiert. Der Text handelt von der Leere, von der Entfremdung und dem Verschwinden des Subjekts. Da heißt es zum Beispiel, „Der Mensch, der ich noch vor kurzem gewesen bin, existiert nicht mehr; er treibt mit langsamen Umdrehungen irgendwo ganz hinten in den Aether hinein. Ich bin aus Glas, aus klarem, leerem Glas." Und er schließt mit dem Satz: „Ich stehe zwischen euch allen und winke mit meinen unsichtbaren Armen und Händen. Ich schreie meine unsichtbaren Worte heraus. [...] Ich verschwinde, aber nicht schnell genug."[54] Die Rezitation artikuliert eine Entfremdung von der Welt, aus der der Wunsch nach einem Verschwinden hervorgeht. Doch dieses Ablösen von der Welt ist nicht so einfach.

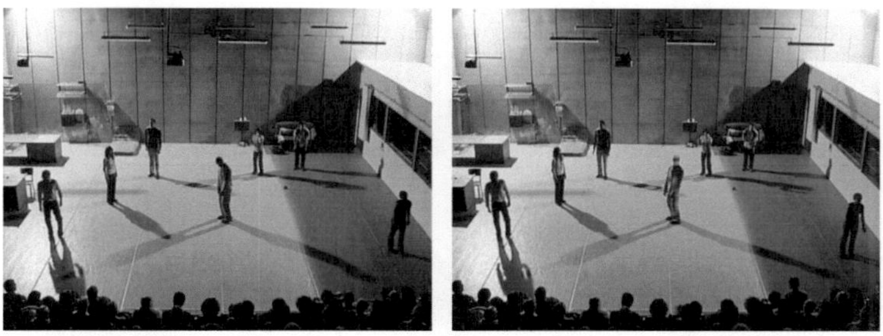

*Abb. 40: Meg Stuart, Alibi, 2001*

Dieser Konflikt erinnert an die von André Lepecki[55] beschriebene Ambivalenz der Ruhe: Die Vibration der Ruhe zeugt von einer Auflehnung gegen die Festschreibung, gegen das feste Körperbild. Im Stillstand werden die kleinen

54 David Wojnarowicz: „Spiral" (1992), in: Programmheft *Alibi*, Schauspielhaus Zürich, Nov. 2001.

55 André Lepecki: „‚Am ruhenden Punkt der kreisenden Welt.' Die vibrierende Mikroskopie der Ruhe", in: Gabriele Brandstetter u. Hortensia Völckers (Hg.), *ReMembering the Body. Körper-Bilder in Bewegung*, Ostfildern-Ruit: Hatje Cantz 2000, S. 334-366. Lepecki beschreibt in diesem Aufsatz die Bedeutung der Ruhe im Tanz von Nijinsky bis zur Postmoderne. Er beginnt mit der Ruhe als ein Gegenpol zum Tanz, aus dem heraus die Energie für die Bewegung geschöpft wird, um dann auf die Akzentuierung und das Experimentieren mit der Ruhe im Postmodern Dance von Steve Paxton und im zeitgenössischen Tanz von Jerôme Bel zu kommen.

Bewegungen, die sonst von den großen verdeckt werden, sichtbar. Die kleinen Bewegungen bringen einen stetigen Wandel hervor, der in der Mikroskopie der Wahrnehmung beleuchtet wird. Mit C. Nadia Seremetakis zieht Lepecki eine Verbindung zwischen dem Tanz der Ruhe und den geschichtlichen Ablagerungen: „Die Ruhe ist der Moment, in dem das Begrabene, das Abgelegte und das Vergessene an die Oberfläche des gesellschaftlichen Bewusstseins dringen wie lebenswichtiger Sauerstoff. Es ist der Moment des Heraustretens aus dem Staub der Geschichte.“[56] Er bezeichnet Performances wie die von Steve Paxton in den 1970er Jahren und die Choreographien seit den 1990er Jahren von Jerôme Bel oder Meg Stuart als „plötzlicher[n] Ausbruch“, der nicht von einer „bewussten Entscheidung“ herrührt. Die Ruhe sei eine Widerständigkeit gegenüber dem zeitgenössischen Geschehen und könne als Zeichen einer Instabilität des Subjekts und als eine Orientierungslosigkeit betrachtet werden.[57]

Ich möchte hier auch auf das Beunruhigende der vibrierenden Ruhe eingehen, aber weniger im Hinblick auf die Konstitution des Subjekts als auf die Eigenschaft des ambivalenten Zitterns. Das Zittern kann in seinem Verharren auf der Stelle und in seiner unendlichen Wiederholung mit der von Lepecki charakterisierten Ruhe verbunden werden, da es beinahe monoton andauert, fast zur Ruhe kommt, aber eben nicht in Starrheit verfällt, sondern seine Kraft aus der unendlichen Vibration nimmt. Es birgt selbst diese „Widerständigkeit“, die sich gegen den „Staub der Geschichte“ aufzulehnen scheint. Insbesondere am Ende von *Alibi* erweckt das Zittern Erinnerungen und Bilder aus der vergangenen Choreographie.

Das Andauern des Zitterns bewegt sich zwischen verschiedenen affektiven Modalitäten: von der Erschütterung, welche die Körper angreift, über ein Auflehnen gegen diese hin zu einer Unausweichlichkeit des „Verzitterns“[58], das in ein abebbendes, versöhnendes Zittern übergeht wie das eines Kindes, das sich von einem Weinanfall beruhigt. In diesem Zusammenhang ist die Musik wichtig, weil sie die affektiven Ebenen des Zitterns betont und das Auf- und Abschwellen der Energie trägt. Die Soundcollage von Paul Lemp beginnt mit einem eindringlichen von einer Gitarre erzeugten Hämmern und Zittern, welche vom anhaltenden Akkord eines eingespielten Streichorchesters untermalt werden. Diese elektrisierende und durchdringende Musik dauert an, schwillt an und ab, bis der Akkord der Streicher von einer langsamen, ziehenden Melodie aufgelöst wird. Eine gewisse Zeit erklingen beide Klangebenen parallel, sie durchdringen sich gegenseitig, bis zum Schluss die Melodie do-

56 C. Nadia Seremetakis: *The Senses Still: Perception and Memory as Material Culture in Modernity*, Chicago 1996, S. 13, zitiert nach Lepecki 2000, S. 356.

57 Lepecki 2000, S. 358.

58 Lilo Weber: „Leibhaftige Gewalt. Uraufführung von Meg Stuarts ‚Alibi‘ im Zürcher Schiffbau“, *NZZ*, Nr. 269, 19. Nov. 2001, S. 28.

miniert und dann selbst immer leiser wird. Die Langsamkeit und das Verbindende der Streicher weisen in die Vergangenheit, führen aber auch gleichzeitig aus dieser heraus in die Zukunft. Sie heben das Fortdrängen der Bewegung auf und bringen wie die Dauer des Zitterns eine Unendlichkeit hervor, in der Vergangenes aufgehoben und relativiert wird. Die durch das Andauern der Bewegung einsetzende Läuterung vom Kampf ums Überleben wird vom Wechsel in der Musik energetisch gestützt.

## Schichtung der Bewegung und der Musik im Kristallbild

In der anhaltenden Dauer lassen sich die einzelnen Bewegungsabläufe in der Wahrnehmung nicht mehr voneinander trennen, sie schichten sich übereinander, nacheinander und ineinander, so dass die Abfolge relativiert wird. Die Aufhebung der linearen Erzählung sowie das Ineinandergreifen verschiedener Zeiten – was neben der Bewegung auch an der musikalischen Struktur deutlich wurde – wird von Gilles Deleuze für das moderne Kino in der Mitte des 20. Jahrhunderts mit dem „Zeit-Bild“, insbesondere dem „Kristallbild“, in Verbindung gebracht. Das Zeit-Bild löst das Bewegungs-Bild ab, indem die Zeit unmittelbar und nicht mehr indirekt über die Bewegung erfahrbar wird.[59]

Bevor ich die allgemeinen Eigenschaften des Kristallbildes erläutere, möchte ich auf seine musikalische Dimension eingehen, weil sie an die Durchdringung der beiden tonalen Ebenen in *Alibi* anschließt und diese nochmals auf andere Weise deutlich macht:

> Was man im Kristall hört, sind Galopp und Ritornell als die beiden Dimensionen der musikalischen Zeit, die eine als Überstürzung der vorübergehenden Gegenwart, die andere als Aufheben oder Zurückfallen der sich bewahrenden Vergangenheiten. [...] Am Ende von ‚Prova d'orchestra' hört man zunächst den reinsten Galopp der Geigen, doch unmerklich hebt ein Ritornell an, das darauf folgt, bis sich beide auf immer intimere Weise vermengen, sich wie Ringer umfassen, verloren-gerettet, verloren-gerettet … Diese beiden musikalischen Bewegungen werden zum Gegenstand des Films, während die Zeit selbst akustisch wird.[60]

Deleuze geht in Bezug auf die Musik im Kristallbild auf verschiedene Filme ein, die sich durch die Verbindung von Galopp und Ritornell auszeichnen. Das Ritornell leitet beim Galopp, der über die Gegenwart hinausläuft, eine Versöhnung ein und lässt den Blick in die Vergangenheit schweifen. Bildhaft werden mit den genannten Begriffen zwei akustische Zeiten – die fortdrängende und die zurückgewandte, wiederkehrende – eingeführt, die sich im Kristallbild

59 Gilles Deleuze: *Das Zeit-Bild. Kino 2*, Frankfurt a. M.: Suhrkamp 1997, S. 132.

60 Ebd., S. 126-127. *Prova d'orchestra* (1978) ist ein Film von Federico Fellini, die Musik wurde von Nino Rota komponiert.

verschränken. Das Ineinander von fortdrängendem Rhythmus und wiederkehrender Melodie ist ein charakteristisches Merkmal für die Choreographien Stuarts, insbesondere für Szenen, die wie das „Shaking" von den feinen Nuancen in der Dauer geprägt sind.

Den drei diskutierten Schüttelsequenzen ist gemeinsam, dass sie von einer hämmernden Musik angetrieben werden, die jedoch jeweils unterschiedlich gefärbt ist. In *No Longer Readymade* punktiert das Klavier mit seiner schnellen Staccato-Tonfolge die Bewegung der Arme und Hände, während die anderen beiden Schüttelszenen von einem vibrierenden oder dröhnenden Elektrosound geprägt sind, in dem sich keine einzelnen Töne mehr ausmachen lassen. Vielmehr ist von einem rhythmisierten Vielklang zu sprechen, was in der Fachsprache auch mit *drone* bezeichnet wird. Das Dröhnen – das selbst ein stehender Klang in zugleich forttreibendem Rhythmus ist – wird von Streicherklängen unterlegt, die gegen Ende der Szenen in den Vordergrund treten und in eine andere Stimmung überführen. Dieser Wechsel vom antreibenden, hämmernden Elektrosound zum Legato der Streicher lässt sich mit den zwei musikalischen Zeiten des Kristallbildes von Deleuze vergleichen, dem Galopp und dem Ritornell.[61] Die Differenz zwischen den zwei tonalen Ebenen – dem hohen, zitternden Sound und dem warmen ziehenden, wehmütigen Klang der Streicher – ist in *Alibi* stärker als in *Visitors Only*. Dies mag daran liegen, dass sich in der einen Choreographie die Schüttelsequenz am Anfang und in der anderen am Schluss befindet. In *Visitors Only* heizt der wärmere, vollere Sound eines elektronisch verfremdeten und rhythmisierten E-Basses die Performer so richtig an, während in *Alibi* das Zittern gegen Ende verzittert. Die akustische Zeit steht so in Verbindung mit dem Kontext der Schüttelsequenz innerhalb der jeweiligen Choreographie, sie leitet Anfang und Ende ein.

Die kaum merkbaren Veränderungen der Dynamik, die mit der Färbung der Musik einhergehen, lassen sich auf die Qualitäten der Bergsonschen Dauer beziehen. Anders als der Raum wird die Dauer nicht von „quantitativen" Unterschieden geprägt, sondern von „qualitativen".[62] Diese lassen sich auch in der andauernden Bewegung auf der Stelle feststellen, die anders als die Fortbewe-

---

61 Aus der Musik der „Shaking-Szene" in *Visitors Only* werden in der Tat verschiedene Variationen abgeleitet, welche immer wieder die Choreographie durchziehen, so beispielsweise das die akustische Gitarre begleitende Motiv des Cellos, mit dem die Performer durch das Gebäudefragment treiben und getrieben werden. In einer anderen Tonlage wird daraus dann die Tonfolge für das „Spinning" aufgebaut, welches sich wiederum am Schluss in dem sich wiederholenden Motiv aus der Mitte der Choreographie auflöst. Diese Angaben verdanke ich einer Email von Bo Wiget im Juli 2008. Am Anfang hat das Ritornell also mehr eine zukunftsweisende Funktion, beim „Spinning" changiert es zwischen fortdrängender und wiederkehrender Zeit, während es sich ganz am Ende zurück auf die vergangene Choreographie bezieht.

62 Vgl. Deleuze 2001, S. 45-48.

gung nicht von einer räumlichen Veränderung geprägt ist, sondern vielmehr von einer dynamischen, welche verschiedene Bedeutungsebenen impliziert.

Auf der Dauer wiederum beruht das für das Kristallbild entscheidende Kriterium der „Ununterscheidbarkeit von aktuellem und virtuellem Bild". Die Gegenwart vergeht im selben Augenblick, in dem sie zugleich gegenwärtig ist. Daraus resultiert die Aufspaltung in zwei Bildaspekte, die Deleuze auf das Aktuelle und das Virtuelle bezieht: „Die Gegenwart ist das aktuelle Bild und ‚seine' zeitgleiche Vergangenheit ist das virtuelle Bild."[63] Außerdem spaltet das Kristallbild die Zeit in zwei Strahlen auf, den „der vorübergehenden Gegenwarten" und den „der sich bewahrenden Vergangenheiten".[64] Daraus resultieren laut Deleuze zwei mögliche Zeit-Bilder: In „den vorübergehenden Gegenwarten" wird das Aufeinanderfolgende nicht als Vergangenheit verstanden, sondern als momentane, auf die jeweilige Zeit bezogene Gegenwart, die sowohl die Gegenwart der Vergangenheit, der Zukunft und der Gegenwart sein kann. Bei diesem Zeit-Bild handelt es sich um *Akzente*, so genannte „Gegenwartsspitzen". Beim anderen koexistieren von der Gegenwart aus betrachtet „alle Schichten der Vergangenheiten", wie z. B. Kindheit, Jugend, Alter, die sich eigentlich nacheinander ereignen. Es handelt sich dabei um *Aspekte*: „eine Vielzahl von ausgedehnten oder verengten *Regionen, Sedimenten, Schichten*"[65].

In den hier besprochenen Schüttelsequenzen durchdringen sich Gegenwart und Vergangenheit – Aktualität und Virtualität – auf jeweils unterschiedliche Weise. Allen gemeinsam ist die sich in der Wiederholung überschreibende Bewegung, in der verschiedene Zeiten gleichzeitig präsent sind, weshalb hier auch von einem Kristallbild gesprochen werden kann. Bei der Wiederholung des Auf und Abs werden im energetischen Austausch mit dem Raum und mit den anderen Tänzern verschiedene Schichten freigelegt, wie das bereits weiter vorne beschrieben worden ist. Gleichzeitig bringt jede Bewegung eine neue Gegenwart mit sich, bringt wieder neue Energie hervor.

Unterschiedlich ist jedoch die jeweilige Gewichtung von Vergangenheit und Gegenwart, die sich auch im Verlauf der Szene verschieben kann. In der Schüttelsequenz von *No Longer Readymade* wechseln sich die „Gegenwartsspitzen" der immer wieder von neuem ansetzenden Bewegung der Arme und Hände mit den „Vergangenheitsschichten" im Schütteln des Oberkörpers ab. Dass hier die Momente der Gegenwart dominieren wird auch in der Gegenüberstellung der einzelnen Körperteile deutlich. In den Szenen von *Alibi* und *Visitors Only* setzt, insbesondere durch die Dauer und die Musik, eine Relation zu Regionen der Vergangenheit ein. In *Visitors Only* werden mit den Schichten unbestimmte Vergangenheiten – dem Publikum und vielleicht auch den

63 Deleuze 1997/2, S. 109.

64 Ebd., S. 132.

65 Zur Unterscheidung der zwei „Zeit-Bilder" vgl. Deleuze 1997/2, S. 132-136.

Tänzern unbekannte – zum Vorschein gebracht, während sich in *Alibi* diese Schichten ganz konkret auf die vergangene Choreographie beziehen können. Die unregelmäßig über die Bühne verteilten Tänzer durchzieht ein Zittern, das immer wieder an verschiedenen Stellen, vergleichbar mit dem unerwarteten Auftauchen einer Erinnerung, hervorbricht. Die Steigerung der Bewegung führt dazu, dass sich die Vergangenheit ausbreitet, sich in der ständigen Aktualisierung des Zitterns von dieser löst und sich am Ende der Szene in eine Zukünftigkeit wendet. Anders als in *Alibi* steigert sich in *Visitors Only* die Auf- und Abbewegung und kulminiert in einzelnen „Gegenwartsspitzen" im Abheben vom Boden und kurzen Aufschreien. Auf diese Weise gehen hier die Regionen der Vergangenheit über in Gegenwartsspitzen, sie leiten von einer unbestimmten Vergangenheit in die Aktualität – die Jetztzeit der Choreographie – über. Das Durchkreuzen der Dauer von verschiedenen Zeiten – Vergangenheit, Gegenwart und Zukunft – wird durch die Dynamik der Bewegung und die raumzeitliche Konstellation wie die Verteilung der Tänzer und der Energie hervorgebracht.

## Oszillierendes Auf und Ab – ikonische Dimension

Die Kondensation von Vergangenheit und Gegenwart in der Dauer, die für das Kristallbild beschrieben wurde, lässt sich auch anders über die für das Bild charakteristische Gleichzeitigkeit von Simultaneität und Sukzessivität formulieren. Die mit dem Kristallbild eingebrachte Bildthematik wird hier nochmals anders befragt, nämlich in Bezug auf das Ikonische der andauernden Bewegung.

Den drei Szenen ist gemeinsam, dass die Tänzer in ihrer Auf- und Ab- oder Hin- und Herbewegung an einen mehr oder weniger festen Standort gebunden sind. Obwohl die Bewegung fortdrängt, werden sie gehalten, oder sie versuchen sich festzuhalten, während sie von einer Kraft fortgedrängt werden. Die Wellenbewegung geht vom Stand der Tänzer aus, führt durch ihren Körper und wieder zurück. Jede Bewegung eröffnet wieder eine neue Differenz zur vorhergehenden Bewegung. Über die andauernde Bewegung entsteht ein minimales Bewegungsfeld, das mit einer überschaubaren Ordnung in der Malerei vergleichbar ist, in der die einzelnen Bewegungsmomente aufgehoben sind. Dieser Referenzpunkt orientiert sich am Stillstand, ohne jedoch tatsächlich stillzustehen, und an der sich in der Dauer aufschichtenden Bewegung, dem Bewegungsmuster. Das Ikonische bedarf in gewisser Weise eines Fixpunktes, der selbst aber nicht als Bild missverstanden werden darf. Vielmehr ereignet sich das Ikonische im Zwischenraum, im Spannungsfeld zwischen imaginativer Stasis und darüber hinausdrängender Bewegung.

Zusätzlich verdichtet sich in der „Shaking"-Szene von *Visitors Only* die Bewegung der einzelnen acht Tänzer in einem einzigen Raum. Die Tänzer bewegen sich nicht synchron, obwohl sie alle die gleiche Bewegung des Auf und Abs ausführen. Sie bewegen sich – kaum sichtbar – leicht versetzt. Deshalb entsteht zwischen den einzelnen Polen (Tänzern), ähnlich wie zwischen den sich wiederholenden Auf- und Abbewegungen eines einzelnen Tänzers, eine Spannung zwischen Gleichheit und Differenz. Die einzelnen Bewegungen sind in ihrer Schichtung Bedingung für das daraus entstehende Bewegungsmuster, unterscheiden sich aber gleichzeitig von diesem. Dieses Spannungsfeld lässt sich als eine Durchdringung von Simultaneität und Sukzessivität beschreiben, da die einzelnen aufeinander folgenden Bewegungen im andauernden Bewegungsmuster in einer bildähnlichen Gleichzeitigkeit aufgefangen werden.

Bislang wurde die Bewegung als eine zugleich stehende und fortdrängende betrachtet, dabei wurde der zeitliche Verlauf der Performance weitgehend ausgeklammert. Die Wiederholung der Bewegung in der Dauer wurde als eine Quasi-Gleichzeitigkeit behandelt. Im Grunde genommen ist es aber so, dass sich die vergangene Bewegung nicht mehr einholen lässt, sondern nur noch in der Erinnerung existiert. In der Wahrnehmung addieren sich die Bewegungen auf, werden aber auch ständig von neuen Bewegungen überschrieben. Valenzen in der Dynamik der Bewegung bewirken ein Steigern oder Abebben der Energie und rufen affektive Zustände hervor.

So ist beispielsweise in der Schüttelsequenz in *Visitors Only* eine Steigerung der Bewegung auszumachen, die durch die Musik unterstützt wird. Die Tänzer heben gegen Ende der andauernden Auf- und Abbewegung vom Boden ab und stoßen dabei kurze, unerwartete Schreie aus. Dieser Moment bildet in der Dauer einen Kulminationspunkt, von dem aus die Szene umschlägt. Die Energie, die sich bislang im vorderen Raum angestaut hat, diffundiert zusammen mit den Tänzern in die Räume nebenan. Der Zustand stehender Bewegung löst sich auf, die Bewegung geht wieder in eine fließende über und dringt in die anderen Räume ein.

## ‚Spinning' – divergierende Wiederkehr der Kreisbewegung

Wie die „Shaking"-Szene wird auch die Kreisbewegung in der so genannten „Spinning"-Szene gegen Ende von *Visitors Only* als eine andauernde Bewegung auf der Stelle betrachtet.

Nachdem das Gebäudefragment auf ganz unterschiedliche Weisen belebt wurde und die acht Tänzer verschiedene Wege und Transformationen durchlaufen haben, finden sie sich paarweise in den hinteren vier Räumen zusammen und treten in einen Drehtanz. Unermüdlich drehen sie sich in verschiedenen Variationen zu vom Cello geprägter Musik. In der live von Bo Wiget gespielten Improvisation wiederholt das Cello unaufhörlich eine Tonfolge, die genau auf einen Bogenstrich passt. Der Bogenstrich, der sie mal heftiger und mal geschmeidiger in Angriff nimmt, steigert und variiert ihre Wiederholung.

Es scheint, als würde dieser Bogen die Tänzer immer wieder von neuem anstoßen. Die Bewegungen nehmen verschiedene Variationen von Dreh- oder Kreisbewegungen auf. Das Kreisen kann daraus bestehen, dass die Tänzer ganz einfach in einer Kreisbahn laufen oder sich um ihre Achse drehen, allein oder zu zweit sich umarmend, hintereinander herlaufend oder sich gegenüber an den Händen haltend. Unendlich viele Variationen von Laufen und Drehen, von sich Halten und Abstoßen – sich tragend, sich über den Boden schleifend, den Kopf des andern packend, den andern stützend oder wegstoßend – werden ausprobiert. Bisweilen artet das gemeinsame Drehen in Kampf aus, es wird geboxt, gekreischt oder auf den andern losgesprungen. (Abb. 41) Die Drehbewegungen sind nur partiell durch die vier Öffnungen zu den hinteren Räumen zu sehen, so dass sie an den Rändern immer wieder verschwinden und erst in der Wahrnehmung vervollständigt werden. Ihre Energie dringt aber mit der grellen Beleuchtung durch die Öffnungen nach vorne und hebt sich von der Statik des Gebäudefragments ab. Gegen Ende der Szene wird zusätzlich ein Video mit Bildfragmenten von Fenstern und Durchgängen auf die vorderen Wände projiziert, das die klare Trennung zwischen hell/dunkel und zwischen bewegt/unbewegt aufhebt.

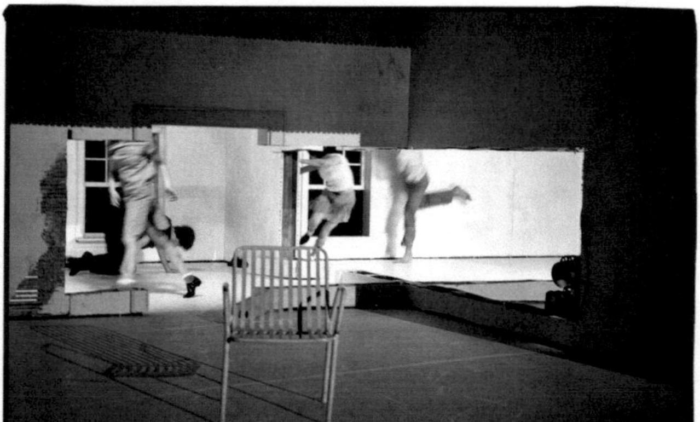

*Abb. 41: Meg Stuart, Visitors Only, 2003*

Die Musik treibt die Dynamik der Szene an, unterstützt aber auch die Differenzen innerhalb des Bewegungsmusters. Denn neben der melodiösen immer wiederkehrenden, wie in sich kreisenden Tonfolge ertönt leise ein monotones, penetrantes Surren, ein elektrisch generiertes Rauschen oder Wummern. Das Ritornell in der Melodie des Cellos geht kaum merkbar in einen forttreibenden Galopp über, unterstützt durch das lauter werdende Wummern der Gitarre und dem gelegentlichen Wechsel in eine höhere Tonlage. Gegen Ende löst sich die Dynamik wieder im Ritornell auf, das Wummern lässt nach und der

Strich des Cellos wird sanfter. Die Musik und die Drehbewegung schwellen ab. Die Tänzer verlassen nach und nach die Bühne, bis sich nur noch zwei um die eigne Achse drehen. Das Licht wird in den hinteren Räumen dunkler und in den vorderen wieder heller. Das leitet über zur letzten Szene der Choreographie, in der alle Performer nach und nach sich mit einer Tasse Tee nebeneinander am oberen Rand niederlassen.

Mit der Dauer wird die variierte Kreisbewegung zu einem endlosen, aber immer wieder durchbrochenen Kreisen. Die gleichmäßige, harmonische, paarweise Drehbewegung der Tänzer wird von Hindernissen und Unebenheiten gestört. Dichotomien zwischen Chaos und Ordnung, Kampf und Harmonie prägen den endlosen Fluss. Mal kämpfen die beiden Körper gegen die Vereinnahmung durch den je anderen, dann wieder verschmelzen sie zu hybriden Gebilden mit nur einem Kopf und vier Beinen oder zwei Beinen und vier Armen. Diese Bewegung über die Grenzen des Körpers hinaus wird durch die Wiederkehr des Drehens verstärkt, das bei den Tänzern tendenziell Schwindel herbeiführt.

Der Zuschauer bekommt vier Varianten der Drehbewegung, aber diese jeweils nur ausschnittartig durch die Öffnungen zu Gesicht, weshalb er nicht alle Details und Differenzen wahrnehmen kann. Vielmehr verlieren sich die Details in einer allgemeinen Drehkraft, die in den hinteren Räumen geballt wird. Die energetische Dimension wird durch die grelle Beleuchtung gesteigert. Das Licht und die Energie dringen durch die Öffnungen von hinten nach vorne zum Betrachter, während der vordere Teil selbst dunkel bleibt.

Nicht nur vervollständigen sich die nur partiell sichtbaren Drehbewegungen im Kopf des Betrachters, sondern ihre nebeneinander und nacheinander gesetzten Variationen verbinden sich in der Wahrnehmung zu einer einzigen Drehbewegung um das Zentrum des Gebäudefragments. Die Videoprojektion auf den vorderen Wänden unterstreicht diesen Eindruck. Die Videobilder zeigen Fenster und weiße Wände, die dem des Gebäudes selbst gleichen. Die Fenster in den Videobildern wackeln hin und her, treten näher und entfernen sich wieder.[66] Zudem bewegt sich die Projektion über die vorderen Wände des Gebäudefragments. Die gleichzeitige Bewegung in Videobild und Projektion bricht zusammen mit der Drehbewegung der Tänzer das Statische des Gebäudes auf: Es scheint wackelig zu werden und sich mit den Bildern der Videoprojektion zu drehen. (Abb. 42)

Die Dauer des Drehens holt verschiedene Schichten hervor, lässt den Betrachter in Gedanken die Choreographie zurückgehen. Erinnerungen an einzelne Szenen – eine Fülle an Material, Farben und Bewegungen – werden auf-

66 Das Videobild wird bei einer Fahrt durch das Modell des Bühnenbildes mit der Handkamera aufgezeichnet. Dadurch entstehen diese wackelnden und sich bewegenden Bilder.

gerufen, werden aber sofort wieder von der Dynamik des Drehens mitgerissen. Alles verwischt, geht im Schwindel auf, doch immer wieder wird der Körper zum Hindernis. Er bildet in der fließenden Kreisbewegung einen Widerstand, steht quer zu ihr oder wird in den hybriden Körpergebilden als Materie sichtbar.

## Ekstase der Kreisbewegung und ihre ikonische Dimension

Die jeweilige Kreisbewegung ist in einem Raum gefangen, auf ausschnitthafte Sichtbarkeit und auf ein Bewegungsmotiv beschränkt, aber entgrenzt sich gleichzeitig über sich selbst und diese Beschränkungen hinaus. Die Kreisbewegung verfügt über ein Paradox von Begrenzung und Entgrenzung, von Stillstand und Bewegung. Denn das Kreisen ist selbst eine unendliche Bewegung ohne Anfang und Ende, vergehend und wiederkehrend zugleich. Sie hebt sich aus der Zeit heraus. Räumlich betrachtet, markiert der Kreis, auf und in dem sie stattfindet, den Abstand zum Zentrum und die Grenze gegen das Außen. Die Drehbewegung ist demnach selbst eine Bewegung auf der Grenze. Sie hat zwar eine Richtung innerhalb des Kreises, kehrt aber immer wieder zu ihrem Ausgangspunkt zurück, so dass sie sich ebenso wie aus der Zeit auch aus den Dimensionen des Raums löst. Die Kategorien Raum und Zeit werden aufgehoben: Der Raum der Bewegung reduziert sich auf den Kreis, der im Blickfeld gefasst, aber gleichzeitig auch darüber hinausreicht, während die Zeit sich in der Dauer unendlich dehnt.

Der Stillstand in Bewegung lässt sich sowohl mit ikonischen Qualitäten als auch mit der Ekstase in Verbindung bringen: Die Drehbewegung hebt sich vor dem statischen Grund des Raumes innerhalb der Begrenzung der Fensterdurchbrüche ab. Gleichzeitig greift aber ihre Energie durch die Fliehkraft über die Grenzen hinaus. Ähnlich verhalten sich die einzelnen Bewegungen zueinander, sowohl in ihrer Aufeinanderfolge als auch in ihrem Nebeneinander in den vier Räumen. Während jede Bewegung – sich wiederholend und divergierend zugleich – sich wieder von der anderen unterscheidet, stellt sich in der Dauer ein Bewegungsmuster ein, das die parallelen und sukzedierenden Bewegungen in einer bildähnlichen Gleichzeitigkeit zusammenfasst.

Das Herstellen einer Stasis in Bewegung wird ebenso wie beim „Shaking“ sowohl in der zeitlichen Dauer als auch in der räumlichen Gefasstheit deutlich. Das Festhalten der Bewegung an einem Ort und ihr gleichzeitiges darüber Hinausstreben lassen sich mit der Bewegung um einen Fixpunkt beschreiben. Während die vertikale Auf- und Abbewegung immer wieder durch ihr Zentrum hindurchgeht, das Zentrum der Bewegung sich im Körper befindet, läuft die horizontale Kreisbewegung um ein leeres Zentrum herum. Anders als in der Schüttelsequenz von *Visitors Only* ist das Drehen nicht auf einen Raum konzentriert, sondern vervielfacht sich in den hinteren vier Räumen.

Die Kreisbewegungen erzeugen zugleich eine energetische Konzentration und Streuung, und dies auf zweifache Weise: Die Tänzer bewegen sich um einen Mittelpunkt, während ihre Fliehkraft nach draußen drängt. Festgehalten in einem Rahmen spannen sie in ihrer Kondensation vier Eckpunkte auf, die ihrerseits in der Wahrnehmung um das Zentrum des Gebäudefragments kreisen. Die Zentralisierung innerhalb der Dezentralisierung bildet ein weiteres Spannungsfeld, eine bildähnliche Relation von Teil/Ganzem, von simultaner und sukzessiver Anschauung. Die energetische Wirkung der verschiedenen Kreisbewegungen wird in der Wahrnehmung in einer einzigen Drehbewegung zusammengefasst, die sich zugleich in die einzelnen Variationen auffaltet und differenziert. Der Blick des Betrachters oszilliert zwischen einer Bewegung in die einzelnen Öffnungen hinein und einem Sich-Ausbreiten in der Fläche, er bewegt sich wechselweise in die Tiefe und an den Wänden entlang, von einer Drehbewegung zur anderen. Die Drehbewegung in der Horizontalen wird in die Vertikale aufgeklappt und verschmilzt mit der Videoprojektion in einer Bewegung über die Wandfläche des Gebäudes.

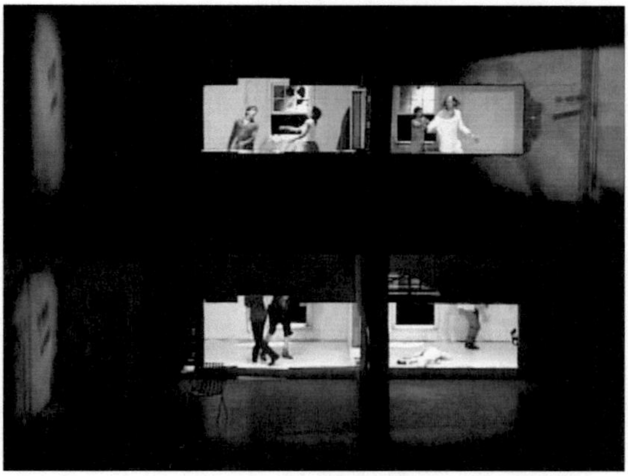

*Abb. 42: Meg Stuart, Visitors Only, 2003*

Nun lässt sich gerade in Bezug auf den Loop in Video- und Filmkunst eine wichtige Unterscheidung von bildender und darstellender Kunst festmachen, die mit dem Körper zu tun hat. Denn der Loop versteht sich auch, was bereits im Wort anklingt, als eine sich wiederholende Kreisbewegung.[67] Der Loop

67 Michael Glasmeier: *Loop. Zur Geschichte und Theorie der Endlosschleife am Beispiel Rodney Graham*, Köln: Salon 2002, S. 17f. Im Versuch eine Geschichte des Loops in der Video- und Filmkunst zu schreiben, bezieht sich Glasmeier auf die „Wiederholung des Gleichen als Stillstand in Bewegung" (S. 17), welche in philosophischen und mystischen Denkweisen eine wichtige Rolle spielt. Sie steht in einer langen Tradition des Denkens, deren Signum der Kreis ist.

beruht auf einer mechanisch oder elektronisch gesteuerten Wiederholung, während in der Drehbewegung die Balance der Tänzer ständig bedroht ist und sich die Anstrengung auf den Körper auswirkt. Die Wiederholung einer konkreten körperlichen Bewegung ist nie die gleiche, während das Video effektiv immer wieder denselben Ablauf zeigen wird. Dennoch wird sich auch dort eine Verschiebung einstellen, die, abgesehen von einer minimalen Trägheit der Medien, in der Wahrnehmung stattfindet – vorausgesetzt, der Betrachter schaut sich mehrere Durchläufe an.[68] Im Tanz und in der Performancekunst sind zwei verschiedenartige Verschiebungen zu berücksichtigen, die von Bewegung zu Bewegung sowie die sich mit jeder Bewegung verändernde Wahrnehmung. Letztere lässt sich mit der Schichtung und dem Überschreiben von Bewegung als Steigerung oder als Umwendung beschreiben.

Das, was auf formal-struktureller Ebene als Steigerung der Bewegung in ihrer Stillstellung (Rahmen und Dauer) und Dezentralisierung beschrieben wurde, lässt sich auch mit dem Begriff der „Ekstase“ in Verbindung bringen. Seine Bedeutung des „Außer-sich-Seins“[69] bringt bereits die Beziehung von Stasis und ihrer Entgrenzung mit sich. Sie bezeichnet einen Zustand – eine Stasis in höchster (innerer) Bewegung –, in dem das Subjekt aus sich heraustritt. In der Drehung wird die Energie der Tänzer immer wieder von neuem aufgeladen, während sich zugleich die Kräfte ihrer Körper erschöpfen. Der Zustand lebt geradezu von dieser Ambivalenz zwischen Aufladung und Erschöpfung. Die Drehbewegung ist eine ursprüngliche Form der körperlichen Praxis und des Tanzes, um Rauschzustände herbeizuführen. Sie versetzt die Tänzer an die Grenzen ihrer Körperbeherrschung, hebt die Beziehung zu Raum und Zeit auf und führt im Extremfall zu Schwindel. Die Beziehung von „Spinning“ zu ekstatischen Tänzen und anderen Drehtänzen werde ich im Folgenden behandeln.

## Entgrenzung im ‚Spinning‘: Vergleich zu anderen Drehtänzen

Die Drehbewegung geht wie das „Shaking“ und andere Bewegungsarten in *Visitors Only* aus der Beschäftigung mit Kulturen der Besessenheit und grenzüberschreitenden Praktiken zurück. Während der Probephase inspirierten sich alle Beteiligten an verschiedenen Quellen, die sich mit anderen Bewusstseinsebenen befassen: Filme wie *Les Maîtres Fous*[70], Bücher wie *Die Erfindung*

68 Vgl. Dora Imhof: *Wie erzählt der ‚Sandmann‘? Multiple Erzählung in den Film- und Videoinstallationen von Stan Douglas*, München: Schreiber 2007.

69 Das deutsche Wort „Ekstase“ wurde im 16. Jahrhundert aus dem kirchenlateinischen *ecstasis*, das ursprünglich auf das griechische *ékstasis* mit der gleichen Bedeutung von „Aus-sich-Heraustreten“, „Begeisterung“, „Verzückung“ zurückgeht, übernommen. Vgl. Duden, Herkunftswörterbuch, Mannheim/Leipzig/Wien/Zürich 2007$^4$, Bd. 7, S. 176.

70 Der Film *Les Maîtres Fous* (1954) von Jean Rouch zeigt ein Ritual der Haouka, einer in den 1950er Jahren in Westafrika verbreiteten Religionsgemeinschaft.

*der Hysterie*[71] oder *Alice's Adventures in the Wonderland*[72]. Gespräche mit Personen, die sich mit Praktiken der Hypnose und der Trance beschäftigen, wurden geführt und jene eingeladen, mit den Tänzern Übungen durchzuführen.[73] Das konsultierte Material weist unterschiedliche Perspektiven auf grenzüberschreitende Praktiken aus den Bereichen Ethnologie, Medizin und Religion auf, deren Herkunft und Zusammenhang aber in der Choreographie nicht mehr unbedingt erkennbar sind.

Dieses Interesse an grenzüberschreitenden Praktiken teilt Meg Stuart mit anderen zeitgenössischen Theaterregisseuren wie etwa Frank Castorf[74], Stefan Pucher und Sebastian Bachmann[75]. Das Überschreiten von Grenzen des Subjekts sowie von Wirklichkeitsebenen spielt dabei eine wichtige Rolle und geht mit der Entgrenzung des Theatersystems einher. Das klassische Rollen- und Sprechtheater wird durch die Auflösung des Subjekts, seine Spaltung in verschiedene Bewusstseinsebenen und die Überlagerung des Textes durch physische Auswüchse aufgebrochen. Die Einführung von tranceähnlichen Zuständen ins Theater und das Bedürfnis nach Entgrenzung des Kunstsystems be-

Dort wurden Teilnehmer von Geistern besessen, die für die ehemalige Kolonialmacht stehen wie der Generalgouverneur, der Ingenieur und der Lokomotivführer. Die Bewegungen der Besessenen im Film bildeten das Ausgangsmaterial für einzelne Szenen beim Durchschreiten des Gebäudefragments.

71 Georges Didi-Huberman: *Die Erfindung der Hysterie. Die photographische Klinik von Jean-Martin Charcot*, München: Fink 1997.

72 Lewis Carroll: *The annotated Alice*, hg. von Martin Gardener, mit Originalillustrationen von John Tenniel London: Penguin 2001.

73 In einem Workshop mit Tom Collins übten die Tänzer eine Woche lang in den frühen Morgenstunden die „Shaking"-Praxis aus. Das „Shaking" ist eine meditative Körperübung, durch die der Körper mit einer leichten Bewegung aus dem Knie in Schwingung versetzt wird. Dieses Wippen wird ununterbrochen über einen langen Zeitraum (mindestens eine Stunde) wie eine Art Meditation durchgeführt, um Gedanken und Gefühle sich neu ordnen zu lassen und sich davon zu befreien. Außerdem wurde ein medizinischer Wissenschaftler, der mit Hypnose experimentiert und sie teilweise bei Patienten anwendet, eingeladen, seine Arbeit den Tänzern vorzustellen.

74 Vgl. Frank Castorfs Inszenierung *Trauer muss Elektra tragen* von Eugene O'Neill am Schauspielhaus Zürich, Premiere am 23. Januar 2003 Im Programmheft finden sich verschiedene Texte zum Thema Besessenheit, darunter von E. Wade Davis: „Voodoo – Besessenheit in Haiti", S. 56-58; Miguel Barnet: „Santería", S. 65-68. Auch andere Inszenierungen Castorfs wie *Kokain* von Pitigrilli (Premiere am 29. Januar 2004 an der Volksbühne Berlin) führen Schauspieler und Zuschauer an ihre Grenzen. Sie dauern meist über zwei Stunden, so dass der Zuschauer unweigerlich hineingezogen wird.

75 So Sebastian Bachmanns Abschlussinszenierung am Theater Basel: *Der Seidene Schuh* von Paul Claudel, Premiere am 29. März 2003, die insgesamt ca. acht Stunden (mit drei Pausen von ca. 30 Minuten) dauerte. Bereits durch die Dauer wurde der Zuschauer in eine außergewöhnliche Verfassung versetzt. Im Programmheft finden sich zwei Texte zur Voodoo-Praxis, einer von Papa Shanga (S. 104-107) und einer von Georges Bataille (S. 108-109).

stimmte bereits das Theater und den Tanz der Avantgarde.[76] Die Art und Weise des Umgangs mit dem Material ist aber jeweils ein anderer, was ich am Vergleich der Drehtänze in der Avantgarde der 1920er Jahre und dem „Spinning“ in *Visitors Only* untersuchen möchte.

Der Drehtanz der Derwische, der in Mitteleuropa bereits im 19. Jahrhundert durch Reiseberichte bekannt ist, liegt zum großen Teil den Drehtänzen der Avantgarde und vermutlich auch der beschriebenen Szenen von *Visitors Only* zugrunde. Während Jean Börlin und Mary Wigman über die Kostümierung den Derwischen eine direkte Referenz erwiesen haben, führen Dore Hoyer und Meg Stuart den Drehtanz mit anderen Traditionen des Drehens zusammen und abstrahieren die Bewegungsmuster vom Exotischen. Der Ursprung des Bewegungsmaterials ist für die Aufführungen von Stuart nicht im Detail relevant, das Material der Filme und der Abbildungen aus Büchern dient vielmehr als Ausgangspunkt zur Bewegungsfindung. Das Bewegungsmaterial wird von seiner Herkunft getrennt, es wird abstrahiert und in einen anderen Kontext überführt. Stuart arbeitet mit ihren Tänzern solange am gefundenen Material, bis es nicht mehr als solches erkennbar ist, aber weiterhin als Fremdkörper in die Choreographie einfließt. Diese körperliche Aneignung und die damit verbundene Grenzüberschreitung bestimmen den Umgang Stuarts mit Praktiken der Trance. Sie nimmt gewisse Elemente in ihre Bewegungssprache auf und wendet sie auf ihre Weise um.

Aber auch bei der avantgardistischen Einverleibung des Drehtanzes war die Herkunft des religiösen Rituals nach Brandstetter weniger wichtig als das Entstehen von Unmittelbarkeit und das Überschreiten von Grenzen, sowohl in Bezug auf Bewusstseinsebenen als auch auf das Kunstsystem: „Im unentwegten Drehen um die eigene Achse werden die alltäglichen Realitätswahrnehmungen labil. Die Grenzen der Umwelt wie die des Subjekts verlieren sich im überpersönlichen Erlebnis der Trance. Der Drehtanz setzt also der (theatralisch-zeichenhaften) Repräsentation von Bewegung ein Erfahrungsmodell von Unmittelbarkeit entgegen.“[77] Die Bewegung jenseits eines „theatralisch-zeichenhaften“ Systems und die damit einhergehende Unmittelbarkeit der Bewegung sind nicht nur für die Drehtänze der Avantgarde, sondern auch für

76 Brandstetter erörtert das Interesse an tranceähnlichen Praktiken in Zusammenhang mit dem Bedürfnis aus den Grenzen des Theaters auszubrechen. Dabei geht sie auf die Soziologin Mary Douglas zurück, die zwischen Ritual und Trance unterscheidet. Während das Ritual mit der Kontrolle einhergeht, zeichnet sich die Trance als eine Praxis der Grenzüberschreitung aus. Die Gesellschaftssysteme beziehen je nach ihrer Ausrichtung das eine oder andere ein. Vgl. Gabriele Brandstetter: *Tanz-Lektüren. Körperbilder und Raumfiguren der Avantgarde*, Frankfurt a. M.: Fischer 1995, S. 247-49. Darin befindet sich ein Kapitel zu „Bewegungsrausch und Trance-Tanz“ (S. 246-274), auf das ich mich in den folgenden Ausführungen zu den Drehtänzen berufe.

77 Brandstetter 1995, S. 255.

die Drehbewegung in Stuarts *Visitors Only* bezeichnend. Beide unterscheiden sich grundlegend von dem in Gottesliebe versinkenden Derwisch durch das darstellende Subjekt im Theater. Die In-Szene-Setzung der Drehbewegung nimmt aber in der Avantgarde und im „Spinning" jeweils eine andere Beziehung zu physisch-psychischen Grenzüberschreitungen ein.

Bei den Derwischtänzen handelt es sich um eine Gruppenbewegung, in der zwar jeder einzelne auf einem ihm zugeordneten Raum seine Drehbewegung um die eigene Achse ausführt, jedoch in ein kontrolliertes System mit den Mittänzern eingebunden ist. In der räumlichen Erfahrung und der Verbindung mit der Gruppe erleben die Derwische eine über sie selbst hinausreichende Erfahrung, eine Verbindung zwischen Mikrokosmos und Makrokosmos. Gleichzeitig wird über die Gruppe auch eine Art Kontrolle über die Trance gesichert: Verliert ein Derwisch seine Bahn, wird er von den anderen zurückbewegt.

Demgegenüber sind die Drehtänze der Avantgarde mit Ausnahme der Choreographie *Derviches* von Jean Börlin (1920) als Soli konzipiert.[78] Während Mary Wigman in ihrem Tanzsolo *Der Derwisch* (1917)[79] einen unkontrollierten ekstatischen Zustand herbeizuführen suchte, der dann auch mit dem Fall zu Boden endete, ging es Dore Hoyer in ihrem *Drehtanz* (1939)[80] weniger um die Expressivität der Drehbewegung als vielmehr um die Qualität der Bewegung, die sich durch ihre Entgrenzung in der unendlichen Drehbewegung vom klassischen Ballett unterscheidet. Ihr Ziel bestand im Gegensatz zu Wigman in erster Linie nicht darin, in einem Zustand der Ekstase zu enden. Sie suchte vielmehr nach einer Reflexion über die Bewegung selbst.

Darin mag die Drehbewegung Hoyers dem „Spinning" in Stuarts *Visitors Only* ähnlicher sein als diejenige Wigmans, denn auch Meg Stuart ist auf der Suche nach Bewegungs- und Körperbildern, indem sie ihre Tänzer an die Grenze treibt. Anders als bei den angeführten Soli bewegen sich in *Visitors Only* alle acht Tänzer paarweise im Kreis. So entsteht weniger eine Drehbewegung um die eigene Achse als ein Kreisen um ein ausgespartes Zentrum. Durch die Fliehkraft sowie durch die Verteilung der Kreisbewegung auf die vier Ecken des Gebäudefragments findet sogar eine Dezentralisierung statt. Im Oszillieren zwischen Bewegung und Bewegung, zwischen Fenster und Fenster, zwischen Konzentration und Zerstreuung geht das Drehen nicht ein-

78 Die Choreographie Börlins unterscheidet sich auch von den Soli insofern, als er den Derwischtanz auf theatrale Weise inszenierte. Vgl. Brandstetter 1995, S. 257.

79 Wigman schuf 1917 für den Solo-Zyklus *Ekstatische Tänze* einen Teil mit dem Titel *Der Derwisch*. Zur detaillierten Analyse des Zyklus vgl. Brandstetter 1995, S. 261-64.

80 Der *Drehtanz* von Dore Hoyer basiert auf der Komposition des *Boléro* von Maurice Ravel (1928), die ihrerseits von einer zyklischen Grundstruktur geprägt ist und für das Ballet von Ida Rubinstein geschrieben wurde. Vgl. Brandstetter 1995, S. 264-270.

fach in der Ekstase auf, sondern es findet eine Reflexion statt, die durch die Beziehung zwischen den Fenstern und ihr Gegenüber unterstützt wird. Das paarweise Drehen im „Spinning" eröffnet eine Beziehung zu anderen Drehtänzen wie dem Menuett und dem Walzer. Aber anders als im Walzer bedienen die Paare in *Visitors Only* nicht die gesellschaftlich codierten Rollenbilder, da die Bewegung von zwei Tänzern sowohl zur Verschmelzung der beiden Körper als auch zum gegenseitigen Kampf führen kann. Die Zugehörigkeit zu einem geschlechtlich definierten bzw. zu einem menschlichen Körper ist im „Spinning" ausgeschaltet.

Im Vergleich mit der Paarbildung im Gesellschaftstanz des Walzers[81] und mit den solistischen Drehtänzen der Avantgarde und der Derwische wird deutlich, dass Stuart in ihrer Choreographie verschiedene Aspekte des Drehens aufgreift und diese zu ambivalenten Formen führt. Anstatt der völligen Selbstaufgabe in der Drehbewegung zu erliegen, bäumen sich die Tänzer immer wieder auf und brechen aus der homogenen Bewegung aus. Obwohl in der wiederholten Kreisbewegung ekstatische Energie freigesetzt wird, verflüchtigen sich die Körper nicht in der Ekstase, sondern bilden in ihrer Materialität einen Gegenpol. Dabei gehen die Körper ungewohnte Verbindungen ein und führen so zu einer Entgrenzung des Körperbildes in Bezug auf gesellschaftliche und kulturelle Werte. Ideen eines aufrechten, intakten, geschlechtlich und sozial codierten Körpers werden aufgebrochen. Nicht nur die „Realitätswahrnehmungen" werden „labil"[82], sondern auch die Grenzen des Körpers und dessen Ganzheit.

81 In der Choreographie *Splayed Mind Out* (1997) wurde bereits der Walzer als Zitat aufgenommen. Dort trat zwischen den unbewegt dastehenden Tänzern ein Tanzpaar auf, das sich wie selbstverständlich im Walzer durch diese hindurchbewegte (vgl. Kap. 1, Projektion von Tanzbewegung).

82 Brandstetter 1995, S. 255.

# Schluss

Untersuchungsgegenstand des vorliegenden Buches bildete die ikonische Dimension der Bewegung und der choreographischen Struktur im zeitgenössischen Tanztheater. Anhand von vier unterschiedlich angelegten Choreographien von Meg Stuart (*Splayed Mind Out*, *Highway 101*, *Alibi* und *Visitors Only*) wurden verschiedene Gesichtspunkte von Bildlichkeit herausgearbeitet: die mediale Reflexion von Video und Choreographie in der Idee der „Projektion", die Eröffnung von Blickkonstellationen durch raumzeitliche Strukturen sowie die Verschränkung von Simultaneität und Sukzessivität in der andauernden Bewegung. Dabei wurde im Laufe der Untersuchung deutlich, dass sich ikonische Qualitäten stets in einem Spannungsverhältnis von Stasis und Bewegung ereignen. Es bedarf also immer eines Fixpunktes, um Bildlichkeit hervorzubringen, ohne dass dieser mit dem Bild selbst zu verwechseln wäre. Denn erst durch die hinzukommende Bewegung wird eine Relation aufgebaut, die sich in und mit der Zeit verdichtet.

Die Beziehung zwischen Stasis und Bewegung geht in den Choreographien Stuarts zum einen aus Blickkonstellationen hervor, in denen die Bewegung sowohl imaginativer als auch realer Art sein kann. Über die räumliche Disposition der Tänzer zueinander, zu anderen Medien sowie zur Raumstruktur bilden sich einzelne Pole, zwischen denen über Differenzen und Korrespondenzen Spannungen erzeugt werden. Die Bewegung zwischen den Polen eröffnet so ein energetisches Feld, in dem sich die einzelnen Elemente zu einem bildähnlichen Zusammenhang verdichten können, der sich aber ständig verschiebt und überlagert.

Zum anderen haben die Analysen gezeigt, dass gewisse Bewegungsmechanismen in Stuarts Choreographien über ein Verhältnis von Stasis und Kinesis zu bildähnlichen Qualitäten führen. Diese Beziehung ist erstens mit der Pose oder dem Standbild als An- oder Innehalten von Bewegung beschrieben worden, die beide in einer Ambivalenz zwischen Stillstellung und Fortlaufen der Bewegung angesiedelt sind. Die Choreographin liefert jeweils ansatzweise ein Bild, entzieht es aber im nächsten Moment wieder, indem die Bewegung über den Moment der Stasis hinwegspult. Zweitens zeichnen sich ikonische Qualitäten in der anhaltenden Dauer von Bewegung wie im Bewahren eines Rhythmus oder in der Wiederholung ab. Der Bewegungsraum wird begrenzt und die Zeit wird unendlich gedehnt. Auf diese Weise ist die Bewegung vor Ort und in der Zeit gefangen, ihr Fortlauf wird zurückgehalten, ihre Energie angestaut. Es entsteht der Eindruck von Stasis, welche die sukzedierenden Bewegungen in einer bildähnlichen Gleichzeitigkeit umfasst. Das Verhältnis von Stasis und Bewegung organisiert sich in der Zeit, verdichtet sich, was für das Entstehen von Bildlichkeit konstitutiv ist.

Die Intensität der Bewegung streut weniger in den Raum, sondern bleibt am Körper der Tänzer und in deren nächstem Umfeld. In der Ambivalenz zwischen Fortdrängen und Festhalten brechen durch einander entgegenwirkende Kräfte an der Grenze des Körpers affektive, körperliche Zustände hervor, wie das Vibrieren einzelner Körperteile oder das Herausdrängen von lautähnlichen Elementen. Ebenso tritt in der Bewegungsrepetition über die anhaltende Dauer ein ekstatischer Zustand des „Außer-sich-Stehens" ein, der einer Stasis in höchster Bewegung gleichkommt. In den hier zusammengefassten Bewegungsqualitäten lassen sich somit gesteigerte Bewegtheit und damit auch Körperlichkeit mit den Eigenschaften von Bildlichkeit verbinden. Sie können als dem Tanztheater eigene Bildqualitäten bezeichnet werden.

Die „Bewegung auf der Stelle", die kaum in den Raum ausgreift, die vielfach am Körper verharrt, ist neben dem Dehnen und Überspulen von Zeit für die Arbeit Stuarts charakteristisch. Über die Reduktion der äußerlich sichtbaren Veränderungen wird eine gesteigerte Wahrnehmung eröffnet, in der die Mikrobewegungen an die Oberfläche treten. Diese wird über die Dauer oder über das Zoomen auf den Körper bzw. auf einzelne Details unterstützt. Die Dynamik zeichnet sich somit durch eine gesteigerte Intensität aus, die zum einen in den affektiven Zuständen am Körper der Tänzer und zum anderen im Rhythmus der sprachlichen, lautlichen und körperlichen Ausbrüche als ein Dehnen oder Zusammenziehen anschaulich wird. Die vorliegende Untersuchung über die Bildlichkeit in der Choreographie beruht somit nicht primär auf visuellen Eigenschaften der Bewegung oder der choreographischen Struktur, sondern auf dynamischen Prozessen.

Dabei stand aber anders als in tanzwissenschaftlichen Untersuchungen nicht die Frage nach Körper- und Bewegungskonzepten im Vordergrund. Hier sei auf Christiane Berger verwiesen, die in ihrer Dissertation *Körper denken in Bewegung*[1] anhand der Betrachtung der Choreographien von William Forsythe und Saburo Teshigawara eine „Bewegungslogik“ entwickelt hat, die sich aus dem immer wieder neu zu definierenden Verhältnis von Körper, Bewegung und Wahrnehmung zusammensetzt. Da Berger dabei die „Bewegtheit [...] als explizit dynamische und nicht als räumliche oder verräumlichende Struktur“[2] versteht, würden sich auf diese Weise auch die Bewegungsstrukturen der Choreographien Stuarts erschließen lassen, die am Körper oder auf der Stelle stattfinden und weniger in der Raum ausgreifen. Mein Fokus lag jedoch auf der Frage nach der Bildlichkeit als einer, welche nicht nur die Körperbewegung in den Blick nimmt, sondern auch die Bewegung von anderen medialen Ausdrücken wie Stimme, Videobild, Musik und Farbe umfasst. Denn das Bildliche – verstanden als sinnliche Verdichtung – beschränkt sich nicht einfach auf das Visuelle einer Aufführung, sondern bezieht zugleich stimmliche und körperliche Intensitäten mit ein.

Zum Abschluss dieser Überlegungen zur Bildlichkeit in der Choreographie möchte ich einen Blick auf *Three Atmospheric Studies* (2005/6) von William Forsythe werfen und einen Ausblick auf die Installation in der bildenden Kunst andeuten.

Der Choreograph Forsythe, dessen Schwerpunkt auf der Suche nach einem neuen Verständnis von Bewegung liegt, arbeitet in gewissen Choreographien wie *Kammer/Kammer* (2000) oder wie *Three Atmospheric Studies* ebenfalls mit Bildern. Anders als Stuart bedient er sich der Bilder als Bilder – als traditionelles Tafelbild oder als Medienbild –, und dekonstruiert sie, indem er sie in ihre einzelnen Komponenten zerlegt. In *Kammer/Kammer* wird das auf Leinwand gemalte Bild gar zur Kulisse für das live entstehende Filmbild. In *Three Atmospheric Studies* dienen zwei Bilder – *Klage unter dem Kreuz* (1503) von Lucas Cranach d. Ä. und eine aktuelle Agenturphotographie mit einer Explosion im Nahen Osten (2005) als Ausgangs- und Referenzpunkt. Sie sind im Eingangsbereich aufgehängt, so dass der Zuschauer auf dem Weg zur und von der Aufführung daran vorbeigeht. Die Choreographie selbst besteht aus drei Teilen, die Forsythe mit *Composition 1-3* bezeichnet und die von den genannten Bildern als *Composition 4-5* fortgesetzt werden. Die Bilder finden aber nicht als Ganzes in die Choreographie Einlass, vielmehr werden sie von Forsythe in ihre Teile zerlegt. Die Wolken, die dem Tafelbild und der Agenturphotographie gemeinsam sind, werden auf verschiedene Weise zum Thema und tauchen in *Composition 3* in Form eines abstrahierten Wolkenbildes über dem Türsturz wieder auf. Die formale Struktur und die Beschreibung der Bil-

1 Christiane Berger: *Körper denken in Bewegung. Zur Wahrnehmung tänzerischen Sinns bei William Forsythe und Saburo Teshigawara*, Bielefeld: transcript 2006.

2 Ebd., S. 149f.

der werden in der choreographischen Komposition hervorgehoben und insbesondere in *Composition 2* inszeniert. Dort werden im Sinne eines kompositorischen Bildgerüsts Schnüre als Verbindungslinien im Bühnenraum gespannt, die zusätzlich vom Tänzer David Kern im Hintergrund kommentiert werden. Der Zuschauer möchte das Bild aus dem Eingangsbereich wiedererkennen, was aber in der Abstraktion der Schnüre und der beiläufig eingeworfenen Kommentare des Tänzers kaum möglich ist. Dennoch tritt die Figur der um ihren Sohn trauernden Mutter aus dem Bild Cranachs hervor, weil sie auf die im Vordergrund abspielende Szene Bezug nimmt: Die Tänzerin Jone San Martin berichtet dem Tänzer Amancio Gonzalez, der versucht Wort für Wort ins Arabische zu übersetzen, die Geschichte von ihrem Sohn, der bei einer Explosion festgenommen worden sei. Diese Geschichte wiederum, die sich gegen Ende dahin wendet, dass der Sohn bei der Explosion ums Leben gekommen ist, lässt sich mit dem zweiten Bild – der Agenturphotographie – verbinden.

Forsythe greift also verschiedene Komponenten eines konkreten Bildes auf und setzt sie gegen- und ineinander, so dass die Komposition aufgebrochen und in eine neue überführt wird, gleichwohl mit dem Verweis auf die einzelnen Bauteile, insbesondere Komposition und Inhalt. Das Gemälde Cranachs und die aktuelle Photographie gehen ineinander über und bilden die visuelle und ikonographische Quelle für die neue Komposition der Choreographie. Hierfür ist auch der Titel *Clouds after Cranach* selbstredend, mit dem Forsythe die Teile I & II seiner Choreographie überschrieben hat.[3]

Während sich die Bilder als Bilder sowie deren Inhalt in den Vordergrund schieben, tritt die Frage nach der Bildlichkeit der Körperbewegung in den Hintergrund. Dies mag nicht nur an einem anderen Umgang mit dem Bildmaterial, sondern auch an einem anderen Verständnis von Bewegung bei Forsythe und Stuart liegen. Ohne auf das Bewegungsmaterial genauer einzugehen, lässt sich sagen, dass bei Forsythe die Ambivalenz zwischen Fortdrängen und Festhalten sowie das Aufhalten der Bewegung in der Dauer, was anhand der Arbeit Stuarts analysiert wurden, nicht in gleichem Maße die Bewegung prägen. Die Beziehung zwischen Stasis und Bewegung konzentriert sich bei Forsythe mehr auf den Bewegungsfluss und seine Unterbrechung als auf die temporale Stauung der Bewegung in einer imaginativen Stasis, weshalb in der Arbeit von Forsythe die ikonische Dimension der Bewegung anders als in jener von Stuart nicht direkt auf der Hand liegt oder anders zu analysieren wäre. Es ist also nicht einfach die Spannung zwischen Stasis und Kinesis, denn die ist für

3 Teil I & II wurden separat am 26. November 2005 im Bockenheimer Depot, Frankfurt am Main (der neuen Spiel- und Probestätte von *The Forsythe Company*), von Teil III (Study III) uraufgeführt, der vorher am 21. April 2005 am gleichen Ort gezeigt wurde. Die Neufassung mit allen Teilen wurde am 2. Februar 2006 im Haus der Berliner Festspiele in Berlin uraufgeführt. Vgl. Programmheft vom Schauspielhaus Zürich, Oktober 2006.

jede Bewegung konstitutiv. Vielmehr bedarf es einer spezifischen Organisation der beiden in der Zeit und im Raum, um bildähnliche Zustände hervorzurufen: bei Stuart ist es in erster Linie das Dehnen der Zeit und Minimieren des Raumes.

In der vorliegenden Untersuchung habe ich die Frage nach der Bildlichkeit auf eine theatrale Inszenierung, die wie die Video- oder Filmprojektion von einem zeitlichen Ablauf geprägt ist, ausgeweitet. Mit bestimmten Strategien, wie der Gleichzeitigkeit von medialen Äußerungen (Sprechen, Körperbewegung, Videoprojektionen) und der Wiederholung, versucht die Choreographin – ähnlich wie Gary Hill in seinen Videoinstallationen – dem linearen Ablauf der Inszenierung entgegenzuwirken. Dadurch entstehen verschiedenartige Spannungsverhältnisse sowohl in der Inszenierung als auch in der Wahrnehmung. Die in der vorliegenden Untersuchung anhand der Choreographien Stuarts erarbeiteten Strukturen – der Rhythmus des Dehnens und Zusammenziehens, Wiederholung oder Verdichtung verschiedener medialer Elemente – ließen sich teilweise auch auf Installationen der zeitgenössischen Kunst beziehen. Die eingangs erwähnte Videoarbeit Hills *Between Cinema and a Hard Place* könnte vor diesem Hintergrund nochmals in Bezug auf die Bildthematik erörtert werden. Ähnlich wie in den Aufführungen Stuarts stellt sich dort eine Beziehung zwischen einem fokussierenden und einem zerstreuenden Blick ein, der mit der Wahrnehmung eines Gemäldes vergleichbar ist. Das über die Choreographie erweiterte Bildverständnis könnte somit wieder zurück auf die bildende Kunst bezogen werden, um bewegte Bilder und installative Zusammenhänge zu betrachten und zu analysieren.

# Anhang

## Biographie Meg Stuart

*1965 in New Orleans

1986-1992 Mitglied und choreographische Assistenz bei der Randy Warshaw Dance Company

1991 erstes abendfüllendes Stück *Disfigure Study*, Klapstuk Festival, Löwen

1993 *No Longer Readymade*

1994 Meg Stuart gründet ihre Tanzkompanie *Damaged Goods*

1994 *Swallow My Yellow Smile* (in Zusammenarbeit mit Via Lewandowsky), im Auftrag des Balletts der Deutschen Oper Berlin

1994 Tanzinstallation *This is the Show and the Show is Many Things*, Museum of Contemporary Art, Gent

1995 *No One is Watching*

1996-1999 Improvisationsprojekt *Crash Landing* (in Zusammenarbeit mit Christine De Smedt und David Hernandez): *Crash Landing@Leuven* (1996), *Crash Landing@Wien* (1997), *Crash Landing@Paris* (1997), *Crash Landing@Lisboa* (1998), *Crash Landing@Moscow* (1999)

1996-1998 *Insert Skin # 1-4: They Live in Our Breath* (in Zusammenarbeit mit Lawrence Malstaf, 1996), *Remote* (in Zusammenarbeit mit Bruce Mau, für Mikhail Baryshnikovs *White Oak Dance Project*, 1997), *Splayed Mind Out* (in Zusammenarbeit mit Gary Hill, 1997), *appetite* (in Zusammenarbeit mit Ann Hamilton, 1998)

1997-2000 *artist in residence* am Kaaitheater Brüssel

1999-2002 Choreographien für Theaterproduktionen von Stefan Pucher: *Comeback, Snapshots, Heinrich IV*

2000 Kulturpreis K.U.Leuven

2000-2001 *Highway 101* (in Zusammenarbeit mit Jorge Leon, Stefan Pucher und anderen)
2001-2004 *artist in residence* am Schauspielhaus Zürich
2001 *Alibi*
2002 Beginn der Zusammenarbeit mit der Volksbühne Berlin
2003 *Visitors Only* und *Das Goldene Zeitalter* (gemeinsame Produktion von Christoph Marthaler, Stefan Pucher, Meg Stuart und Anna Viebrock)
2004 *Forgeries, Love and other Matters* (in Zusammenarbeit mit Benoît Lachambre)
2005 Improvisationsprojekt *Auf den Tisch!*, Choreographie für die Theaterproduktion von Frank Castorf *Der Marterpfahl*
2006 *Replacement* und *It's not funny*, Deutscher Theaterpreis *Der Faust* für *Replacement*
2007 *Blessed* (in Zusammenarbeit mit Francisco Camacho), *Maybe Forever* (in Zusammenarbeit mit Philipp Gehmacher)

## Werkverzeichnis

### No Longer Readymade

Premiere: 12. August 1993, Tanzwerkstatt Berlin/Tanz im August, Berlin

| | |
|---|---|
| Leitung/Choreographie | Meg Stuart |
| Tanz | Florence Augendre, David Hernandez, Benoît Lachambre, Meg Stuart |
| Musik | Hohn Rowe |
| Musiker | David Linton, Steven Bernstein |
| Dramaturgie/Bühnenbild | André Lepecki |
| Kostüm | Carlota Lagido |
| Licht | Michael Hulls |
| Technik | Marc Dewit |

Produktion: Klapstuk, Löwen, PS 122, New York; Koproduktion: Culturgest, Grupo Caixa Geral de Depositos, Lissabon, Springdance '94, Utrecht, New Moves, Glasgow

### Crash Landing

8.-11. Oktober 1996, Klapstuk, Löwen, 1.-8. August 1997, Tanzwochen Wien, 6.-8. November 1997, Théâtre de la Ville, Paris, 31. März-5. April 1998, Lissabon, 6.-15. Oktober 1998, Moskau

Team in Paris:

| | |
|---|---|
| Tanz | Jérôme Bel, Boris Charmatz, Christine de Smedt, David Hernandez, Diane Madden, Vera Mantero, Nasser Martin-Gousset, Frank Micheletti, Jan Ritsema, Meg Stuart |
| Musik/Sound | David Linton, Vincent Malstaf, Jon Rose, Hahn Rowe, Tanger |
| Bühne/Visual | Maria Anguera de Sojo, Alain de Cheveigne, Nadia Lauro, Lawrence Malstaf, Bruce Mau |
| Auge von Außen | Mark Tompkins |
| Technischer Direktor | Hans Meijer |

## Splayed Mind Out

Premiere: 9. September 1997 (kurze Version), Documenta X, Kassel
12. September 1997 (lange Version), Dansens Hus, Stockholm

| | |
|---|---|
| Konzept | Gary Hill und Meg Stuart |
| Von und mit | Heine R. Avdal, Christine De Smedt, Christelle Fillod, Gary Hill, Wouter Krokaert, Yukiko Shinozaki, Meg Stuart |
| Künstlerische Assistenz | Christine De Smedt |
| Kostüm | Dorothee Loermann |
| Technische Leitung | Marc Dewit |
| Technische Assistenz | Bart Aga |

Produktion: Damaged Goods (Brüssel); Koproduktion: Kaaitheater (Brüssel), Klapstuk (Leuven), Théâtre de la Ville (Paris), Danse Scenen (Kopenhagen), Siemens Kulturprogramm (München)

## Highway 101

Premieren: 15. März 2000, Kaaitheaterstudio, Brüssel; 3. Juni 2000, Emballagenhallen, Wien; 25. September 2000, Centre Georges Pompidou, Paris; 18. Dezember 2000, La Raffinerie (Plan K) Molenbeek, Kaaitheater, Brüssel; 22. Januar 2001, Tent, Rotterdam; 28. Februar 2001, Schiffbau, Schauspielhaus Zürich

Team Zürich:

| | |
|---|---|
| Künstlerische Leitung | Meg Stuart |
| Von und mit | Simone Aughterlony, Heine Avdal, Nuno Bizarro, Varinia Canto Vila, Ugo Dehaes, Davis Freeman, Eric Grondin, Yukiko Shinozaki, Meg Stuart |

| | |
|---|---|
| Dramaturgie/Szenographie | Stefan Pucher |
| Video | Jorge Leon |
| Videoassistenz | Aliocha Van der Avoort |
| Musik | Bart Aga, Paul Lemp, Pita, Aliocha Van der Avoort |
| Kostüme | Melitta Kiss |
| Licht | Christa Wenger |
| Ton | Bart Aga, Aliocha Van der Avoort |
| Bühnenbildassistent | Duri Bischoff |
| Technische Leitung | Ralf Nonn |
| Produktion | Nathalie Douxfils (Damaged Goods), Clara Topic (Schauspielhaus Zürich) |

Produktion: Damaged Goods (Brüssel); Koproduktion: Schauspielhaus Zürich (Zürich), Kaaitheater (Brüssel), Wiener Festwochen – tanz2000.at (Wien), Centre Georges Pompidou – Festival d'Automne (Paris), Rotterdamse Schouwburg – TENT (Rotterdam)

### Alibi

Premiere: 17. November 2001, Box, Schauspielhaus Zürich

| | |
|---|---|
| Konzept/Regie | Meg Stuart |
| Von und mit | Simone Aughterlony, Joséphine Evrard, Davis Freeman, Andreas Müller, Vania Rovisco, Valéry Volf, Thomas Wodianka |
| Bühnenbild/Kostüme | Anna Viebrock |
| Dramaturgie | Bettina Masuch |
| Video | Chris Kondek |
| Musik | Paul Lemp |
| Texte | Tim Etchells, David Wojnarowicz, Katharine Jones, Damaged Goods |
| Licht | Gunnar Tippmann, Anna Viebrock |
| Technische Leitung | Gunnar Tippmann |
| Ton | Oliver Houttekiet |
| Bühnenbildassistenz | Frieda Schneider |
| Kostümassistenz | Carola Ruckdeschel |
| Videoassistenz | Aliocha Van der Avoort |
| Produktion | Bettina Holzhausen |

Musik von Paul Lemp/Peleton mit Unterstützung von Cobra Killer, Low Tide Digitals, Marek Goldowski, Trost, Peter Simon, Bo Wiget, M.Flux. Streicher:

Milica Lazic (Violine), Anne Katrin Faber (Violine), Yvonne Smeulers (Violine), Sophie Lüssi (Violine), Isabel Mederos Castro (Viola), Iris Schindler (Cello), Yoon-Jeong Woo (Cello), Zin-Young Yi (Cello). Dirigent: Bruno Weinmeister.
Produktion: Damaged Goods (Brüssel); Koproduktion: Schauspielhaus Zürich (Zürich), Kaaitheater (Brüssel), Théâtre de la Ville (Paris), Théâtre Garonne (Toulouse)

## Visitors Only

Premiere: 30. April 2003, Schiffbauhalle, Schauspielhaus Zürich

| | |
|---|---|
| Konzept/Regie | Meg Stuart |
| Von und mit | Loup Abramovici, Simone Aughterlony, Joséphine Evrard, Antonija Livingstone, Sam Louwyck, Andreas Müller, Vania Rovisco, Thomas Wodianka |
| Bühnenbild | Anna Viebrock |
| Dramaturgie | Bettina Masuch |
| Video | Chris Kondek |
| Musik | Paul Lemp und Bo Wiget |
| Texte | Tim Etchells, Damaged Goods |
| Kostüme | Tina Kloempken |
| Licht | Herbert Cybulska |
| Technische Leitung | Britta Mayer |
| Regieassistenz | Philipp Schmidt |
| Videoassistenz | Oliver Houttekiet |
| Bühnenbildassistenz | Frieda Schneider |
| Kostümassistenz | Simone Strässle |
| Tonassistenz | Simon Lenski |

Produktion: Damaged Goods (Brüssel); Koproduktion: Schauspielhaus Zürich (Zürich), Volksbühne am Rosa-Luxemburg-Platz (Berlin), Théâtre de la Ville (Paris), Kaaitheater (Brüssel), Productiehuis Rotterdam (Rotterdam)

# Videoverzeichnis

*No Longer Readymade*, 1993, DVD, Aufnahme des „Headsolo" in Wuppertal 24.10.2001

*Splayed Mind Out*, 1997, VHS/DVD, Aufnahme von Marc Dewit, ohne Ort 1998, 1:39:32

*Highway 101*, 2000-2001, VHS mit Auszügen von Brüssel, Wien, Paris und Rotterdam

*Alibi*, 2001, DVD, Aufnahme ohne Ort und Datum, 1:58:00

*Visitors Only*, 2003, DVD, Aufnahme im Schauspielhaus Zürich 14.5.2003, 2:08:00

*Visitors Only*, 2003, DVD, Aufnahme von Aliocha Van der Avoort 2004, 2:00:40

## Abbildungsverzeichnis und Bildnachweis

Abb. 1: Gary Hill, *Between Cinema and a Hard Place*, 1991, 3-Kanal-Video-Ton-Installation: 12 modifizierte Farbmonitore, 11 modifizierte Schwarzweiß-Monitore, 3 Lautsprecher, Computer-kontrollierter Videoswitcher, 3 Laserdisc-Spieler, Synchronisator, Installationsansicht: Stedelijk Museum, Amsterdam, 1993, © Mark B. McLoughlin, Courtesy Donald Young Gallery, Chicago

Abb. 2: Gary Hill, Still von *Bemerkungen über die Farben*, 1994, 1-Kanal-Video-Ton-Installation: Videoprojektor, 2 Lautsprecher, 1 DVD-Spieler, © Gary Hill, Courtesy Donald Young Gallery, Chicago

Abb. 3: Gary Hill/Meg Stuart, Still von *Splayed Mind Out*, 1997

Abb. 4: Gary Hill/Meg Stuart, Stills von *Splayed Mind Out*, 1997

Abb. 5: Gary Hill/Meg Stuart, *Splayed Mind Out*, 1997, Photo: Chris Van der Burght

Abb. 6: Gary Hill, *Beacon (Two Versions of the Imaginary)*, 1990, 2-Kanal-Video-Ton-Installation: Aluminiumzylinder mit 2 modifizierten Videomonitoren mit Projektionslinse, 2-Laserdisc-Spieler, 4 Lautsprecher, Synchronisator, Motor, Elektronik, © Carl de Keyzer, Courtesy Donald Young Gallery, Chicago

Abb. 7: Gary Hill/Meg Stuart, Stills von *Splayed Mind Out*, 1997

Abb. 8: Gary Hill/Meg Stuart, Stills von *Splayed Mind Out*, 1997

Abb. 9: Gary Hill/Meg Stuart, *Splayed Mind Out*, 1997, Photo: Chris Van der Burght

Abb. 10: Gary Hill/Meg Stuart, *Splayed Mind Out*, 1997, Photo: Chris Van der Burght

Abb. 11: Gary Hill/Meg Stuart, Still von *Splayed Mind Out*, 1997

Abb. 12: Gary Hill/Meg Stuart, Still von *Splayed Mind Out*, 1997

Abb. 13: Gary Hill/Meg Stuart, *Splayed Mind Out*, 1997

Abb. 14: Gary Hill/Meg Stuart, Stills von *Splayed Mind Out*, 1997

Abb. 15: Meg Stuart, *Highway 101*, Brüssel 2000, Photo: Chris Van der Burght

Abb. 16: Meg Stuart, *Highway 101*, Wien 2000, Photo u. © Maria Ziegelböck

Abb. 17: Alfred Hitchcock, *Rear Window*, 1954, aus: Paul Duncan: *Alfred Hitchcock. Architekt der Angst 1899-1980*, Köln 2003, S. 140
Abb. 18: Marcel Duchamp, *Nu descendant un escalier No. 2*, 1912, aus: Museum Tinguely 2002, S. 57, © ProLitteris, Zürich 2008
Abb. 19: Meg Stuart, *Highway 101*, Wien 2000, Photo u. © Maria Ziegelböck
Abb. 20: Frédéric Flamand/Jean Nouvel, *Body/Work/Leisure*, 2001, Photo u. © Pino Pipitone
Abb. 21: Gordon Matta-Clark, *Splitting*, 1974, Künstlerbuch, Seiten 8-15, aus: Corinne Diserens 2003, S. 171
Abb. 22: Gordon Matta-Clark, *Splitting*, 1974, Schwarzweiß-Photocollage auf Karton, 82.6 x 70.5 cm, Courtesy Nachlaß Gordon Matta-Clark u. David Zwirner, New York
Abb. 23: Gordon Matta-Clark, *Conical Intersect*, 1975, Cibachrome, 101.6 x 76.2 cm, Courtesy Nachlaß Gordon Matta-Clark u. David Zwirner, New York
Abb. 24: Gordon Matta-Clark, *Bronx Floors: Four-Way Wall*, 1973, 4 Schwarzweiß-Photographien, aus: Corinne Diserens 2003, S. 64
Abb. 25: Gordon Matta-Clark, *Bronx Floors: Threshole*, 1972, 2 Schwarzweiß-Photographien, 35.6 x 50.8 cm, Courtesy Nachlaß Gordon Matta-Clark u. David Zwirner, New York
Abb. 26: Meg Stuart, Stills von *Visitors Only*, 2003
Abb. 27: Meg Stuart, Stills von *Visitors Only*, 2003
Abb. 28: Meg Stuart, Stills von *Alibi*, 2001
Abb. 29: Meg Stuart, *Alibi*, 2001, Photo: Chris Van der Burght
Abb. 30: Meg Stuart, Stills von *Alibi*, 2001
Abb. 31: Meg Stuart, *Alibi*, 2001, Photo: Chris Van der Burght
Abb. 32: Meg Stuart, *Alibi*, 2001, Photo: Chris Van der Burght
Abb. 33: Meg Stuart, *Alibi*, 2001, Photo: Chris Van der Burght
Abb. 34: Meg Stuart, Stills von *Visitors Only*, 2003
Abb. 35: Meg Stuart, Still von *Visitors Only*, 2003
Abb. 36: Meg Stuart, *Visitors Only*, 2003, Photo: Chris Van der Burght
Abb. 37: Meg Stuart, *Visitors Only*, 2003, Photo: Chris Van der Burght
Abb. 38: Meg Stuart, *Visitors Only*, 2003, Photo: Chris Van der Burght
Abb. 39: Meg Stuart, Stills von *Visitors Only*, 2003
Abb. 40: Meg Stuart, Stills von *Alibi*, 2001
Abb. 41: Meg Stuart, *Visitors Only*, 2003, Photo: Chris Van der Burght
Abb. 42: Meg Stuart, Still von *Visitors Only*, 2003

## Literaturverzeichnis


Adam, Hubertus: „Es gibt kein Aussen mehr. Das Theater von Christoph Marthaler und Anna Viebrock“, in: *archithese* 3 (2002), S. 14-19.

Agamben, Giorgio: *Homo sacer. Die souveräne Macht und das nackte Leben*, Frankfurt a. M.: Suhrkamp 2002.

Arnheim, Rudolf: „Film als Kunst“, in: Franz-Josef Albersmeier (Hg.), *Texte zur Filmtheorie*, Stuttgart: Reclam 1998, S. 177-200.

Aslan, Odette (Hg.): *Le corps en jeu*, Paris: CNRS 1994.

Augé, Marc: *Non-lieux. Introduction à une anthropologie de la surmodernité*, Paris: Seuil 1992.

Balme, Christopher: „Stages of Vision: Bild, Körper und Medium im Theater“, in: Belting, Kamper u. Schulz 2002, S. 349-364.

Banes, Sally: *Democracy's Body. Judson Dance Theater 1962-1964*, Durham/London: Duke University Press 1993.

Barthes, Roland: „Semiologie und Medizin“, in: Ders. (Hg.), *Das semiologische Abenteuer*, Frankfurt a. M.: Suhrkamp 1988, S. 210-222.

Barthes, Roland: *Die helle Kammer*, Frankfurt a. M.: Suhrkamp 1989.

Baudrillard, Jean: *Die fatalen Strategien*, München: Matthes & Seitz 1991 (1983).

Baudrillard, Jean: „Videowelt und fraktales Subjekt“, in: Karlheinz Barck (Hg.), *Aisthesis. Wahrnehmung heute oder Perspektiven einer anderen Ästhetik*, Leipzig: Reclam 1993, S. 252-264.

Bayerdörfer, Hans-Peter (Hg.): *Stimmen – Klänge – Töne. Synergien im szenischen Spiel*, Tübingen: Narr 2002.

Bear, Liza: „Gordon Matta-Clark: Splitting the Humphrey Street Building“, in: Diserens 2003, S. 162-169.

Belting, Hans: *Bild-Anthropologie. Entwürfe für eine Bildwissenschaft*, München: Fink 2001.

Belting, Hans: „Gary Hill und das Alphabet der Bilder“, in: Vischer 1995, S. 43-70.

Belting, Hans, Kamper, Dietmar u. Schulz, Martin (Hg.): *Quel Corps? Eine Frage der Repräsentation*, München: Fink 2002.

Bergelt, Martin u. Völckers, Hortensia (Hg.): *Zeit-Räume: Zeiträume – Raumzeiten – Zeitträume*, München: Hanser 1991.

Berger, Christiane: *Körper denken in Bewegung. Zur Wahrnehmung tänzerischen Sinns bei William Forsythe und Saburo Teshigawara*, Bielefeld: transcript 2006.

Bergson, Henri: *Materie und Gedächtnis. Eine Abhandlung über die Beziehung zwischen Körper und Geist*, Hamburg: Meiner 1991 (1896).

Bergson, Henri: *Schöpferische Entwicklung*, Jena 1912 (1907).

Blanchot, Maurice: „Beacon (Two Versions of the Imaginary)“, in: Mignot 1993, engl. S. 85-87/dt. 170-172.

Blanchot, Maurice: *Die wesentliche Einsamkeit*, Berlin: Hensel 1959.

Blanchot, Maurice (Hg.): *L'espace littéraire*, Paris: Gallimard 1968[2] (1958).

Blanchot, Maurice: „La solitude essentielle“ (1951), in: Ders. 1968, S. 8-28.

Blanchot, Maurice: „Les deux versions de l'imaginaire“ (1951), in: Ders. 1968, S. 345-360.

Blümle, Claudia u. Heiden, Anne von der: „Blickzähmung und Augentäuschung. Einführung“, in: Dies. (Hg.), *Blickzähmung und Augentäuschung. Zu Jacques Lacans Bildtheorie*, Zürich/Berlin: diaphanes 2005, S. 7-42.

Boehm, Gottfried: „Bild und Zeit“, in: Paflik, Hannelore (Hg.) *Das Phänomen Zeit in Kunst und Wissenschaft*, Weinheim 1987.

Boehm, Gottfried: „Der stumme Logos“, in: Alexandre Métraux (Hg.), *Leibhafte Vernunft. Spuren von Merleau-Pontys Denken*, München: Fink 1986, S. 289-304.

Boehm, Gottfried (Hg.): *Was ist ein Bild?*, München: Fink 1995.

Boehm, Gottfried: „Die Wiederkehr der Bilder“, in: Boehm 1995, S. 11-38.

Boehm, Gottfried: „Zeitigung. Annäherungen an Gary Hill“, in: Vischer 1995, S. 26-42.

Boehm, Gottfried: „Der Topos des Lebendigen. Bildgeschichte und ästhetische Erfahrung“, in: Küpper, Joachim u. Menke, Christoph (Hg.), *Dimensionen ästhetischer Erfahrung*, Frankfurt a. M.: Suhrkamp 2003, S. 94-112.

Gottfried Boehm (Hg.): *Wie Bilder Sinn erzeugen. Die Macht des Zeigens*, Berlin: University Press 2007.

Gottfried Boehm: „Ikonisches Wissen. Das Bild als Modell“, in: Ders. 2007, S. 114-140.

Gottfried Boehm, Gabriele Brandstetter, Achatz von Müller (Hg.): *Figur und Figuration. Studien zu Wahrnehmung und Wissen*, München: Fink 2007.

Gottfried Boehm: „Die ikonische Figuration“, in: Ders., Brandstetter u. von Müller 2007, S. 33-52.

Böhme, Gernot: *Aisthetik. Vorlesungen über Ästhetik als allgemeine Wahrnehmungslehre*, München: Fink 2001.

Böhme, Gernot: *Atmosphäre. Essays zur neuen Ästhetik*, Frankfurt a. M.: Suhrkamp 1995.

Brandstetter, Gabriele: „Intervalle. Raum, Zeit und Körper im Tanz des 20. Jahrhunderts“, in: Bergelt u. Völckers 1991, S. 225-269.

Brandstetter, Gabriele: *Tanz-Lektüren. Körperbilder und Raumfiguren der Avantgarde*, Frankfurt a. M.: Fischer 1995.

Brandstetter, Gabriele: „Choreographie und Memoria. Konzepte des Gedächtnisses von Bewegung in der Renaissance und im 20. Jahrhundert“, in: Claudia Öhlschläger u. Brigit Wiens (Hg.), *Körper, Gedächtnis, Schrift*, Berlin: Schmidt 1997, S. 196-218.

Brandstetter, Gabriele u. Finter, Helga (Hg.): *Grenzgänge. Das Theater und die anderen Künste*, Tübingen: Narr 1998.

Brandstetter, Gabriele: „Grenzgänge II. Auflösungen und Umschreibungen zwischen Ritual und Theater“, in: Dies. u. Finter 1998, S. 13-20.

Brandstetter, Gabriele: „Geschichte(n) Erzählen im Performance/Theater der neunziger Jahre“, in: Fischer-Lichte, Kolesch u. Weiler 1999 , S. 27-42.

Brandstetter, Gabriele: „Still/Motion. Zur Postmoderne im Tanztheater“, in: Jeschke 2000, S. 123-136.

Brandstetter, Gabriele u. Völckers, Hortensia (Hg.): *ReMembering the Body. Körper-Bilder in Bewegung*, Ostfildern-Ruit: Hatje Cantz 2000.

Brandstetter, Gabriele: „Choreographie als Grab-Mal. Das Gedächtnis von Bewegung“, in: Dies. u. Völckers 2000, S. 102-134.

Brandstetter, Gabriele u. Peters, Sibylle (Hg.): *de figura. Rhetorik – Bewegung – Gestalt*, München: Fink 2002.

Gabriele Brandstetter: „Figur und Inversion. Kartographie als Dispositiv von Bewegung“, in: Dies. u. Peters 2002, S. 247-264.

Brandstetter, Gabriele: „Figur und Placement. Körperdramaturgie im zeitgenössischen Tanztheater am Beispiel von Merce Cunningham und Meg Stuart“, in: Hermann Danuser (Hg.), *Musiktheater heute. Internationales Symposium der Paul Sacher Stiftung Basel 2001*, Mainz/London/Madrid/u.a.: Schott 2003, S. 309-326.

Brandstetter, Gabriele: „Tanzwissenschaft im Aufwind. Beitrag zu einer zeitgenössischen Kulturwissenschaft“, in: *Theater heute*, 12 (2003), S. 4-11.

Brandstetter, Gabriele (Hg.): *Bild-Sprung. TanzTheaterBewegung im Wechsel der Medien*, Berlin: Theater der Zeit 2005.

Brandstetter, Gabriele: „Pose, Posa, Posings“, in: Elke Bippus u. Dorothea Mink (Hg.), *Mode/Körper/Kult*, Stuttgart: Arnoldsche Verlagsanstalt/Bremen: Hochschule für Künste 2007.

Broeker, Holger u. Tuyl, Gijs van (Hg.): *Gary Hill. Selected Works, Catalogue Raisonné*, Wolfsburg: Kunstmuseum Wolfsburg/Köln: DuMont 2002.

Büscher, Barbara: „InterMedia – Material. Zur Verbindung von performativen Künsten und audiovisuellen Medien“, in: Brandstetter u. Finter 1998, S. 113-125.

Burda, Hubert u. Maar, Christa (Hg.): *Iconic Turn*, Köln: DuMont 2004.

Carp, Stefanie: „Geträumte Realräume“, in: Masuch 2000, Ohne Seitenangabe.

Carp, Stefanie: „Geträumte Realräume. Die Bühnenbildnerin Anna Viebrock“, in: Pfüller u. Ruckhäberle 1998, S. 118-127.

Carrol, Noël: *Theorizing the Moving Image,* Cambridge: Cambridge University Press 1996.

Carroll, Lewis: *The annotated Alice*, hrsg. von Martin Gardener mit Originalillustrationen von John Tenniel, London: Penguin 2001.

Charcot, Jean-Martin u. Richer, Paul: *Die Besessenen in der Kunst* (1887), Göttingen: Steidl 1988.

Claser, Sonja: *Flüchtigkeit der Bilder und Präsenz der Worte. Zum Verhältnis von Bild und Sprache in ausgewählten Videoinstallationen Gary Hills*, Magisterarbeit, eingereicht an der Ruhr-Universität Bochum 2002.

Certeau, Michel de: *Kunst des Handelns*, Berlin: Merve 1988 (1980).

Deleuze, Gilles: *Das Bewegungs-Bild. Kino 1*, Frankfurt a. M.: Suhrkamp 1997 (1983).

Deleuze, Gilles: *Das Zeit-Bild. Kino 2*, Frankfurt a. M.: Suhrkamp 1997 (1985).

Deleuze, Gilles: *Francis Bacon. Logik der Sensation*, München: Fink 1995.

Deleuze, Gilles: *Henri Bergson zur Einführung*, Hamburg: Junius 2001[3] (1966).

Derrida, Jacques: „Das Theater der Grausamkeit und die Geschlossenheit der Repräsentation", in: Jacques Derrida (Hg.), *Schrift und Differenz*, Frankfurt a. M.: Suhrkamp 1976, S. 351-379.

Derrida, Jacques: „Das Subjektil ent-sinnen", in: Ders. u. Paule Thévenin (Hg.), *Antonin Artaud: Zeichnungen und Portraits*, München: Schirmer/Mosel 1986, S. 51-109.

Derrida, Jacques: *Aufzeichnungen eines Blinden. Das Selbstporträt und andere Ruinen*, München: Fink 1997.

Didi-Huberman, Georges: *Die Erfindung der Hysterie. Die photographische Klinik von Jean-Martin Charcot*, München: Fink 1997 (1982).

Didi-Huberman, Georges: *Was wir sehen blickt uns an. Zur Metapsychologie des Bildes*, München: Fink 1999.

Diederichsen, Diedrich: „Der Idiot mit der Videokamera. Theater ist kein Medium – aber es benutzt welche!", in: *Theater heute* 2 (2004), S. 27-31.

Diers, Michael: „‚Der entscheidende Augenblick' – Bild- und Medienreflexion in Alfred Hitchcocks Das Fenster zum Hof", in: Michael Diers (Hg.), *FotografieFilmVideo. Beiträge zu einer kritischen Theorie des Bildes*, Hamburg: Philo 2006, S. 140-173.

Diserens, Corinne (Hg.): *Gordon Matta-Clark*, London: Phaidon 2003.

Diserens, Corinne: „Preface", in: Dies. 2003.

Eckert, Nora: *Das Bühnenbild im 20. Jahrhundert*, Berlin: Henschel 1998.

Eming, Jutta, Lehmann, Annette Jael u. Maassen, Irmgard (Hg.): *Mediale Performanzen. Historische Konzepte und Perspektiven*, Freiburg i. B.: Rombach 2002.

Engstler, Achim u. Schnepf, Robert (Hg.): *Affekte und Ethik. Spinozas Lehre im Kontext*, Hildesheim/Zürich/New York: Olms 2002.

Epping-Jäger, Cornelia u. Linz, Erika (Hg.): *Medien/Stimmen*, Köln: DuMont 2003.

Etchells, Tim: *The Dream Dictionary for the Modern Dreamer*, Duck Editions 2001.

Etchells, Tim: „Unfertige Wahrheiten“, in: *Programmheft zu Alibi*, Schauspielhaus Zürich 2001.

Wolf-Dieter Ernst: „Die ‚hässliche Maske eines Greises‘ behaupten. Zur visuellen Energie im Schauspiel“, in: Boehm, Brandstetter u. von Müller 2007, S. 321-334.

Filser, Barbara: „Sehen, Hören und Lesen im Kino – Vom image muette zum image audio-visuelle“, in: Mersmann u. Schulz 2006, S. 21-37.

Fischer-Lichte, Erika u. Kolesch, Doris (Hg.): *Kulturen des Performativen, Paragrana, Internationale Zeitschrift für Historische Anthropologie*, Bd. 7, Heft 1, Berlin: Akademie 1998.

Fischer-Lichte, Erika, Kolesch, Doris u. Weiler, Christel (Hg.): *Transformationen. Theater der Neunziger Jahre*, Berlin 1999.

Fischer-Lichte, Erika u. Fleig, Anne (Hg.): *Körper-Inszenierungen. Präsenz und kultureller Wandel*, Tübingen: Attempo 2000.

Fischer-Lichte, Erika: „Entgrenzungen des Körpers. Über das Verhältnis von Wirkungsästhetik und Körpertheorie“, in: Fischer-Lichte u. Fleig 2000, S. 19-34.

Fischer-Lichte, Erika (Hg.): *Performativität und Ereignis*, Tübingen/Basel: Francke 2003.

Fischer-Lichte, Erika: „Performativität und Ereignis“, in: Dies. 2003, S. 11-37.

Fischer-Lichte, Erika: *Ästhetik des Performativen*, Frankfurt a. M.: Suhrkamp 2004.

Flach, Sabine u. Tholen, Christoph (Hg.): *Mimetische Differenzen. Der Spielraum der Medien zwischen Abbildung und Nachbildung*, Kassel: University Press 2002.

Flach, Sabine: „Passagen der Ähnlichkeit. Bild und Ab-Bild in den Videoinstallationen von Peter Campus“, in: Flach u. Tholen 2002, S. 19-38.

Fleig, Anne: „Zwischen Text und Theater: Zur Präsenz der Körper in Ein Sportstück von Jelinek und Schleef“, in: Dies. u. Fischer-Lichte 2000, S. 7-17.

Foellmer, Susanne: *Am Rand der Körper. Inventuren des Unabgeschlossenen im zeitgenössischen Tanz*, Dissertation, eingereicht an der Freien Universität Berlin 2008.

Folie, Sabine u. Glasmeier, Michael: „Atmende Bilder. Tableau vivant und Attitüden zwischen ‚Wirklichkeit und Imagination‘“, in: Dies. (Hg.), *Tableaux vivants. Lebende Bilder und Attitüden in Fotografie, Film und Video*, Wien: Kunsthalle Wien 2002.

Folie, Sabine: „Die Rhetorik der Affekte im Theater des Alltäglichen“, in: Dies. (Hg.), *Eine Barocke Party. Augenblicke des Welttheaters in der zeitgenössischen Kunst*, Wien: Kunsthalle Wien 2001, S. 120-125.

Foster, Susan Leigh: *Reading Dancing. Bodies and Subjects in Contemporary American Dance*, Berkeley/Los Angeles/London: University of California Press 1986.

Fried, Michael: „Art and Objecthood", in: Gregory Battcock (Hg.), *Minimal Art. A Critical Anthology*, Berkeley/Los Angeles/London: University of California Press 1995, S. 116-147.

Fries, Philippe: *La théorie fictive de Maurice Blanchot*, Paris: L'Harmattan 1999.

Früchtl, Josef u. Zimmermann, Jörg (Hg.): *Ästhetik der Inszenierung. Dimensionen eines künstlichen, kulturellen und gesellschaftlichen Phänomens*, Frankfurt a. M.: Suhrkamp 2001.

Funk, Julia u. Brück, Cornelia (Hg.): *Körper-Konzepte*, Tübingen: Narr 1999.

Gebauer, Gunter u. Wulf, Christoph: *Spiel Ritual Geste. Mimetisches Handeln in der sozialen Welt*, Reinbek: Rowohlt 1998.

Ginzburg, Carlo (Hg.): *Spurensicherung. Die Wissenschaft auf der Suche nach sich selbst*, Berlin: Wagenbach 2002[3] (1983).

Glasmeier, Michael: *Loop. Zur Geschichte und Theorie der Endlosschleife am Beispiel Rodney Graham*, Köln: Salon 2002.

Gludovatz, Karin u. Peschken, Martin (Hg.): *Momente im Prozess. Zeitlichkeit künstlerischer Produktion*, Berlin: Reimer 2004.

Göttert, Karl-Heinz: *Geschichte der Stimme*, München: Fink 1998.

Goodman, Nelson: *Sprachen der Kunst. Entwurf einer Symboltheorie*, Frankfurt a. M.: Suhrkamp 1997[2] (1976).

Hickethier, Knut: *Film- und Fernsehanalyse*, Stuttgart/Weimar: Metzler 2001[3].

Hill, Gary: „Inter-view", in: Mignot 1993, dt. S. 149-152/engl. S. 13-17.

Hill, Gary (Hg.): *Around & About. A Performative View*, Paris: Éditions du Regard 2001.

Hill, Gary, Quasha, Georges u. Stein, Charles: „Liminal Performance. Gary Hill in Dialogue with George Quasha and Charles Stein", in: Hill 2001, S. 7-14

Hoesli, Bernhard (Hg.): *Transparenz. Mit einem Kommentar von Bernhard Hoesli und einer Einführung von Werner Oechslin* (1968), Basel/Boston/Berlin: Birkhäuser 1997[4].

Huber, Hans Dieter: *Bild, Beobachter, Milieu. Entwurf einer Bildwissenschaft*, Ostfildern-Ruit: Hatje Cantz 2004.

Huschka, Sabine: *Merce Cunningham und der Moderne Tanz. Körperkonzepte, Choreographie und Tanzästhetik*, Würzburg: Königshausen Neumann 2000.

Huschka, Sabine: *Moderner Tanz. Konzepte Stile Utopien*, Reinbek: Rowohlt 2002.

Husemann, Pirkko: *Ceci est de la danse. Choreographien von Meg Stuart, Xavier Le Roy und Jérôme Bel*, Noderstedt: Books on Demand GmbH 2002.

Imdahl, Max: „Giotto. Zur Frage der ikonischen Sinnstruktur", in: Gottfried Boehm (Hg.), *Max Imdahl. Gesammelte Schriften. Band 3: Reflexion – Theorie – Methode*, Frankfurt a. M.: Suhrkamp 1996, S. 424-455.

Imdahl, Max: „Pose und Indoktrination. Zu Werken der Plastik und Malerei im Dritten Reich", in: Gottfried Boehm (Hg.), *Max Imdahl. Gesammelte Schriften. Band 3: Reflexion – Theorie – Methode*, Frankfurt a. M.: Suhrkamp 1996, S. 575-590.

Imdahl, Max: „Zu Picassos Bild ‚Guernica'. Inkohärenz und Kohärenz als Aspekte moderner Bildlichkeit", in: Angeli Janhsen-Vukicevic (Hg.), *Max Imdahl. Gesammelte Schriften. Band 1: Zur Kunst der Moderne,* Frankfurt a. M.: Suhrkamp 1996, S. 398-459.

Jacob, Mary Jane, Suter, Margrit u. Ammann, Jean Christophe: *Gordon Matta-Clark (1943-1978). Eine Retrospektive,* Basel 1986.

Janecke, Christian (Hg.): *Performance ‚und' Bild. Performance ‚als' Bild,* Berlin: Philo 2004.

Janecke, Christian: „Performance ‚und' Bild. Performance ‚als' Bild", in: Janecke 2004, S. 11-113.

Jeschke, Claudia: *Tanz als BewegungsText. Analysen zum Verhältnis von Tanztheater und Gesellschaftstanz (1910-1965)*, Tübingen: Niemeyer 1999.

Jeschke, Claudia (Hg.): *Ästhetik der Bewegung*, Berlin 2000.

Jooss, Birgit: „Die Erstarrung des Körpers zum Tableau. Lebende Bilder in Performances", in: Janecke 2004, S. 272-303.

Kästner, Irmela u. Ruisinger, Tina: *Meg Stuart. Anne Teresa de Keersmaeker*, München: Kieser 2007.

Kirby, Michael: „Danse et non-danse. Trois continuums analytiques", in: Aslan 1994, S. 209-217.

Kirby, Michael: „On Acting and Not-Acting", in: *The Drama Review* 1 (1972), S. 3-15.

Kirkpatrick, Gail B.: *Tanztheater und bildende Kunst nach 1945. Eine Untersuchung der Gattungsvermischung am Beispiel der Kunst Robert Rauschenbergs, Jasper Johns', Frank Stellas, Andy Warhols und Robert Morris' unter besonderer Berücksichtigung ihrer Arbeiten für das Tanztheater Merce Cunninghams*, Würzburg 1996.

Kirshener, Judith Russi: „The Idea of Community in the Work of Gordon Matta-Clark", in: Diserens 2003, S. 147-160.

Klein, Gabriele (Hg.): *Tanz, Bild, Medien*, Tanzforschung 10, Münster: Lit Verlag 2000.

Klein, Gabriele u. Wolfgang Sting (Hg.): *Performance. Positionen zur zeitgenössischen szenischen Kunst*, Bielefeld: transcript 2005.

Klotz, Volker: „Zitat und Montage in neuerer Literatur und Kunst“, in: *Sprache im technischen Zeitalter* 57-60 (1976), S. 259-277.

Koch, Gertrud: „Verweile doch, Du bist so schön ... Zur Ästhetik von Stills“, in: Annemarie Hürlimann (Hg.), *Film stills. Emotions made in Hollywood,* Zürich: Museum für Gestaltung/Ostfildern Ruit: Cantz 1993, S. 23-25.

Koch, Gertrud (Hg.): *Auge und Affekt. Wahrnehmung und Interaktion*, Frankfurt a. M. 1995.

Kolesch, Doris: „Ästhetik der Präsenz: Theater-Stimmen“, in: Früchtl u. Zimmermann 2001, S. 260-275.

Kolesch, Doris: „Gesten der Stimme. Zur Wirksamkeit theatraler Situationen am Beispiel von Emanuelle Enchanted und In Real Time“, in: Bayerdörfer 2002, S. 151-163.

Kolesch, Doris: „Robert Wilsons Dantons Tod: das nomadische Auge und das Archiv der Geschichte“, in: Eming, Lehmann u. Maassen 2002, S. 237-250.

Kostelanetz, Richard (Hg.): *Merce Cunningham. Dancing in Space and Time*, New York 1992.

Krämer, Sybille: „Sprache – Stimme – Schrift: Sieben Thesen über Performativität als Medialität“, in: *Paragrana, Internationale Zeitschrift für Historische Anthropologie*, Bd. 7, Heft 1, Berlin: Akademie 1998, S. 33-57.

Kravagna, Christian: „‚It's Nothing Worth Documenting if it's not difficult to get‘: On the Documentary Nature of Photography and Film in the Work of Gordon Matta-Clark“, in: Diserens 2003, S. 133-146.

Krumme, Peter: „Portraits, Still Lives, Landscapes. Die Bild-Räume von Robert Wilson“, in: Pfüller u. Ruckhäberle 1998, S. 128-137.

Kruschkova, Krassimira: „Das Aussetzen der Kritik“, in: Jörg Huber, Philipp Stoellger, Gesa Ziemer, Simon Zumsteg (Hg.): *Ästhetik der Kritik. Verdeckte Ermittlung*, Zürich: Voldemeer; Wien/New York: Springer 2007, S. 149-157.

Laban, Rudolf von: *Choreutik. Grundlagen der Raumharmonielehre des Tanzes*, Wilhelmshaven: Noetzel 1991.

Lacan, Jacques: „Das Spiegelstadium als Bildner der Ichfunktion (fonction de je) wie sie uns in der psychoanalytischen Erfahrung erscheint. Bericht für den 16. Internationalen Kongreß für Psychoanalyse in Zürich am 17. Juli 1949“, in: Jacques Lacan (Hg.), *Schriften I,* Berlin/Weinheim: Quadriga 1991, S. 63-70.

Lacan, Jacques: *Die vier Grundbegriffe der Psychoanalyse*, (*Das Seminar von Jacques Lacan, Buch XI*, 1964), Olten/Freiburg i. B.: Walter 1978.

Laermans, Rudi: „Dramatische Gesellschaftsbilder“, in: *Ballett International – Tanz Aktuell* 8/9 (1995), S. 54-59.

Laermans, Rudi: „Cultural Unconsiousness in Meg Stuart's Allegorical Performances“, in: *Performance Research* 2 (1997), S. 97-102.

Laermans, Rudi: „In Media Res. A Walk through the Work of Meg Stuart", in: *A-Prior: Meg Stuart* 6 (Herbst/Winter 2001/2), S. 28-37.

Lee, Pamela M.: *Object to Be Destroyed. The Work of Gordon Matta-Clark*, Cambridge: MIT Press 2000.

Lehmann, Hans-Thies: *Postdramatisches Theater,* Frankfurt a. M.: Verlag der Autoren 2001 (1999).

Lepecki, André: „‚Am ruhenden Punkt der kreisenden Welt.' Die vibrierende Mikroskopie der Ruhe", in: Brandstetter u. Völckers 2000, S. 334-366.

Leroi-Gourhan, André: *Hand und Wort. Die Evolution von Technik, Sprache und Kunst,* Frankfurt a. M.: Suhrkamp 1988 (1964/65).

Louppe, Laurence, „Lisières, peau, nudité", in: *art press* 232 (1998), S. 57-62.

Louppe, Laurence: *Poétique de la danse contemporaine*, Bruxelles: Contredanse 2000.

Luckow, Dirk u. Traub, Susanne (Hg.): *Open the Curtain. Kunst und Tanz im Wechselspiel*, Kiel: Kunsthalle Kiel 2003.

Lüdeking, Karlheinz: „Der Raum und die Kunst, sich zwischen dem ‚Kino' und einem ‚schwierigen Ort' zu installieren", in: Vischer 1995, S. 82-97.

Masuch, Bettina (Hg.): *Anna Viebrock. Bühnen/Räume. Damit die Zeit nicht stehenbleibt,* Berlin: Theater der Zeit 2000.

Menke, Christoph: „Der ästhetische Blick: Affekt und Gewalt, Lust und Katharsis", in: Koch 1995.

Mersch, Dieter: „Das Ereignis der Setzung", in: Fischer-Lichte 2003, S. 41-56.

Mersch, Dieter: *Ereignis und Aura. Untersuchungen zu einer Ästhetik des Performativen,* Frankfurt a. M.: Suhrkamp 2002.

Mersmann, Birgit u. Schulz, Martin (Hg.): *Kulturen des Bildes*, München: Fink 2006.

Mersmann, Birgit u. Schulz, Martin: „Kulturen des Bildes – Zur Einleitung", in: Dies. 2006, S. 9-17.

Mignot, Dorine (Hg.): *Gary Hill*, Amsterdam: Stedelijk Museum Amsterdam; Wien: Kunsthalle Wien 1993 (Paris: Centre Pompidou 1992).

Mitchell, W. J. T.: „Der Pictorial Turn", in: Christian Kravagna (Hg.), *Privileg Blick. Kritik der visuellen Kultur*, Berlin 1997, S. 15-40.

Morris, Eric: *Acting, Imaging and the Unconscious,* Ermor Enterprises 1998.

Morris, Eric: *Being & Doing. A Workbook for Actors,* Ermor Enterprises 1990.

Museum Tinguely Basel (Hg.): *Marcel Duchamp,* Ostfildern-Ruit: Hatje Cantz 2002.

Nancy, Jean-Luc: *Au fond des images*, Paris: Galilée 2003.

Nancy, Jean-Luc: *Corpus*, Berlin/Zürich: diaphanes, 2003.

Nancy, Jean-Luc: „Das Bild – das Distinkte", in: Doreet Levitte Harten (Hg.), *Heaven*, Ostfildern-Ruit: Hatje Cantz/Düsseldorf: Kunsthalle Düsseldorf/ Liverpool: Tate Gallery Liverpool 1999.

Neubauer, Susanne: „Idea Proiectionis“, in: Dies. (Hg.), *Projektion. Chan, Export, Fischli/Weiss, Gander, Gillick, Graham, Knoebel, Parker, Streuli,* Luzern: Kunstmuseum Luzern/Linz: Lentos Kunstmuseum Linz/Frankfurt a. M.: Revolver 2006, S. 10-24.

Noever, Peter: „Gordon Matta-Clark's Penetration of Space“, in: Ders. (Hg.), *Anarchitecture. Works by Gordon Matta-Clark,* Los Angeles/Wien 1997, S. 5-6.

Oberender, Thomas: „Mehr Jetzt auf der Bühne. Sehen heißt entscheiden: über verschiedene Video-Wirkungen auf der Bühne, den doppelten Blick mit der Kamera und die unterschiedlichen Strategien von Matthias Hartmann und Frank Castorf“, in: *Theater heute* 2 (2004), S. 20-26.

Paech, Joachim (Hg.): *Film, Fernsehen, Video und die Künste. Strategien der Intermedialität,* Stuttgart/Weimar: Metzler 1994.

Peeters, Jeroen: „Strategies of Adaptation. Some Points of Entry and Exit concerning Damaged Goods' Highway 101“, in: *A-Prior* 6 (Herbst/Winter 2001/2), S. 68-81.

Peeters, Jeroen: *Bodies as Filters. On Resistance and Sensoriness in the Work of Boris Charmatz, Benoît Lachambre and Meg Stuart*, Maasmechelen: Culturel Centre Maasmechelen 2004.

Pfüller, Volker u. Ruckhäberle, Hans-Joachim (Hg.): *Das Bild der Bühne,* Berlin: Theater der Zeit 1998.

Ploebst, Helmut: *no wind no word. Neue Choreographie in der Gesellschaft des Spektakels,* München: Kieser 2001.

Quasha, George u. Stein, Charles: „Performance Itself“, in: Hill 2001, S. 1-6.

Rainer, Yvonne: *Yvonne Rainer. Work 1961-73,* Halifax: The Press of the Nova Scotia College of Art and Design/New York: New York University Press 1974.

Rainer, Yvonne: „A Quasi Survey of Some ‚Minimalist‘ Tendencies in the Quantitatively Minimal Dance Activity Midst the Plethora, or an Analysis of Trio A“, in: Dies. 1974, S. 63-69.

Raulff, Ulrich: *Wilde Energien. Vier Versuche zu Aby Warburg,* Göttingen: Wallstein 2003.

Rebentisch, Juliane: *Ästhetik der Installation,* Frankfurt a. M.: Suhrkamp 2003.

Rischbieter, Henning: *Bühne und Bildende Kunst im 20. Jh.: Maler und Bildhauer arbeiten für das Theater,* Friedrich Velber 1968.

Rölli, Marc (Hg.): *Das Ereignis auf Französisch. Von Bergson bis Deleuze,* München: Fink 2004.

Rosiny, Claudia: *Videotanz. Panorama einer intermedialen Kunstform,* Zürich: Chronos 1999.

Rowe, Colin u. Slutzky, Robert: „Transparenz“, in: Hoesli 1997[4], S. 21-55.

Sachs-Hombach, Klaus: *Wege zur Bildwissenschaft. Interviews,* Köln: Halem 2004.

Sarkis, Mona: *Blick, Stimme und (k)ein Körper. Der Einsatz elektronischer Medien im Theater und in interaktiven Installationen,* Stuttgart: M und P Verlag für Wiss. und Forschung 1997.

Schaub, Mirjam: *Gilles Deleuze im Kino. Das Sichtbare und das Sagbare,* München: Fink 2003.

Schlicher, Susanne: *TanzTheater. Traditionen und Freiheiten. Pina Bausch, Gerhard Bohner, Reinhild Hoffmann, Hans Kresnik, Susanne Linke,* Reinbek: Rowohlt 1987.

Scholz, Oliver R.: *Bild, Darstellung, Zeichen. Philosophische Theorien bildhafter Darstellung,* Freiburg/München: Alber 1991.

Schubiger, Irene: *Selbstdarstellung in der Videokunst. Zwischen Performance und ‚Self-editing',* Berlin: Reimer 2004.

Seel, Martin: *Ästhetik des Erscheinens,* Wien: Hanser 2000.

Seel, Martin: „Inszenieren als Erscheinenlassen. Thesen über die Reichweite eines Begriffs", in: Früchtl u. Zimmermann 2001, S. 48-62.

Siegmund, Gerald: „Bild und Bewegung. Manierismus als Grenze des zeitgenössischen Tanzes", in: Brandstetter u. Finter 1998, S. 231-241.

Siegmund, Gerald: „Von Monstren und anderen Obszönitäten: Die Sichtbarkeit des Körpers im zeitgenössischen Tanz", in: Fischer-Lichte, Kolesch u. Weiler 1999 , S. 121-132.

Siegmund, Gerald: „Auf Biegen und Brechen. De-formierter Tanz und manieristische Körperbilder", in: Brandstetter u. Völckers 2000, S. 136-170.

Siegmund, Gerald: „Frankfurter Sichtblenden. ‚Kammer/Kammer' von William Forsythe im Bockenheimer Depot", in: *Ballettanz* 2 (2001), S. 44-45.

Siegmund, Gerald: „William Forsythe. Ein Blick rings ums unsichtbare Zentrum", in: *Ballettanz* 11 (2001), S. 20-23.

Siegmund, Gerald: „Stimm-Masken: Subjektivität, Amerika und die Stimme im Theater der Wooster Group", in: Bayerdörfer 2002, S. 69-79.

Siegmund, Gerald (Hg.): *William Forsythe. Denken in Bewegung,* Berlin: Henschel 2004.

Siegmund, Gerald: *Abwesenheit. Eine performative Ästhetik des Tanzes. William Forsythe, Jérôme Bel, Xavier Le Roy, Meg Stuart,* Bielefeld: transcript 2006.

Simhandl, Peter: *Bildertheater. Bildende Künstler des 20. Jahrhunderts als Theaterreformer,* Berlin: Buchhandlung Gadegast 1993.

Solt, Judit: „Tanz und Traum. Jean Nouvel und Frédéric Flamand im Gespräch", in: *archithese* 3 (2002), S. 44-49.

Spielmann, Yvonne: *Video. Das reflexive Medium,* Frankfurt a. M.: Suhrkamp 2005.

Spinoza, Baruch de: *Die Ethik nach geometrischer Methode dargestellt,* Sämtliche Werke, Bd. 2, Hamburg: Meiner 1994.

Stuart, Meg/Siegmund, Gerald: „Von Amerika nach Europa: Meg Stuart“, in: *Ballett International – Tanz Aktuell* 4 (1999), S. 38-39.

Thurner, Christina: „Die Macht der Physis. Die Choreografin Meg Stuart am Zürcher Schauspielhaus“, in: *Theater der Zeit* 1 (2002), S. 8-9.

Viebrock, Anna/Masuch, Bettina: „Damit die Zeit nicht stehen bleibt. Anna Viebrock im Interview mit Bettina Masuch“, in: Masuch 2000, Ohne Seitenangaben.

Vischer, Theodora (Hg.): *Gary Hill. Arbeit am Video,* Ostfildern Ruit: Cantz 1995.

Vischer, Theodora: „Fünf Videoinstallationen einer Ausstellung“, in: Dies. (Hg.) 1995, S. 9-25.

Vogl, Joseph: „Schöne gelbe Farbe. Godard mit Deleuze“, in: Friedrich Balke (Hg.), *Gilles Deleuze. Fluchtlinien der Philosophie,* München: Fink 1996, S. 252-265.

Vrhunc, Mirjana: „Das Bild als die Sichtbarkeit des Ereignisses. Zur Wahrnehmungstheorie Henri Bergsons“, in: Rölli 2004, S. 105-120.

Waldenfels, Bernhard: *Bruchlinien der Erfahrung. Phänomenologie, Psychoanalyse, Phänomenotechnik,* Frankfurt a. M.: Suhrkamp 2002.

Waldenfels, Bernhard: „Unerzählbares“, in: Jürgen Trinks (Hg.), *Möglichkeiten und Grenzen der Narration,* Wien: Turia und Kant 2002.

Waldenfels, Bernhard: *Phänomenologie der Aufmerksamkeit,* Frankfurt a. M.: Suhrkamp 2004.

Walker Art Center (Hg.): *Art Performs Life. Merce Cunningham, Meredith Monk, Bill T. Jones,* Minneapolis: Minneapolis Print Craft 1998.

Warburg, Aby: „Mnemosyne. Einleitung“, in: Warnke u. Brink 2000, S. 3-6.

Warnke, Martin u. Brink, Claudia (Hg.): *Aby Warburg. Der Bilderatlas Mnemosyne,* Berlin: Akademie 2000.

Welsch, Wolfgang: „Identität im Übergang“, in: Ders. (Hg.), *Ästhetisches Denken,* Stuttgart: Reclam 1995, S. 168-200.

Wesemann, Arnd: „Braucht der Tanz die Kunst? Und wie fruchtbar ist das Crossover zwischen Tanz und Bildender Kunst wirklich?“, in: *Ballett International – Tanz Aktuell* 1 (1999), S. 27-33.

Wetzel, Michael: „Der Widerstand des Bildes gegen das Visuelle. Serge Daney und Georges Didi-Huberman als Verfechter einer Inframedialität“, in: Stefan Majetschak (Hg.), *Bild-Zeichen. Perspektiven einer Wissenschaft vom Bild,* München: Fink 2005, S. 137-154.

Wiens, Birgit: „‚Iconoclash‘ im Theater? Bemerkungen zur Inszenierung und Destruktion von Bildern“, in: Janecke 2004, S. 370-404.

Wirth, Uwe (Hg.): *Performanz zwischen Sprachphilosophie und Kulturwissenschaften*, Frankfurt a. M.: Suhrkamp 2002.

Witte, Maren: *Anders wahrnehmen, als man sieht. Zur Wahrnehmung und Wirkung von Bewegung in Robert Wilsons Inszenierungen von Gertrude*

*Steins ‚Doctor Faustus Lights the Lights' (1992), ‚Four Saints in three Acts' (1996) und ‚Saints and Singing' (1997),* Berlin: Lit 2006.

Wittgenstein, Ludwig: „Bemerkungen über die Farben", in: *Werkausgabe*, Band 8, Frankfurt a. M.: Suhrkamp 1989, S. 7-112.

Wodianka, Thomas: *The ‚Eric-Morris-Method'. Darstellung und Analyse eines amerikanischen Schauspielsystems*, Diplomarbeit, eingereicht an der Schauspielschule Hamburg, 2000.

Wortelkamp, Isa: *Sehen mit dem Stift in der Hand*, Freiburg i. B.: Rombach 2006.

**Internetveröffentlichungen:**

http://www.damagedgoods.be, Stand 2002 sowie April 2007.

**Interviews:**

Meg Stuart im Gespräch mit der Autorin, Zürich, April 2002.

Weitere Gespräche mit den Tänzern von *Visitors Only*, Zürich Mai 2003: Loup Abramovici, Joséphine Evrard, Antonija Livingstone, Sam Louwyck, Andreas Müller, Vania Rovisco und Thomas Wodianka.

Gespräch mit dem Videokünstler Chris Kondek, Zürich, 17.5.2003.

## TanzScripte

Natalia Stüdemann
**Dionysos in Sparta**
Isadora Duncan in Russland. Eine Geschichte von Tanz und Körper
April 2008, 164 Seiten, kart., 19,80 €,
ISBN: 978-3-89942-844-5

Arnd Wesemann
**IMMER FESTE TANZEN**
ein feierabend!
Februar 2008, 96 Seiten, kart., 9,80 €,
ISBN: 978-3-89942-911-4

Sabine Gehm, Pirkko Husemann, Katharina von Wilcke (eds.)
**Knowledge in Motion**
Perspectives of Artistic and Scientific Research in Dance
2007, 338 Seiten, kart., zahlr. farb. Abb., 14,80 €,
ISBN: 978-3-89942-809-4

Reto Clavadetscher, Claudia Rosiny (Hg.)
**Zeitgenössischer Tanz**
Körper – Konzepte – Kulturen. Eine Bestandsaufnahme
2007, 140 Seiten, kart., 18,80 €,
ISBN: 978-3-89942-765-3

Sabine Gehm, Pirkko Husemann, Katharina von Wilcke (Hg.)
**Wissen in Bewegung**
Perspektiven der künstlerischen und wissenschaftlichen Forschung im Tanz
2007, 360 Seiten, kart., zahlr. farb. Abb., 14,80 €,
ISBN: 978-3-89942-808-7

Gabriele Brandstetter, Gabriele Klein (Hg.)
**Methoden der Tanzwissenschaft**
Modellanalysen zu Pina Bauschs »Le Sacre du Printemps«
2007, 302 Seiten, kart., zahlr. z.T. farb. Abb., inkl. DVD, 28,80 €,
ISBN: 978-3-89942-558-1

Friederike Lampert
**Tanzimprovisation**
Geschichte – Theorie – Verfahren – Vermittlung
2007, 222 Seiten, kart., 24,80 €,
ISBN: 978-3-89942-743-1

Sabine Sörgel
**Dancing Postcolonialism**
The National Dance Theatre Company of Jamaica
2007, 238 Seiten, kart., 27,80 €,
ISBN: 978-3-89942-642-7

Christiane Berger
**Körper denken in Bewegung**
Zur Wahrnehmung tänzerischen Sinns bei William Forsythe und Saburo Teshigawara
2006, 180 Seiten, kart., 20,80 €,
ISBN: 978-3-89942-554-3

Susanne Foellmer
**Valeska Gert**
Fragmente einer Avantgardistin in Tanz und Schauspiel der 1920er Jahre
2006, 302 Seiten, kart., zahlr. Abb., inkl. DVD, 28,80 €,
ISBN: 978-3-89942-362-4

**Leseproben und weitere Informationen finden Sie unter:**
**www.transcript-verlag.de**

## TanzScripte

Gerald Siegmund
**Abwesenheit**
Eine performative Ästhetik des Tanzes.
William Forsythe, Jérôme Bel, Xavier Le Roy, Meg Stuart

2006, 504 Seiten,
kart., 32,80 €,
ISBN: 978-3-89942-478-2

Gabriele Klein, Wolfgang Sting (Hg.)
**Performance**
Positionen zur zeitgenössischen szenischen Kunst

2005, 226 Seiten,
kart., zahlr. Abb., 25,80 €,
ISBN: 978-3-89942-379-2

Susanne Vincenz (Hg.)
**Letters from Tentland**
Zelte im Blick:
Helena Waldmanns Performance in Iran/
Looking at Tents:
Helena Waldmanns Performance in Iran

2005, 122 Seiten,
kart., zahlr. z.T. farb. Abb., 14,80 €,
ISBN: 978-3-89942-405-8